조선의 유학자, 조식

조식, 처사(處士)의 삶을 살다

1501년 경상도 삼가현 토동(兎洞)에서 태어나다.

1525년 『성리대전』을 읽다가 자신의 공부가 잘못되었음을
       깨닫고 삶의 전환을 이루다.

1530년 김해부 탄동(炭洞)에 산해정(山海亭)을 짓다.

1538년 헌릉참봉(獻陵參奉)을 제수받았으나 사양하다.

1548년 삼가현 토동으로 거처를 옮긴 후
       계부당(鷄伏堂)과 뇌룡사(雷龍舍)를 짓다.

1551년 종부시주부(宗簿寺主簿) 벼슬을 사양하다.

1553년 출사를 권하는 이황에게 거절의 답장을 보내다.

1555년 단성현감을 사양한 후 국정을 신랄하게 비판하는
       「을묘사직소(乙卯辭職疏)」를 올리다.

1558년 지리산 쌍계사 일원을 유람하다.

1559년 조지서사지(造紙署司紙)를 제수받았으나 사양하다.

1561년 지리산 덕산동에 산천재(山天齋)를 짓다.

1566년 명종을 만나 정치의 잘잘못을 말하다.

1568년 선조에게 「무진봉사(戊辰封事)」를 올리다.

1569년 종친부전첨(宗親府典籤) 벼슬을 사양하다.

1572년 지리산 산천재에서 세상을 떠나다.

1548년 조식은 서재를 짓고 뇌룡사(雷龍舍)라고
이름했다. 이로써 용과 우레의 기상을 품고 살고자
하는 자신의 의지를 나타냈던 것이다. 사진은
최근 이전·복원된 뇌룡정(雷龍亭)의 모습이다.

조식은 지리산 천왕봉을 자신의 스승으로
여겼다. 하늘에 맞닿아 있는 천왕봉처럼
자신의 학문을 쌓고자 했다. 그래서
이 천왕봉이 바라다보이는 곳에 산천재를
짓고 인생의 마지막을 보냈다.

조식이 직접 쓴 편지 글이다. 필체가 정중하면서도 굳세다.
같은 시대의 학자 이황에게 보낸 것인데, 벼슬에 나오라는 이황의
권유를 거절하는 내용이다. 조식은 마땅한 때가 아니라면
벼슬에 나아갈 수 없다고 생각했다.

答退溪書

平生景仰有同星斗于天曠世難逢長

似卷中人忽蒙　賜喻　勤懇撥藥弘多曾

是朝暮之遇也植之愚蒙寧有所靳郭

只以攫取虛名厚誣一世以誤聖明盜人

物猶謂之盜況盜天之物乎用是踧踖無

地日俟天誅　天譴果至忽於去年冬腰

脊刺痛月餘右脚輒蹇已不得遂行

우리 시대의
남명 조식 읽기

남명(南冥) 조식(曺植) 선생은 우리나라를 대표하는 대학자이자 사상가이다. 남명 조식 선생과 퇴계(退溪) 이황(李滉) 선생의 탄생을 두고 조선 후기의 실학자 성호(星湖) 이익(李瀷) 선생은 이렇게 말하였다. "같은 해에 같은 경상도에서 두 분이 태어난 것은 하늘의 뜻이다." 과연 우리 학문은 퇴계 선생이 있어 그 이론적 깊이를 이루었고, 남명 선생이 있어 그 실천적 높이를 얻었다.

남명 선생의 학문은 '경의(敬義)'라는 두 글자로 요약된다. 모든 학문의 요체는 경의에서 시작해 경의로 귀결된다고 본 것이다. "공부는 경(敬)을 유지하는 것보다 더 중요한 것이 없다"고, 선생은 말하였다. 여기서 '경(敬)'은 내면적인 수양의 방법이고 의(義)는 경을 바탕으로 한 사회적 실천의 원칙을 의미한다. 선생은 이 경의를 바탕으로 자신을 수양하고 제자들을 기르며 나아가 세상을 구제하려고 애썼다. 남명 선생의 제자들은 각자의 지역으로 가서 선생에게서 배운 것을 다시 자신의 제자들에게 가르쳤다. 이로써 우리나라는 학문이 있는 나라로 자리잡을 수 있었다.

벼슬에 나아가지 않았던 까닭에 자칫 남명 선생의 학문을 현실과 관계없는 것이라고 잘못 생각하는 경우가 있다. 그러나 선생은 "쇄소응대(灑掃應對)의 예절도 모르면서 입으로는 천리(天理)를 이야기한다"고 말하며, 당시 공리공론(空理空論)의 경향을 보인 이론 위주의 성리학을 경계하였다. 그리고 학문을 위한 학문이 아닌, 현실에 쓰일 수 있는 실천적 학문을 무엇보다도 강조하였다. 임진왜란 때 나라를 구한 의병장의 대부분이 그의 제자였다는 것은 그의 학문이 철저하게 현실을 바탕으로 하였다는 사실을 말해준다. 보통 선비라고 하면 단지 말만 앞세울 뿐 현실적인 일은 아무것도 하지 못하는 존재로 잘못 인식하고 있는데 남명 선생은 진정한 선비란 무엇인가를 보여주었다.

　우리 선현 가운데는 정신적인 스승으로 삼아 본받을 만한 분이 아주 많다. 남명 조식 선생은 그 중에서도 가장 우뚝한 분이다. 나는 '남명 조식'이라는 이름을 초등학교 때부터 들었다. 그러나 학자로서 남명 선생을 본격적으로 연구하기 시작한 것은 경상국립대학교에 부임한 1983년부터였다. 이후 1990년 경상국립대학교에 남명학연구소가 창설되면서 이런저런 심부름을 맡아 하였고, 연구소가 기반을 잡으면서 연구부장으로서 실무를 담당하였다. 1997년부터 2007년까지 11년 동안은 남명학연구소 소장으로서 나름대로 연구소를 이끌었다. 내가 소장으로 있는 동안 2001년 '남명 선생 탄생 5백 주년' 기념식을 성공적으로 치렀고, 남명학 연구를 후원하는 분들의 힘을 모아 남명학 연구 공간인 '남명학관(南冥學館)'을 준공하는 등 의미 있는 일을 완수하였다.

　남명 선생에 관한 논문을 쓰고 학술대회를 개최하면서 늘 아쉬웠던 것은 일반 대중에게 어떻게 선생을 잘 알릴 수 있을까 하는 부분이었다. 그래서 평소에 선생에 대해 알고 있었던 사실들을 모아 2001년에 한길사에서 기획한 '위대한 한국인' 시리즈의 하나로 출판하였다. 책 제목은 『절망의 시대, 선비는 무엇을 하는가?』라 했는데, 선생에 대해 알고 싶어 하는 많은 분들의 열망으로 4쇄를 거듭하며 1만 권 정도 간행되어 보급되었다. 그 후 한길사에서 다시 '인문 고전 깊이 읽기' 시리즈로 출판할 계획을 세우고 원고를 개정해 달라고 요청해 왔으나, 필자가 바쁘다는 이유로 기한을 너무 넘겨 일이 흐지부지되고 말았다.

상당히 수정할 부분도 있고, 보충할 자료도 있기에 다시 한번 더 책을 냈으면 하는 마음이 있었지만, 바빠서 손을 댈 수 없어 거의 포기하고 있었다. 그런데 뜻있는도서출판의 이지순 대표와 이상영 편집장이 찾아와 책을 다시 내게 허락해 달라고 하여, 기꺼이 허락하였다. 저자가 20년 전에 책을 낸 이후 여러 학자들의 논문이 많이 나오고 책도 나왔다. 덕분에 남명 선생에 대한 대중의 인지 수준이 많이 높아져 왔지만, 남명 선생을 전반적으로 대중에게 알리는 데는 이 책만한 것이 없다는 생각이 들었기 때문에 새로 손질하여 만들면, 좋겠다는 생각이었다.

1년여의 시간이 지난 후 이상영 편집장이 원고를 손질하여 보내왔다. 원고를 검토해 보니 남명 선생에 대해서 자료를 널리 모으고 철저하게 연구하여, 원고를 분석하고 보완하였다. 통상적인 교정, 교열, 개서 작업과 함께 그 동안의 연구 성과와 각종 디지털 정보를 검색하여 남명 선생의 전기적 사실을 다시 한번 꼼꼼하게 확인하였다. 또한 그 사이 복원이나 이전을 거친 유적과 유물 관련 사항도 챙겼다. 장(章)과 절(節)의 편집 구성을 새로 하고 상세한 주석도 달아 놓았다.

그런데 처음에 내가 편집의 방향이나 지침을 구체적으로 제시하지 않았던 터라, 나와는 생각이 다른 점이 없지 않았다. 특히 인명 부분이 그러하였다. 사람의 이름과 자(字)와 호(號)는 서로 간의 관계나 입장에 따라서 그때그때 달리 불러야 하는데, 이편집장은 혼동을 피한다는 이유에서 모두 이름으로 통일해 놓았다. 최근 역사학자들이 객관적이라는 이유로 모든 선현들의 이름을 바로 부르는데, 옛날에는 죄인이나 원수가 아니면 남의 이름을 부르는 법이 아니었다. 이름을 바로 부르면 당장 상대방을 무시하는 것이 되기 때문에 바로 이름을 불러서는 안되는 것이다. 상세한 주석을 달아 놓은 것도 그렇다. 나는 줄일 것은 줄이고 상세하게 할 것은 상세하게 해야 한다고 생각하는 쪽이다.

그렇다고 해서 이런 저런 이유로 내 뜻만을 앞세울 수는 없는 일이다. 그리고 1년여의 기간 동안 성력(誠力)을 쏟아 자료를 모으고 편집 작업을 한 이편집장의 노고는 신뢰할 만한 것이다. 내 생각을 잠시 접어두고 관점을 바꿔 생각해 보면, 독서 편의가 높아진 부분도 있는 듯하고 독자들이 심도 있는 공부로 나아가는 징검다리로 삼을 만한 부분도 없지 않은 듯하다. 망외의 노력을 기울여준 이편집장 덕분에 이 책이 좀더 가독성(可讀性)을 높이면서 학술적 가치도 있는 책이 되었다.

이 책은 더욱 많은 독자들이 흥미를 가지고 선생에게 다가갈 수 있도록 그 생애와 사상을 연대순에 따라 쉽게 풀어 썼다. 아울러 역사적 배경과 풍속, 제도를 비롯하여 점차 잊혀져가고 있는 우리 전통 문화에 대해서도 책을 읽어 나가는 동안 저절로 익힐 수 있도록 하였다. 이에 선생의 생애와 학문을 잘 이해하고 그 좋은 점을 섭취해 자기 것으로 만들 수 있었으면 한다.

많은 분들이 이 책을 읽어 우리 민족의 위대한 스승인 남명 조식 선생이 좀더 널리 알려지기를 바라는 마음 간절하다. 출판을 위해 애써준 이지순 대표와 정성을 아끼지 않은 이상영 편집장에게 심심한 감사를 표한다.

2022년 3월, 허권수(許捲洙)는 서문을 쓴다.

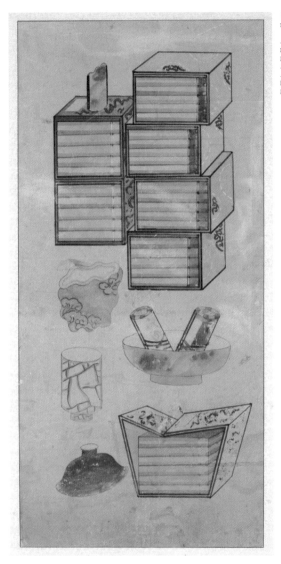

조선시대에 그려진 문방도이다. 학문을 삶의 중심으로
삼았던 유학자들의 태도를 엿볼 수 있다.

편집자 일러두기

⊙ 이름, 자(字), 호(號) 등은 원칙적으로 이름만 씁니다.
   다만 이름보다 자나 호가 독자에게 더 익숙하다고
   여겨질 경우에는 자나 호를 쓰기도 합니다.

⊙ 지명(地名)은 원칙적으로 화제가 다루어지는
   시대(조선시대)를 기준으로 씁니다. 이때 각주를 통해
   해당 지명이 가리키는 곳을, 현재의 지명을 바탕으로
   설명합니다. 화제의 배경이 현재로 바뀔 경우
   문맥에 따라 현재의 지명을 쓰기도 합니다.

⊙ 책 제목, 글 제목 등을 비롯한 한문 어구(語句)는
   종종 한글로 풀어서 씁니다. 이 때 한문 어구는 괄호 안에
   넣어서 밝혀 줍니다. 따라서 괄호 안의 한문 독음이
   괄호 밖의 풀어 쓴 말과 다를 경우가 있습니다.

⊙ '고전 원문(詩文)'을 번역하여 인용할 경우 좌우에 선을
   그어 표시합니다.

⊙ 장과 절은 편집자가 새로 구분한 것이며, 장과 절의
   제목 또한 대부분 편집자가 새로 작성한 것입니다.

⊙ 각주, 사진 설명은 모두 편집자가 작성한 것입니다.

1501년, 삼가현 토동에서 태어나다

一章

산처럼
큰 인물의 출현

높고 깊은 산이었다. 푸른 하늘과 맞닿아 있었다. 지리산은 우리나라 남쪽의 큰산으로 우뚝 솟아올라 있었다. 그리고 큰산 밑에서 큰 인물이 나타난다는 말을 입증하기라도 하는 것처럼 이 지리산과 멀지 않은 곳에서 한 위대한 인물이 출현했다. 조선의 유학자, 남명(南冥) 조식(曺植)이다.

조식은 1501년 경상도 삼가현(三嘉縣) 토동(兎洞)❶에서 태어났다. 마을 동쪽에는 강궤평(降櫃坪)이라는 이름의 제법 너른 들판이 펼쳐져 있었다. 강궤평은 고려 말의 효자 이온(李榲)❷에게 하늘이 끝없이 흰쌀이 나오는 금궤를 내려주었다는 전설이 전해져 오는 곳이었다. 강궤평의 동쪽으로는 다

---

❶ 삼가현(三嘉縣) 토동(兎洞) : 현재의 합천군 삼가면 외토리를 말한다. 삼가현은 현재의 합천군 가회면·대병면·삼가면·쌍백면, 봉산면 일부, 용주면 일부, 거창군 신원면 등지를 포함했던 고을이다.
❷ 이온(李榲) ?-1379 : 고려 말의 유학자로서 정몽주 등과 교유했고, 관료로서 중현대부(中顯大夫) 전의감정(典醫監正)을 지냈다. 삼가현 토동으로 낙향해 가난하게 살았는데, 부모님을 편안하게 모시기 위해 힘을 쏟았다. 조식 외조부의 고조부이다. 조식은 「영모재 이공의 행록 끝에 쓴 글(永慕齋李公行錄後識)」에서 이온에 대해 "효행이 지극하고 돈독했다"라고 썼다. 자는 직경(直卿), 호는 영모재(永慕齋)이다.

시 양천(梁川)이 마을을 휘돌아 흐르고 있었다. 양천은 수정천(水晶川) 또는 심천(深川)이라는 이름으로 불릴 정도로 물이 맑고 깊었다. 수량도 많아 강 궤평의 들판을 적시기에 부족함이 없었다. 그리고 야트막한 산줄기가 마을 둘레를 느릿느릿 돌아가고 있었다.

조식의 자(字)는 건중(楗中)이고 호(號)는 남명(南冥)이다. 나중에 산해 정(山海亭)에서 학문을 닦고 제자들을 가르쳤으므로 후세 사람들이 산해선 생(山海先生)이라 부르기도 했다. 본관은 창녕(昌寧)으로 그 시조는 조계룡 (曹繼龍)이다. 신라 진평왕(眞平王)의 사위였던 조계룡은 왜적을 물리친 공 으로 창성부원군(昌城府院君)에 봉해졌고 이후 창녕(昌寧)을 본관으로 삼았 다. 창녕조씨는 고려시대로 들어서면서, 중시조인 조겸(曹謙) 이후 9대 동안 끊이지 않고 평장사(平章事)❸가 나올 만큼 크게 번성했다.

그러나 조식의 직계 조상은 고려 말에서 조선으로 넘어올 때까지 한미한 가문으로 겨우 명맥을 유지할 뿐이었다. 조선의 사대부 가문에서 3대에 걸 쳐 이렇다 할 벼슬아치나 명현(名賢)이 나오지 않으면 이 가문은 점차 사대 부의 대열에서 밀려나야 했다. 조식의 현조부와 고조부는 하급 무관(武官) 벼슬을 겨우 지냈던 듯하다. 사대부 대열에서 아주 탈락했다고 볼 수는 없 었으나 가세가 크게 영락했던 것이다. 이에 조식의 증조부인 조안습(曹安 習)은 문관(文官)으로 벼슬에 나아가기 위해 노력하여 생원시(生員試)에 합 격했다. 그러나 벼슬길에 나아가는 문과❹ 합격에는 실패해 가세를 중흥해 보려던 꿈을 이루지 못했다.

조안습은 어쩔 수 없이 경상도 삼가현 판현(板峴)❺으로 이주해 훗날을 기

---

❸ 평장사(平章事) : 고려시대의 정2품 관직이다. 중서문하성에서 국사(國事)를 논의하는 일을 맡아 보았다. 현재의 장관급 벼슬에 해당한다.

❹ 문과(文科) : 문신 관료를 뽑던 과거 시험이다. 3년에 한번씩 정기적으로 실시한 식년시 (式年試)가 대표적인 문과이다. 식년시의 경우 초시(初試), 복시(覆試), 전시(殿試)의 3 단계 시험이 있었고 최종적으로 33명을 뽑았다. 식년시 외에 부정기적으로 실시하는 별 시(別試), 증광별시(增廣別試), 정시(庭試), 알성시(謁聖試) 등이 있었다. 시험 내용은 유 가 경전에 관한 지식과 이를 바탕으로 한 논술 능력을 평가하는 것이었다.

❺ 삼가현 판현(板峴) : 현재의 합천군 삼가면 하판리 일대이다.

약할 수밖에 없었다. 판현은 조안습의 처가가 있던 경상도 단성현(丹城縣)❻에서 멀지 않은 곳이었다. 조안습의 처가는 남평문씨(南平文氏) 가문인데 이 가문은 단성현 일대에 강력한 경제적 기반을 가지고 있었다. 고려 말 목화씨를 가져온 문익점(文益漸)이 바로 남평문씨이다. 문익점은 이 단성현 일대에서 목화를 처음 재배했다. 그리고 문씨부인은 문익점의 조카로 성균관학유(成均館學諭)를 지낸 문가용(文可容)의 딸이었다.

가문을 일으켜 세우고자 했던 조안습의 염원은 그 손자 대에 가서 비로소 이루어졌다. 바로 조식의 아버지인 조언형(曹彦亨)❼이 생원시와 문과에 모두 우수한 성적으로 합격했던 것이다. 게다가 조언형은 중앙 정치에서 영향력을 발휘할 수 있는 홍문관(弘文館)의 관원으로 뽑히기까지 했다. 홍문관은 나라의 문한(文翰) 집필과 경서 관리를 담당하는 곳이었고, 홍문관원은 모두 왕에게 정치에 대해 강론하고 왕의 자문에 응하는 경연관(經筵官)을 겸했다. 정치적 비중이 큰 만큼 학문과 인품을 함께 갖춘 문과 합격자가 아니면 홍문관원의 자리를 꿈도 꿀 수 없었다. 그래서 '청렴함을 갖춘 중요한 직책'이라는 의미의 청요직(淸要職)이라 부르며 많은 관원들이 선망했다.

조식의 숙부 조언경도 조언형의 뒤를 이어 문과에 합격했다. 그리고 여러 관직을 거쳐 이조좌랑을 지냈다. 이조좌랑은 정6품 관직으로 품계가 그리 높지는 않으나 인사 업무를 담당하고 있어 요직으로 여겨지는 자리였다.

삼가현 판현에서 태어나 자란 조언형은 이곳에서 20리쯤 떨어진 토동의 인천이씨(仁川李氏) 가문으로 장가들었다. 토동의 인천이씨 가문은 고려 말부터 토동에서 살아온 재지사족(在地士族)❽으로서 이 일대에서는 내로라하는 경제적 기반을 가지고 있었다. 이씨부인의 아버지인 이국(李菊)은 상류층을 위한 군역인 충순위(忠順衛)❾에 있었다. 또한 이씨부인의 외증조부는

---

❻ 단성현(丹城縣) : 현재의 산청군 생비량면·신안면·신등면 전체, 단성면 일부, 차황면 일부에 걸쳐 있었던 고을이다.

❼ 조언형(曹彦亨) 1469-1526 : 중종 때의 관료이다. 1504년 문과에 합격했고, 사간원정언, 이조정랑, 사헌부집의, 성균관사성, 단천군수(端川郡守), 승문원판교 등의 요직을 두루 거쳤다. 청렴과 정직으로 이름이 났다. 조식의 아버지이다. 자는 형지(亨之)이다.

세종 때 압록강변의 사군을 개척한 명장으로서 좌의정을 지낸 최윤덕(崔潤德)❿이었다. 이씨부인이 곧 조식의 어머니이므로 이국은 조식의 외조부이고 최윤덕은 조식의 외외고조부(외할머니의 조부)이다.

조식이 태어난 삼가현 토동의 집터는 상당한 명당이었다고 한다. 집터를 보는 한 풍수가는 이곳을 지나가다가 "닭띠 해에 이곳에서 태어나는 아이는 커서 반드시 성현이 될 것이다"라고 점쳤다. 조식의 외할아버지 이국은 이 터에 새로 번듯한 집을 지어 놓고 손자가 태어나기를 기대했다. 그런데 조언형과 함께 친정에 와 있던 이씨부인이 이 집에서 기거하다가 하루는 황룡이 방으로 들어오는 꿈을 꾸었다. 이로부터 얼마 후 이씨부인에게 태기가 있었고 앞서 풍수가가 예언했던 대로 닭띠 해인 1501년에 조식을 낳았다. 용은 나라에 길한 일이 있거나 훌륭한 인물이 태어날 때 움직이는 법이니, 이씨부인의 용꿈은 분명 예사로운 것이 아니었다. 상서로운 조짐은 조식이 태어나던 날에도 일어났다. 조식은 1501년 6월 26일 아침나절(辰時)에 태어났는데, 이때 집 앞 팔각우물(八角井)에서는 무지개가 솟아올랐고 산실(産室)에는 보랏빛 광채가 가득했다.

조식은 태어날 때 누구보다도 우렁찬 울음소리로 자신의 존재를 알렸다. 조식의 외조부는 그 울음소리를 듣고 기뻐하며, 직접 대나무를 쪼개어 아궁이에 불을 때 미역국을 끓였다. 하지만 이전에 들었던 풍수가의 말을 떠올

---

❽ 재지사족(在地士族) : 조선시대 향촌 사회의 지배 세력을 말한다. 중소 지주로서의 경제적 기반과 함께 사족으로서의 신분적 지위를 바탕으로 향촌 사회의 운영권을 장악하고 있었다. 향약을 실시하고 서원을 건립하면서 지배적 영향력을 구축했다. 기본적으로 유학에 대한 소양을 갖추고 있었다.

❾ 충순위(忠順衛) : 6품 이상의 문신, 4품 이상의 무신, 문과 및 무과 출신, 생원시와 진사시 출신 등 양반층을 위한 군대 조직을 말한다.

❿ 최윤덕(崔潤德) 1376-1445 : 태종, 세종 때의 명장이다. 북방의 여진족을 토벌하고 남쪽의 대마도를 정벌하는 등 여러 전장에서 큰 공을 세웠다. 무장(武將)으로서는 이례적으로 우의정, 좌의정의 자리에까지 올랐다. 자는 백수(伯脩)·여화(汝和), 호는 임곡(霖谷)이다.

조식은 1501년 경상도 삼가현 토동의 외가에서
태어났다. 현재의 합천군 삼가면 외토리이다.
사진은 조식이 태어난 생가를 복원하는
모습으로 2021년 촬영한 것이다.

조식이 태어난 삼가현 토동의 집터는 '상당한 명당'으로 알려진
곳이었는데, 조식의 어머니는 황룡이 방으로 들어오는
꿈을 꾼 후 조식을 낳았다고 한다. 지도는 1750년대에 그려진
『해동지도』의 삼가현 면이다. 지도의 아래 부분에 '조남명태생처
(曺南溟胎生処)'라는 표기가 보인다.

리면서 "성인(聖人)이 우리 친손자 가운데 나지 않고 조씨 집안에서 나고 말 았구나!"라고 탄식했다. 인천이씨 집안의 명당 정기를 자신의 딸이 낳은 외 손자가 가져가 버렸을 것이라고 아쉬워한 것이다.

어린 조식은 아버지 조언형이 1504년 문과에 합격해 벼슬길에 나서면서 토동을 떠난다. 아버지의 벼슬길을 따라 서울로 이사했고, 조언형이 고을 수령으로 나갔던 시기를 빼고는 성장기의 대부분을 서울에서⓫ 보냈다.

일곱 살 때 아버지에게서 글을 배우기 시작했는데 총기가 뛰어나 한번 들 은 것은 곧바로 외우고 잊지 않았다. 동네 글방 선생에게 나아가 배울 때에 도 잘 모르는 점이 있거나 의심이 생기는 곳이 있으면 반드시 질문하여 다 이해한 이후에야 그만두었다. 성품이 강건하고 행동거지 또한 어른스러웠 다. 또래 아이들과 몰려다니며 짓궂은 짓을 하지 않았고 장난감을 가지고 놀지도 않았다. 정해진 자리에 앉아 서책을 펼쳐 놓고 읽거나 혼자 무엇인 가를 골똘히 생각하며 지냈다. 감독하지 않아도 항상 단정하고 엄격한 모습 이었다. 이러한 조식의 모습을 본 주위 사람들은 크게 감동하며 조식이 "장 차 훌륭한 인물이 될 것"이라고 기대했다.

아홉 살 때는 생명이 위태로운 지경에 이를 만큼 큰 병에 걸린 적이 있었 다. 조식이 병에 걸리자 어머니인 이씨부인이 근심에 잠겨 애를 태웠다. 그 런데 이를 본 조식은 아픈 것을 참고 다음과 같이 말하며 오히려 어머니를 위로했다. "어머니! 제 몸은 이제 좀 괜찮습니다. 하늘이 사람을 낼 때는 어 찌 그 뜻이 없겠습니까? 소자가 다행히 남자로 태어났으니, 하늘이 반드시 소자에게 부여한 임무가 있을 것입니다. 그러니 소자가 지금 어린 나이에 갑자기 죽지는 않을 것입니다. 걱정하지 마십시오." 아홉 살 어린아이의 이 와 같은 말을 듣고서 사람들은 조식을 더욱 기특하게 여겼다.

10대 후반에는 얼마 동안 함경도 단천군(端川郡)에 가서 살았다. 단천군

⓫ 조식이 서울에 처음 올라왔을 때 살았던 곳은 서울 동쪽의 연화방(蓮花坊)이었던 것으 로 보인다. 이곳에 살 때 나중에 영의정을 지낸 이준경(李浚慶), 조식 어머니 이씨부인 의 묘갈명을 쓴 송인수(宋麟壽) 등도 만나 교유했을 듯하다. 연화방은 현재의 서울시 종로구 종로4가 일대이다.

수로 임명된 아버지⓬의 임지로 따라간 것이다. 단천군에서 살 무렵 조식은 이미 웬만한 책은 혼자 읽고 이해할 수 있을 만큼 문리(文理)⓭가 갖추어져 있었다. 조식은 당시의 여느 선비들과 달리 공부의 범위를 유가 경전에만 한정하지 않았다. 유가 경전과 이 유가 경전에 대한 후세 학자들의 주해서를 두루 읽었다. 또한 제자백가(諸子百家)의 책을 비롯해, 천문(天文), 지리, 의학, 수학, 병법 등에 대해서도 공부하여 안목을 넓혀 나갔다. 장래 세상에 크게 쓰일 것에 대비하기 위해서였다. 또 아버지를 따라 관아에서 생활하면서 행정 체제의 불합리성, 관아에서 일하는 아전(衙前)⓮들의 농간, 백성들의 곤궁한 생활 등을 직접 보았다. 나중에 조식은 선조(宣祖)에게 올린 「무진봉사(戊辰封事)」에서 아전 때문에 나라가 망한다는 우려를 표하면서 이들의 간악한 실상을 지적하는데, 이때의 경험에서 얻은 것이 적지 않았다.

이 시기부터 조식은 마음을 보존하고 본성을 기르는 존심양성(存心養性)의 수양 방법 두 가지를 마련했다. 그중 하나는 옷 띠에 성성자(惺惺子)⓯라는 이름의 쇠방울을 차고 다니며, 움직일 때마다 그 소리를 들음으로써 정신을 맑게 유지하는 방법이다. 또 다른 하나는 무릎을 꿇고 앉아서 물이 가득 담긴 깨끗한 그릇을 두 손으로 받친 채 밤을 새우며 자신의 뜻을 가다듬는 방법이다. 이로써 조식은 자신의 의식을 각성시켜 언제나 깨어 있도록 하고자 했다.

10대 후반 무렵 서울에서 살았던 곳은 서울 서쪽의 장의동(藏義洞)⓰이었

⓬ 조언형이 단천군수로 있었던 시기와 관련해서는 각각 다른 기록이 있다. 『중종실록』에는 1520년 6월, 조식이 20세일 때 조언형이 단천군수로 있었다는 기록이 있다. 『남명선생편년(南冥先生編年)』에는 1518년, 조식이 18세일 때 조식이 단천군에서 서울로 돌아왔다는 기록이 있다.

⓭ 문리(文理) : 글의 뜻을 깨달아 아는 힘, 또는 사물의 이치를 깨달아 아는 힘을 말한다.

⓮ 아전(衙前) : 각 관청에 딸려 말단 행정 실무에 종사하던 하급 관원을 말한다. 서리(胥吏), 소리(小吏)라고도 했다.

⓯ 성성자(惺惺子) : 조식이 스스로를 경계하기 위해 옷에 달고 다닌 방울 이름이다. 송(宋)나라 유학자 사량좌(謝良佐)가 "경이란 마음을 항상 깨어 있게 하는 법이다(敬是常惺惺法)"라고 말한 바 있는데, 이 구절에서 따온 것이다.

다. 이때 성운(成運)❶과 이웃하여 살면서 서로 절차탁마하며 학문을 닦고 인격을 수양해 나갔다. 성운과는 일생 동안 가장 절친한 벗으로 교유한다. 이 시기에는 또한 훗날 훌륭한 인물이 된 성수침(成守琛)❶ 등 많은 이들과 사귀었다.

---

❶ 장의동(藏義洞) : 현재의 종로구 청운동, 효자동, 통인동 일대이다. 태종이 왕위에 오르기 전에 살던 집이 이 장의동에 있었다. 장의동(藏義洞)이라는 명칭은 장의동(壯義洞)으로도 썼는데, 조선 후기에는 장동(壯洞)으로 줄여서 썼다.

❶ 성운(成運) 1497-1579 : 중종, 명종, 선조 때의 유학자이다. 처사형 사림(士林)을 대표하는 인물이다. 충청도 보은현의 속리산 자락에 은거해 학문에 전념했다. 백성들의 신망을 받는 유학자로서 여러 차례 유일(儒逸)로 천거되었으나 한번도 출사하지 않았다. 조식과 가장 절친했던 벗이다. 10대 후반 처음 조식을 만났고, 일생 동안 한결같은 마음으로 교유했다. 자는 건숙(健叔), 호는 대곡(大谷)이다. 문집으로 『대곡집(大谷集)』이 있다.

❶ 성수침(成守琛) 1493-1564 : 중종, 명종 때의 유학자이다. '목숨을 걸고 바른 도를 지킬 수 있는 사람(守死善道)'이라는 평을 들었다. 1519년의 기묘사화 이후 벼슬을 버리고 은거하여 학문 연구에 전념했다. 조식에게도 큰 영향을 미쳤다. 자는 중옥(仲玉), 호는 청송(聽松), 본관은 창녕(昌寧)이다. 문집으로 『청송집(聽松集)』이 있다.

성리대전(性理大全)을 읽다가 문득

조식이 열아홉 살 때인 1519년에 기묘사화(己卯士禍)⑲가 일어났다. 이때 조식은 산속의 절에서 공부하다가 조광조(趙光祖)⑳의 부고를 들었다.

조광조는 성리학적 이상 정치를 꿈꾸었던 유학자로서, 현량과(賢良科)㉑를 실시해 사림파를 등용하는 등 과감한 정치 개혁을 단행했던 인물이다.

---

⑲ 기묘사화(己卯士禍) : 중종 때인 1519년, 남곤(南袞), 심정(沈貞) 등의 훈구파가 성리학적 이상 정치를 실현하고자 했던 조광조(趙光祖), 김정(金淨) 등의 신진 사림파를 죽이거나 귀양 보낸 사건이다.

⑳ 조광조(趙光祖) 1482-1519 : 중종 때의 관료이다. 김종직(金宗直)의 학통을 잇는 사림의 영수로서 정치 개혁을 이끌었다. 현량과를 실시해 사림파를 등용했고, 훈구파 공신들의 공을 없애는 위훈 삭제를 단행했다. 『소학(小學)』을 강조하고 향약(鄕約)을 보급했다. 관료로서 부제학, 대사헌 등을 지냈다. 훈구파의 반발로 일어난 1519년의 기묘사화 때 죽임을 당했다. '백성의 생활을 먼저 생각하는' 성리학적 이상을 열정적으로 실천하고자 했다. 이황(李滉)은 "그 독실한 학문과 힘써 실천함은 비교할 사람이 없다"고 평했다. 본관은 한양(漢陽), 자는 효직(孝直), 호는 정암(靜庵)이다. 책으로 『정암집(靜庵集)』이 있다.

㉑ 현량과(賢良科) : 중종 때 조광조의 제안으로 실시했던 관원 선발 제도이다. 유가 경전에 밝고 덕행이 높은 선비를 추천받은 후, 대책(對策)만을 시험해 관원으로 뽑았다. 기득권을 가진 훈구파의 반대가 극심했다.

조식은 조광조의 부고를 들은 데 이어 숙부 조언경이 파면당한 사실도 알게 된다. 나라를 바로잡고자 일하던 현사(賢士)들이 자신의 경륜을 펴보지도 못한 채 간신배들에게 몰려 목숨을 잃는 모습을 보고서 조식은 못내 슬퍼하였다. 이 일을 겪으면서 조식은 정신적으로 큰 충격을 받았다. 그리고 벼슬길이 험난하다는 사실을 절실하게 느끼기 시작했다.

조식은 스무 살 때인 1520년, 생원 · 진사시(生員 · 進士試)❷ 초시(初試)와 문과 초시에 모두 합격했다. 그러나 애초부터 과거 자체를, 대장부의 포부를 펼칠 수 있는 큰 목표로 여기지는 않았다. 그래서 생원 · 진사시 복시(覆試)에는 아예 응시조차 하지 않았다. 다만 부모님의 권유를 거역하기 힘들어 문과 복시(覆試)에 응시했지만 합격하지 못했다.

이 시대에는 과거에 합격하는 일을 대단한 영예로 쳤다. 그러나 과거 공부에만 치중하는 사람들은 폭넓은 공부나 자기 수양을 위한 공부에는 노력을 기울일 겨를이 없었다. 그래서 송(宋)나라 유학자 정이천(程伊川)❸은 "젊은 나이에 과거 급제하는 것은 큰 불행이다"❹라고 말하기도 했다. 조식은 자신의 학문과 인격을 닦아 세상을 바로잡고자 하는, 더 큰 목적을 가지고 있었으므로 과거에 합격하거나 불합격하는 것은 전혀 개의치 않았다. 만약 조식이 젊은 시절 과거에 합격하여 벼슬길에서 분주하게 지냈다면, 아마도 현재 우리들이 볼 수 있는 그의 우뚝한 정신과 깊은 학문이 이루어지기는 어

---

❷ 생원 · 진사시(生員 · 進士試) : 성균관에 입학할 자격을 부여할 목적으로 실시한 생원시와 진사시를 말한다. 생원시는 사서오경 등 유가 경전에 관한 지식을 시험했고, 진사시는 사물에 대한 감상을 적는 부(賦)나 엄격한 운에 따라야 하는 시(詩)의 창작 능력을 평가했다. 초시(初試), 복시(覆試)의 2단계 시험으로 이루어졌다. 복시는 회시(會試)라고도 했다.

❸ 정이천(程伊川) 1033-1107 : 송(宋)나라 때의 유학사이다. 성리학의 이기론(理氣論)을 체계화했다는 평가를 받는다. 이기론은 이(理)와 기(氣)의 원리를 통해 자연과 인간의 존재와 운동, 생성과 변화와 소멸을 설명하는 이론 체계이다. 형인 정명도(程明道)와 함께 이정자(二程子) 또는 정자(程子)로 불린다. 정명도가 정좌(靜坐)를 강조했던 것과는 달리 경(敬)을 통해 마음을 수양하는 거경(居敬)을 강조했다. 이천(伊川)은 호이고 이름은 정이(程頤)이다. 자는 정숙(正叔)이다.

❹ 『소학(小學)』「가언(嘉言)」69장. "少年登高科 一不幸"

려웠을 것이다.

폭넓은 독서를 게을리하지 않았던 조식의 청년기는 1525년 인생의 중대한 전환점을 맞는다. 조식 스스로 관직에 나아가기 위한 과거 공부보다는, 진정한 학문의 길로 들어서기로 결심했던 것이다.

이때 조식은 절에서 친구들과 함께 공부하면서 『성리대전(性理大全)』⑳을 읽고 있었다. 그리고 이 책에서 원(元)나라 유학자 허형(許衡)㉖이 쓴, 다음과 같은 글을 접한다. "이윤(伊尹)의 뜻을 뜻으로 삼고 안연(顔淵)㉗의 학문을 학문으로 삼아, 벼슬에 나아가서는 경륜을 펴서 업적을 이루고 초야에 있으면서는 지조를 지켜야 한다. 대장부라면 마땅히 이와 같이 해야 한다. 벼슬에 나아가서 아무 하는 일도 없고 초야에 있으면서 아무런 지조도 지키지 않는다면, 뜻을 세우고 학문을 닦아 장차 무엇을 하겠는가?"㉘

이윤은 유신(有莘)의 들에서 자기 손으로 밭을 갈며 지내던 인물로, 탕(湯)임금㉙의 부름에 응하여 은(殷)나라의 기틀을 잡는 데 공을 세웠다. 안연(顔淵)은 공자(孔子)의 제자로서 가난 속에서도 흔들리지 않고 안빈낙도(安貧樂道)하며 학문을 닦았던 인물이다. "순(舜)임금㉚은 어떤 사람이며 나는

㉕ 『성리대전(性理大全)』 : 1415년 명(明)나라 영락제(永樂帝)가 호광(胡廣) 등의 학자들에게 명하여 편찬하도록 한 책이다. 주돈이(周敦頤), 장재(張載), 소강절(邵康節), 주희(朱熹) 등 성리학자들의 중요한 저술을 모아놓고 있다. 우리나라에는 세종 때 들어온 이후 경연(經筵)과 서원의 주요 교재로 쓰였다.

㉖ 허형(許衡) 1209-1281 : 원나라 때의 유학자이다. 원나라 국자학(國子學)의 기반을 닦고, 성리학이 원나라의 주류 학문으로 자리 잡는 데 공헌했다. "소인은 온갖 수단을 동원해 군주를 기만한다"고 말했다. 자는 중평(仲平), 호는 노재(魯齋)이다.

㉗ 안연(顔淵) : 춘추시대 공자의 제자이다. 공자가 가장 아꼈던 제자였으나 젊은 나이에 요절했다. "내가 가르친 것을 게을리하지 않는 사람은 안연뿐이다"라고, 공자가 말한 바 있다. 안회(顔回), 안자(顔子) 또는 '아성(亞聖)'이라고도 부른다. 자는 자연(子淵)이다.

㉘ 『성리대전(性理大全)』 권50. • 원문은 책 끝에 덧붙임.

㉙ 탕(湯)임금 : 고대 왕조인 은(殷)나라를 세운 제왕이다. 하(夏)나라의 폭군 걸왕(桀王)을 내쫓고 천자(天子)의 자리에 올랐다. 여러 가지 제도(制度)와 전례(典禮)를 정돈하고 백성을 위한 정치를 펼쳤다고 한다.

㉚ 순(舜)임금 : 중국 고대의 전설적인 제왕이다. 요(堯)임금과 더불어 태평성대를 연 제왕으로 유명하다. 요(堯)임금에게서 임금 자리를 물려받고 우(禹)임금에게 자리를 물려주었다고 한다.

『성리대전(性理大全)』은 세종 때 우리나라에 들어온 이후
경연(經筵)과 서원의 주요교재로 쓰이면서, 우리나라 성리학
연구에 지대한 영향을 미쳤다. 조식 또한 이 책을 읽었다.

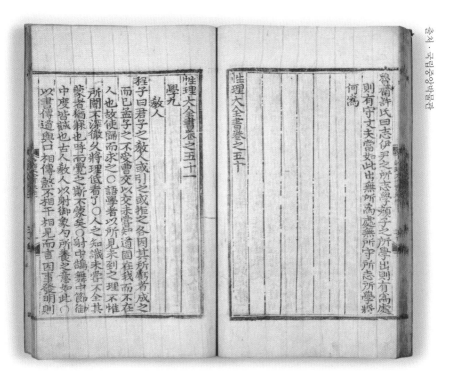

『성리대전(性理大全)』에서 허형의 글을 소개한 곳이다. "이윤(伊尹)의 뜻을 뜻으로 삼고 안연(顏淵)의 학문을 학문으로 삼아, 벼슬에 나아가서는 경륜을 펴서 업적을 이루고 초야에 있으면서는 지조를 지켜야 한다"는 내용이다. 조식은 이 글을 읽고 과거만을 위한 공부가 그릇되었음을 깨닫는다.

어떤 사람인가?"라고 말하면서 자신도 능히 성인의 경지에 도달할 수 있다는 큰 포부를 가지고 있었다고 한다.

조식은 허형의 말에서 자신이 나아갈 방향을 찾았던 것이다. 조식은 과거를 위한 공부가 그릇되었음을 깨닫고 마음속으로 크게 부끄러움을 느꼈다. 자신도 모르게 등골에서 땀이 줄줄 흘러내렸다. 이때까지 자신이 걸어온 길에 대한 부끄러움과 새로운 깨달음을 얻은 즐거움으로 잠자리에 들지 못하고 밤을 보냈다. 그리고 다음날 날이 새자마자 같이 공부하고 있던 동료들에게 작별 인사를 고하고 집으로 돌아와 버린다.

이때부터 자신의 이름을 알리기 위한 형식적이고 지엽적인 학문은 떨쳐 버리고, 유학의 정수를 공부하는 일에 전념한다. 『논어』, 『맹자』, 『대학』, 『중용』의 사서(四書)와 『주역』, 『시경』, 『서경(書經)』, 『예기(禮記)』, 『춘추(春秋)』의 오경(五經)을 읽는 데 정력을 쏟았다. 또한 주돈이(周敦頤)❸, 정명도(程明道)❸, 정이천(程伊川), 장재(張載)❸, 주희(朱熹)❸ 등 송(宋)나라 유학자들이 남긴 글을 꼼꼼하게 살폈다. 공자, 주돈이, 정명도, 주희의 초상화를 그려 네 폭 병풍으로 만든 다음 자리 곁에 펴두고 늘 함께했다. 이들의 학문을

---

❸ 주돈이(周敦頤) 1017-1073 : 송(宋)나라 유학자이다. 성리학의 기초를 닦은 인물로 평가받는다. 유학에 도가와 불교의 주요 개념들을 도입해 우주의 원리와 인간의 본성에 대해 설명했다. 자는 무숙(茂叔), 호는 염계(濂溪)이다.

❸ 정명도(程明道) 1032-1085: 송나라 유학자이다. 동생인 정이천(程伊川)과 함께 정자(程子) 또는 이정자(二程子)로 불린다. 성리학의 이기론(理氣論)을 체계화했다. 명도(明道)는 호이고 이름은 정호(程顥)이다. 자는 백순(伯淳)이다.

❸ 장재(張載) 1020-1077 : 송나라 때의 유학자이다. 주돈이, 정명도, 정이천, 주희 등과 함께 송나라 성리학을 창시한 오현(五賢) 중 한 사람이다. 유가와 도가의 사상을 조화시켜, 우주의 본체는 기(氣)라는 사상을 전개했다. 자는 자후(子厚), 호는 횡거(橫渠)이다. 장자(張子)라고도 불린다.

❸ 주희(朱熹) 1130-1200 : 송나라 성리학을 집대성한 인물이다. 우주 만물은 본체이자 법칙인 이(理)와 현상이자 에너지인 기(氣)로 이루어져 있다고 설명한다. 그리고 인간에게는 선한 이(理)가 본성으로 나타난다고 본다. 『논어』, 『맹자』, 『대학』, 『중용』에 '주(註)'를 달아 사서를 확립했다. 주희의 성리학은 중국은 물론 조선의 유가 사회에 절대적인 영향을 미쳤다. 주자(朱子)라고 높여 부른다. 송나라 성리학 전체를 주자학(朱子學)이라 부르기도 한다. 자는 원회(元晦)·중회(仲晦) 등이고, 호는 회암(晦庵)·회옹(晦翁)·운곡산인(雲谷山人) 등이다.

올바로 배우겠다는 마음속의 맹세를 더욱 굳게 하기 위한 것이었다.

조식이 20대 중반을 넘어서던 이 무렵은 참혹한 시대였다. 피비린내 나는 사화(士禍)❸가 이미 세 차례나 지나간 후였다. 선비들 가운데는 권세를 잡은 훈구파의 눈치나 보면서 얼렁뚱땅 살아가려는 자들이 적지 않았다. 또 사림파가 사화로 화를 당한 이후로는 자신에게 화가 미칠까 두려워한 나머지 성리학에 관한 서적을 꺼려하는 분위기마저 팽배해 있었다. 하지만 조식은 이러한 분위기에 휩쓸리지 않고 꿋꿋하게 진정한 유학에 뜻을 두었다. 과거를 위한 경전 공부에서 출발하여 경전 외의 분야까지 폭넓게 공부하다가 다시 유학의 본령을 찾아 돌아왔던 것이다. 글귀의 해석이나 성리학 이론의 늪에 빠져 일생을 허비했던 허다한 선비들과는 달리, 조식의 공부는 유학의 본래 모습에 더욱 접근해 갔다.

매일 닭이 울면 일어나 세수하고 옷차림을 가지런히 한 후 먼저 조상의 사당에 참배했다. 공자, 주돈이, 정명도, 주희의 초상화 병풍에도 절을 올렸다. 조식은 직접 스승을 모시고 가르침을 받은 적이 없었으므로 이 네 분의 성현 초상화를 마치 자기가 곁에 모시고서 직접 가르침을 받는 스승처럼 경건한 자세로 대했다. 성현들의 유학 경전에 침잠하면서부터 조식은 스스로 체득(體得)하는 것을 더욱 귀하게 여겼다. 책에만 의지해 그 뜻만 알고 입으로 외우는 방법을 버리고, 철저하게 마음속으로 터득하여 실제 쓰일 수 있도록 했다.

늘 서실을 깨끗하게 정돈하고 책이나 기물을 제자리에 놓아두었다. 그리고 한번 책을 펴고 자리에 앉으면 꼼짝하지 않고 새벽까지 그대로 앉아서 공부했다. 훗날 조식의 문하에서 배운 김우옹(金宇顒)❸은 조식이 공부하는 모

---

❸ 사화(士禍) : 조선시대에 사림파의 관료나 선비들이 정치적 반대파에게 화(禍)를 입던 일을 말한다. 대체로 도덕성을 갖추고 새로 조정에 진출한 개혁 세력이, 기득권을 지키려는 훈구 세력으로부터 죽임이나 유배를 당했다. 1498년의 무오사화(戊午士禍), 1504년의 갑자사화(甲子士禍), 1519년의 기묘사화(己卯士禍) 등이, 조식이 20대에 들어서기 이전에 이미 일어났다.

습에 대해 이렇게 말했다. "하루 종일 단정히 앉아 밤을 새워 아침이 될 때까지 있기를 여러 해 동안 했다. 널리 경전(經傳)의 뜻을 캐고 제자백가(諸子百家)❸❼의 책에 두루 통달한 다음에 번거롭고 잡다한 것을 수렴해 간단하게 만들었다. 그리고 이를 자신의 입장으로 돌이켜 생각해 보고 체계를 갖추어 스스로 일가의 학문을 이루었다."❸❽

이렇게 학문에 힘쓰는 가운데 자신의 학문과 처신에 대한 지표로 '경(敬)'과 '의(義)'에 강조점을 두기 시작했다. 경과 의는 "군자는 경으로써 안을 곧게 하고 의로써 바깥을 바르게 한다"❸❾라는 『주역』의 말에서 가져온 것이다. 여기서 경은 마음의 주재자이고 의는 모든 행동의 기준이다. 경과 의가 갖추어진 이후라야 마음이 맑아져서 모든 판단이 바로 서고 참된 용기가 솟아난다. 경과 의를 실천하기 위해 조식은 패검(佩劍)에 "안에서 밝히는 것은 경이요, 밖에서 결단하는 것은 의다"❹⓪라고 명문(銘文)을 새겨 차고 다녔다.

그리고 죽을 때까지 이 경과 의를 놓지 않았다. 일생의 마지막 무렵 지리산 천왕봉을 바라보는 자리에 산천재(山天齋)를 짓고 머물렀는데, 이 산천재 벽에 '경(敬)'자와 '의(義)'자를 써 붙였다.

성현의 유학 경전을 읽으면서 인격 수양에 치중한 조식이지만 문장 또한 능하지 않았던 것은 아니다. 조식 스스로 자신의 문장에 상당한 자부심을 가

---

❸❻ 김우옹(金宇顒) 1540-1603 : 선조 때의 관료이다. 홍문관직제학, 대사헌, 대사간, 안동부사(安東府使), 병조참판, 이조참판 등을 지냈다. 조식의 문인이자 외손서(外孫壻)였다. 조식으로부터 성성자(惺惺子)를 받았다. 『동강집(東岡集)』을 남겼다. 본관은 의성(義城), 자는 숙부(肅夫), 호는 동강(東岡)이다. 경상도 성주목(星州牧) 사월곡리(沙月谷里)에 살았다.

❸❼ 제자백가(諸子百家) : 춘추전국시대에 활약한 학자와 학파를 통틀어 말하는 명칭이다. 인의(仁義)의 교화를 주장하는 유가(儒家), 무위자연과 소박한 삶을 강조하는 도가(道家), 법에 의한 엄격한 통치를 말하는 법가(法家), '차별 없는 사랑(兼愛)'를 말하는 묵가(墨家), 명목과 실제의 일치를 주장하는 명가(名家), 여러 학파의 주장을 종합하는 잡가(雜家) 등이 있었다.

❸❽ 『남명집(南冥集)』 권4, 김우옹 「남명선생행장(南冥先生行狀)」. • 원문은 책 끝에 덧붙임.

❸❾ 『주역』 「곤괘,문언전(坤卦,文言傳)」. "君子 敬以直內 義以方外"

❹⓪ 『남명집(南冥集)』 권1, 「패검명(佩劍銘)」. "內明者敬 外斷者義"

지고 있었다. 과거 합격 정도는 '허리를 굽혀 물건 줍는 일' 정도로 쉽게 여길 만큼이었다. 붓을 잡고 글을 지을 때 별 생각 없이 쓰듯 술술 적어 내렸지만 이치가 잘 갖추어져 있었다. 문장이 현란한 수사 없이도 준엄하고 명쾌하며 옛 법도에 맞았다. 그래서 이처럼 내용 전달 위주의 명쾌한 고문(古文)❹을 배우는 사람들이 다투어 베껴가서 외웠다. 특히 『춘추좌씨전(春秋左氏傳)』❷과 당(唐)나라 문인 유종원(柳宗元)❸의 문장을 모범으로 삼았다.

조식은 만년에, 자신은 고문을 공부했으나 이루지 못했다며 자신의 문장에 대해 이렇게 평한다. "비유하자면 나는 비단을 짜려다가 한 필을 이루지 못한 것이니 세상에 쓰이기에 곤란하다."❹ 이는 고문을 배워 대단한 문장을 남기려는 포부를 갖고 노력했지만, 자기 마음에 흡족한 경지에까지는 도달하지 못했다는 의미이다. 조식은 문장 공부보다 훨씬 더 중요한 성현의 학문이 있었으므로 20대 중반 이후로는 문장에 정력을 쏟지 않았다. 현재 『남명집』에 실려 있는 조식의 글은 여느 문인, 학자들의 것과는 다른 면모를 보여 준다. 문장이 매우 간결하지만 이해하기 어려워 난삽(難澁)하다. 하지만

---

❹ 고문(古文) : 진(秦)나라 시대 이전의 실용적인 문장을 모범으로 삼는 글이다. 단순명쾌한 의미 전달을 중요한 기술 원칙으로 여긴다. 겉으로만 화려하게 꾸미는 남북조시대의 변려문(騈儷文)에서 벗어나려는 의도로 쓰여지기 시작했다.

❷ 『춘추좌씨전(春秋左氏傳)』 : 공자가 편찬한 것으로 전해지는 역사서인 『춘추(春秋)』를 상세하게 풀이한 주석서이다. 기원전722년~기원전481년 사이의 중국 역사를 다루고 있다. 고대 중국인의 사유 방식과 생활 문화를 탁월한 묘사와 함께 전해주고 있지만, 내용의 사실성에는 의문이 없지 않다. 춘추시대 노(魯)나라의 좌구명(左丘明)이 주석을 썼다 하여 『좌씨전(左氏傳)』 또는 『좌전(左傳)』이라고도 한다.

❸ 유종원(柳宗元) 773~819 : 당나라의 문인이다. 당송팔대가(唐宋八大家) 중 한 명이다. 아름다움을 강조하는 변려체(騈儷體) 문학에 반대하여 단순명쾌한 고문(古文) 부흥 운동을 제창했다. 자연 묘사에 뛰어난 시를 남겼다. 자는 자후(子厚)이다.

❹ 김우옹이 쓴 「남명선생행록(南冥先生行錄)」에 따르면 조식은 다음과 같이 말한 바 있다. "나는 고문을 배웠으나 능히 이루지 못했고, 이황의 문장은 지금의 문장이지만 매우 성숙했다. 비유하자면, 나는 비단을 짜려다가 한 필을 이루지 못한 것이니 세상에 쓰이기 어렵고, 이황은 명주를 짜서 한 필을 이룬 것이어서 세상에 쓸 만한 것과 같다.(吾學古文而不能成 退溪之文 本是今文 然却成就 譬之我織錦而未成匹 難於世用 渠織絹成匹而可用也)" 김우옹의 「남명선생행록」은 『남명집』 권4에 실려 있다.

이 문장은 그 사상을 최대한 압축시켜 나타낸 것으로 음미하면 음미할수록 그 속에 무궁무진한 의미가 함축되어 있음을 느낄 수 있다.

한시 또한 힘이 넘쳤다. 현재 2백7수의 한시가 전해지고 있는데, 글귀나 다듬고 아름다운 표현만 찾는 음풍농월류의 시가 아니다. 세상을 바로잡고 사람들의 마음을 선한 방향으로 움직이고자 하는, 강한 의지를 담고 있는 시이다. 조식은 20대 중반 이후로는 "시가 사람의 마음을 허황하게 만든다"고 여겨 스스로 시 짓기를 즐기지 않았다. 한시의 형식으로 자신의 뜻을 나타낼 뿐, 아름다운 표현을 찾기 위해 애쓰지는 않았다는 것이다. 조식은 제자들에게도 이를 경계했다. 조식의 글씨는 원(元)나라 명필 이부광(李溥光)❹❺의 서체를 본받아 굳세고 날카로웠다.

---

❹❺ 이부광(李溥光) : 원(元)나라의 승려이자 서예가이다. 호는 설암(雪庵)이다. 해서(楷書)를 큰 글자로 쓰는 일에 뛰어났다. 필획이 방정하고 강건한 그의 글씨는 설암체로 유명했으며 궁성의 편액에 많이 쓰였다.

아버지 조언형의
억울한 죽음

1526년 봄, 조식은 하늘이 무너지는 천붕(天崩)의 아픔을 겪는다. 아버지 조언형(曺彦亨)이 쉰여덟 살을 일기로 세상을 떠난 것이다. 조식의 아버지 조언형은 서른여섯 살 때 문과에 합격하여 승문원정자(承文院正字)로 관직을 시작한 이후 스물세 해 동안 이조정랑(吏曹正郎), 사헌부집의(司憲府執義), 성균관사성(成均館司成), 단천군수(端川郡守), 승문원판교(承文院判校)❹ 등의 벼슬을 지냈다.

1519년의 기묘사화 이후 남곤(南袞)❼, 심정(沈貞)❽ 등 권력을 잡은 간신들에게 아부하지 않은 사람들은 파직되거나 좌천되는 일이 비일비재했다.

---

❹ 승문원판교(承文院判校) : 외교 문서를 맡아보던 승문원의 정3품 당하관 관직이다.

❼ 남곤(南袞) 1471-1527 : 연산군, 중종 때의 권간(權奸)이다. 조광조(趙光祖) 등 신진 사림파를 숙청한 1519년의 기묘사화를 주도했다. 기묘사화 후 정권을 장악했으며 1523년 영의정에까지 올랐다. 자는 사화(士華), 호는 지정(止亭)·지족당(知足堂)이다.

❽ 심정(沈貞) 1471-1531 : 연산군, 중종 때의 권간(權奸)이다. 1506년 중종반정에 가담했다. 1518년 한성부판윤, 형조판서에 올랐다가 조광조 등 사림파의 탄핵으로 파직당했다. 1519년 기묘사화를 주도하여 정권을 장악하고 조광조 등을 숙청했다. 자는 정지(貞之), 호는 소요정(逍遙亭)이다.

평소 처신에 사사로움이 없었던 조언형도 이들 집권층의 눈 밖에 났고 제주목사(濟州牧使)로 부임하라는 명을 받았다. 집권층의 속셈은 조언형을 절해고도(絕海孤島)의 외직으로 몰아냄으로써 바른 소리를 하지 못하게 하려는 것이었다. 그런데 이때 마침 조언형은 아주 심한 병이 들어 도저히 제주목사로 부임할 수가 없었다. 당시 제주도는 거친 풍랑을 헤치고 가야 하는 곳이었기에 생명에 위협을 느껴 간혹 부임하기를 꺼려하는 사람들이 있었다. 조언형은 병으로 부득이 가지 못하고 사양한 것이지만 집권층은 병을 핑계로 험난한 곳을 피하려 한 것이라며 관작을 삭탈❹해 버렸다.

이때의 병으로 조언형은 다시 일어나지 못하고 세상을 떠났다. 조식에게 아버지의 이러한 죽음은 큰 충격을 안겨 주었다. 조식은 이 일로 과거를 통해 관직에 나아가는 일에 큰 환멸을 느꼈다. 아버지의 갑작스런 죽음만으로도 슬픔을 주체할 수 없었지만, 그토록 강직했던 아버지에게 일신의 안녕만을 추구하는 인물이라고 누명을 덮어씌운 일은 도저히 참을 수가 없었다.

조언형은 벼슬 생활에서 관직이 승문원판교에까지 이르렀다. 승문원판교는 정3품 통훈대부(通訓大夫)의 품계로, 당상관은 아니지만 당하관 중에서는 가장 높은 고위 관직이었다. 그러나 조언형이 죽은 이후 집안에는 장례를 치를 비용조차 없었고 남은 식구들은 당장 끼니를 걱정해야 할 처지였다. 아버지가 남겨준 유일한 것은 "자신의 분수에 만족하라"는 의미의 '안(安)'자 하나뿐이었다고, 조식은 아버지의 묘갈명(墓碣銘)❺에서 밝혔다.

조식의 외가는 본래 삼가현 지역에서 대대로 살아온 재지사족으로서 큰 부자였다. 당시의 풍습은 딸에게도 아들과 같은 비율로 재산을 분배해 주었다. 이에 조언형도 상당량의 재물을 분배받아 재산이 적지 않았다. 그러나 불우한 이들을 돕느라 생활이 어렵게 된 것이다. 다행히 조언형이 타던 말

---

❹ 삭탈관작(削奪官爵) : 죄를 지은 자에게서 벼슬과 품계를 빼앗고, 벼슬아치의 명부에서 그 이름을 지우던 일을 말한다.

❺ 묘갈명(墓碣銘) : 묘갈에 새겨 넣은 글이다. 죽은 사람의 성명, 세계(世系), 행적, 출생과 사망 시기, 자손 등을 적었다. 묘갈은 죽은 사람의 무덤 앞에 세우는, 머리 부분이 둥그스름한 비이다. 묘비를 세울 수 없는, 3품 이하의 관원과 일반 백성이 세웠다.

한 필이 남아 있었고 이 말을 팔아 장례비를 마련할 수 있었다. 조식은 염(斂)을 마친 후 곧바로 중종(中宗)에게 아버지의 억울함을 호소하는 상소를 올렸다. 중종도 그 억울함을 알고서 곧 관작을 되돌려 주었다.

조언형은 당시에 공평무사한 일 처리로 이름이 나 있었다. 조정에 무슨 일이 있을 때 조언형이 기준을 세워주지 않으면 그 일을 연기해야 할 정도였다고 한다. 단천군수로 있으면서 직속상관인 함경도관찰사로 부임해 온 고향 친구 강혼(姜渾)❺❶의 간교함을 꾸짖은 일로도 그의 곧은 성품을 알 수 있다.

시를 좋아했던 연산군은 승지(承旨), 사관(史官), 경연관(經筵官) 등의 주변 신하들❺❷에게 시제(詩題)를 내리고 시를 짓도록 하는 일이 종종 있었다. 이때 강혼은 승지로서 왕명의 출납을 담당하는 자리에 있었다. 그런데 강혼은 연산군에게 극도로 아첨하는 시를 지어 바쳤고, 연산군은 이 시를 좋아해 장원으로 뽑고 상을 내렸다. 이에 당시의 뜻있는 사람들은 강혼을 매우 비루하게 생각했다.

그리고 여러 해가 지나 조언형이 함경도 단천군수로 있을 때였다. 강혼이 함경도관찰사가 되어 단천군으로 순시를 나왔다. 강혼이 단천군에 온다는 소식을 들은 조언형은 벼슬을 내놓고 돌아갈 행장을 차리고, 집안사람에게 탁주 한 말을 준비하도록 했다. 이때 아전이 "관찰사의 행차가 곧 도착하니 관례상 마땅히 마중을 나가야 하지 않겠습니까?"라고 하였으나, 그는 아프다고 하면서 강혼을 맞이하러 나가지 않았다.

---

❺❶ 강혼(姜渾) 1464-1519 : 성종, 연산군, 중종 때의 관료이다. 연산군의 총애를 받던 궁인이 죽자 궁인애사(宮人哀詞)와 제문을 지어 바치며 연산군에게 아첨했다. 그러나 연산군을 몰아내는 중종반정에 가담했고, 이후 대제학, 경상도관찰사, 공조판서, 우찬성 등을 지냈다. 김종직(金宗直)의 문인이며, 명문장가로 이름을 날렸다. 본관은 진주(晉州), 자는 사호(士浩), 호는 목계(木溪)·동고(東皐)이다.

❺❷ 승지, 사관, 경연관은 모두 왕과 지극히 가까운 거리에 있으면서 왕을 직접 모시는 관원이다. 승지는 왕명의 출납을 담당하는 승정원 관원으로서 항상 왕을 추종한다. 사관은 역사 기록을 담당하는 관원으로서 입직까지 서며 왕의 일거수일투족을 살핀다. 경연관은 보통 학문과 덕망이 높은 문신 관료가 겸직하는데, 왕에게 유가 경전에 대해 강론하고 왕의 정치적 자문에 응한다.

그러나 조언형은 밤이 되어 사복을 입고 하인에게 술통을 들려 강혼을 찾아갔다. 그리고 "혼(渾)은 어디에 있는가?"라고 불렀다. 이름을 직접 부름으로써 강혼에 대한 멸시의 뜻을 표시한 것이었다. 강혼은 그 목소리를 듣고 급히 일어나 문을 열고 나오면서, "나 여기 있네"라고 반갑게 인사했다. 조언형은 자리에 앉자마자 안부도 묻기 전에 먼저, "날이 찬데 자네 한 잔 하겠나?" 하고는 먼저 자신이 한 잔 부어 마셨다. 강혼은 제 손으로 석 잔을 부어 마셨다. 그러자 조언형이 준엄하게 이야기를 시작했다. "자네가 전에 한 짓은 개돼지만도 못하니 자네가 먹다 남긴 술은 개돼지도 먹지 않을 것이네. 자네가 젊었을 때 총명하고 민첩하여 사귈 만하다고 여겼는데 어찌 작은 재주를 믿고서 이다지도 몸가짐을 형편없이 하는가? 자네는 살아 있지만 죽은 것만 못하네. 내가 편지를 보내어 절교하려고도 했지만, 한번 만나서 꾸짖으려 마음먹었네. 이제 자네를 보았으니 나는 내일 떠나려네."

강혼은 조언형의 말을 듣고 고개를 푹 숙이고 눈물을 흘리면서 전날 자신의 처신을 후회했다. 하지만 조언형은 조금도 망설이지 않고 그 이튿날 관직을 버리고 단천군을 떠났다. 이처럼 분명한 성격으로 당시의 벼슬길에서 순탄하게 지내기는 어려운 일이었다. 조식의 굳건한 성격은 이러한 아버지로부터 물려받은 바가 많았다.

조식은 아버지의 영구를 모시고 삼가현으로 내려와 관동(冠洞)❸의 선영에 안장했다. 그리고 무덤 앞에 움막을 짓고 시묘(侍墓)살이❹를 하면서 이른 새벽부터 밤늦게까지 슬피 울며 피눈물을 흘렸다. 조문을 온 사람이 있으면 엎드려 곡(哭)을 하며 울음소리를 내고 답례로 절할 뿐 마주 앉아 이야기를 나누지 않았다. 집안의 하인들에게는 삼년상이 끝나기 전에는 집안일

---

❸ 삼가현 관동(冠洞) : 현재의 경상남도 합천군 삼가면 하판리 지동마을을 말한다. 이곳의 조식 선영에는 조식의 증조부, 할아버지, 아버지의 묘소가 자리 잡고 있다.
❹ 시묘살이 : 부모나 조부모 등의 상을 당해 그 묘소 옆에서 움막을 짓고 지내며 묘소를 돌보는 일을 말한다.

을 가져와 이야기하지 말라고 당부하고, 억울하게 돌아가신 아버지를 회상하면서 슬퍼할 뿐이었다.

1528년 6월, 스물여덟 살 때 조식은 아버지의 삼년상을 마쳤다. 그리고 곧 자신이 직접 아버지의 묘갈명을 지었다. 묘갈명은 무덤 앞에 세운 돌에 새긴 글을 말하고, 묘갈은 3품 이하의 관원에서 일반 서민까지 묘비 대신 세울 수 있었던 것이다. 그 아버지를 이해하는데 있어서 그 자식만한 사람은 없을 것이나, 이 묘갈명을 그 자식이 짓는 경우는 드물었다. 이 묘갈명은 흔히 학문이나 문장으로 세상에 이름이 높은 사람이나 벼슬이 높은 사람에게 청해서 얻었다. 이렇게 하면 묘갈명의 주인공 또한 따라서 그 덕을 받는다고 여겼다. 더욱이 그 자식이 묘갈명을 지으면 공정성을 인정받기도 어려웠다. 그러나 조식은 아버지 조언형의 일생을 가장 바르고 자세하게 그려낼 사람은 자신이라 생각하고 스스로 묘갈명을 지었다. 그리고 장황하게 미화하지 않고 간명하게 아버지의 일생을 요약했다.

조식은 승문원판교를 지낸 아버지 조언형의 묘갈명에서 다음과 같이 쓰고 있다. 글을 읽는 사람 누구나 글에 담긴 내용을 신뢰할 수 있을 정도로, 조식의 글은 확고한 신념과 긍지로 가득 차 있다.

나의 아버지께서 임금을 섬기고 백성들을 다스릴 때 덕이 있었다면, 사관(史官)의 기록이 있을 것이요, 많은 백성들의 칭찬하는 말이 있을 것이다. 나의 아버지에게 일컬을 만한 덕이 없는데도 장황하게 미화한다면, 그 글은 아첨하는 글이니 나의 아버지를 속이는 것이 된다. 나의 아버지의 행실을 거짓으로 적는다면 나의 아버지를 부끄럽게 만드는 결과가 된다. 아버지를 속이거나 부끄럽게 하는 일은 나 또한 차마 하지 못할 일이다.

벼슬살이를 20년 동안 했지만 돌아가셨을 때, 가난하여 예를 갖출 수 없었다. 집에서는 먹고 살 길이 없었으니 자손들에게 남겨준 것은 '분수에 만족하라'는 말씀뿐이었다. 연이어 두 임금을 섬기면서 특별하게 수고하고 힘썼지만 품계는 3품에 지나지 않았으니, 구차하게 세상에 아첨하여 영화를 얻고자 하지 않았음을 알 수 있다. 비록 높은 관직에 오르지는 못했지만 조정의 고관들이 나의 아버지에게 의지하여 하루라도 없으면 안될 정도였으니, 그때 나라를 위해 얼마나 중요한 역할을 했는지 알 수 있다.

나의 경우에는 속이는 짓을 면할 수 있고 아버지의 경우에는 덕에 비추어 부끄럽지 않다고 할 만하다. 그런데 하늘은 어찌하여 그 아름다운 덕을 갖춘 사람을 내어놓고는 오로지 그 수명(壽命)에는 인색하여 고작 쉰여덟 살에서 그치게 했는가? 그러므로 내가 하늘을 향해 애통해하며 부르짖는 일은 어찌 하늘 때문이 아니겠는가? 액운을 만나 때마침 제주목사로 임명되자 병이 심해져 부임하지 못했다. 그런데 병을 핑계로 어려운 일을 회피하려 했다는 누명을 쓰고 모든 관작을 빼앗기고 말았다. 염(斂)을 마친 다음 달에 임금에게 원통함을 호소하자 판교 이하의 모든 관작을 회복한다는 명이 내려졌다. 아, 이것이 어찌 밝은 세상의 일이겠는가? ㊕

조식이 지은 아버지의 묘갈명은 5백 자 정도에 지나지 않을 만큼 짧다. 조식은 그 누구보다도 아버지의 일생에 대해 잘 알고 있었고 아버지의 삶에 대한 존경심 또한 컸다. 이런 점을 감안하면 이 묘갈명이 이처럼 짧다는 점은 의아할 정도이다. 그러나 조식이 지은 묘갈명은 수천 자, 수만 자의 긴 글보다 더 힘이 있었다.

당시 문장가로 유명했던 남곤(南袞)은 조식이 지은 조언형의 묘갈명을 읽고서 크게 탄복했다. 그래서 다음과 같이 말했다. "문장은 고문(古文)의 법도에 맞고 의리인즉 정자(程子)㊗ 집안의 조상들 전기(傳記) 쓰는 방식이다. 원망하는 듯하면서도 어지럽지 않으니 세상에 흔하지 않은 문장이다."

남곤은 간사하고 비열한 자였다. 김종직(金宗直)㊘의 문하에서 공부하고

㊕ 『남명집(南冥集)』 권2, 「승문원판교를 지낸 조언형의 묘갈명(通訓大夫承文院判校曺公墓碣銘)」. • 원문은 책 끝에 덧붙임.

㊗ 정자(程子) : 송(宋)나라의 유학자인 정명도(程明道 ; 1032-1085)와 정이천(程伊川 ; 1033-1107) 두 형제를 높여서 부르는 말이다. 이정자(二程子)라고도 하고 이정(二程)이라고도 한다. 성리학의 이기론(理氣論)을 체계화했다는 평을 받는다. 이기론은 이(理)와 기(氣)의 원리를 통해 존재와 운동, 생성과 변화와 소멸을 설명하는 이론 체계이다.

관직에 나온 사림파의 일원으로서 개혁적인 모습을 보여주기도 했지만, 결국은 훈구파와 함께 기묘사화를 일으켜 많은 사림파를 죽였다.

그렇지만 문장 솜씨만은 대단했다. 수많은 김종직의 제자들을 제치고 김종직의 문집인 『점필재집(佔畢齋集)』에 발문(跋文)❺❽을 쓸 정도로 인정을 받았다. 기묘사화에 참여하기 전에 이미 홍문관대제학(弘文館大提學)을 지냈다. 홍문관대제학은 나라가 필요로 하는 문장을 총괄하고 과거 시험 진행을 책임지면서, 온 나라의 학문과 문장을 주도하는 관직이다. 그래서 어떤 집안에서 대제학이 한 명 나오면 열 명의 정승이 나온 것보다도 더 영예롭게 여겼다. 남곤은 최고의 문장가로 평가받았기 때문에 대제학을 맡을 수 있었던 것이다. 또한 남곤은 남의 결점을 잘 지적하여 날카로운 말로 탄핵하는 특기가 있었다. 그러나 후세 사람들이 욕할 것을 알고서, 죽을 때 자신이 지은 글을 모두 불살라 버렸다. 다만 간신 유자광(柳子光)❺❾의 전기만은 남겨 두어 후세 사람들에게 간신의 심리 상태를 알리려 했다.

남곤이 칭찬했다고 해서 조식의 문장이 가진 가치가 올라가는 것은 아니다. 하지만 늙은 농사꾼은 농사일을 잘 알고 나이든 말은 길을 잘 알듯이, 남곤이 비록 소인배이긴 해도 문장을 알아보는 안목은 대단했던 것이다.

조식은 상복을 벗은 후에도 해마다 아버지 기일이 되면 매양 슬퍼하고 아버지를 우러러 그리워하기를 마치 초상 때처럼 했다. 음식을 장만하고 그릇

---

❺❼ 김종직(金宗直) 1431-1492 : 단종, 성종 때의 유학자이다. 정몽주, 길재의 학통을 계승했고 김굉필(金宏弼), 정여창(鄭汝昌), 김일손(金馹孫), 남효온(南孝溫) 등의 학문에 큰 영향을 미쳤다. '영남 사림의 영수'로 불린다. 세조의 왕위 찬탈을 비난하는 내용을 담은 「조의제문(弔義帝文)」을 지어 절의를 중요시하는 유학자의 면모를 보여주었다. 관료로서 공조참판, 형조판서 등을 지냈다. 문장에도 뛰어나 많은 시문과 일기를 남겼다. 『점필재집(佔畢齋集)』, 『유두류록(遊頭流錄)』, 『청구풍아(靑丘風雅)』 등의 책이 있다. 자는 계온(季昷), 호는 점필재(佔畢齋)이다.

❺❽ 발문(跋文) : 책의 끝에 책의 대강(大綱)이나 책을 간행하게 된 경위에 관한 사항을 간략하게 적은 글이다.

❺❾ 유자광(柳子光) 1439-1512 : 조선 전기의 간신으로 유명하다. 서얼 출신이었으나 이시애의 난에서 공을 세워 세조의 총애를 받았다. 연산군 때 무오사화를 촉발하여 사림을 숙청했고 중종반정에 가담했다.

조식은 삼년상을 마친 후 아버지 조언형의 묘갈명을 직접 썼다. 아버지 조언형의 일생을 가장 바르고 자세하게 그려낼 사람은 자신이라고 생각했던 것이다. 사진은 조식이 쓴 '조언형 묘갈명'의 초고(礎稿)이다.

씻는 일까지도 하나하나 살펴 자식으로서의 도리를 다했다. 제사란 부모님이 돌아가셔서 다하지 못한 효도를 계속하는 뜻에서 지내는 의식이기 때문에 살아 계실 때처럼 지극한 정성을 들이는 것이다.

1528년, 조식이 아버지의 삼년상을 마치자 성우(成遇)⑩가 삼가현으로 조식을 찾아왔다. 성우는 조식이 서울에 살 때 사귀던 벗이었는데 시묘살이를 마친 조식의 울적함을 위로하고 오랫동안 막혔던 회포도 풀고자 하여 천리길을 멀다 하지 않고 찾아온 것이다.

성우는 조식의 가장 절친한 벗인 성운(成運)의 형이었다. 벼슬길에 나아가지 않고 산수 유람하기를 좋아했다. 훗날 을사사화(乙巳士禍)⑪로 인해 절친했던 벗들이 화를 당하자 분개하여, 다음과 같이 간신들을 비난하는 말을 했다. "유관(柳灌)⑫이 어찌 역적모의를 했겠는가? 듣자 하니 임백령(林百齡)⑬이 심사가 바르지 못해 장차 나쁜 짓을 할 것이라 하더니 과연 그렇구나." 그러나 1546년 8월 "역적을 편들고 공신을 모욕한다"는 죄목으로 끌려가 장형(杖刑)을 당해 죽고 만다. 조식이 평생 벼슬하지 않은 것은 이 성우의 죽음으로부터 받은 영향도 적지 않았다.

조식은 멀리까지 찾아와 준 벗이 무척 반가워 여러 날을 계속 이야기하

---

⑩ 성우(成遇) 1495-1546 : 조식의 절친한 벗이었던 성운(成運)의 형으로 또한 조식과 벗으로 지냈다. 조식은 성우에 대해 "청빈하기가 물과 같아서 일찍이 나와 단금지교(斷金之交)를 맺었다"고 말했다. 제릉참봉(齊陵參奉)을 지내다가 1545년의 을사사화에 연루되어 1546년 8월 옥에서 죽었다. 자는 중려(仲慮)이다.

⑪ 을사사화(乙巳士禍) : 명종이 즉위한 1545년에 일어났다. 인종이 죽고 명종이 즉위하자, 새로 즉위한 명종의 외숙부 윤원형(尹元衡)이 이끄는 소윤파(小尹派)가 인종의 외숙부 윤임(尹任)이 이끄는 대윤파(大尹派)를 몰아냈다. 그리고 이 과정에서 인종 때 벼슬에 나아간 사림파(士林派)가 크게 화를 입었다.

⑫ 유관(柳灌) 1484-1545 : 중종 때 대사헌, 이조판서를 지냈고 인종 때 우의정, 좌의정을 지낸 관료이다. 이조판서로 있으면서 이기(李芑)의 비행을 공격한 일이 있었다. 1545년 을사사화 때 윤원형(尹元衡), 이기 등에게 죽임을 당했다. 자는 관지(灌之), 호는 송암(松庵)이다.

⑬ 임백령(林百齡) 1498-1546 : 윤원형(尹元衡), 이기(李芑) 등과 모의해 1545년의 을사사화를 일으켰다. 을사사화 후 명나라 사신으로 갔다가 돌아오는 길에 병으로 죽었다.

며 그동안 서로 몰랐던 사정을 주거니 받거니 하다가, 서울 친구들의 안부, 조정의 형편, 세상 돌아가는 사정 등을 물었다. 그리고 울적한 심사도 풀고 그동안 시묘살이로 쇠약해진 몸도 단련할 겸 성우와 함께 지리산으로 유람을 떠났다. 두 사람은 지리산을 두루 구경하고 나서 다시 조식의 집으로 돌아왔다. 성우는 조식의 간곡한 만류로 그해 겨울을 조식의 집에서 보내면서 함께 학문을 강론하고 장래의 포부를 이야기했다.

이듬해(1529년) 초봄에 성우는 서울로 돌아가기 위해 길을 나섰다. 가난한 선비의 살림이지만 조식은 조촐하게 전송과 이별의 자리를 마련해 술잔을 주고받으며 성우에게 시 한 수를 지어주었다.

시골 마을엔 꽃 절로 피었다 지고,	村花自開落
들녘에서 소녀들 노래하며 나물 캐네.	郊女謠青菜
밤새도록 이런저런 이야기했는데,	竟夕坐且起
이 뜻을 봄은 이해하지 못하리.	此意春不解
제비 제 알아서 돌아온 오늘 아침에,	今朝燕自來
벗은 남녘에서 이별 술 들고 있네.❷	故人金陵在

마음에 맞는 벗과 헤어지는 일은 무척 섭섭한 것이다. 그러나 이별은 피할 수 없는 일임을 어찌하겠는가? 조식은 함께 말을 타고 이야기하며 가다가 황강(黃江)❸ 나루에 이르러 이별주를 나눈 후, 배를 타고 강을 건너는 벗에게 손을 흔들어 전송했다.

---

❷ 『남명집(南冥集)』 권1, 「성우와 이별하며(贈成中慮)」.
❸ 황강(黃江) : 낙동강의 지류이다. 거창군 삼봉산에서 발원하여 거창군 거창읍, 합천호, 합천군 합천읍 등지를 지나 합천군 청덕면에서 낙동강으로 합류한다. 합천호가 없었던 조식의 시대에는 지금보다 수량이 많았을 것이다.

1530년, 김해부 탄동에 산해정을 짓다

二章

산악처럼 우뚝하고
연못처럼 깊게

성우와 학문을 강론하고 포부를 이야기하며 한겨울을 지낸 조식은 자신의 학문이 얼마나 부족한지 절실하게 깨달았다. 그런데 조식이 머물고 있는 곳에는 가르침을 청할 스승이나 함께 절차탁마할 친구가 없었다. 독실하게 공부하지 않으면 서울에 살고 있는 친구들보다 자신이 뒤떨어질 것은 당연한 일이었다. 또 공부는 젊은 시절을 놓쳐버리면 기초를 쌓기가 어려운 법이다. 그래서 조식은 성우를 전송하고 나서 며칠 지나지 않아 어머니께 사정을 아뢰어 허락을 받고 짐을 꾸렸다. 그리고 인근의 자굴산(闍崛山)으로 들어갔다. 좀더 성실하고 극진하게 공부에 전념하기 위해서였다.

자굴산은 의령현(宜寧縣)의 서쪽에 있었다. 높이는 해발 897미터에 불과하지만, 인근에서는 높은 편인데다 산세도 예사롭지 않아 의령현의 진산(鎭山)❶으로 여겨졌다. 삼가현과 의령현의 경계를 이루고 있는데, 삼가현 쪽에서 올라가다 보면 산 중턱 조금 위에 절이 있었다. 그리고 이 절에서 조금

---

❶ 진산(鎭山) : 각 고을에서 해당 고을을 지켜주는 산으로 정해 제사를 지낸, 고을의 주산(主山)을 말한다.

더 올라가 정상 부근에 이르면 깎아지른 듯한 수십 길의 절벽이 나타났다. 이 절벽의 윗면은 평평하여 수십 명의 사람이 앉아서 놀 수 있을 만큼 넓었다. 이 바위가 바로 명경대(明鏡臺)인데, 조식은 이 명경대를 사랑하여 자주 올랐다.

공부에 전념하기 위해 자굴산에 들어온 조식은 명경대가 바라다보이는 절에 방을 하나 빌렸다. 그리고 이 방에 머물며 조용히 글을 읽었다. 옛사람들은 글을 읽을 때 가락을 넣어 길게 소리를 뽑아 읽는 것이 보통이었지만, 조식은 소리를 내지 않고 마음속으로 글을 읽었다. 한 문장, 한 문장 뜯어가면서 읽는 방식을 취하지 않고 마음으로 글 전체의 큰 뜻을 터득하여 자기 것으로 만들었다. 조식의 모습을 지켜본 절의 승려는 이처럼 공부하는 조식의 모습에 대해 다음과 같이 말했다. "거처하는 방이 종일토록 조용하지요. 밤이 깊어 글을 읽으면서 때로 마음에 맞는 글귀를 만나면 손으로 책상을 가볍게 두드립니다. 그 소리를 듣고서 아직도 글을 읽고 있구나 하고 우리들이 짐작하지요."❷

조식은 졸음을 극복하는 자기 특유의 방법으로 잠을 적게 자고서도 정신을 맑게 유지할 수 있었다. 낮에는 정신을 집중하고 잠을 잘 때는 깊이 자는 것이었다. 조식이 제자들을 교육하는 방법 또한 이런 데서 출발했다. 제자들의 혼미함을 깨우쳐 눈을 뜨게 하고 스스로 돌이켜 체득하게 하는 데 주안점을 두었을 뿐, 책을 붙들고 한 구절 한 구절씩 풀이해 주지는 않았다. 조식은 제자들에게 이렇게 훈계했다. "한밤중의 공부가 요긴한 것이니, 잠을 많이 자서는 안된다."❸

글을 읽다가 때때로 틈을 내어 명경대에 올라가 먼 곳을 바라보곤 했다. 때로는 바위 위에 앉아서 깊은 생각에 잠겨 있기도 했고 시를 짓기도 했다. 이때 지은 「명경대(明鏡臺)」라는 시는 다음과 같다.

---

❷ 『남명선생편년(南冥先生編年)』 29세조. • 원문은 책 끝에 덧붙임.
❸ 『남명별집(南冥別集)』 권2, 「언행총록(言行總錄)」. • 원문은 책 끝에 덧붙임.

높다란 명경대, 누가 공중에 솟게 했나?　　　　　高臺誰使聳浮空

하늘 받치는 기둥 부러져 이 골짜기에 박혔네.　　鰲柱當年折壑中

푸른 하늘 내려오지 못하게 떠받치며,　　　　　　不許穹蒼聊自下

해 돋는 곳까지 시원하게 통해 있구나.　　　　　肯教暘谷始能窮

속인 찾아오는 것 싫어해 구름이 막아 있고,　　門嫌俗到雲猶鎖

귀신이 시기할까 봐 나무들이 바위를 에워쌌네.　巖怕魔猜樹亦籠

내가 주인 노릇 하고자 하늘에 빌고 싶지만,　　欲乞上皇堪作主

융숭한 하늘의 은혜, 인간들이 질투하면 어찌할꼬?❹　人間不奈妬恩隆

　조식은 스스로 명경대의 주인이 되고 싶을 만큼 명경대가 마음에 들었다. 깎아지른 절벽에서 준엄한 기상을 배웠고, 평평한 반석에서 모든 것을 포용하는 도량을 느꼈다.

　이때 자굴산으로 동갑내기 벗인 이원(李源)❺이 찾아와 경서의 뜻을 따져 묻고 토론했다. 그는 박학했으며 특히 옛일을 잘 알고 있었다. 동갑내기였지만 조식과는 서로 무척 존경하는 사이로 직접 찾아가 학문을 강론하기도 하고, 또 편지 왕래를 하면서 학문에 대한 토론을 열심히 했다. 나이들어서도 그 교분이 조금도 쇠퇴하지 않았다.

　이원의 집은 단성현(丹城縣) 배양(培養)❻에 있었다. 벼슬에 뜻을 두거나 명리를 탐하지 않았던 이원은 그곳에 청향당(淸香堂)이라는 서재를 짓고 유유자적했다. 뜰에 대나무, 소나무, 국화, 매화 등을 심어 그윽한 정취를 돋우고, 많은 서적을 쌓아 두고 읽으며, 거문고를 연주하며 지냈다. 조식은 가끔 이 청향당을 방문하여 술잔을 주고받으며 학문을 토론하고 세상 돌아가

---

❹ 『남명집(南冥集)』권1, 「명경대(明鏡臺)」.

❺ 이원(李源) 1501~1568 : 중종, 명종 때의 유학자이다. 과거와 벼슬에 뜻을 두지 않고 은거하며 학문에 전념했다. 조식, 이황과 교유했다. 자는 군호(君浩), 호는 청향당(淸香堂)이다.

❻ 단성현 배양(培養) : 현재의 산청군 단성면 사월리 배양마을이다. 문익점이 처음 목화를 들여와 재배한 곳으로 유명하다.

는 이야기를 나누었다. 또 청향당의 정경을 읊은 「청향당팔영(淸香堂八詠)」
이란 시를 짓기도 했다. 이원은 이 시를 나무에 새겨 청향당 문 위에 걸어
두었다.

　2년 가까이 자굴산에서 공부하는 동안 집안 형편은 더욱 어려워졌다. 삼
가현 토동 인근에서 어린 동생이 어머니를 모시고 살았는데, 끼니조차 잇기
어려운 형편이었다. 성인(聖人)의 학문에 뜻을 두고 공부하는 조식이었지만
어머니가 굶주리는 모습은 더 이상 지켜볼 수 없었다. 조식은 공부하기에
좋은 자굴산에서 더 머무르고 싶었지만, 아들로서 집안일을 챙기지 않을 수
없었다. 1530년 산에서 내려와 김해부(金海府) 신어산(神魚山) 기슭의 탄동
(炭洞)❼으로 거처를 옮겼다.

　조식은 스물두 살 때 충순위(忠順衛) 조수(曺琇)의 딸에게 장가들었다. 처
가는 남평조씨(南平曺氏) 가문이었는데, 이 가문은 김해부의 재지사족(在
地士族)으로서 일대에 상당한 규모의 재산을 가지고 있었다. 그리고 당시의
재산 상속은 부모가 아들과 딸에게 재산을 균등하게 분배하는 균분상속제
(均分相續制)가 일반적이었다. 다만 제사를 받드는 자식에게만은 제사를 준
비하는 데 소요되는 경비를 충당할 수 있도록 재산을 조금 더 주었을 뿐이
다. 그래서 김해부에는 조씨부인 몫의 집과 논밭이 적지 않았다. 이에 가난
으로 어머니를 봉양하기가 어려워진 조식은 처가 근처로 옮겨가 살기로 했
던 것이다.

　김해부로 이사하여 생활이 어느 정도 안정된 조식은 살림집 근방 조용한
곳에 공부할 서재를 따로 지었다. 그리고 여기에 산해정(山海亭)이라는 이
름을 붙였다. "높은 산에 올라가 바다를 내려다본다"는 의미였다. 공부는 등
산하는 것과 같아서 경지가 높으면 높을수록 더 멀리, 더 넓게, 그리고 더

---

❼ 김해부 탄동(炭洞) : 현재의 김해시 대동면 주동리이다. 조식이 나중에 주부(主簿) 벼슬
　을 제수받은 적이 있었으므로, 김해 사람들이 이 마을을 주부동(主簿洞)으로 부르기도
　했다.

1530년 김해부로 거처를
옮긴 조식은 살림집
근처에 조용한 터를 구해
서재를 지었다. 그리고
산해정(山海亭)이라는
이름을 붙였다.

산해정은 "높은 산에 올라가 바다를 내려다본다"는 뜻이었다. 이 말은 곧 높은 산에 오르듯 학문을 쌓아, 먼 바다를 내려다보듯 세상을 살피고자 하는 조식의 자세와 포부를 담고 있었다. 사진은 산해정에서 남해 방향을 바라본 모습이다. 조식의 시대에는 이 산해정에서 바다가 보였다고 한다.

확연하게 볼 수 있는 것이다.

거처하는 방은 계명실(繼明室)이라고 했다. "옛 현인(賢人)들의 밝은 덕을 계승하여 사방에 펼친다"[7]는 『주역』의 문장에서 가져왔다. 사방의 벽에는 책을 쌓아 두고 그 가운데 앉아서 더욱 깊이 있게 학문을 탐구했다. 전심전력으로 연구를 계속하니 이치는 점점 더 분명해져 말이나 글에 담긴 속뜻이 마음에 와닿았다. 공부를 계속할수록 마음에 와닿는 것도 넓어지고 깨달음도 깊어졌다. 조식은 자신의 정신적 이정표로 삼을 「좌우명(座右銘)」을 다음과 같이 지어 벽에 붙였다.

> 말은 미덥고 행동은 신중하게 하며,   庸信庸謹
> 사악한 것을 막고 정성스러움을 간직해야 하네.   閑邪存誠
> 산악처럼 우뚝하고 연못처럼 깊게,   岳立淵沖
> 찬란한 봄꽃처럼 피어나고 피어나리! [8]   燁燁春榮

자신의 지조를 굳건히 지키며 불의를 용납하지 못하는, 천 길 낭떠러지와도 같은 조식의 기상은 이 시기에 이미 형성되어 있었던 것이다.

얼마 후, 조식이 학문을 닦기 위해 산해정을 새로 지었다는 소식이 서울로 전해지자, 조식과 어릴 적부터 절친하게 지냈던 성운(成運)이 찾아왔다. 그리고 성운이 왔다는 소식이 퍼지자 이번에는 김해부 인근의 벗들이 속속 모여들었다. 단성현(丹城縣)의 이원(李源), 밀양부(密陽府)[9]의 신계성(申季誠)[10], 초계군(草溪郡)[11]의 이희안(李希顏)[12] 등이 그들이었다. 살림살이가 조금 나아진 조식은 우선 벗들과 함께 나누어 먹기에 모자람이 없는 음식과

---

[7] 『주역』「이괘(離卦)」 상전에 다음과 같은 구절이 나온다. "밝음이 거듭해 일어나는 것이 이괘의 모습이니, 대인은 이를 보고서 밝음을 계승하여 사방을 비춘다.(象曰 明兩作 離 大人以繼明照于四方)"

[8] 『남명집(南冥集)』 권1, 「좌우명(座右銘)」.

[9] 밀양부(密陽府): 현재의 청도면 일대를 제외한 경상남도 밀양시 전체와 대체로 일치하는 고을이었다. 청도면은 청도군에 속했다.

술을 준비했다. 그리고 종자(從者)에게 여러 날 동안 먹을 갈도록 하여 병에 먹물을 담아 놓았다.

이들은 모여서 오랫동안 막혔던 서로의 안부를 묻고 세상 돌아가는 이야기를 나누었다. 때로는 유학의 심오한 원리를 토론하기도 하고 때로는 고금의 치란(治亂)에 대해 논평하기도 했다. 그러다가 누군가 운(韻)을 부르면 거기에 맞추어 시를 짓기도 하니, 그 시가 굴대에서 종이가 풀려나오는 것처럼 길게 뻗어나갔다. 글씨에 취미가 있는 이는 붓에 먹을 묻혀 글씨를 쓰기도 했고, 혹 그림에 취미가 있는 이는 선비의 마음을 담은 그림을 그리기도 했다. 이들은 모두 30대 초반의 장래가 촉망되는 선비들이었다. 당시 세상 사람들은 이들의 모임을 몹시 아름답게 여겨 "덕성(德星)❸이 이곳에 다 모였네"라고 찬탄했다.

---

❿ 신계성(申季誠) 1499-1562 : 중종, 명종 때의 유학자이다. 조식, 이희안 등과 교유했다. 학문과 덕행이 높아 조식, 이희안과 더불어 '삼고(三高)'로 불렸다. 여러 번 유일(儒逸)로 천거되었으나 벼슬길에 나아가지 않았다. 자(字)는 자함(子諴), 호는 송계(松溪), 본관은 평산(平山)이다.

⓫ 초계군(草溪郡) : 현재의 경상남도 합천군 초계면·적중면·쌍책면·청덕면·덕곡면 지역에 있었던 고을이다. 합천군 율곡면의 일부, 대양면의 일부, 의령군 봉수면의 일부 지역도 포함했다.

⓬ 이희안(李希顔) 1504-1559 : 중종, 명종 때의 유학자이다. 과거를 통해 출사하려고 하지 않고 자기 수양을 위한 학문에 뜻을 두었다. 효도와 우애가 깊었으며 학문을 좋아했다. 후학 장려를 자신의 임무로 삼았다. 조식, 신계성 등과 교유했다. 유일로 천거되어 고령현감(高靈縣監)을 지냈다. 자는 우옹(愚翁), 호는 황강(黃江), 본관은 합천(陜川)이다.

⓭ 덕성(德星) : 상서로움을 상징하는 별이다. 여기서는 덕 있는 선비를 비유하는 말로 쓰였다.

과거의 길, 효도의 길, 그리고 학문의 길

1531년 가을, 서울에서 벼슬하고 있던 벗 이준경(李浚慶)⑭이 『심경(心經)』⑮
을 보내왔다. 『심경』은 송나라 학자 진덕수(眞德秀)⑯가 심성(心性)에 대해서
이야기한 여러 성현들의 글을 모아 만든 책으로 성리학을 연구하는 이들에
게는 필독서로 여겨졌다. 이준경은 "내가 비록 착하지는 못해도 다른 사람

---

⑭ 이준경(李浚慶) 1499-1572 : 명종, 선조 때의 명재상이다. 대사헌, 우의정, 영의정 등
을 지냈다. 정치가, 외교관, 군사전략가로 대단한 활약을 펼쳤으며 이미 당대에 '안정적
인 치세(治世)'의 능력을 갖춘 인물로 인정을 받았다. 특히 인재를 등용하는데 탁월한 안
목과 공정함으로 평판이 높았다. 성리학을 조선의 정치 이념으로 정착시키기 위해 노력
했다. 조식의 어린 시절 벗이다. 벼슬에 나아간 적이 없었던 조식과는 달리 일생을 벼슬
길에서 보냈다. 자는 원길(原吉), 호는 동고(東皐)·남당(南堂)·양와(養窩)·홍련거사
(紅蓮居士), 본관은 광주(廣州)이다.
⑮ 『심경(心經)』 : 송나라 유학자 진덕수(眞德秀)가 유가 경전과 유학자들의 책에서 심성 수
양과 관련된 말을 모아 편집한 책이다. 유학의 시작과 끝을 이루는 요령은 경(敬)에 있
다고 하여 '심(心)'과 '경(敬)'을 핵심 개념으로 제시하고 있다.
⑯ 진덕수(眞德秀) 1178-1235 : 송(宋)나라 때의 유학자로, 강직한 성품으로 이름이 높았
다. 『대학』 주석서인 「대학연의(大學衍義)」를 편찬했다. 자는 경희(景希), 호는 서산(西
山)이다.

과 함께 착한 일을 하고자 하는 뜻이 적지 않다"라는 내용의 서신도 함께 부쳐 왔다.

조식은 『심경』을 받고서 새로운 귀중한 책을 접하게 되어 무척 기뻤고, 또 시골에 묻혀 지내는 자신을 잊지 않고 격려해주는 그 마음이 고마웠다. 벗이 자신에게 거는 기대가 얕지 않다는 것도 알 수 있었다. 그래서 앞으로 이 책을 통해서 수양해 나갈 자신의 방향을 설정했다. 그리고 1531년 10월의 어느 날, 책 뒷부분 여백에 다음과 같은 글을 썼다.

나의 벗이 이 책을 주면서 스스로 이렇게 말했다. "나는 비록 착하지 못하지만 남이 착하도록 도와주려는 생각은 진실로 적지 않다. 이 마음을 잘 미루어나가면 나랏일을 저울눈처럼 분간하는 것도 평범한 일일 것이다." 내가 이 책을 처음 얻었을 때 흠칫하며 두려운 생각이 들었다. 이 책의 가르침대로 하지 못할까 염려되어 마치 큰 산을 짊어진 것 같은 느낌이었다. 그래서 벽에 "말은 미덥고 행동은 신중하게 하며, 사악한 것을 막고 정성스러움을 간직해야 한다"라는 내용의 「좌우명」을 써 붙이고 경계하고자 했다. 그러나 마음이 집중되지 않는 경우가 많았다.

사람이 자기 마음을 잃고서 몸만 남아 걸어 다닌다면 금수가 아니고 무엇이겠는가? 내가 이 책의 가르침에 따라 내 마음을 단속하지 못한다면, 이 책을 선물한 내 벗을 저버린 것이 아니라 이 책을 저버린 것이 되고, 이 책만 저버린 것이 아니라 내 마음을 저버린 것이 된다. 사람에게 가장 슬픈 일은 마음이 죽는 것이다. 이 책은 바로 마음을 죽지 않게 하는 약이다. 이 책을 음식으로 삼아 그 맛을 알고 좋아하여 그 즐거움을 깨달아야 할 것이다. 그리고 오래도록 편안한 마음으로 이를 일상생활에 적용하여 게을리하지 않는다면, 안연(顔淵)의 경지에도 이를 수 있을 것이다.❶❼

---

❶❼『남명집(南冥集)』권2, 「이준경이 선물한 '심경' 끝에(書李君原吉所贈心經後)」 • 원문은 책 끝에 덧붙임.

조식은 벗에게 선물로 받은 책 한 권도 사소하게 여기지 않고 거기에 의미를 부여해 자신의 정신 자세를 바로 세우고 있다. 자기의 사욕을 이겨서 인(仁)으로 돌아간 안연의 이름을 말함으로써 자신이 공부해 나갈 방향을 설정하고 있는 것이다.

나중에 이준경은 벼슬이 영의정에 이르렀다. 이준경은 현실 문제를 빠르고 정확하게 처리한 정승으로 유명하다. 아들 없이 죽은 명종(明宗)의 뒤를 이어, 선조를 왕위에 오르도록 하는 데 주도적인 역할을 담당했다. 이준경의 이러한 현실적인 판단력과 관련하여 누군가 "대감께서는 어떻게 그렇게 판단을 잘할 수 있습니까?"라고 물었던 적이 있다. 그러자 이준경은 "『논어(論語)』에 힘입은 바 크네"라고 대답했다. 하지만 『심경』 공부 또한 그의 판단에 도움이 되었을 것이다.

조식과 이준경의 우정은 이준경이 높은 관직에 오른 후에도 변치 않았다. 조식은 이준경에게, "소나무처럼 늠름한 자세를 견지하여 아첨하거나 청탁하는 아랫사람들을 가까이 붙지 못하게 하시오"라고 벗으로서의 충고를 아끼지 않았다. 이준경 또한 조식이 몸이 불편할 때 약도 보내주고, 또 연말에 대궐에서 간행해 배포하던 책력(冊曆)도 보내주며 조식을 챙겼다. 이준경은 어린 시절 조식과 같은 동네에서 함께 놀던 시절부터 장차 자신은 종묘사직을 안정시킬 대신이 될 것이라고 스스로 다짐했고, 남들에게도 서슴없이 자신의 포부를 밝혔다. 한번은 조식이 "나는 어떠하냐?"고 물었는데, "자네는 산골 바위틈 움막에서 말라 죽을 사람이다"라고 대답했다. 조식에게 은자의 기질이 있음을 미리 알아본 것이니 사람 보는 눈이 비범했음을 알 수 있다.

1532년에는, 또한 어릴 적 벗인 송인수(宋麟壽)**⓲**가 『대학(大學)』**⓳**을 보내왔다. 조식도 『대학』을 가지고 있었지만 여러 번 읽고 또 읽어, 글자조차

⓲ 송인수(宋麟壽) 1499-1547 : 중종, 인종 때의 문신 관료이다. 사간원정언, 홍문관교리, 의정부사인, 대사헌, 전라도관찰사 등을 지냈다. 성리학에 밝았고 성리학을 보급하기 위해 힘썼다. 조식의 절친한 벗이었다. 조식의 부탁을 받고 조식의 어머니인 이씨부인의 묘갈명을 썼다. 1545년의 을사사화 때 파직당한 후 1547년의 양재역벽서사건 때 죽임을 당했다. 본관은 은진(恩津), 자는 미수(眉叟)·태수(台叟), 호는 규암(圭菴)이다.

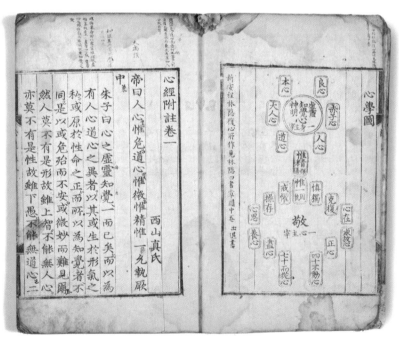

『심경』은 조식의 시대에 성리학을 연구하는 이들에게 필독서로 여겨졌다. 이 책은
학문의 시작과 끝을 이루는 요령이 경(敬)에 있다고 말한다.

알아보기 힘들 만큼 낡아 있었다. 조식이 과거를 버리고 성현의 공부에 침잠(沈潛)해 있다고 하자 송인수는 벗의 이와 같은 모습을 부러워하는 한편 『대학』을 보내 격려하고자 한 것이다.

송인수는 효자로 소문난 사람이었다. 어려서 어머니를 잃고 너무나 슬퍼한 나머지 깔고 앉았던 거적이 눈물에 젖어 다 썩을 정도였다. 시묘살이를 할 때는 묘소 곁의 움막에 제비가 깃들어 새끼를 쳤는데 이들 새끼가 모두 흰색이었다. 사람들은 제비까지 그의 효성에 감동했기 때문에 일어난 일이라고 여겼다.

조식은 송인수에게 『대학』을 받고 큰 감명을 받았으며, 또 자신의 공부 방법을 깊이 반성했다. 조식은 책을 받은 기념으로 「송인수가 선물한 '대학'의 책가위 안에(書圭菴所贈大學冊衣下)」라는 글을 책 뒷장에 적어 넣었다. 이 글에는 다음과 같은 내용이 들어 있다.

착한 일을 하는 것과 악한 일을 하는 것이 모두 반드시 그 바탕이 있기 때문이다. 이는 마치 오늘 종자를 심으면 내일 싹이 돋아나는 것과 같다. 사람들 가운데 곤궁함을 걱정하는 사람이 많지만, 나는 곤궁함을 바탕으로 형통함을 구한다. 여러 번 과거에 낙방하여 곤궁함으로 인하여 형통함을 구하려다가 가야 할 길을 찾았다. 이 길을 가다가 학문의 본령을 찾았고 부모님과 형제의 기침 소리를 들었다. 굶주리다가 먹을 것을 얻고 근심하다가 즐거움을 얻었다.

그렇다면 나의 곤궁함을 가지고 다른 사람의 형통함을 바꿀 수 있겠는가? 나는 바꾸지 않겠다. 다만 나의 다리 힘이 약해서 용감하게 나아가 힘써 행하지 못할까 두려울 따름이다. 자신을 잘 돌이켜볼 수 있는 방법이 이 책

---

❶⁹ 『대학』 : 유학의 근본 이념인 삼강령(三綱領)을 체계화하고 있다. 곧 밝은 덕을 밝히는 '명명덕(明明德)', 백성을 새롭게 하는 '신민(新民)', 지극한 선에 이르는 '지어지선(止於至善)'을 말한다. 이 경전은 원래 『예기(禮記)』 속에 들어 있던 한 편의 글이었다. 주희(朱熹)가 그 가치를 인정해 따로 독립시켜 주석을 붙인 『대학장구(大學章句)』를 짓고 사서(四書)의 하나로 만들었다.

『대학』은 자기 수양을 핵심으로 하는 유가 정치의 기본 이념을 담은 책이다. 조식은 1532년 벗 송인수로부터 『대학』을 선물 받은 후 책가위 안에 "자신을 돌이켜볼 방법이 이 책 속에 전부 갖추어져 있다"라고 적었다. 사진은 『대학』의 첫 부분이다. "대학의 도는 밝은 덕을 밝히고(明明德), 백성을 새롭게 하고(新民), 지극한 선에 이르는(止於至善) 일에 있다"는 삼강령을 확인할 수 있다.

楊子天性也盡全也不
睹世具衆理應萬事
情世統心性情謂之明
德卯

語以爲操存涵養之實其次則孟子以
體驗充廣之端三者院通焉後會其極

於中庸又曰大學規模廣大而本末有
節目詳明而終始不紊學者所當最先講

明德者○新定邵氏曰他書言言平天下本於
治國者○新定邵氏曰他書言他書言而本於修身者有

明言修身本於正心本於修身者有
矣言脩身本於誠意之本亦於致知之

心之本於格物則他書而已
六籍之中惟此篇而已

大學之道在明明德在親民在止於至善
程子曰親當作新○大學者大人之學也
明明之也明德者人之所得乎天而虛靈
不昧以具衆理而應萬事者也　宋子曰元賦於人
一身者謂之心有得於天而光明正大者於
物者謂之命人與物受之者謂之性主於

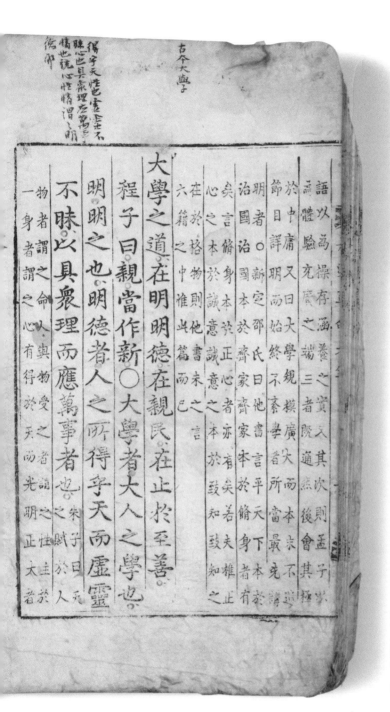

속에 전부 갖추어져 있다. 나의 벗이 이로써 나에게 권면(勸勉)한 것이니 다른 사람과 함께 착해 지고자 하는 그의 마음이 어찌 쇠를 끊을 ❷ 수 있을 정도뿐이겠는가? 힘쓰기를 부지런히 하느냐, 게을리하느냐는 곧 나에게 달려 있을 따름이다. 그러므로 이 책은 책 이상의 의미가 있는 것이다. ❷

조식은 처음에는 성질이 상당히 괴팍했는데 이를 바로잡아 줄 스승이나 친구가 없었다. 그래서 한 때는 오만을 부리는 것이 고상한 것인 줄로 여겨 다른 사람을 대할 때도 오만하게 대했고 세상 만물을 눈 아래로 보았다. 부귀영화를 마치 길가 지푸라기나 진흙처럼 가치 없는 것으로 보았다. 돈후(敦厚)하고 소박한 기상이 상당히 부족했다. 과거에 몇 차례 낙방하고 나서야 자신의 문장이 과거문(科擧文)의 형식에는 맞지 않는다는 사실을 깨닫고, 문장이 전형적이고 실제로 도움이 되는 책을 구해 보고자 읽었던 책이 『성리대전(性理大全)』이었다. 앞서 언급했던 것처럼 이 책을 읽다가 원나라 학자 허형(許衡)의 말을 발견하고는 지금까지 자신의 공부 방법에 대해서 깊이 반성했다.

조식은 「송인수가 선물한 '대학'의 책가위 안에」에서, 또한 당시의 심경을 이렇게 술회하고 있다. "공부한 바가 잘못되었음을 탄식했다. 이때 깨우치지 못했더라면 거의 일생을 헛되게 살 뻔했다. 갈 곳 없는 어린이가 자애로운 어머니 얼굴을 만난 그런 심경이 되어 나도 모르게 손발이 춤을 췄다."

조식은 어머니를 모시고 김해부로 옮겨와 살았지만, 서울에도 집이 있어 가끔 왕래했다. 그러다가 이 무렵에 서울 집을 완전히 정리했다. 집은 자형 이공량(李公亮)❷에게 주고 조금 남아 있던 살림살이는 김해부로 옮겨 왔다. 이공량은 얼마간의 집값을 마련해 주었는데, 조식은 이 돈을 아우, 여동생

---

❷ 『주역』「계사, 상(繫辭, 上)」에 다음과 같은 구절이 나온다. "두 사람이 마음을 같이 하니 그 날카로움이 쇠를 끊는다. 마음을 같이 하여 하는 말은 그 향기가 난초와 같다.(二人同心 其利斷金 同心之言 其臭如蘭)"

❷ 『남명집(南冥集)』권2. 「송인수가 선물한 '대학'의 책가위 안에(書圭菴所贈大學冊衣下)」.
• 원문은 책 끝에 덧붙임.

등 가난한 형제들에게 모두 나누어 주었다. 조식은 이때부터 부귀영달을 누리릴 뜻을 완전히 버리고 초야에 묻혀 성현의 학문에 더욱 정진했다.

조식이 서울 생활을 청산하고 내려오자 성운이 전별의 시를 지어 보냈다.

기러기 홀로 남쪽 바닷가로 높이 날아가니,	冥鴻獨向海南飛
바로 가을바람에 나뭇잎 떨어지는 때로구나.	正値秋風落木時
땅에 가득한 곡식 낟알, 닭이나 따오기는 쪼지만,	滿地稻粱鷄鶩啄
푸른 하늘 구름 밖에서 세상사를 잊고 지낸다네.❷❸	碧天雲外自忘機

세상의 벼슬아치들을 낟알이나 쪼는 닭과 따오기에 견주었고, 조식은 높은 하늘을 고상히 날고 있는 기러기에 비유했다. 성운은 조식을 높이 보았고, 또 조식에게 기대하는 바가 무척 컸던 것이다.

조식이 아버지 삼년상을 마쳤을 때 삼가현으로 찾아왔던 성우(成遇)는 조식이 서울을 완전히 떠나 김해부로 돌아올 때 『동국사략(東國史略)』을 주었다. 『동국사략』은 조선 초에 만들어진 우리나라 역사책으로 단군 때부터 고려 말까지의 역사를 담고 있다. 옛일을 상고하는 데 도움이 될까 해서 이 책을 선물한 것이다.

조식은 이 책을 얻어 유용하게 참고하는 한편, 책을 볼 때마다 성우를 보는 것처럼 여겼다. 그리고 읽어 나가면서 착한 사람과 나쁜 사람을 구별하여 붉은 먹과 검은 먹으로 표시했다. 완전히 착한 사람은 붉은 먹으로, 완전히 나쁜 사람은 검은 먹으로 표시했다. 겉으로는 착한 사람 같으면서 속으로 나쁜 사람인 경우에는 바깥에 붉은 테를 두르고 속에 검은 먹으로 칠하고, 겉으로는 나쁜 사람 같이 보이지만 속으로 괜찮은 사람인 경우에는 검은 테를 두르고 속에 붉은 칠을 하는 등 이 책에 나오는 우리나라의 인물들

---

❷ 이공량(李公亮) 1500~1565 : 조식의 자형이다. 이준경, 송인수 등의 명망있는 선비들과 교유했다. 자는 인숙(寅叔), 호는 안분당(安分堂)이다.

❸ 성운(成運), 『대곡집(大谷集)』 권1, 「조식을 보내며(寄楗仲)」.

을 자기 나름대로 기준을 정해 네 가지 부류로 나누었다. 조식이 표시를 한 이 책을 한번 펼쳐 보면 역대 인물들의 사람됨을 단번에 알 수가 있었다.

조식은 1533년 다시 문과 초시인 향시(鄕試)에 응시해 1등으로 합격했다. 당시 경상도 향시는 경상우도(慶尙右道)와 경상좌도(慶尙左道)에서 별도로 치러졌는데,❷ 우도와 좌도에서 각각 15명씩 30명을 뽑았다. 조식은 이때 이 경상우도 향시에서 1등을 한 것이다. 조식은 스물다섯 살 때 이미 과거에 뜻을 두지 않기로 마음먹었지만, 어머니의 뜻을 거역하기 어려워 마지못해 과거에 응시했다. 조식의 어머니는 과거에 합격해 벼슬길에 나섰지만 크게 현달(顯達)하지 못하고 세상을 떠난 남편을 생각할 때마다, 아들 조식은 반드시 과거에 합격해 명성이 세상에 드날리기를 갈망했다. 이로써 아버지가 못다 이룬 뜻을 조식이 이루어주기를 소원했던 것이다.

효도에는 정신적인 효도와 물질적인 효도가 있다. 두 가지를 다 할 수 있으면 좋겠지만, 그렇지 못할 경우에는 물질적인 효도보다는 정신적인 효도가 더 소중하다는 것은 말할 필요가 없다. 부모의 뜻을 잘 받들어 거스르지 않는 것이 정신적인 효도이고, 맛있는 음식과 좋은 옷, 편안한 거처 등을 마련해 드리는 것이 물질적인 효도이다. 물질적인 효도도 필요하지만 정신적인 효도가 먼저 바탕이 되어야만 그 가치가 있는 것이지, 정신적인 효도 없이 물질적인 효도가 모두라고 생각한다면 가축을 기르는 것과 다를 바가 없다. 이것은 효도라고 할 수 없다.

살림살이가 어려워 처가 쪽으로 옮겨온 조식으로서는 물질적 효도를 다한다고 생각할 수 없었다. 게다가 어머니가 애타게 바라는 과거에도 합격하

---

❷ 조선시대에 경상도는 낙동강 서쪽을 경상우도(慶尙右道)라 했고, 낙동강 동쪽을 경상좌도(慶尙左道)라 했다. 경상우도에는 진주목, 합천군, 상주목, 창원부 등이 속했고, 경상좌도에는 안동부, 경주부 등이 속했다. 이는 군사적, 행정적 편의를 위해서였는데 군사상 직제에서 병마절도사(兵馬節度使)와 수군절도사(水軍節度使)를 우도와 좌도에 각각 배치했고, 중종 때와 선조 때는 일시적으로 관찰사까지 우도와 좌도에 각각 배치했다. 경상도에서 30명을 뽑는 문과 향시의 경우에도 우도와 좌도에서 별도로 치러졌다.

지 못하고 있으니 정신적 효도도 다하지 못한다고 생각했다. 홀로 계신 어머니에게 전혀 효도를 못해 드린다고 생각하니 마음이 아팠다. 자신은 성현의 학문에만 전념하는 것이었으나 어머니께는 죄송한 마음이 앞섰다. 어머니를 생각하는 밤이면 잠을 이룰 수가 없었다. 조식은 과거에 뜻을 두지는 않았어도, 어머니의 뜻을 즐겁게 해드리기 위해서 향시에 나갔던 것이다.

향시에 합격한 다음해 3월 조식은 문과 복시인 회시(會試)에 응시하기 위해 서울로 올라갔다. 회시는 과거의 두 번째 관문으로서 그 이전 해 가을 각 지역 향시에 합격한 이들을 서울에 모아서 33명을 선발하는 시험이었다. 그 다음 관문인 전시(殿試)가 있긴 하지만, 전시에서는 등급만 결정할 뿐이므로 회시는 사실상 문과의 최종 시험이라 할 수 있다. 그러나 조식은 이 회시에는 합격하지 못했다.

당시의 회시는 통상 초장(初場), 중장(中場), 종장(終場) 세 단계로 나뉘어 치러졌다. 초장은 『논어』, 『맹자』, 『대학』, 『중용』의 사서와 『주역』, 『시경』, 『서경』, 『예기』, 『춘추』의 오경에 대한 구술시험이었다. 본문을 보지 않고 물음에 답하는 배강(背講)이나 본문을 암송하는 배송(背誦)이 있었다. 중장은 부(賦) 한 편, 표문(表文)이나 전문(箋文) 중 한 편을 짓는 필기시험이었다. 부(賦)는 사물을 아름답게 표현하는 일을 중시한다. 표문은 왕에게 자신의 생각을 표현하는 글이고 전문은 나라에 길흉사가 있을 때 쓰는 글로, 표문과 전문은 전례와 고사를 인용하는 변려체(騈儷體)를 사용한다. 종장 또한 필기시험으로 역사적 사건이나 당대의 시의적인 정치 문제에 대한 책문(策文)을 제출해야 했다.

조식은 스물다섯 살 이후로 사서와 오경을 비롯한 성리학자들의 학문을 공부하는 데 전심전력했다. 그러므로 사서오경에 대한 초장 시험은 조식에게 그리 어려운 것이 아니었다. 그러나 특유의 격식을 갖추어야 하는 부, 표문, 전문, 책문 등은 과거를 위한 준비를 따로 하지 않은 조식에게 여간 곤란한 것이 아니었다. 과거 준비만을 해 오던 이들은 출제가 예상되는 문제와 모의 답안을 밤낮으로 외웠다. 이것은 참다운 공부와는 전혀 관계가 없고 오로지 과거 합격이란 명예만을 차지하려는 태도였다. 조식은 이런 식의 과거 공부를 스스로 허락할 수 없었다. 그리고 과거에 떨어진다고 해서 슬퍼하거나 합격한다고 해서 기뻐할 사람도 아니었다. 조식은 이 회시에 합격하지 못했지만 전혀 개의치 않았다.

1533년 문과의 경상도 향시와 이듬해의 서울 회시에는 퇴계(退溪) 이황(李滉)도 응시했다. 당시 이황은 경상좌도 향시에서 1등을 차지하며 사람들의 이목을 끌었다. 그리고 이듬해 서울의 회시에도 합격해 승문원 권지부정자(權知副正字)로 임명되며 벼슬길에 나섰다. 조식과 이황은 경상도 향시에서는 각각 경상우도와 경상좌도에서 시험을 치렀으므로 서로 만날 일이 없었으나, 1534년 치러진 서울 회시에서는 한번쯤 마주쳤을 법도 하다. 그러나 이때 두 사람은 아직 서로에 대해 알지 못하고 있었다.

이황은 조식과 동갑내기였다. 이황은 조식이 태어나고 불과 다섯 달 후인 1501년 11월 25일 경상도 예안현(禮安縣) 온계리(溫溪里)❷❺에서 태어났다. 같은 경상도의 남쪽과 북쪽에서, 같은 해의 여름과 겨울에 위대한 두 인물이 태어났던 것이다.

이황이 태어난 지 일곱 달 후에 이황의 아버지가 병으로 세상을 떠났다. 이에 이황의 어머니 박씨부인이 직접 농사를 짓고 누에를 쳐서 생계를 유지했다. 박씨부인은 자식들 교육에도 열정을 쏟아 문장 공부뿐만 아니라 몸가짐과 행실을 삼가도록 가르쳤다. 박씨부인은 자식들에게 늘 이렇게 말했다. "세상 사람들이 과부의 자식은 옳게 가르치지 못했다고 욕한다. 너희들이 남보다 백 배 더 공부에 힘쓰지 않으면 이런 비난을 어떻게 면하겠느냐?" 이황이 위대한 학자로 성장할 수 있었던 데는 이와 같은 어머니의 영향이 매우 크게 작용했을 것이다.

이황은 어린 시절부터 글읽기를 좋아했다. 사람들이 많이 모인 자리에서

---

❷❺ 예안현(禮安縣) 온계리(溫溪里) : 현재의 안동시 도산면 온혜리를 말한다. 도산서원과 퇴계종택이 있는 토계리가 바로 옆에 위치해 있다. 예안현은 현재의 경상북도 안동시 도산면 · 녹전면 · 예안면 일대를 말한다.

도 벽을 보고 앉아서 골똘히 책에서 읽은 내용을 되짚어 보았다. 그리고 스무 살을 전후한 시기에는 『성리대전(性理大全)』, 『주역』을 읽었다. 『성리대전』을 접했을 때는 자신도 모르게 마음이 즐겁고 눈이 열리는 느낌이었다고 하고, 『주역』을 읽을 때는 그 뜻을 강구하느라 침식을 잊었던 탓에 항상 파리하고 피로한 병에 걸렸다고 한다. 그리고 스물세 살 때는 『심경부주(心經附註)』를 여러 번 숙독해서 읽었는데, 이 책은 이후 이황의 심학(心學) 이론에 적지 않은 영향을 미쳤다. 이황은 특히 도연명(陶淵明)❷❻의 인품과 시도 좋아했다. 이는 자연 속에 은둔하면서 학문에 열중하고자 한 이황의 태도와 무관하지 않을 것이다.

조식은 나중에 이황의 학문과 인격을 접한 후에는 이황을 마음의 벗으로 여겼다. 조식은 이황을 두고 이렇게 말했다. "이황은 임금을 도울 만한 학문을 갖고 있다. 그리고 요즈음 벼슬하는 사람들 가운데서는 출처의 지조를 지키는 사람이 드문데, 이황은 출처의 지조를 지키는 사람이라 할 만하다." 이황 또한 조식을 진심으로 존중하며 그리워했다. 그러나 조식과 이황은 편지를 주고받기만 했을 뿐 일생 동안 단 한번도 만난 적이 없었다. 같은 경상도에서 같은 해에 태어나 비슷한 시기를 살았던 두 사람이 서로 만나지 않은 것은 특별한 계기가 없어서였을 것이다. 그리고 두 사람의 기질이나 학문 경향이 달랐기 때문이기도 했을 것이다.

후대의 이익(李瀷)❷❼은 이황과 조식에 대해 다음과 같이 말했다. "이황은 소백산 아래에서 태어났고 조식은 지리산 동쪽에서 태어났는데 모두 경상도

---

❷❻ 도연명(陶淵明) 365-427 : 남북조시대 동진(東晉)의 시인이다. 따뜻한 인간미가 깃든 시풍으로 유명하다. 중국 문학사상 최고의 시인으로 손꼽힌다. 「도화원기(桃花源記)」, 「귀거래사(歸去來辭)」 등과 같은 불멸의 작품을 남겼다. 이름은 잠(潛), 호는 오류선생(五柳先生)이다. 연명(淵明)은 자이다.

❷❼ 이익(李瀷) 1681-1763 : 숙종, 영조 때의 유학자이다. 경직된 성리학 전통에서 벗어나 현실에 적용할 수 있는 학문 방향을 모색했다. 중농(中農) 사상에 기반을 두고 한전론(限田論), 사농합일론(士農合一論) 등과 같은 사회 개혁론을 주장했다. 『성호사설(星湖僿說)』, 『곽우록(藿憂錄)』 등의 책을 통해 자신의 개혁 사상을 풀어 놓았다. 벼슬길에 나아가지 않고 저술 활동과 함께 후진 양성에 전념했다. 자는 자신(自新), 호는 성호(星湖)이다.

1533년 조식은 문과
초시인 경상도 향시에서
1등을 차지했다. 그러나
어머니의 소망을
거역하기 어려워 과거에
응시했을 뿐, 과거를
통한 출사에 뜻을 둔
것은 아니었다. 그림은
1664년의 과거 시험장
풍경을 그린 「북새선은도
(北塞宣恩圖)」 중
일부이다.

땅이다. 경상좌도는 인(仁)을 숭상하고 경상우도는 의(義)를 주로 하여 유가가 기개와 절조를 변화시키는 것이 바다가 광활하고 산이 우뚝한 것과 같았다. 이 이황과 조식에게서 우리 학문의 밝기는 지극해졌다."❷❽ 이는 조식과 이황의 학문이 지역의 자연 조건, 사람들의 의식과 밀접한 관계가 있다는 사실을 전제로 하는 말이다. 또한 의리를 중시하는 경상우도 사람들의 기상이 조식에게서 영향을 받고 있음을 밝히는 말이기도 하다.

이 시대의 문과 시험은 통상 3년에 한번씩 정기적으로 시행되었다.❷❾ 다시 3년이라는 세월이 흘렀고 조식이 서른여섯 살이 된 1536년 가을에 또다시 문과 초시인 경상도 향시가 있었다. 이번에도 조식은 과거 준비를 따로 한 것은 없었지만 어머니의 뜻을 거스를 수가 없어 향시에 응시해 3등으로 합격했다. 그러나 그 다음해 봄 실시하는 회시에는 응시하지 않았다.

조식은 어머니의 뜻을 거스르기가 어려워 마지못해 과거에 응시하면서도 자신의 뜻과 행동이 서로 어긋난 것이 몹시 마음에 걸렸다. 어머니의 간절한 소망도 소망이지만, 더 이상은 자신을 속일 수 없었다. 자신의 어머니마저 설득하지 못한다면 장차 세상 사람들을 설득하여 그들의 마음을 착하게 만들고 세상을 바로잡을 수는 없을 것이라는 데까지 생각이 미쳤다. 이런 생각이 들자 어머니에게 사실대로 자기의 뜻을 아뢸 용기가 생겼다.

저녁을 먹고 어머니의 거처로 찾아가 공손히 절을 올리고 낯빛을 부드럽게 하고 목소리를 낮추고서 이렇게 아뢰었다. "어머니! 지금 조정에는 간사한 무리들이 정권을 잡고 있으면서 걸핏하면 어진 선비들을 몰아 죽이고 있습니다. 그래서 조정에 남아 있는 벼슬아치들은 다 구구하게 녹만 챙기면서 그 목숨만 보전하고 있는 사람들이 대부분입니다. 이런 판국에 말단 벼슬에

---

❷❽ 이익(李瀷), 『성호사설(星湖僿說)』「동방인문(東方人文)」. • 원문은 책 끝에 덧붙임.
❷❾ 이 정기 시험을 식년시(式年試)라 했는데 그해의 간지(干支)에 자(子), 묘(卯), 오(午), 유(酉) 글자가 들어 있는 해를 식년(式年)으로 정해 그 봄에 시험을 치렀기 때문이다. 하지만 초시, 복시(覆試 ; 회시), 전시(殿試)를 한 해의 봄에 모두 치르기에는 일정이 촉박했으므로 초시는 식년의 이전 해 가을에 실시했다.

나아가는 것은 부모님을 영광되게 하는 것이 아니고 도리어 욕되게 하는 것입니다. 어머니! 소자는 성현의 학문을 더 깊이 공부하고 그것을 실천하여 올바른 삶을 살아가도록 하겠습니다. 이 소자의 뜻을 굽어살펴 주시옵소서.”

조식의 간절한 이야기를 들은 어머니는 그 속마음을 이해할 수 있었다. 자식의 이런 뜻을 모르고 한갓 세속의 영달만을 좇아 자식으로 하여금 마음에 없는 일을 하도록 한 자신이 한없이 부끄러웠다. 어머니는 말문을 열었다. “내가 어미로서 자식인 너의 마음가짐도 바로 알지 못하고 뜬 영화만 추구하도록 강요했는가 보다. 앞으로는 이 늙은 어미 생각 때문에 네 할 일에 지장이 있어서는 안되겠다. 더욱 너의 뜻을 굳게 세워 학문을 크게 이루도록 하여라.”

이때부터 조식은 편안한 마음으로 더욱 열심히 성현의 학문에 전념할 수가 있었다. 세상의 번거로운 일을 완전히 끊어 버리고 묵묵히 자신을 수양하면서 학문에 정진했다.

1536년, 첫아들 조차산(曺次山)이 태어났다. 스물두 살 때 결혼해 이때까지도 자식이 없었으므로 온 집안이 걱정을 하고 있던 터였다. 특히 조식의 어머니는 손자도 못보고 세상을 떠나게 될까 봐 걱정이 심했다. 이 시대에는 “불효 가운데 자식 없는 것이 가장 큰 불효다”라는 말이 당연한 것으로 여겨졌다. 이 때문에 자식 못낳는 것을 칠거지악(七去之惡)의 하나에 넣어 부인을 내쫓기까지 했다. 14년 동안 아들을 낳지 못했으므로 조식의 아내인 조씨부인 또한 근심이 적지 않았다.

그러나 조식은 자식을 낳지 못했다고 해서 부인을 원망하거나 소홀히 대하는 법 없이 부인을 귀한 손님을 대하는 것처럼 공손히 대했다. 그러다가 이해에 아들을 보게 되니 오랜 가뭄 끝에 단비를 만난 듯 조식 부부의 기쁨은 한량이 없었다. 어머니 이씨부인의 기쁨 또한 더할 나위 없이 컸다.

주변 사람들을 놀라게 한 학문의 경지

30대 후반에 이른 조식의 학문은 이제 상당한 경지에 이르렀다. 이미 10년 이상의 기간 동안 '성현의 학문(聖學)'에 전념한 결과 그 학문의 폭이 매우 넓었을 뿐만 아니라 그 체계 또한 조리가 정연했다. 조식을 만나 학문을 토론해 본 이들은 이러한 조식의 학문과 인격에 놀라 자신도 모르게 감복(感服)했다. 그리고 이들의 입을 통해 조식의 학문과 인격이 사방에 알려지기 시작했다.

조식의 학문이 높다는 말을 듣고 정지린(鄭之麟)⑳이 찾아와 배우기를 청했다. 정지린은 조식보다 열아홉 살 아래였는데, 자질이 고상하고 사람됨이 시원하고 그릇이 컸다. 조식은 자신의 학문을 뽐내며 스승으로 자처하지 않았다. 배우지 않으려는 사람을 찾아가 가르치지도 않았고, 배우겠다고 찾아오는 사람을 거절하지도 않았다. 조식에게서 배운 지 이삼 년이 지나자 정

---

⑳ 정지린(鄭之麟) 1520-1600 : 조식의 자형인 정운(鄭雲)의 아들이다. 조식이 가르친 첫 번째 제자로 영민했을 뿐만 아니라 도량이 호방하고 시원했다고 한다. 자는 인서(麟瑞)이고 호는 서암(棲巖)이다.

지린의 실력이 눈에 띨 만큼 향상되었다. 조식은 이를 기특하게 여기며 "이다지도 영민하니 바로 정씨 집안의 복이다"라고 말했다. 정지린은 나중에 조식이 세상을 뜨자, 스승을 위해 심상(心喪)**❸①**을 입었다. 상복을 입는 일이 예로 정해져 있는 것은 아니었으나 마음으로 추모하며 복을 입는 것과 같이 했던 것이다.

조식의 명성이 점차 퍼져나가 조정에까지 알려졌다. 이에 1538년에는 조정에서 조식에게 헌릉참봉(獻陵參奉) 벼슬을 제수했다. 헌릉은 태종의 능이었고 참봉은 왕릉을 관리하는 종9품 관직이었다. 하지만 조식은 사양하고 나아가지 않았다. 의정부사인(議政府舍人) 이언적(李彦迪)**❸②**과 부사(府使) 이림(李霖)**❸③**이 남명의 학문과 덕행을 인정하여 조정에 천거한**❸④** 것이었으나, 이미 학문에 정진하기 위해서 과거를 포기한 조식은 아무런 포부도 실행하기 힘든 능지기 참봉 자리에 나아갈 생각이 전혀 없었다.

조선시대에 관직에 나아가는 길은 크게 세 가지가 있었다. 첫 번째는 과거에 합격하는 것이다. 정기적으로 실시하는 식년시(式年試)는 3년마다 실시하는데 문과 식년시의 경우 한번 실시할 때 단지 33명을 뽑을 뿐이었다. 당시의 인구수에 비하여 아주 적은 숫자였으므로, 과거를 통해서 벼슬길에 나아가기는 대단히 어려웠다. 두 번째는 조상이나 가문의 후광으로 벼슬자

---

❸① 심상(心喪) : 상복은 입지 않지만 마음으로 추모하여 마치 상복을 입는 것과 같이 말과 행동을 삼가고 조심하는 일을 말한다.

❸② 이언적(李彦迪) 1491–1553 : 중종, 명종 때의 유학자이다. 기(氣)보다 이(理)를 중시하는 주리적 성리설로 이황에게 영향을 미쳤다. 관료로서 홍문관직제학, 형조판서, 좌찬성 등을 지냈다. 1545년 을사사화 때 사림과 권력층 사이에서 억울한 사림의 희생을 막으려고 노력했다. 1547년 양재역벽서사건에 연루되어 귀양 갔다. 본관은 여강(驪江), 자는 복고(復古), 호는 회재(晦齋) · 자계옹(紫溪翁)이다.

❸③ 이림(李霖) 1501–1546 : 중종, 인종 때 김해부사, 대사간, 병조참의 등을 지냈다. 성격이 강직했다. 조식이 충성스럽고 신실한 사람이라고 평했다. 1545년의 을사사화 때 윤원형 일파의 모함을 받아 유배되었다가 1546년 8월 사사당했다. 본관은 함안(咸安), 자는 중망(仲望)이다.

❸④ 조식을 천거한 시기와 관련해서는 각각 다른 기록이 있다. 『중종실록』에는 1540년 7월에 병조참지 이림과 대사성 이언적이 조식을 천거했다는 기록이 있다. 『남명선생편년』에는 1538년, 조식이 38세일 때 이언적과 이림이 조식을 천거했다는 기록이 있다.

리에 나아가는 음서(蔭敍)가 있었는데, 극소수의 사람들만 그 혜택을 얻을 수 있었다. 그러나 음서로 벼슬에 나올 경우는 승진에 한계가 있고 홍문관(弘文館) 관직 같은 청요직(淸要職)에는 뽑힐 수가 없었다. 세 번째는 초야에 묻혀 있는 유능한 인재를 발굴하여 벼슬에 추천하는 천거(薦擧)였다. 조식이 벼슬을 받은 것은 세 번째 제도인 천거에 의한 것이었다. 비록 벼슬길에 나아가지는 않았지만 조식의 학문과 덕행은 이때 이미 조정의 주목을 받을 만큼 높아졌던 것이다.

1539년 여름 더위도 피하고 또 공부하는 분위기도 바꾸어 볼 겸 지리산 자락의 신응사(神凝寺)❸❺에 가서 글을 읽고 시를 지었다. 예로부터 더운 때는 졸음이 오고 정신 집중이 잘 안되므로 흥미 있고 가벼운 시 등 문학작품을 읽고, 겨울에는 깊이 있는 생각을 요하는 경서를 읽는 것이 일반적인 관습이었다.

오랜만에 지리산을 찾은 조식은 감회가 새로워 「신응사에서 글을 읽다가(讀書神凝寺)」라는 시 한 수를 지었다.

싱그러운 풀로 봄 산의 푸르름이 짙어 가는데,	瑤草春山綠滿圍
옥 같은 시냇물 사랑스러워 오래도록 앉아 있었네.	爲憐溪玉坐來遲
세상 살아가자면 세상사에 얽매이지 않을 수 없나니,	生世不能無世累
물과 구름은 물과 구름을 따라 돌아가네.❸❻	水雲還付水雲歸

조식은 지리산을 무척 사랑했다. 봉우리 하나 골짜기 하나는 물론이요, 그곳에 있는 바위와 돌, 물과 나무, 풀과 꽃, 새와 짐승 따위를 모두 사랑했다. 그래서 골짜기를 흐르는 시냇물을 바라보고 앉아 종일토록 떠날 줄을

---

❸❺ 신응사(神凝寺) : 하동군 화개면 범왕리, 지금의 화개초등학교 왕성분교 자리에 있던 절 이름이다. 지리산 화개동천의 중심에 위치하여 주변의 경치가 매우 뛰어나다. 서산대사가 '하늘이 숨겨둔 아름다운 땅'이라고 극찬했다고 한다.
❸❻ 『남명집(南冥集)』 권1, 「신응사에서 글을 읽다가(讀書神凝寺)」.

몰랐던 것이다. 쉬지 않고 운행하는 천지의 모든 이치를 눈앞에 나타내 보여주는 것이 바로 물이요, 또 자기 발전을 위해서 끊임없이 노력하는 선비에게 끈기를 가르쳐 주는 것도 바로 물이었다. 공자(孔子)는 물가에 앉아서, "흘러가는 것이 저 물과 같구나! 밤낮으로 쉬지 않네"라며 흘러가는 물을 찬미한 바 있다. 이후 선비에게 흘러가는 물은 단순한 자연물이 아니라 하나의 교훈과도 같은 상징물이었다. 그래서 시 짓기를 즐겨하지 않는 조식이었지만, 시를 한 수 짓지 않을 수가 없었던 것이다.

세상에서 멀어져 깨끗한 자연 속으로 와 보니, 자신도 세상을 버리고 싶은 마음이 불현듯 일어났다. 그러나 세상을 떠날 수 없는 존재임을 다시 한 번 확인하고는 더위가 조금 수그러들자 다시 김해부의 산해정으로 돌아와 이전과 다름없이 지냈다.

성현의 학문에 몰입해 생활하는 가운데 조식도 나이가 어느덧 마흔을 넘어섰다. 강인하던 조식의 몸도 나이 앞에서는 어쩔 수가 없었다. 얼굴에는 군데군데 잔주름이 파이고, 머리에는 서릿발이 조금씩 내리기 시작했다. 성현들은 마흔 살을 정신적인 성숙의 한고비로 삼았다. 공자는 "나는 마흔이 되어서는 사물의 당연한 이치를 알아 의심이 없게 되어 억지로 애쓰지 않아도 미혹되지 않았다"라고 했고, 맹자는 "나는 마흔이 되어 하는 일이 모두 의리에 맞아 두려움이나 의혹됨이 없었다"라고 했다. 조식도 마흔의 고비를 넘기면서 자신의 살아온 길이나 학문의 방법 등을 돌아보며, 앞날의 성취를 위해서 더욱더 노력하기로 결심했다.

1542년 정복현(鄭復顯)을 제자로 받아들였다. 거창현(居昌縣)에 살던 정복현은 조식을 찾아와 한번 만나보고는 그 학문과 인격에 매료되어 그대로 눌러앉았다. 조식도 정복현을 아껴 "나를 일으켜 세우는 사람은 자네일세"라 말하며 칭찬해 마지않았다. 정복현은 나중에 조식처럼 벼슬하지 않고 은거하면서 학문에 전념했다. 정복현은『심학전서(心學傳書)』와『역리연설(易理演說)』등의 저서를 남겼으나, 안타깝게도 지금은 전해지지 않는다.

산해정에서 제자들과 함께 성현의 학문을 공부하다 보니 금세 세월이 흘렀다. 1543년, 마흔세 살의 봄에 한식을 앞두고 삼가현의 선영을 돌보기 위

조선의 유학자들에게 물은 쉬지 않는 천지의 운행을 눈앞에서 보여주는 것이었다. 그림은 조선 초기의 문인화가 강희안이 그린 「고사관수도(高士觀水圖 : 물을 바라보는 선비 그림)」이다.

해 길을 나섰다. 종자 몇이 뒤를 따랐다.

김해부를 떠나 창원부(昌原府)를 거쳐 함안군(咸安郡)❸에서 하루 묵었다. 다음날 함안군과 의령현(宜寧縣) 사이에 있는 정암(鼎巖) 나루를 건너 의령현 읍내(邑內)❸에서 잠시 쉬면서 점심을 먹으려고 주막에 들렀다. 주막에는 이미 체격이 건장한 청년 서너 명이 들어와 술과 음식을 먹고 있었다. 주모를 몇 번 불러도 나오지 않아 종자들이 큰 소리를 내고서야 비로소 주모가 나왔다. 종자들이 큰 소리를 냈더니 먼저 와 있던 청년들이 부리부리한 눈으로 흘깃흘깃 쳐다보았다.

주모의 태도 또한 시큰둥하여 종자들도 농담 한마디 건네지 못하고 그냥 떨떠름하게 주막을 나섰다. 조식도 기분이 그리 유쾌하지 않았다. 종9품 참봉 벼슬만 되어도 칙사 대접을 받는 판인데, 관직이나 권세가 없다고 주모마저 홀대하는 것 같은 기분이 들었다. 세상의 선비들이 성현의 학문은 뒷전으로 미루어 두고 오로지 과거에 합격하려고 발버둥치는 뜻을 알 것 같았다. 그러나 조식은 다른 사람들이 자기의 권세를 자랑한다면, 자신은 "학문과 지조로써 긍지를 갖겠노라"는 뜻을 마음속으로 재차 확인했다.

조식은 자못 언짢았지만 아랫사람들에게 내색하지 않고 간단하게 요기를 하고는, 삼가현 쪽으로 가는 발걸음을 재촉했다.

의령현 읍내를 지나 한 마장❸쯤 가니 가례(嘉禮)❹라는 마을이 나왔다. 이곳은 문과에 합격하여 사간원사간을 지내고 있는 이황(李滉)의 처가 동네였다. 자굴산 남쪽의 깊숙한 골짜기에 위치해 있는데 경치가 자못 수려했다. 이황의 처조부인 허원보(許元輔)가 고성현(固城縣)에서 이곳으로 옮겨와 살

---

❸ 함안군(咸安郡): 현재의 경상남도 함안군 가야읍·군북면·대산면·법수면·여항면·함안면, 창원시 진전면의 일부 지역에 걸쳐 있었다. 현재는 함안군에 속해 있는 칠원읍·칠서면·칠북면 일대는 칠원현(漆原縣)에 속해 있었다.

❸ 읍내(邑內) : 조선시대에 고을 관아가 있던 마을을 가리키는 말이다.

❸ 마장 : 거리의 단위로 '리(里)'와 거의 같은 거리를 나타낸다. 1마장은 약 3백93m이고, 1리(里)는 0.392km이다. 10리 미만의 거리를 말할 때 마장이라는 단위를 흔히 쓴다.

❹ 의령현 가례(嘉禮) : 현재의 경상남도 의령군 가례면 가례리이다. 마을의 큰 바위에 '가례동천(嘉禮洞天)'이라는 글씨가 새겨져 있어 '가례'라고 불렀다고 한다.

기 시작했다. 그리고 백암정사(白巖精舍)를 짓고 김굉필(金宏弼)❹, 김일손(金馹孫)❷ 등의 명현(名賢)들과 어울려 풍유를 즐겼다. 이황의 장인인 허찬(許瓚)은 허원보의 둘째 아들로 대단한 부를 소유하고 있었다. 진사시에 합격한 후로 벼슬에 뜻을 버리고 지내면서 다만 인근의 불쌍한 이들을 돕고 살았다. 손님들을 잘 대접하는 것으로도 소문이 자자했다.

가례마을을 지나 의령현에서 자굴산 기슭을 거쳐 삼가현으로 넘어가는 오솔길로 접어들었을 때 앞서 주막에서 만났던 청년들이 길을 막아섰다. 낌새로 보아 무슨 시비라도 걸어올 자세였다. 조식의 종자들이 "게 비켜라" 하고 몇 번 외쳤지만 꿈적도 하지 않았다. 이윽고 조식이 말을 탄 채로 다가가자 길을 막아섰다. 그들은 "네가 무언데 자는 사람을 비켜라 마라 하느냐?"며 다짜고짜 반말로 대들었다. 보아하니 서른 살이 될까 말까 한 자들이었다. 조식은 어이가 없었지만 참고 점잖게 타일렀다. "보아하니 너희는 지체 있는 집안의 자제들 같은데 이 무슨 짓인가? 다른 사람이 길을 가면 비켜 주는 것이 당연하지 않은가?" 조식의 종자들이 어르고 달랬지만 이들은 막무가내였다. 조식은 적잖은 수모를 당한 후에야 길을 지나갈 수 있었다.

이때까지만 해도 조식은 올바른 처신을 중요하게 생각할 뿐 의복 등에는 크게 신경을 쓰지 않았다. 그래서 겉으로 드러나는 차림새가 변변치 못했다. 그러나 이날 수모를 당한 후로는 이러한 생각에 약간의 변화가 생겼다. 호랑이 가죽이 귀한 것은 가죽도 가죽이려니와 털이 있기 때문이다. 털을

---

❹ 김굉필(金宏弼) 1454-1504 : 김종직(金宗直)의 학맥을 이었다는 평가를 받는 유학자이다. 김종직의 문하에서 공부했고, 스스로를 '소학동자'라 부를 만큼 『소학(小學)』에 심취했다. 김종직에게서 물려받은 학문을 조광조(趙光祖)에게 전수했다. 1494년 천거로 벼슬길에 나섰고 사헌부감찰, 형조좌랑 등을 지냈다. 1498년의 무오사화(戊午士禍) 때 유배되었다가 1504년 갑자사화(甲子士禍) 때 죽임을 당했다. 자는 대유(大猷), 호는 한훤당(寒暄堂) · 사옹(簑翁)이다.

❷ 김일손(金馹孫) 1464-1498 : 성종, 연산군 때의 유학자이다. 김종직(金宗直)의 문인이다. 1487년 문과에 합격했고 홍문관부교리, 사간원헌납, 이조정랑 등을 지냈다. 훈구파 간신들의 불의에 맞섰고 사림파의 정계 진출에 힘썼다. 1498년 무오사화(戊午士禍) 때 능지처참을 당했다. 자는 계운(季雲), 호는 탁영(濯纓) · 소미산인(少微山人), 본관은 김해(金海)이다. 『탁영집(濯纓集)』을 남겼다.

뽑아 버린 호랑이 가죽은 개나 염소의 가죽과 다를 바 없다. 형식만을 위한 형식은 있을 수 없지만, 내용을 담은 형식은 필요한 것이다. 이 전까지 행색(行色)에 큰 신경을 쓰지 않던 조식도 이때부터는 '사군자(士君子)'로서의 근엄한 풍모를 갖추고자 했다.

까마귀의 검은색은
빗물로 씻어낼 수 없고

1543년 이언적(李彦迪)이 경상도관찰사로 부임해 왔다. 이때 이언적은 이미 의정부 참찬(參贊)과 이조, 형조, 예조의 판서를 두루 지낸 조정의 중신으로 품계가 정2품인 정헌대부(正憲大夫)에 이르렀다.

이런 그에게는 고향인 경주부 안강현(安康縣)❹에 늙은 어머니가 있었다. 다행스럽게도 고향에 사는 동생이 봉양하고 있었지만 그는 늙은 어머니를 동생에게 맡겨놓고 자신은 먼 곳에서 벼슬을 하고 있는 상황이 늘 죄스럽기만 했다. 그래서 벼슬을 버리고 돌아가 어머니를 봉양하고자 했지만 중종의 허락을 얻을 수 없었다. 그는 정2품인 자신의 품계에는 구애받지 않고, 고향과 가까운 안동부의 종3품 부사로라도 보내줄 것을 간청했다. 이에 중종은 어쩔 수 없이 종2품의 경상도관찰사로 임명해 고향과 가까운 곳으로 보내주었다.

고려 말에 백이정(白頤正)❹이 성리학을 들여온 이후 우탁(禹倬)❹, 정몽

---

❹ 안강현(安康縣) : 조식의 시대에는 경주부(慶州府)의 속현이었다. 현재의 경주시 안강읍과 강동면 일대이다. 이언적의 고향은 이 안강현의 양동마을이었다.

주(鄭夢周)❹ 등이 이를 연구해 상당한 경지에까지 이르렀다. 그리하여 정몽주를 '동방이학의 시조(東方理學之祖)❼'라 일컫게 되었다. 조선시대에 들어와서는 송나라와 원나라 때 성리학자들의 저술을 모은 『사서오경대전(四書五經大全)』, 『성리대전』 등과 같은 책이 들어왔으므로 학자들이 또한 성리학을 본격적으로 연구하기 시작했다. 그 가운데 김굉필(金宏弼), 조광조(趙光祖) 등은 학문은 뛰어났으나 남긴 저술이 없어 그 학문의 조예나 규모를 알기가 쉽지 않다.

이언적은 배운 바가 바르며 조예가 깊고, 또 『대학장구보유(大學章句補遺)』, 『속혹문(續或問)』, 『중용구경연의(中庸九經衍義)』, 『회재집(晦齋集)』 등 많은 저술을 남긴 유학자였다. 그는 경상도관찰사로 부임해 관인과 병부를 넘겨받고 여러 가지 행정 업무를 파악하고서 사안에 맞추어 일을 처리해 나가기 시작했다. 특히 풍속을 교화하고 인재를 양성하는 데 마음을 기울였다.

그리고 조식에게 만나고 싶다는 뜻을 담은 편지를 써서 보냈다. 조식은 5년 전 자신이 조정에 천거하여 참봉 벼슬로 불러도 나오지 않았던 인물이었지만, 5년 전의 일은 대수로운 것이 아니었다. 자신 또한 성리학 공부에 대한 자부심을 가지고 있었던 터라 무엇보다도 학문적 명성이 대단한 조식과

---

❹ 백이정(白頤正) 1247-1323 : 고려 충선왕 때의 관료이자 유학자이다. 1298년 충선왕을 따라 원나라 연경(燕京)으로 가 10년 동안 머물렀다. 이때 성리학을 연구했고 귀국할 때 성리학 서적을 가지고 돌아왔다. 자는 약헌(若軒), 호는 이재(彝齋)이다.

❺ 우탁(禹倬) 1262-1342 : 고려 말의 유학자이다. 역학에 뛰어나 '역동선생(易東先生)'으로 불렸다. 정이천(程伊川)의 『이천역전(伊川易傳)』이 처음 들어왔을 때 달포 만에 이를 혼자 터득했다고 한다. 호는 백운(白雲), 단암(丹巖)이다.

❻ 정몽주(鄭夢周) 1337-1392 : 고려 말의 충신으로 유명하다. 개성에 오부 학당을 세우고 지방에 향교를 세워 후진을 가르치고, 유학을 진흥하여 성리학의 기초를 닦았다. 고려의 법률 체재를 정비하고 의창을 세워 빈민을 구제하는 데도 앞장섰다. 개성 선죽교에서 이방원의 부하에게 살해당했다. 문집에 『포은집(圃隱集)』이 있다. 자는 달가(達可), 호는 포은(圃隱)이다.

❼ 동방이학의 시조(東方理學之祖) : 고려 말의 유학자 정몽주를 일컫는 별칭이다. 동방은 우리나라를 뜻한다. 이학은 '이(理)'라는 개념을 중심으로 우주의 생성과 변화, 인간 심성의 구조와 움직임, 사회에서의 인간의 태도와 역할 등을 설명하는 이론이다. 곧 성리학을 말한다.

토론을 나누고 싶은 마음이었다. 또한 정치에 대한 자문도 받고 지역의 민생에 대해 알아보고자 하는 의도도 있었다.

그러나 조식은 이언적을 만나 주지 않고 다음과 같은 거절의 편지를 보냈다. "과거 응시자의 신분으로 자진해서 윗사람에게 보이는 선비가 어찌 있을 수 있겠습니까? 옛사람 가운데 4대의 임금에게 벼슬했으면서도 실제 조정에 근무한 날짜는 겨우 40일밖에 되지 않았던 송나라의 주희 같은 이도 있었습니다. 제가 알기로는 상공께서 벼슬을 버리고 고향으로 돌아가실 날 또한 그리 멀지 않았습니다. 그때 은자(隱者)의 각건(角巾)을 쓰고 상공의 고향 안강리(安康里) 집으로 찾아뵈어도 늦지 않을 듯합니다."❹ 한낱 베옷(布衣)❹ 입은 가난한 선비가 해당 지역에서는 임금이나 다름없는 관찰사의 요청을 단박에 거부해 버린 것이다.

조식의 이러한 행동은 자신의 처신을 분명하게 하고자 한 것이었다. 관찰사를 만나는 일은 스스로에게 아첨하는 듯한 느낌을 주는 일이었고 또 다른 사람들에게 벼슬을 구하려 한다는 오해를 살 수도 있는 일이었다.

조식이 이언적을 만나지 않은 데는 다른 이유도 있었다. 그 이전에 이언적이 중종에게 국정을 바로잡도록 건의하는 봉사(封事)를 올린 적이 있었다. 봉사는 다른 사람들이 중간에서 보지 못하도록 주머니에 넣어 봉한 상소문을 말한다. 중종은 이 상소문을 크게 칭찬하며 이언적을 종2품 품계의 가선대부(嘉善大夫)로 승진시켰다. 그런데 조식은 이 일을 그리 좋게 여기지 않았다. 임금에게 국정에 대해 건의를 올리는 일은 신하로서 당연히 해야 할 일이다. 그러므로 신하가 훌륭한 상소문을 올렸다고 해서 임금이 곧바로 이를 칭찬하며 품계를 올려주는 일은 적절한 일이라고 할 수 없다. 그런데도 이언적이 신하로서 이 승진을 사양하지 않고 그대로 받아들인 것에 대해 조식은 마땅한 일이 아니라고 생각했던 것이다.

조식의 편지를 받아 본 이언적은 이렇게 말했다. "이 편지는 내가 아직도

---

❹ 『남명속집(南冥續集)』, 「이언적에게 답하는 글(答李晦齋)」. ・ 원문은 책 끝에 덧붙임.
❹ 베옷(布衣) : 흔히 벼슬이 없는 선비를 상징하는 말로 쓰인다.

벼슬을 버리고 물러나지 않았음을 나무란 것이니 그의 기대를 저버린 것이 부끄럽다.”이로써 벼슬에서 물러나지 못하는 자신의 처지를 한탄한 것이다. 이언적은 이로부터 얼마 후 간신 이기(李芑)[50] 등에게 몰려 평안도 국경의 강계부(江界府)까지 귀양 갔다. 그리고 그곳에서 죽었다. 이때 조식의 말처럼 임금의 만류를 강하게 뿌리치고 물러났더라면 화를 당하지 않고 천수를 누렸을지도 모를 일이다.

1544년 6월 11일, 외아들 조차산(曺次山)이 죽었다. 조식은 아홉 살 때 죽을병에 걸렸다가 살아난 적이 있었는데, 그 아들은 아홉 살의 나이에 병에 걸렸다가 살아나지 못하고 세상을 떠나고 말았다. 조식은 결혼한 지 십수 년 만에 겨우 얻은 이 아들을 매우 사랑하며 기특하게 여겼다.

조차산은 생김새는 물론 기질이나 품성까지도 조식과 비슷했다. 조차산은 아홉 살 때 집에서 키우는 개들이 컹컹 짖어대면서 먹이를 서로 먼저 먹으려고 물고 싸우는 것을 보고서 구슬퍼하며 “옛날 진씨(陳氏) 집안에서는 한 우리 안에 백 마리의 개를 키워도 잘 지냈다는데 우리 집 개는 그렇지 못하니, 마음에 부끄럽다”고 말할 정도로 어른스러웠다.

한번은 여러 아이들과 함께 산해정(山海亭)에서 공부하고 있었는데, 산해정 옆으로 초헌(軺軒)이 지나갔다. 초헌은 종2품 이상의 재상이라야 탈 수 있는, 바퀴 달린 수레이다. 인근에서는 흔히 볼 수 없는 것이었고 마침 이 행차는 매우 성대했다. 공부하던 아이들이 몰려나가 구경하면서 감탄하기에 바빴다. 하지만 조차산만은 방에 그대로 앉아 책을 읽었다. 구경하고 돌아온 동무들이 “우리는 으리으리한 것을 구경하고 왔는데 너는 못봤지?”라고 으스댔다. 하지만 조차산은 아랑곳하지 않고 이렇게 대답했다. “대장부의 할 일이 어찌 그런 것이겠느냐?” 다른 아이들은 이 말의 뜻을 이해하지 못하

---

[50] 이기(李芑) 1476~1552 : 중종, 명종 때의 간신이다. 1545년 명종 즉위년에 윤원형 일파와 손을 잡고 을사사화를 일으켰다. 평안도관찰사, 한성부판윤, 형조판서, 좌찬성, 우의정, 영의정 등을 지냈다. 자는 문중(文仲), 호는 경재(敬齋)이다.

고 멍하니 바라보았다.

김해부의 읍성에서 동쪽으로 20리쯤 가면, 조차산(曺次山)이란 이름의 산이 있는데 조식의 아들인 조차산이 묻혔기 때문에 붙은 이름이다. 김해부 지역에 전해 오는 조차산 전설 중 다음과 같은 것이 있다. "조식에게는 조차산이라는 아들이 있었는데, 그 도술(道術)이 신출귀몰하여 당시 유명한 서산대사(西山大師)보다 높았다. 아들이 혹 도술을 이용하여 좋지 못한 꾀를 쓸까 걱정이 되어, 조식은 뒷산에 큰 굴을 파서 아들을 감금하고는 먹을 것을 넣어 주었다. 조차산은 답답하여 탈출하려고 온갖 꾀를 다 썼으므로 이 산이 점점 크게 부풀어 올랐다. 이후로 이 산을 조차산이라 불렀다." 조차산이 이와 같이 전설의 주인공으로까지 알려진 데에는 조식의 명성도 영향을 미쳤을 것이다. 하지만 어린 조차산의 영특함과 이처럼 영특한 아이가 아홉 살밖에 살지 못한 데 대한 안타까움 또한 겹쳐졌을 것이다.

아들을 잃은 조식의 참담한 심정은 이루 말할 수 없을 정도였다. 조식은 짧은 시를 지어 이와 같은 심정을 나타냈다. "해마다 길이 통곡하는 날은, 6월 11일이라네."❺❶ 조식은 아들의 범상치 않은 이목구비와 골격이 눈앞에 선했고, 또렷한 말소리가 귀에 쟁쟁했다. 사람답게 키우기 위해 언제나 점잖은 목소리와 엄한 눈길로 대했을 뿐, 아버지로서 다정하고 따뜻한 정으로 대해 준 적이 없어 때때로 더없이 아쉬웠다. 아버지의 죽음을 맞이했을 때와는 또 다른 슬픔을 맛보았다. 이후로 조씨부인은 다시 아들을 낳지 못했다.

조식이 아들 조차산을 잃고 얼마 후, 서울에서 벼슬하던 벗 이림(李霖)이 『심경(心經)』 한 권을 보내왔다. 이림은 몇 년 전 조식이 참봉 벼슬을 제수받았을 때 조식을 천거한 바 있었다. 조식은 이림이 보내준 『심경(心經)』 뒤에 이렇게 적었다.

내 벗 이림은 어질고 공경할 줄 아는 사람이다. 그 마음은 얼음을 담은 옥항아리처럼 깨끗하고 그 외모는 옥색처럼 곱고 푸르다. 입으로는 남을 헐뜯

---

❺❶ 『남명별집(南冥別集)』 권1. "每年長痛哭, 六月十一日."

는 말이나 경솔한 말을 한 적이 없고, 마음에는 이치를 거스르거나 남을 해치려는 마음이 싹튼 적이 없다. 옛것을 탐내는 것처럼 좋아하고 벗들을 만나면 기쁨을 감추지 않는다. 그를 바라보고 있으면 분노하는 마음이 사라지고 마음이 풀리니 이로써 그가 충실하고 믿을 만한 사람임을 알 수 있다.

　이것이 어찌 한 가지 한 가지를 살피고 스스로 함양해서 이러한 것이겠는가? 대개 타고난 본성이 이러한 것이니 하늘에서 받은 것 6, 7할에 학문을 더한 것이다. 백로의 흰색은 햇빛으로 그을려 검게 할 수 없고 까마귀의 검은색은 빗물로 씻어낼 수 없다. 비록 스스로 더러워지고자 한다 하더라도 어찌 더러워질 수 있겠는가? 그는 일찍이 "천하에 버릴 재목이 없다"고 말한 적이 있는데 이 마음을 미루어 나같이 보잘것없는 사람도 버리지 않고 『심경(心經)』 한 권을 보내주었다. 이는 다른 사람과 함께 착해지고자 하는 그의 마음이 헤아릴 수 없을 만큼 큰 것이다. 사람으로서 이 마음이 없다면 비록 칭송하는 말이 세상에 가득 퍼졌다 하더라도 원숭이가 한 마리가 태어났다 죽는 일과 별다름이 없을 것이다. 갈팡질팡하면서 이토록 큰 상을 당하고서도 슬퍼할 줄 모르니, 어찌 이 한 세상을 위해 통곡하고 눈물 흘릴 일이 아니겠는가? 비단 상을 당하고도 슬퍼할 줄 모를 뿐만 아니라 도리어 상복을 입는 사람들을 가리켜 이상한 자라고 생각하고 나아가서는 욕을 보이기도 한다.

　사람들은 이 책을 마치 대낮 시장 바닥에서 팔고 있는 임금의 평천관(平天冠)❺❷처럼 본다. 평천관은 아무도 구입해 가지 않을 뿐만 아니라, 혹 머리에 쓰기라도 하면 분수에 넘친 짓을 한다고 죽임을 당하게 되는 것과 같다. 이 책은 사람을 사람답게 만드는 가치를 가진 책인데도 사람들은 이 책을 싫어하고, 자칫하면 사람을 사화에 몰려 죽음으로 빠지게 만드는 물건으로 본다. 오랜 세월 동안 세상은 긴 밤처럼 캄캄하고 인륜은 금수처럼 되었는데도, 세상 사람들은 묵묵히 한 평생을 보내고 있으니, 안타까울 따름이다.

---

❺❷ 평천관(平天冠) : 위가 평평한 관이다. 여기서는 어떤 일에도 소용이 없는 물건이라는 의미이다.

이림은 후사가 없다. 학문에 독실하고 실행에 지극한 정성을 가지고 있었던 그 모습을 우러러 사모하며 기록해줄 자식이 없는 것이다. 나 또한 자식을 잃어서 벗끼리 서로 학업을 도와주던 의리를 책 속에 남길 수 없다. 이 책은 다른 날 어떤 아이들이 창이나 벽을 바르는 데나 쓸 것이니 탄식할 일이다.❸

『심경(心經)』은 심성 수양과 관련된 글을 모아 만든 책으로, 성리학을 공부하는 사람들에게는 필독서와 같았다. 그런데 여러 차례 사화가 일어나면서 선비들 사이에서는 이 책을 읽는 일이 '사화에 몰려 죽음으로 빠지게' 하는 일처럼 여겨졌다. 자신의 소신을 꼿꼿하게 지키는, 강직한 성품을 가진 이림에게 이런 점은 그리 상관할 바가 아니었다. 조식 또한 『심경(心經)』을 금기시하는 당시의 분위기에 대해 평천관(平天冠)의 비유를 들어 말하며 안타까워하고 있다. 또한 마지막으로 자식이 없는 이림을 생각하며, 자식을 잃은 자신의 상실감을 부지불식간에 드러내고 있다.

1544년 조식보다 아홉 살 적은 도구(陶丘) 이제신(李濟臣)❺이 찾아와 제자의 예를 갖추었다. 이제신은 재산이 매우 많았고 남에게 베풀기를 좋아했다. 세상의 이익이나 명성에 조금도 얽매이지 않았고 품위 있고 활달하게 세상을 살아갔다. 또 산수를 좋아해 골짜기가 깊고 물이 맑은 곳이 있으면 그곳에 자리 잡고 살았다.

이제신은 지리산 동쪽 덕천강(德川江)❺의 입덕문(入德門)❺ 부근에 별장

---

❸ 『남명집(南冥集)』 권2, 「이림이 선물한 '심경' 끝에(題李君所贈心經後)」. • 원문은 책 끝에 덧붙임.

❺ 도구(陶丘) 이제신(李濟臣) 1510~1582 : 명종, 선조 때의 유학자이다. 안주(安宙)의 문인이며, 조식에게서도 배웠다. 임진왜란과 인종(仁宗)의 죽음을 예언했다. 자는 언우(彦遇), 호는 도구(陶丘), 본관은 철성(鐵城)이다. 의령현(宜寧縣)에 살았다. 그에 관한 기록을 모은 『도구실기(陶丘實紀)』가 남아 있다.

❺ 덕천강(德川江) : 지리산에서 발원하여 산청군을 지나 진주시 진양호로 흘러든다. 남강의 지류이다.

을 가지고 있었다. 1544년 가을걷이가 끝나고 겨울로 접어들자 조식과 조식의 제자 여럿을 이 덕천강 별장으로 초대해, 술과 음식을 대접하고자 했다. 그런데 조식 일행이 덕천강에서 음식을 먹기 시작할 무렵, 서울의 국상(國喪) 소식을 전하는 사람이 있었다. 중종은 1544년 11월 15일 창경궁에서 숨을 거두었는데, 이 소식이 얼마간의 시간 차이를 두고 이곳 지리산 자락까지 전해진 것이다. 임금의 상을 당하면 음악을 듣지 않고 고기를 먹지 않고 근신하며 지내는 것이 유가 사회의 예법이었다. 당연히 조식 일행은 이날의 술자리를 이것으로 마무리했다.

그런데 이날의 술자리는 덕천강 꺽저기(쏘가리)의 머리에 무늬가 생긴 전설과 함께 전해진다. 이제신은 조식과 동문들에게 대접하기 위해 특별히 덕천강에서 많이 잡히는 꺽저기 회도 넉넉하게 준비했다고 한다. 그런데 조식이 꺽저기 한 마리를 장에 찍어 입에 넣고 씹으려던 순간 국상 소식이 전해졌다. 조식은 국상 소식을 듣자마자 살짝 깨물었던 꺽저기를 뱉어 다시 강에 던져 넣었다. 이 꺽저기는 죽지 않고 살아나 물속으로 달아났는데 머리에는 조식의 이빨 자국이 그대로 남아 있었다. 이후 이 꺽저기가 알을 낳아 번식하면서 덕천강의 꺽저기는 모두 머리에 조식의 이빨 자국을 가지고 태어나기 시작했다.

이제신은 특히 바둑을 좋아했고 잘 두었다. 이런 이유로 때로는 다른 사람에게 학업이나 수양을 소홀히 하는 듯한 인상을 줄 정도였다. 또 활쏘기를 좋아해서 무관 못지않은 활 솜씨를 가지고 있었다. 바둑은 본래 사람의 정신을 집중시키고 지혜를 계발하고 또 거기서 처세 방법을 배울 수도 있고 사람 사귀는 데도 활용할 수 있다. 그래서 공자도 '배불리 먹고 멍청하게 하루 종일 지내는 사람'을 꾸짖기 위해, "바둑이라도 두는 것이 아무것도 하지 않는 것보다 낫다"❺⑦라는 말을 남겼다. 그리고 활쏘기는 공자가 제자들에게 권장하여 가르친 주요 교과목 중 하나였다. 활쏘기는 다른 사람과의 시합에

❺⑥ 입덕문 : 경상남도 산청군 단성면 백운리, 덕천강과 나란히 뻗어 있는 지리산대로 가에 자리 잡고 있다.

서 져도 그 잘못을 다른 사람에게 돌릴 수 없고 오로지 자신의 자세와 정신력에서 패배의 원인을 찾아야 한다. 이런 이유로 공자는 제자들에게 활쏘기를 권장했다.

조식도 바둑과 활을 부정적으로 본 것은 아니었다. 그러나 이제신이 바둑과 활쏘기를 좋아하는 일에 대해서는 지나치다는 생각을 가지고 있었다. 이에 어느 날 이제신을 불러 선비가 중용(中庸)의 도를 벗어나 너무 한 가지 일에 탐닉하면 자신의 뜻을 바로 세울 수 없다고 준엄하게 꾸짖었다. 이제신은 본래 재치가 있고 또 재미난 말을 좋아했으므로, 바로 다음과 같은 시를 지어 조식에게 보여 주었다.

바둑 두노라면 남 비판하는 말 끊게 되고,　　　　看某口絶論人語,
과녁 뚫노라면 자기 반성하는 마음 간직하게 된다오.❺❽　射革心存反己思.

이 시를 보고 조식은 이제신의 바둑과 활쏘기를 더 이상 언짢게 생각하지 않았다. 이제신이 바둑과 활쏘기를 단순한 오락으로 여기는 것이 아니라 자기 수양의 방편으로 승화시키고 있음을 알았기 때문이다. 이제신 또한 스승의 속마음을 알고는 이후 바둑과 활쏘기에 쓰는 시간을 줄였다.

이제신은 또 농담을 좋아하는 인물로 소문나 있었다. 그런데 덕천강 별장에서 서너 달 동안 머무르면서 조식은 이제신이 소문과는 달리 언행이 매우 신중한 사람이라는 사실을 발견했다. 이에 조식은 "내가 지금 보니 그대는 이렇게 조신(操身)한데, 사람들은 어찌하여 농담을 잘한다고 하는지 모르겠다"라고 물었다. 이러한 질문을 받자 이제신은 이렇게 대답했다. "다른 사람을 만나면 저도 모르게 농담이 나오는데 선생님을 모시고 있으면 저도 모르

---

❺❼ 『논어』「양화(陽貨)」편에 다음과 같은 구절이 나온다. "배불리 먹고 종일 마음 쓰는 곳이 없으면 안된다. 장기와 바둑이라도 있지 않은가? 이런 것이라도 하는 것이 마음을 쓰는 곳이 없는 것보다는 낫다.(子曰 飽食終日 無所用心 難矣哉 不有博奕者乎 爲之猶賢乎已)"
❺❽ 『남명별집(南冥別集)』 권6.

게 몸가짐을 조심합니다." 조식이 주위 사람들에게 얼마나 큰 감화(感化)를
주고 있었는지 알 수 있는 대목이다.

암울한 죽음의 시대, 때를 만나지 못한 현사(賢士)들

1545년 봄볕이 따스해지자 조식은 경상도 청도군(淸道郡) 운문산(雲門山) 아래에 살고 있는 벗 김대유(金大有)❺❾의 집을 찾아 나섰다. 조식은 또한 청도군에 살고 있는 벗 곽순(郭珣)❻⓿에게도 사람을 보내어 김대유의 집으로 오도록 연락을 했다. 조식은 김해부에서 삼가현을 거쳐 청도군으로 향했다.

김대유는 1498년 무오사화(戊午士禍) 때 희생당한 김일손(金馹孫)의 조카이다. 학문과 덕행이 높은 선비들을 대상으로 중종 때 시행되었던 과거 시험인 현량과(賢良科)에 합격하여 사간원정언 벼슬을 받았으나 출사하지 않았다. 외직인 칠원현(漆原縣)❻❶의 현감을 제수받았을 때도 부임하기는 했

---

❺❾ 김대유(金大有) 1479-1552 : 중종 때 현량과에 합격해 칠원현감을 지냈다. 김대유는 나이가 조식보다 스물두 살이나 많았지만 두 사람은 서로의 나이 차이를 생각하지 않고 망년우(忘年友)로 교유했다. 『삼족당일고(三足堂逸稿)』를 남겼다. 본관은 김해(金海), 자는 천우(天祐), 호는 삼족당(三足堂)이다.

❻⓿ 곽순(郭珣) 1502-1545 : 중종 때 문과에 합격해 홍문관교리, 사간원사간 등을 지냈다. 1545년의 을사사화 때 옥중에서 형신을 당하다 죽었다. 김대유, 박하담, 조식 등과 교유했다. 본관은 현풍(玄風), 자는 백유(伯瑜), 호는 경재(警齋)이다.

100

지만 몇 달 만에 그만두고 고향으로 돌아왔다. 그리고 운문산 아래 우연(牛淵)에 삼족대(三足臺)❷를 짓고 그곳에서 후학을 가르치며 지냈다.

김대유는 때로는 사냥이나 낚시를 하면서 무인(武人)처럼 다니는가 하면, 때로는 술을 마시고 마음껏 노래하고 멋대로 춤추니 사람들은 그 마음속의 참뜻을 알지 못했다. 그러나 조식만은 그가 학문이 있고 기국(器局)이 큰 호걸인 줄 알고 있었다. 김대유가 죽은 후 조식이 김대유의 묘갈명을 지었다. 조식은 이 묘갈명에 이렇게 썼다. "내가 사람을 보증해 주는 경우가 드문데, 김대유만은 천하의 훌륭한 선비로 인정해준 사람이다."

조식이 도착하자 김대유가 반갑게 맞이했다. 비교적 살림살이가 풍족했던 김대유는 술과 음식을 넉넉하게 차려놓고 또 풍악까지 준비해 두고 있었다. 하지만 당연히 먼저 도착해 있을 줄 알았던 곽순은 아직 오지 않아 한참을 기다렸다. 곽순 또한 조식이 그 학문과 인품을 인정하는, 몇 안되는 인물 중 하나였다. 조식은 곽순을 두고 "때를 만났더라면 반드시 큰일을 했을 것"이라고 평했다.

이 날 밤이 이슥해서야 도착한 곽순의 모습은, 그러나 이런 학문이나 인품과는 거리가 멀었다. 행색이 초라한 것은 둘째치고 매우 지쳐 그 몰골이 말이 아니었다. 그는 자리에 앉아 음식 몇 가지를 급하게 씹어 삼키고 술을 한 잔 마셨다. 그리고 늦게 도착한 곡절에 대해 다음과 같이 말했다. "연락을 받고 곧장 나섰네. 종자들을 다 물리치고 술 한 통을 싣고 홀로 말을 타고 오는데, 어느 마을 앞에서 많은 사람들이 둑길에 둘러앉아 점심밥을 먹고 있더군. 그들이 길을 비켜 주지도 않았고 나도 체면상 말에서 내릴 수가 없어 말을 타고 지나오려니까 그중 젊은 사람 몇이 눈을 부라리며 말하더군. '꼴을 보니 별 양반도 아닌 것 같은데, 여러 사람들이 밥 먹고 있는 데를

---

❶ 칠원현(漆原縣): 현재의 경상남도 함안군 칠원읍·칠서면·칠북면 일대에 있었던 고을이다.

❷ 삼족대(三足臺): 김대유가 관직을 버리고 낙향해 후학을 가르치기 위해 지었다. 현재의 청도군 매전면 금곡리 동창천 가에 있다.

말 탄 채 지나가려고 한단 말이오?'라고 말이네. 급기야는 말을 세우고 끌어내리려고까지 하더군. 다행히 나이든 사람들이 말려서 무사했다네."

조식이 "그들이 때렸다면 어쩔 뻔했나?"라고 농담조로 물었다. 곽순은 "많은 사람이 때리는데 맞아야지, 어쩔 수 있었겠나?"라고 답했다. 이에 다시 조식이 격식을 갖춰 다음과 같이 충고했다. "자네는 평소 차림새가 지나치게 초라하니 이런 일을 당한 것이라네. 사간원사간까지 지낸 자네 체면에도 손상이 되겠지만, 부모가 물려준 신체를 남에게 봉변당하도록 해서야 되겠나? 나도 몇 해 전에 길을 가다가 자네와 비슷한 꼴을 당한 적이 있는데, 사군자(士君子)라면 위의(威儀)에 신경을 쓰지 않을 수 없다네. 앞으로는 생각을 고쳐 차림새에도 신경을 좀 쓰게." 곽순은 "이다음부터 마땅히 주의하겠네"라며 벗의 충고를 진지하게 받아들였다.

조식은 김대유의 집에서 며칠 머물며 학문을 토론했다. 그리고 청도군 운문산 아래의 눌연(訥淵)이라는 마을에 살고 있는 박하담(朴河淡)⑬의 집으로 갔다. 박하담은 청도군 일대에서 학문과 덕행으로 이름이 높았으나 평생 출사하지 않고 살았다. 일찌감치 문과 시험을 단념했고 천거로 벼슬을 받았을 때도 나아가지 않았다. 1519년 기묘사화 때는 자신이 쓴 글을 불태워버렸다는 이야기도 전해진다. 박하담의 집에서는 사흘을 묵었다. 그리고 김산군(金山郡)⑭에 있는 직지사(直指寺)를 함께 둘러본 후 박하담과 헤어졌다.

조식의 명성이 사방으로 퍼지면서 배우러 오는 선비들도 점점 많아졌다. 1545년에는 노흠(盧欽)⑮, 권문임(權文任)⑯ 등이 찾아왔다. 도구(陶丘) 이제

---

⑬ 박하담(朴河淡) 1479-1560 : 1500년대에 학문과 덕행으로 청도군 일대에서 이름이 높았다. 『소요당일고(逍遙堂逸稿)』를 남겼다. 김대유, 조식 등과 교유했다. 본관은 밀양(密陽), 자는 응천(應千), 호는 소요당(逍遙堂)이다.

⑭ 김산군(金山郡) : 경상북도 김천시(金泉市)의 옛 이름이다.

⑮ 노흠(盧欽) 1527-1601 : 명종, 선조 때의 유학자이다. 조식의 문인이다. 임진왜란 때 의병을 일으켜 싸운 공로로 별제(別提), 찰방(察訪) 등에 임명되었으나 출사하지 않았다. 본관은 광주(光州), 자는 공신(公愼), 호는 입재(立齋)·만세(晩歲)·죽천(竹泉)이다.

신(李濟臣)과 이름이 같은 청강(淸江) 이제신(李濟臣)❻❼ 또한 와서 배웠다.

노흠은 이때 열아홉 살이었는데 조식이 한번 보고서 "경의(敬義)에 대한 공부가 깊다"며 칭찬했다. 또 그의 편지에 답장을 하면서 "공부하는 것은 강물을 거슬러 배를 저어 올라가는 것과 같으니, 한 치를 놓아두면 한 길이나 미끄러져 내려간다"❻❽라는, 교훈의 말을 적어 보내기도 했다. 노흠은 과거에 뜻을 두지 않고 지냈는데 나중에 학문과 덕행으로 참봉 벼슬을 받았으나 곧 버리고 돌아왔다. 조식이 죽은 후인 1576년, 스승을 추모하기 위해 삼가현 회현(晦峴)❻❾에 회산서원(晦山書院)❼⓿ 짓는 일을 주도했다.

청강(淸江) 이제신(李濟臣)은 이해에 열 살에 지나지 않는 소년 선비였다. 그러나 여덟 살 때 할아버지 상을 당해 슬픔을 표하는 일이 예의에 맞았다고 할 만큼 어른스러웠다. 조식 또한 이제신이 원대한 인물이 될 것이라고 기대했다. 이제신은 나중에 문과에 합격하여 진주목사, 함경북도병마절도사(咸鏡北道兵馬節度使) 등을 지냈으며 청백리로 이름이 났다.

조선의 유가 사회에서는 학문과 덕성이 있는 사람일지라도 스승으로 자처하지는 않았다. 다만 배우러 오면 마지못해 물리치지 않고 가르쳤다. 또한 배우는 사람이 싫어서 가면 잡지 않았다. 가르친다 해도 수업료를 요구하는 경우는 거의 없었으며, 다만 배우는 사람들이 성의로 나락이나 보리

---

❻❻ 권문임(權文任) 1528-1580 : 조식의 문인으로 경(敬)과 의(義)를 실천했다는 평가를 받았다. 문과에 합격해 김해부학교수(金海府學教授), 검열(檢閱) 등의 벼슬을 받았으나 나아가지 않았다. 『화산세기(花山世紀)』를 남겼다. 본관은 안동(安東), 자는 흥숙(興叔), 호는 원당(源塘)이다.

❻❼ 청강(淸江) 이제신(李濟臣) 1536-1583 : 명종, 선조 때의 관료이다. 강직한 청백리로 이름이 높았다. 진주목사(晉州牧使), 함경북도병마절도사(咸鏡北道兵馬節度使)를 지냈다. 시문에 능하고 글씨를 잘 썼다. 『청강집(淸江集)』, 『청강시화(淸江詩話)』를 남겼다. 본관은 전의(全義), 자는 몽응(夢應), 호는 청강(淸江)이다.

❻❽ 『남명집(南冥集)』권2, 「제자 노흠에게 주는 글(與盧公信書)」. • 원문은 책 끝에 덧붙임.

❻❾ 삼가현 회현(晦峴) : 현재의 합천군 가회면 장대리의 '그믐재'라고 한다.

❼⓿ 회산서원(晦山書院) : 처음 세워진 회산서원은 임진왜란 때 불탔다. 1601년 합천군 용주면 죽죽리 쪽으로 옮겨진 후 1609년 용암서원(龍巖書院)이라는 이름으로 사액을 받았다. 1871년 서원철폐령으로 헐렸다. 1988년 합천호가 생기면서 서원 터까지 물에 잠겼다. 2007년 조식이 태어난 합천군 삼가면 외토리에 복원되었다.

백성을 편안하게 다스리는 안인(安人)은 조선 유학자들의 한결같은 꿈이었다. 그림은 「평생도 (平生圖)」 중 하나로, 벼슬길에 나아간 유학자가 평안감사로 부임하는 장면을 그린 것이다.

몇 말, 새로운 반찬거리나 음식, 지필묵, 부채 등을 들고 갔다. 그것도 가정 경제에 영향을 미칠 만큼 지나치면 야단을 쳐서 돌려보냈다. 그러므로 돈을 받고 가르치는 일은 아예 없었다.

스승이 죽고 나면 스승이 남긴 글을 모아 정리해 문집을 간행하고, 스승을 위한 서원이나 사당을 세워 그 학덕을 선양하는 일이 스승에 대한 제자들의 보답이었다. 제자 되기도 쉽지 않았지만 한번 제자가 되면 평생 스승으로 모셨다. 이제신이 진주목사로 부임한 것은 조식이 죽은 후의 일이었는데 스승의 추모 사업을 많이 도왔다. 그는 시평(詩評)에 일가견이 있었다. 『청강시화(淸江詩話)』를 지었는데 여기에 조식의 시를 여러 편 소개했다.

한편, 중종의 죽음으로 조정에는 다시 파란이 일기 시작했다. 이 파란은 38년 전인 1506년에 일어났던 중종반정(中宗反正)에 뿌리를 두고 있었다.

연산군은 임금 자리에 있으면서 황음무도(荒淫無道)❼한 짓을 일삼고, 거듭 사화(士禍)를 일으켜 숱한 현사(賢士)들을 죽였다. 이에 참다못한 성희안(成希顔)❼❷, 박원종(朴元宗)❼❸ 등이 군사를 일으켜 연산군을 내쫓고, 연산군의 배다른 동생인 진성대군(晉城大君 ; 중종)을 옹립하니 이 일이 곧 중종반정이다.

진성대군은 중종반정 전에 이미 연산군의 처남인 신수근(愼守勤)❼❹의 딸에게 장가든 상태였는데 신씨부인과 금슬이 매우 좋았다. 그런데 반정이 일

---

❼ 황음무도(荒淫無道) : 주색(酒色)에 빠져 사람으로서 마땅히 지켜야 할 도리를 돌아보지 않는다는 말이다.

❼❷ 성희안(成希顔) 1461-1513 : 연산군, 중종 때의 관료이다. 연산군 때에 이조참판으로 왕의 횡포를 풍자하는 시를 지어 좌천되었다. 중종반정을 성공시켰다. 이후 좌의정, 영의정까지 지냈다. 자는 우옹(愚翁), 호는 인재(仁齋)이다.

❼❸ 박원종(朴元宗) 1467-1510 : 연산군, 중종 때의 관료이다. 중종반정을 이끌었으며 우의정을 지냈다. 본관은 순천(順天), 자는 백윤(伯胤)이다.

❼❹ 신수근(愼守勤) 1450-1506 : 연산군 때의 권신이다. 연산군의 처남이자 중종의 장인이었고 중종반정 때 좌의정을 지냈다. 반정을 반대하다가 살해당했다. 자는 근중(勤仲)·경지(敬之), 호는 소한당(所閑堂)이다.

어나자 신씨부인은 남편인 진성대군이 왕으로 추대되던 순간에 아버지인 신수근을 잃는 불운을 겪는다. 신수근이 "비록 임금은 포악하나 총명한 세자를 믿고 살겠다"며 중종반정에 반대하는 입장을 밝혔다가 살해당한 것이다. 이후 신씨부인은 비(妃)의 자리에까지 올랐다. 그러나 반정의 공신들이 역적의 딸이라 하므로 중종도 어찌하지 못하고 폐위하고 말았다. 마침 소생은 없었다.

이후 중종은 윤여필(尹汝弼)❼의 딸을 왕비로 책봉한다. 이 윤씨가 곧 첫 번째 계비(繼妃)인 장경왕후(章敬王后)였는데, 왕비의 자리를 지킨 지 8년 만인 1515년 원자 이호(李峼 ; 훗날의 인종)를 낳고 곧 산후병으로 죽고 만다. 중종은 2년 후 윤지임(尹之任)❼의 딸을 왕비로 책봉했다. 이 왕비는 곧 두 번째 계비인 문정왕후(文定王后)였고, 문정왕후는 1534년 경원대군(慶原大君 ; 훗날의 명종)을 낳는다.

이들 두 계비는 모두 파평윤씨(坡平尹氏)였다. 장경왕후의 아우 윤임(尹任)❼과 문정왕후의 아우 윤원형(尹元衡)❼은 중종이 죽기 전부터 각자 자신의 생질을 왕위에 올리려고 세력 다툼을 했다. 세상에서는 윤임 일파를 대

---

❼ 윤여필(尹汝弼) : 조선조 중종, 명종 때의 관료이다. 중종반정에 가담하여 공신에 오른다. 중종의 계비(繼妃)인 장경왕후(章敬王后)의 아버지이다. 장경왕후가 왕비의 자리에 오른 후 왕의 장인인 국구(國舅)로서 판돈녕부사(判敦寧府事)를 지냈다.

❼ 윤지임(尹之任) 1475-1534 : 조선조 중종 때의 관료이다. 1517년 딸이 중종의 계비로 간택된 이후 왕의 장인인 국구로서 돈녕부사(敦寧府事), 파산부원군(坡山府院君)을 지냈다. 본관은 파평(坡平), 자는 중향(重鄕)이다.

❼ 윤임(尹任) 1487-1545 : 중종, 인종 때의 외척(外戚)이다. 이호(李峼 ; 인종)를 낳고 일찍 죽은 장경왕후(章敬王后)의 동생이다. 장경왕후가 죽은 후 대윤(大尹) 일파의 우두머리로서 생질인 이호를 보호하기 위해 힘썼다. 인종이 죽고 명종이 즉위한 후 윤원형의 소윤 일파가 일으킨 을사사화(乙巳士禍) 때 죽임을 당했다. 자는 임지(任之)이다.

❼ 윤원형(尹元衡) ?-1565: 중종, 인종, 명종 때의 외척이다. 외척으로서 권력을 전횡한 대표적인 인물로 손꼽힌다. 중종의 계비이자 명종의 어머니인 문정왕후(文定王后)의 동생이다. 1534년 문정왕후가 경원대군(慶原大君 ; 명종)을 낳자 소윤(小尹) 일파의 우두머리로서 권력 투쟁을 이끌었다. 명종이 즉위하고 문정왕후가 수렴청정할 때 을사사화를 일으켜 대윤(大尹) 일파의 윤임 등과 사림의 현사(賢士)들을 죽였다. 문정왕후가 죽자 권력을 잃고 쫓겨났다. 자는 언평(彦平)이다.

윤(大尹)이라 부르고, 윤원형 일파를 소윤(小尹)이라 부르며 이들 세력의 반목에 촉각을 곤두세웠다. 이들의 세력 다툼이 곧 자신들에게도 큰 영향을 미칠 것이었기 때문이다.

1544년 인종이 즉위하자 대윤 일파의 윤임이 권력을 잡고 윤원형을 탄핵하는 등 소윤 일파를 적극적으로 견제했다. 그리고 1519년의 기묘사화 때 없앴던 현량과(賢良科)를 부활시키는 등 사림을 등용하고자 했다. 그러나 인종은 본래 병약했으므로 즉위한 지 일곱 달 만에 이복동생인 경원대군(慶源大君)에게 왕위를 넘겨주었고 그 다음 달인 1545년 7월에 죽고 말았다. 이때 왕위를 넘겨받은 경원대군이 명종(明宗)인데 명종은 당시 나이가 열두 살에 불과했다.

이에 명종의 어머니인 문정왕후가 수렴청정(垂簾聽政)을 펼치기 시작했고 윤원형의 소윤 일파가 권력을 잡았다. 세상 사람들은 문정왕후와 소윤 일파의 핍박으로 인종이 죽었다고 생각했다. 권력을 잡은 윤원형은 곧 을사사화(乙巳士禍)를 일으켰다. 명종이 즉위한 지 두 달도 지나지 않은 1545년 8월 문정왕후의 명을 받은 병조판서 이기 등이 윤임을 비롯한 대윤 일파를 탄핵한 것이다. 그리고 윤임의 대윤 일파를 반역음모죄로 몰아 귀양 보낸 후 차례로 사사(賜死)했을 뿐만 아니라, 대윤 일파가 아니어도 온갖 죄목을 날조하여 사림파를 죽이거나 귀양 보냈다.

이후 20여 년 동안 윤원형은 무소불위의 권력을 휘두르며 악행을 일삼았다. 명종의 외숙부, 문정왕후의 동생, 영의정이라는 지위 등이 이 권력의 바탕이 되었다. 사람들의 생사여탈(生死與奪)을 마음대로 하여, 자신에게 거슬리는 자가 있으면 죄가 없어도 죽이고 죽을죄를 지어도 뇌물만 바치면 그대로 풀어주었다. 또한 엄청난 재력을 쌓았는데, "뇌물이 문에 가득해 재산이 국고보다 많았다"고 말할 정도였다. 조정과 나라의 형편은 말이 아니었다. 바른말 하는 이는 모두 죽임을 당하거나 귀양 가고, 조정에는 아첨꾼들만 들끓고 있었다. 고을 수령들도 파렴치한 방법으로 자리를 얻어 백성들에게 토색(討索)질❼을 일삼는 자들이 대부분이었다. 청탁과 뇌물이 없는 곳이 없었으며, 세금은 무겁고 부역은 끊임없이 이어졌다.

나라꼴이 이 지경에 이르니, 조식은 나라 걱정을 하지 않을 수 없었다. 기강이라곤 찾아볼 수 없는 조정의 상황이 터무니없었고, 곤궁하고 고통스러운 백성들의 생활이 가여웠다. 달 밝은 밤이면 홀로 앉아 괴롭게 노래하다가 끝내 눈물을 흘린 것이 한두 번이 아니었다.

더욱이 조식은 을사사화 소식과 함께 억장이 무너지는 소식을 들어야 했다. 을사사화의 피바람에 조정에서 벼슬하던 조식의 절친한 벗들이 연이어 화를 당하고 말았다.❽ 깨끗하고 곧은 선비로서 벼슬길에 나섰다가 자신의 경륜을 펴보지도 못한 채 간악한 무뢰배에게 몰려 억울하게 화를 당했으니 이보다 비통한 일은 없었다. 조식은 죽는 날까지도 이 친구들의 일을 이야기할 때면 북받치는 슬픔에 목이 메어 끝내 눈물을 떨구고 말았다.

1545년 11월, 조식의 어머니가 세상을 떠났다. 쉰한 살에 남편인 조언형과 사별하고 홀로 살던 이씨부인이 일흔 살의 나이로 숨을 거둔 것이다. 이씨부인은 남편보다 다섯 살 아래인데 모두 7남 4녀를 낳았다. 하지만 아들 다섯을 자신보다 앞세워 보내는 슬픔을 겪어야 했다. 먼저 죽은 다섯 아들 중 네 아들은 어려서 죽고, 조납(曹拉)만은 결혼해 딸 하나를 남기고 죽었다. 조식과 그 동생 조환(曹桓)은 제 명대로 살았다.

다음 해 봄에 어머니의 영구를 삼가현의 아버지 묘소 동쪽 언덕에 장사지냈다. 어머니의 묘갈명(墓碣銘)은 지기지우(知己之友)인 송인수(宋麟壽)에게 부탁했다.

그렇지 않은 사람은 없을 것이지만, 조식에게 어머니는 더할 수 없이 특별한 존재였다. 특히 조식이 시속에 휩쓸리지 않고 꿋꿋이 지조를 지키면서

---

❼ 토색(討索)질 : 돈이나 물건을 억지로 달라고 하는 일을 말한다.
❽ 홍문관교리(弘文館校理)로 있던 곽순(郭珣)은 1545년 9월 이틀 동안 다섯 차례나 형신(刑訊)을 당하다가 15일에 옥에서 죽었다. 병조참의(兵曹參議)로 있던 이림(李霖)은 1545년 9월 평안도 의주목(義州牧)으로 귀양 간 뒤, 1546년 8월 6일 사사되었다. 제릉참봉(齊陵參奉)으로 있던 성우(成遇)는 1546년 8월 11일 일곱 차례에 걸친 장형(杖刑)을 견디지 못하고 옥사했다.

학문에 전념할 수 있었던 것은, 어머니로부터 받은 감화가 큰 영향을 미쳤다. 조식의 어머니는 시부모에게는 며느리로서의 도리를 다했고 남편에게는 아내로서의 역할을 다했다. 살아 계실 때는 공경을 다해 받들었고 돌아가신 뒤에는 정성을 다해 제사를 모셨다. 집안의 어른들과 아랫사람들에 대해서도 본분을 잃지 않았다. 또한 빈곤한 살림살이로 자녀 혼례를 치르지 못하거나 장례를 치르지 못하는 이들이 있으면 힘닿는 데까지 도와주었다. 걱정거리가 있는 이들이 있으면 마치 자기 일처럼 안타까워하며 마음을 써주었다.

장례를 치른 후 아버지 상을 당했을 때와 마찬가지로 무덤 아래 움막을 짓고 3년 동안 시묘살이를 했다. 조식은 시묘살이를 하면서 늘 어머니를 그리워하며 눈물을 흘렸다. 문상하는 이들이 찾아와 절을 하면 답배(答拜)만 할 뿐 다른 일을 말하지 않았다. 자신을 죄인으로 여겼기 때문이다.

1548년 2월, 조식은 상례의 마지막 절차인 길제(吉祭)를 지내고 상복을 벗었다. 그리고 삼가현의 옛집에 잠깐 들렀다가 김해부로 돌아왔다.

집으로 돌아와 있으니 묘소 옆에서 시묘살이할 때와는 또 다른 슬픔이 일어났다. 어머니가 거처하던 방을 지나면 그 말소리가 들리는 듯했고, 어머니가 걷던 길을 걸으면 앞서 걷는 어머니의 뒷모습이 보이는 듯했다. 철 따라 새로 나는 음식을 보면 "어머니는 이제는 못드시겠다"는 생각이 떠올랐고, 좋은 경치를 만나면 "어머니는 다시는 볼 수가 없겠다"는 마음이 들었다. 연세 있는 친척들을 만나면 그분들과 이야기를 나누던 어머니의 모습이 눈앞에 떠올라 사라지지 않았다.

조식은 자식으로서 어머니를 잘 봉양하지 못한 것이 후회스러웠다. 더욱이 생계가 어려워 어머니의 친정 일가가 있는 삼가현을 떠나 김해부로 옮겨가 살다가 어머니를 타향에서 돌아가시도록 한 점이 더욱 마음에 걸렸다.

1548년, 계부당과 뇌룡사를 짓다

三章

닭이 고니의
큰 알을 품듯

시묘살이를 마치고 돌아온 조식은 김해부에 더 이상 머물러 살 까닭이 없다고 생각하여 고향인 삼가현으로 거처를 옮기기로 결심했다.

사실 김해부는 조식이 학문 활동을 펼쳐나가는 데 그리 적합한 곳이 아니었다. 김해부는 지리적으로 바닷가에 치우쳐 있어 학문적으로 소외된 면이 없지 않았다. 당장 가까운 곳에 함께 학문을 논할 만한 벗도 없었고, 제자들 또한 대부분 지리산 근방에서 찾아오고 있었다. 게다가 땅이 낮고 습도가 높아 풍토병이 많았고 왜구들의 출몰이 잦았다. 이런 것들은 조식의 성리학 연구와 강학(講學) 활동을 방해했다.

그리고 조식이 김해부로 거처를 옮겼던 것은 가난 때문에 어머니를 봉양하기 어려워서였다. 그런데 이제 어머니가 돌아가셨으므로 더 이상 가난한 살림살이에 대해 걱정할 필요가 없었다. 더욱이 김해부는 부모님의 산소와도 거리가 먼 곳이었다. 효자는 부모님이 살아 계실 때는 정성을 다해 모시고 부모님이 돌아가신 후에는 안타까운 마음에 자주 산소를 찾는다.

그러나 조씨부인에게까지 또다시 삼가현에서의 가난한 생활을 강요할 수는 없는 일이었다. 이에 부인에게 자신의 뜻을 설명하고, 부인에게는 삼가현으로 함께 거처를 옮기든지 김해부에 그대로 살든지 좋을 대로 하라고 말했다. 조씨부인은 김해부에 그대로 살겠다고 했다. 조식은 부인의 태도가 그렇게 만족스럽지 않았지만 부부의 의를 끊지는 않았다.

성인(聖人)이나 현인은 자기 자신의 도덕적 기준이 아주 엄격하기 때문에 배우자가 이 기준을 따라가기가 쉽지 않다. 춘추시대의 공자(孔子), 증자(曾子) 등은 성인이거나 성인의 경지에 가까이 간 분들이지만, 아예 부인을 내쫓아 버렸다. 공자의 부인은 송(宋)나라 출신의 병관(竝官)인데, 공자가 노(魯)나라에 살 때 난리를 만났다. 난리가 나면 고향 나라로 돌아가는 것이 당시의 법도인데, 공자의 부인은 송나라로 가지 않고 가까운 제(齊)나라로 갔으므로 공자가 내쫓았다. 공자는 부인을 내쫓은 이후 평생 재혼하지 않고 혼자 살았다. 증자는 부인이 배를 삶아 아버지께 드렸는데 이 배를 제대로 삶지 못했다 하여 부인을 내쫓아 버렸다. 이웃 사람들이 "그만한 일에 부인을 쫓아내면 어떡하느냐?"라고 만류하자, 증자는 "이런 작은 일도 잘 못하는데 앞으로 더 놓아두면 더 큰 일을 그르칠 것이오"라고 말했다.

그러나 우리나라의 유학자들은 부인이 마음에 들지 않는다 해도 내쫓는 경우는 극히 드물었다. 특별한 흠이 없는 한 웬만하면 참고 이해하고 지냈다. 이황의 경우는 부인으로 인해서 생긴 고민이 적지 않았지만 아무에게도 이야기하지 않았다. 다만 부부 사이가 좋지 않았던 제자 이함형(李咸亨)에게 준 편지에 그 자세한 이야기를 털어놓았다. 이 편지는 『퇴계문집(退溪文集)』에는 계속 실리지 않다가, 필사본 『도산전서(陶山全書)』의 「유집(遺集)」에 비로소 실렸다.

조씨부인 외에는 함께 거처를 옮겨야 할 가족은 더 이상 없었다. 조식은 부인과의 사이에 딸 하나와 아들 하나를 두었다. 그런데 딸은 이미 몇 해 전에 단성현 법물(法勿)❶에 사는 상산김씨(商山金氏) 김행(金行)❷에게 시집갔

---

❶ 단성현 법물(法勿) : 현재의 산청군 신등면 평지리 법물마을이다.
❷ 김행(金行) : 조식의 사위이다. 김행은 두 딸을 두었는데 조식의 제자인 김우옹(金宇顒)과 곽재우(郭再祐)에게 시집보냈다. 본관은 상산(商山)이다.

다. 아들 조차산은 아홉 살의 어린 나이로 죽었다. 이렇게 해서 조식은 홀가분한 마음으로 삼가현으로 향할 수 있었다. 미리 사람을 시켜 오래도록 비워두었던 삼가현의 집을 손질하도록 하는 한편, 책과 문구, 의관 등 필요한 짐을 챙겨 좋은 날을 받아 이사를 했다.

18년 동안 살던 김해부 탄동을 떠나자니 지난 일들이 머릿속을 스쳐 갔다. 탄동으로 어머니를 모시고 이사 올 때는 나이가 갓 서른에 불과했지만 어머니를 저세상으로 보내고 홀로 떠나는 지금은 나이가 벌써 마흔여덟이었다. 청년에 와서 장년(壯年)을 지나 떠나는 것이었다. 이곳의 산해정에서 과거 공부를 완전히 포기하고 학문에만 전념하는 일생의 방향 전환을 이루었고 유망한 청년에서 알 만한 사람은 다 아는 중견 유학자로 성장했다. 사방에서 젊은 유생(儒生)들이 학문을 배우기 위해 찾아오고 조정에서 그 학덕(學德)을 인정하여 벼슬을 내릴 정도였다. 산해정에서 보낸 이 시기에 조식은 주로 자신의 심신 수양과 학문 심화에 치중했다.

1547년에는 양재역벽서사건(良才驛壁書事件)이 일어난다. 이 사건은 1545년의 을사사화로 대윤 일파를 숙청한 윤원형 일파가 자신들에게 협조하지 않는 사림(士林)을 숙청하기 위해 조작한 사건이다. 이로써 자신들에게 반대하는 세력을 완전히 말살하려 했던 것이다.

경기도 광주부(廣州府) 양재역(良才驛)에 붉은 글씨로 쓴 벽서(壁書)가 붙었다. "여자 임금이 위에서 정권을 잡고 있고 윤원형 일파의 간사한 무리들이 아래서 권력을 휘두르고 있으니, 머지않아 나라가 망할 것"이라는 내용이었다. 표현은 자못 험악했지만 이 벽서는 사실 윤원형의 소윤 일파가 반대 세력을 옭아 넣으려고 몰래 붙인 것이었다. 벽서가 붙자 곧 윤원형의 하수인인 부제학 정언각(鄭彦慤)❸과 선전관 이로(李櫓)가 마치 처음 발견한 것처럼 벽서를 떼어 와 반역 음모의 증거라며 고변했다. 이를 본 문정왕후

---

❸ 정언각(鄭彦慤) 1498-1556 : 중종, 명종 때의 관료이다. 도승지, 전라도관찰사, 경상도 관찰사, 한성부판윤 등을 지냈고 1556년 경기도관찰사로 있다가 사고로 죽었다.

는 이렇게 말했다. "이것은 틀림없이 뜻을 얻지 못해 윗사람을 원망하는 사람이 한 짓이다." 그리고는 소윤 일파에 비협조적인 인사들을 일망타진하기 시작했다.

이 양재역벽서사건으로 조식은 또 절친한 벗 송인수(宋麟壽)를 잃어야 했다. 송인수는 을사사화 시기인 1545년 9월 16일 "원대한 소견과 분명한 지식이 없다"는 이유로 파직당한다. 그리고 충청도 청주목 마암(馬巖)❹에 은거했다가 양재역벽서사건이 일어난 1547년에 사사당하고 만다. 송인수는 이때 반역 모의와 기강 문란이라는, 얼토당토않은 죄목으로 사약을 받았다. 중종의 왕자로 명종의 이복동생인 봉성군(鳳城君)을 왕으로 추대하며 반역을 꾀하려 했고, 성균관대사성으로 있으면서 선비들에게 경박한 기풍을 심어 이와 같은 벽서 사건이 일어나도록 했다는 것이다.

그러나 송인수가 죽임을 당한 실제 원인은 다음과 같다. 불과 2년 전 명종이 즉위하고 문정왕후가 처음 수렴청정을 시작할 때, 송인수는 "윤원형 형제를 참형하고 새 임금을 세워야 한다"고 주장했다. 그리고 을사사화 때 곽순이 윤원형 일파에게 심문을 받다가 죽어 그 영구가 고향으로 돌아갈 때에는 아들을 보내 치전(致奠)❺ 음식을 올리며 애도했다. 이에 윤원형 일파는 송인수를 눈엣가시로 여기면서 기회만 엿보고 있다가 양재역벽서사건을 일으켜 송인수를 죽였던 것이다.

송인수는 조식이 어머니의 묘갈명을 부탁했을 만큼 서로의 속마음을 알아주는 벗이었다. 조식은 송인수의 부음을 듣고 슬픔이 솟구쳐 견딜 수가 없었다. 성리학에 대한 조예가 대단히 깊고 강직한 성품을 가진 벗이 기구(崎嶇)한 벼슬길을 걷다가 사약을 받은 것은 더할 수 없이 애통한 일이었다. 더욱이 조정을 온통 간악한 무리들이 틀어쥐고서 사림파를 죽이고 백성의 생활을 도탄에 빠뜨리고 있는 상황은, 분노를 참을 수 없는 일이었다. 조식은 송인수와의 옛일을 회상하면서 제단을 차려 술과 과일을 올리고 그를 위

---

❹ 청주목 마암(馬巖) : 현재의 충청북도 청주시 남일면 화당리에 있었던 마을 이름이다.
❺ 치전(致奠) : 사람이 죽었을 때 친척이나 벗이 슬퍼하는 뜻을 나타내는 일을 말한다.

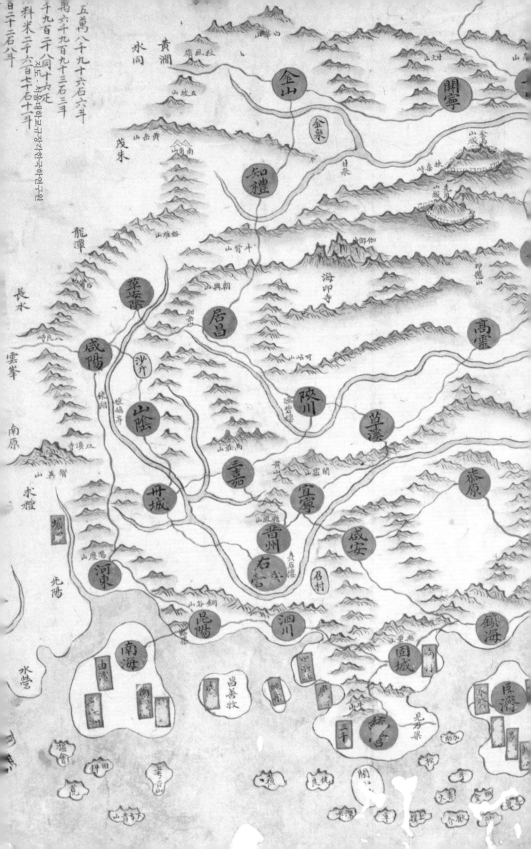

조식의 벗과 제자들은 삼가현과 가까운, 진주목, 합천군, 초계군, 단성현, 산음현 등지에 좀더 많았다. 이에 1530년 김해부 탄동으로 거처를 옮겼던 조식은, 1548년 다시 삼가현 토동으로 돌아왔다. 지도는 『해동지도』 경상도 면의 일부이다.

해 한바탕 통곡하였다.

조식과 인연이 있는 사람 중 양재역벽서사건으로 화를 당한 이는 송인수만이 아니었다. 이언적(李彦迪) 또한 평안도 강계부(江界府)로 귀양 갔고 얼마 지나지 않아 그곳에서 세상을 떠났다. 조식을 따르던 후배 정황(丁熿)❻도 이 사건에 연루되어 경상도 곤양군(昆陽郡)❼으로 귀양 갔다가 이듬해 거제현(巨濟縣)으로 옮겨진 후 그곳에서 죽었다.

조식은 양재역벽서사건으로 다시 한번 큰 충격을 받았다. 그리고 정의롭고 유능한 사람을 더욱 많이 길러내야만 이 나라를 바로 잡을 수 있겠다고 생각했다. 이에 자신의 학문을 더욱 열심히 쌓아 배우러 오는 제자들을 더욱 충실하게 기르고자 했다.

삼가현으로 옮겨온 후로 배우러 오는 제자들이 이전과는 비교할 수 없을 정도로 늘어났다. 조식의 집에서 다 받아들일 수 없어 우선 가까운 이웃집에 임시로 묵을 수 있도록 주선했다. 하지만 이렇게 하니 이웃들의 생활에 적지 않은 누를 끼칠 수밖에 없었다. 제자들은 제자들대로 몹시 불편했다.

그래서 조식은 어려운 살림을 무릅쓰고 제자들이 숙식을 해결할 집과 공부할 집을 짓기로 계획을 세웠다. 조식의 어려운 형편을 알고 있는 제자들과 그 부형들도 힘닿는 대로 도왔다. 자기 산에서 큰 재목을 베어 오는 사람, 지붕에 쓸 기와를 구워 오는 사람, 크고 작은 돌을 실어 오는 사람, 일꾼을 보내오는 사람, 일꾼들이 먹을 곡식을 보내오는 사람, 이밖에 필요한 여러 가지 물품을 보내오는 사람 등 모두가 자신의 일처럼 힘을 쏟았다. 독촉하지

---

❻ 정황(丁熿) 1512-1560 : 중종, 명종 때의 관료이다. 사간원정언, 사헌부지평, 병조정랑, 의정부사인 등을 지냈다. 1545년 인종의 장례와 관련하여 문정왕후의 뜻을 반대하다가 윤원형 일파의 미움을 샀다. 1545년 을사사화 때 삭탈관작을 당했고, 1547년 양재역벽서사건에 연루되어 거제현으로 귀양 갔다. 조광조(趙光祖)의 문인이다. 본관은 창원(昌原), 자는 계회(季晦), 호는 유헌(遊軒)이다.

❼ 곤양군(昆陽郡) : 현재의 경상남도 사천시에 있었던 고을 이름이다. 사천시의 곤양면 · 서포면 · 곤명면, 하동군의 금남면 일부, 진교면 일부 지역을 포함했다.

않았는데도 집 짓는 일은 빠르게 진행되었다. 언 땅이 막 녹기 시작할 때쯤 터를 고르기 시작한 집짓기 일은 논에 못자리를 만들기도 전에 끝났다.

1548년 봄, 집을 완공하자 조식은 본가 옆의 집은 제자들에게 강학하는 곳으로 삼고 이름을 계부당(鷄伏堂)이라고 했다. 그 뜻은 "닭이 큰 알을 품어서 부화시키는 것처럼 차분히 침잠(沈潛)하여 학문과 인격을 함양한다"❽는 것이다. 시냇가에 있는 집은 풀로 지붕을 이고서 집 이름은 뇌룡사(雷龍舍)라고 했다. 그 뜻은 "시동(尸童)❾처럼 가만히 앉아 있다가 용처럼 승천하고, 연못처럼 잠잠하다가 뇌성벽력이 치는 것처럼 한다"❿는 것이다. 곧 꾸준히 실력을 쌓아서 때를 기다린다는 뜻이다. 그림 잘 그리는 사람에게 부탁해서 우레와 용의 그림을 그려서 뇌룡사 자리 옆에 걸었다.

을사사화와 양재역벽서사건이 휩쓸고 간 후 세상 분위기는 말이 아니었다. 선비들의 처신에는 아무런 원칙도 없고 어떠한 방향도 없었다. 1545년 이후 윤원형 일파에 의해 억울하게 죽임을 당하거나 귀양 간 사림(士林)은 무려 2백여 명을 넘어서고 있었다. 선비들은 윤원형 일파의 눈치나 살피며 자기 한 몸을 보전하려고 했다. 심지어는 유학 공부를 기피했고 '도학(道學)'이나 '성리학'이라는 말을 입에 올리는 일조차 꺼려했다. 상황이 이런 지경에까지 이르렀으니 당시 선비의 기상이 얼마나 위축되었는지 알 수 있는 일이다.

---

❽ 『장자(莊子)』「경상초(庚桑楚)」 편에 다음과 같은 구절이 나온다. "작은 닭은 고니의 알을 품지 못하지만, 큰 닭은 진실로 고니의 알을 품을 수 있다.(越鷄不能伏鵠卵 魯鷄固能矣)" 또 위진시대 서진(西晉)의 사마표(司馬彪)는 이렇게 말 한 바 있다. "고니의 알을 닭이 품는다 해서 고니 알에서 닭이 나오지는 않는다.(鷄伏鵠卵 卵不爲鷄)" 조식은 계부(鷄伏)라는 말을 통해 제자들이, "닭이 큰 고니의 알을 품은 것처럼" 큰 뜻을 품고 공부에 전념하기를 기대했다.

❾ 시동(尸童): 제사를 지낼 때 신위(神位) 대신 앉혀 두는 아이를 말한다.

❿ 『장자(莊子)』「재유(在宥)」 편에 다음과 같은 구절이 나온다. "시동처럼 가만히 있어도 용처럼 자유롭게 움직일 수 있고 깊은 연못처럼 침묵하고 있어도 우레와 같은 소리를 낼수 있다.(尸居而龍見 淵默而雷聲)" 남송(南宋) 때의 『장자(莊子)』 주석자 나면도(羅勉道)는 다음과 같은 풀이를 달았다. "시거(尸居)는 앉을 때 시동같이 가만히 있는 것이고 용현(龍見)은 용이 변화하는 일과 같은 것이다.(尸居坐如尸也 龍見如龍之變化也)"

김해부에서 삼가현으로 옮겨온
조식은 뇌룡사(雷龍舍)를 짓고
성리학 연구와 제자 양성에
더욱 몰두했다. 사진은 2013년
이전·복원된 뇌룡정의 모습이다.

『장자(莊子)』「재유(在宥)」
편에 "시동(尸童)처럼
가만히 앉아 있다가 용처럼
승천하고, 연못처럼
잠잠하다가 뇌성벽력이 치는
것처럼 한다(尸居而龍見
淵默而雷聲)"는 구절이
나온다. 뇌룡사의
'뇌룡(雷龍)'은 이 구절에서
따온 것이다. 곧 실력을
쌓아서 때를 기다린다는
의미이다.

조식은 제자들에게 우선『소학(小學)』을 가르쳐 그 기본 바탕을 세워주고, 그다음에『대학』을 가르쳐 그 규모를 넓혀 주고자 했다. 질서와 요령을 갖춘 조식의 교육 방법은 아무런 목표도 없이 글귀나 해석하고 마는 세속 선비들의 교육 방법과는 달랐다. 제자들을 늘 격려하여 스스로 분발해서 공부하도록 했는데, 특히 '의(義)'와 '이(利)'의 구별을 뚜렷이 하도록 했다. 이로써 제자들을 청렴하고 강직한 유학자의 길로 이끌어 가고자 했다. 혹 제자 중에 차근차근 순서를 밟아 배우지 않고 급하게 성취하고자 하는 사람, 책 한 권을 자세히 읽지도 않고 이런저런 책을 뒤적거리는 사람, 쥐꼬리만한 자신의 학식을 자랑하고 싶어 말을 함부로 하는 사람, 마음속으로는 은근히 학문보다는 벼슬에 뜻을 두고 있는 사람 등이 있으면 준엄하게 꾸짖었다.

경서(經書) 등을 강독하다가 중요한 대목에 이르면, 반드시 거듭 자세히 분석함으로써 듣고 있는 제자들이 환히 이해할 수 있도록 해준 다음에야 그만두었다. 범상한 구절은 그냥 배우는 사람이 스스로 읽도록 했다. 만약 제자 중에 이런 구절에 대해 의심나는 부분이 있을 경우에는 별도로 질문하도록 했다. 자신의 교육 방법에 대해 조식은 이렇게 말했다.

나는 배우는 사람의 몽롱한 정신을 깨우쳐, 배우는 사람이 눈을 뜨도록 해줄 뿐이다. 배우는 사람이 눈을 뜨면 천지만물 모든 것을 다 볼 수 있다. 또 사색하는 공부는 밤에 더욱 오로지할 수 있으므로 배우는 사람은 잠을 많이 자서는 안된다.

학문을 하는 목적은 낱낱의 지식을 얻는 데 있는 것이 아니고, 식견을 높이는 데 있다. 배우는 사람이 식견을 높이면 마치 태산에 올라섰을 때 사방의 높고 낮은 산이 다 눈에 들어와 지형을 정확하게 살필 수 있는 것과 같이, 어떤 문제에 부딪혀도 바른 판단을 할 수 있다. 그러나 식견을 높이지 못하면 마치 산골짜기에 들어앉아 사방의 지형을 살피는 것과 같아서, 정확하게 판단하려 해도 할 수가 없는 것이다.

오늘날 학문의 폐단은 자신에게 절실한 일들은 버려두고 고상한 것만 추구하고 실천에 힘쓰지 않는다는 점이다. 성현의 학문도 그 근본은 일상생활

송나라 성리학자 주희의 영정이다. 주희는 "발을 땅에 붙여야만 앞으로 나아갈 수
있다"는 말을 유언으로 남긴 바 있다. 조식은 이러한 주희의 학문에 대해 누구보다도
깊이 이해하고 있었다.

의 평범한 일에 지나지 않는다. 근본적인 공부는 버려두고서 갑자기 성리학의 심오한 이치를 공부한다고 이해를 할 수가 있는 것이 아니다. 비유하자면 하루 종일 큰 시장거리를 오르락내리락하면서 진귀한 보물을 구경하다가 그 값만 물어보고 돌아오는 것과 같다. 값을 물어보고 온다고 해서 그 보물이 자신의 소유가 되는 것은 아니다. 차라리 생선 한 마리라도 사서 일찍 돌아가 끓여 먹는 것만 못하다. ❶

조식은 학문의 원칙을 철저하게 이해하고 이를 마음속 깊이 체득하는 일을 거듭 강조했다. 그리고 중요한 것은 일상생활 속에서의 실천이며 공허한 이론에 사로잡히는 일이 있어서는 안된다는 점을 지적했다. 조식은 이러한 점에 대해 '생선 한 마리'의 비유를 들어 설명했던 것이다.

조식은 제자마다 그 가르치는 방법이 조금씩 달랐다. 마치 의원이 환자의 증세에 따라 처방을 달리하듯 배우는 이의 기질, 성격, 환경, 나이, 취향 등에 따라 다른 사례를 인용하여 다른 방식으로 말해 주었다. 그러나 그 내용은 적절하고 분명했다. 이와 같은 교육 방법에 대해 조식의 벗인 성운(成運)은 이렇게 말했다. "많은 제자들이 경서를 들고 와서 물으면, 한마디 말로서 그들의 의혹을 없애 주었다. 그 분명하기는 마치 하늘의 해를 보는 듯했고, 그 박식하기는 마치 황하의 물을 많은 사람들이 마셔 그들이 자신의 배를 다 채워가도 물은 조금도 줄지 않는 것과 같았다. 제자들이 이것저것 아무리 물어도 막힘없이 그 핵심을 잡아 답변해 주었다." ❷

이해(1548년)에 조식이 존경했던 벗 권규(權逵)❸가 세상을 떠났다. 권규

---

❶ 『남명별집(南冥別集)』 권2, 「언행총록(言行總錄)」의 내용 중 일부를 간추린 것이다.
❷ 성운, 『대곡집(大谷集)』 권하, 「조식 선생에게 제사를 올리며(祭南冥先生文)」. 성운의 『대곡집(大谷集)』에는 남명의 한자가 명(溟)자로 나와 있다.
❸ 권규(權逵) 1496-1548 : 중종, 명종 때의 유학자이다. 학문과 덕성을 갖춘 선비로서 참봉 벼슬을 받았으나 출사하지 않았다. 조식, 이황, 이원 등과 교유했다. 자는 자유(子由), 호는 안분당(安分堂)이다.

는 조식보다 다섯 살이 더 많았는데 단성현 원당(源塘)❶에 살면서 성현의 학문을 공부했다. 아버지의 명으로 과거 시험에 응시하기는 했지만 벼슬에는 뜻이 없었으므로 합격하지 못했다. 명종이 즉위한 후 곧 초야의 학식 있는 선비로 천거되어 참봉 벼슬을 받았을 때도 출사하지 않았다. 을사사화가 있었던 1545년에 김해부로 조식을 찾아와 학문을 토론했고 조식이 삼가현으로 옮겨온 이후로는 수시로 찾아와 밤을 새워가며 이야기를 나누었다. 하지만 쉰세 살의 나이로 갑자기 죽고 말았다. 조식은 이 죽음을 애석해하여 눈물을 흘렸다.

조식은 풍수에도 일가견이 있었다. 조식은 권규의 부고를 받고 유가족을 조문한 후 권규의 묏자리를 새로 정해 주었다. 단성현 입석(立石)❶ 뒷산에 잡아 놓은 묏자리의 좌향(坐向)이 주변 산세와 맞지 않은 형국이었기 때문이다. 조식은 권씨 집안의 나이든 친척들에게 묏자리를 잘못 잡았다고 이야기하고 원래 자리에서 조금 더 위로 올라가 묏자리가 동남 방향을 바라보도록 잡아 주었다.

---

❶ 단성현 원당(源塘) : 현재의 산청군 단성면 사월리 원당마을이다.
❶ 단성현 입석(立石) : 현재의 산청군 단성면 입석리 입석마을이다.

10절

가혹할 만큼 엄격한 출사(出仕)의 기준

삼가현으로 거처를 옮긴 후 얼마 지나지 않아 조정에서 전생서주부(典牲署 主簿) 벼슬을 내리며 다시 조식을 불렀다. 전생서(典牲署)는 조정의 제사에 희생으로 쓸 소, 양, 돼지 등의 축양(畜養)을 맡아보는 관청이었고 주부(主 簿)는 문서 관리를 담당하는 종6품 벼슬이었다. 이는 조정에서 조식을 파격 적으로 대우한 것이었다. 과거에 합격하지 않은 초야의 선비를 부르면서 6 품 이상의 벼슬을 내린 경우가 당시까지는 없었다. 그러나 조식은 이번에도 사양하고 벼슬에 나아가지 않았다. 전생서주부라는 직책이 자신의 포부를 펼칠 만한 자리도 아니었거니와 조정에는 윤원형을 우두머리로 하는 간신들 만 들끓고 있었기 때문이다.

그렇다면 그동안 숱한 사람을 핍박해 죽음으로 몰아넣은 윤원형 일파가 이처럼 파격적인 대우를 하며 조식을 부른 까닭은 무엇이었을까? 이는 을 사사화와 양재역벽서사건을 통해 바른말하는 선비들을 전부 숙청하고 나니 민심(民心)이 흉흉해졌기 때문이다. 누구도 말해주진 않았지만 백성들은 윤 원형에게 뇌물을 바치기 위해 줄을 서는 양반들의 모습을 통해 나라꼴이 제 대로 돌아가고 있지 않다는 사실을 이미 잘 알고 있었다. 또한 이 폐해가 곧 자신들에게까지 미칠 것이라는 점도 분명하게 예감하고 있었다. 이에 윤원형 일파는 명망 있는 선비를 등용해 백성들의 눈과 귀를 가리고 자신들의 존립 기반을 강화하고자 했다. 조식과 같은 훌륭한 선비를 등용함으로써 "백성들을 위한 정치를 펼친다"는, 그럴싸한 명분을 얻고자 했던 것이다.

이러한 윤원형 일파의 속셈을 조식이 모를 리 없었다. 조정에 나아가 아무런 건의나 시정도 하지 못하면 윤원형 일파에 휩쓸려 몸을 더럽히고 말 것이고, 바른말을 한다 해도 받아들여지지 않을 뿐만 아니라 자칫하면 목숨까지 잃고 말 것이었다. 물론 윤원형 일파도 조식이 벼슬을 받지 않으리라는 사실을 예상하고 있었고, 또 벼슬에 나오는 일을 바라지도 않았다. 다만 "훌륭한 선비를 등용하려 해도 나오지 않는데 어쩔 수 없지 않느냐"는 명분을 만들고자 했을 뿐이었다.

1549년 8월 초에, 삼가현과 거창현의 경계에 자리잡은 감악산(紺岳山)❶에 올랐다. 더위가 한풀 꺾이고 녹음이 더욱 짙어지고 있었다. 하늘은 한층 높아 보이고 공기도 쾌청했다.

감악산 정상에 올라 내려다보니 멀리 있는 산들까지 뚜렷이 눈에 들어왔다. 북쪽으로는 무주현(茂朱縣)의 덕유산(德裕山)과 합천군(陜川郡)의 가야산(伽倻山)이 짝을 이뤄 웅장한 산세를 보여주고 있었다. 동쪽으로는 창녕현(昌寧縣)의 화왕산(火旺山)이, 동남쪽으로는 의령현(宜寧縣)의 자굴산(闍崛山)과 함안군(咸安郡)의 여항산(艅航山)이 가까운 앞산처럼 분명하게 바라다보였다. 한달음에 달려갈 수도 있을 것 같았다. 여항산 오른쪽 방향으로는 남쪽 멀리로 사천현(泗川縣)❷의 와룡산(臥龍山)이 솟아 있는 모습도 확인할 수 있었다. 그리고 서남쪽으로는 우뚝하게 솟아오른 지리산(智異山)

---

❶ 감악산(紺岳山) : 현재의 거창군 신원면에 자리잡고 있는 해발 952m의 산이다. 거룩한 산, 큰 산을 뜻하는 '감뫼'라는 말에서 산 이름이 비롯되었다고 한다. 현재의 거창군 신원면은 조선시대에는 삼가현에 속해 있었다.

❷ 사천현(泗川縣) : 현재의 경상남도 사천시 사천읍 · 정동면 · 사남면 · 용현면, 남양동 · 동서동 · 향촌동 · 벌용동에 있었던 고을이다. 대체로 사천대교의 동쪽 지역에 해당한다.

이 모든 산의 주인과도 같이 자리잡고 있었다.

　이런 산에 오르고 보니 장부로서의 호연지기(浩然之氣)를 기를 수 있을 것 같았다. 사방의 산들은 마치 큰 용들의 무리가 꿈틀거리며 몰려다니는 것과도 같았다. 하지만 산과 강과 들은 또한 아름답고 사랑스러웠다. 자신이 태어나 살아온 강산(江山)이지만 이런 느낌은 이때까지 알지 못하던 것이었다.

　조식이 감악산에 오른다는 소식이 들리자 함양군(咸陽郡)의 선비 임희무(林希茂)❸가 박승원(朴承元)과 함께 찾아와 합류했다. 임희무는 조식보다 스물여섯 살 아래였으니 이때는 스물세 살의 청년이었다. 임희무는 함양군의 유학자인 정희보(鄭希輔)❹의 문하에서 공부했으며 천품이 고상하고 재주와 식견이 탁월했다고 한다. 나중에는 조식에게서도 배웠다. 1558년 문과 별시(別試)에 합격해 출사했고 사간원정언, 좌승지(左承旨) 등을 지냈다. 그러나 세상이 나날이 잘못되어 가는 모습을 보고 벼슬을 버리고 고향으로 돌아와 늙은 부모를 봉양하며 살았다. 조식의 후배인 노진(盧禛)❺과는 이종사촌 간이었다.

　감악산 아래로는 사천천(沙川川)이 흐르고 있었다. 강한 물살이 화강암으로 이루어진 냇물 바닥을 깎아내면서 크고 작은 소(沼)를 만들어 놓고 있

---

❸ 임희무(林希茂) 1527-1577 : 명종, 선조 때의 관료이다. 사헌부지평, 사간원정언, 좌승지, 우승지, 밀양군수, 울산군수 등을 지냈다. 정희보(鄭希輔), 조식의 문인이다. 자는 언실(彦實), 호는 남계(灆溪)이다.

❹ 정희보(鄭希輔) 1488-1547 : 중종, 명종 때의 유학자이다. 사화(士禍)로 인해 나라가 어지러워지자 은거하며 평생 학문 연구에 힘썼다. 서른다섯 살 때 함양군의 집 옆에 서재를 짓고 강학(講學)했다. 영호남 선비의 절반이 그의 제자라고 할 만큼 많은 문인을 배출했다. 노진(盧禛), 이후백(李後白), 양희(梁喜), 강익(姜翼), 오건(吳健) 등이 그에게서 배웠다. 자는 중유(仲猷), 호는 당곡(唐谷), 본관은 진양(晉陽)이다.

❺ 노진(盧禛) 1518-1578 : 명종, 선조(宣祖) 때의 관료이다. 지례현감, 진주목사, 전주부윤, 경상도관찰사, 대사간, 대사헌, 예조판서 등을 지냈다. 외직으로 나가 지방관으로 있는 동안 선정을 베풀었고 청백리(淸白吏)로 뽑히기도 했다. 성리학과 예악에 밝았다. 조식, 기대승(奇大升), 노수신(盧守愼) 등과 교유했다. 자는 자응(子膺), 호는 즉암(則菴)·옥계(玉溪), 본관은 풍천(豊川)이다.

었다. 조식 일행은 감악산에서 내려와 이 사천천의 널찍한 너럭바위 한 곳에 자리를 잡고 그 아래 소에서 목욕을 했다. 포연(鋪淵)이라는 소였다. 몸과 마음의 찌꺼기를 깨끗하게 씻어내듯 목욕을 마치고 나서, 조식은 「냇물에 목욕하고(浴川)」라는 시를 한 수 읊었다.

사십 평생 쌓여온 이내 몸 더러움을,	全身四十年前累,
맑은 못 깊고 넓어 남김없이 씻어냈네.	千斛淸淵洗盡休.
오장 속에 티끌이나 먼지 혹시라도 남았다면,	塵土倘能生五內,
당장 배를 갈라 이 물에 흘려보내리.❷	直今剖腹付歸流.

몸과 마음을 깨끗하게 지켜내려는 그의 굳은 의지가 처절하리만큼 매섭다. 추악한 세상의 욕심으로 자신을 더럽히지 않으려는 그의 도덕적 행동 기준이 가혹하리만큼 엄정하다.

1550년, 세월의 흐름은 어쩔 수 없어 조식의 나이도 어느덧 쉰 살에 이르렀다. 공자는 "쉰 살에 하늘의 뜻(天命)을 알았다"고 했으며, 『예기』에는 "나이가 쉰 살이 되면 자기 집안에서 지팡이를 짚을 수 있다"❷라고 적고 있다. 쉰 살은 사물의 당연한 이치를 정밀하게 깨달아 사람들로부터 대우를 받는 중추적인 위치에 설 나이였다. 조식은 자신도 공자처럼 천명을 알았다고 자만하지는 않았지만, 성현을 목표로 삼아 성현의 경지에 도달하고자 하는 의지를 더욱 굳게 했다.

이해에 단성현(丹城縣)의 벗 이원(李源)이 자신의 아들 이광곤(李光坤)❷

---

❷ 『남명집(南冥集)』 권1, 「냇물에 목욕하고(浴川)」.

❷ 『예기(禮記)』 「왕제(王制)」에 다음과 같은 말이 나온다. "쉰 살에는 집에서 지팡이를 짚을 수 있고 예순 살에는 향리에서 지팡이를 짚을 수 있고 일흔 살에는 나라에서 지팡이를 짚을 수 있다. 여든 살에 이르면 조정에서 지팡이를 짚어도 무방하다.(五十杖於家 六十杖於鄕 七十杖於國 八十杖於朝)"

❷ 이광곤(李光坤) 1528-? : 조식의 문인으로 오건(吳健), 최영경(崔永慶), 정구(鄭逑), 하항(河沆) 등과 교유했다. 단성현(丹城縣)에 살았다. 본관은 합천(陜川), 자는 후중(後仲), 호는 송당(松堂)이다.

과 조카 이광우(李光友)❷를 보내며, 받아들여 가르쳐 주기를 청했다. 이광곤은 스물세 살, 이광우는 스물두 살로 아직 앞날이 창창한 청년이었다. 두 사람은 뇌룡사로 와서 조식에게 공손히 절을 올리고 이원의 소개 편지를 전했다. 조식은 편지를 다 읽고 나서 『중용』에 나오는 성(誠), 경(敬), 성(性) 등의 개념에 대해 어느 정도 알고 있는지 물어 보았다. 이들의 대답이 자세하고 분명한 것을 보고 조식은 이렇게 칭찬했다. "이 나이에 너희들의 견해가 이 정도에까지 이를 줄은 생각하지 못했네." 그리고 기꺼이 제자로 받아들였다. 이들은 조식의 가르침을 받들어 독실하게 믿고 정성을 다해 배웠다.

한번은 조식이 등창이 나서 석 달을 엎드려 고생한 적이 있었다. 이때 이광우는 잠도 자지 않고 밤낮으로 곁에서 모시고 고름을 짜내고 약을 붙이고 또 탕약을 달여 올리는 등 자식 못지않은 정성으로 간호했다. 이광우는 또 나중에 조식이 죽은 후에 장례 절차를 맡아 처리했고, 3년 동안 심상(心喪)을 입었다. 1576년 조식을 추모하기 위한 공간인 덕천서원(德川書院)❷을 세울 때는 최영경(崔永慶)❷, 하항(河沆)❷ 등과 함께 중추적인 역할을 했다. 임진왜란으로 덕천서원이 불타 없어지자, 1602년에 이정(李瀞)❷, 하징(河憕)❷ 등과 힘을 합쳐 서원을 다시 세웠다. 이광우는 조정의 요직에 있던 처

---

❷ 이광우(李光友) 1529-1619 : 선조, 광해군 때의 유학자이다. 학문이 뛰어나 세상 사람들이 '석덕군자(碩德君子)'라 일컬었다. 조식의 문인으로, 오건(吳健), 하항(河沆) 등과 교유했다. 『죽각선생문집(竹閣先生文集)』이 있다. 본관은 경주(慶州), 자는 화보(和甫), 호는 죽각(竹閣)이다.

❷ 덕천서원(德川書院) : 1576년 창건 당시의 이름은 덕산서원이었다. 임진왜란 때 불탔다가 1602년 중건됐고, 광해군 때인 1609년 덕천서원(德川書院)이라는 이름으로 사액(賜額)을 받았다.

❷ 최영경(崔永慶) 1529-1590 : 명종, 선조 때의 유학자로 조식의 문인이다. 정구, 김우옹, 하항(河沆) 등과 교유했다. 1589년의 정여립(鄭汝立) 사건 때 유령 인물인 길삼봉(吉三峯)이라는 무고를 받아 국문을 받다가 옥사(獄死)했다. 본관은 화순(和順), 자는 효원(孝元), 호는 수우당(守愚堂)이다.

❷ 하항(河沆) 1538-1590 : 명종, 선조 때의 유학자이다. 자신의 수양을 위한 위기지학(爲己之學)에 몰두했다. 조식의 문인으로, 문익성, 오건, 최영경 등과 각별하게 교유했다. 본관은 진주(晉州), 자는 호원(灝源), 호는 각재(覺齋)이다.

가의 인척이 여러 차례 벼슬에 나오라고 권했지만 끝까지 사양하고 평생 동안 학문에 정진했다.

같은 해(1550년)에 진주목의 문익성(文益成)❸이 두 형 문익형(文益亨), 문익명(文益明)과 함께 배우러 찾아왔으므로 제자로 받아들였다. 문익성은 나중에 식년시 문과에 합격하여 양양부사(襄陽府使), 나주목사 등을 지냈는데, 나라를 걱정하고 백성을 사랑하는 조식의 정신을 이어받아 선정을 베풀었다고 한다.

1551년 조정에서 또다시 벼슬을 내렸으나 출사하지 않았다. 조정에서는 종부시주부(宗簿寺主簿)❹ 관직을 내리며 조식을 불렀다. 또한 날로 높아져 가는 조식의 명성을 이용하려는 윤원형 일파의 알량한 수작이었다.

이 무렵 조정은 무례하고 무도한 불한당들로 들끓고 있었다. 형이 동생을 무고(誣告)하는 일까지 있었다. 공조좌랑(工曹佐郎)을 지낸 이홍남(李洪男)은 1547년의 양재역벽서사건에 연루되어 강원도 영월군(寧越郡)으로 귀양 가 있었다. 그런데 2년 후인 1549년 평소 사이가 좋지 않던 동생 이홍윤(李洪胤)이 조정을 비난하는 말을 하자, 반역을 꾀한다는 말로 동생을 무고해 처형당하도록 했다. 반역을 고발한 공으로 풀려난 이홍남은 곧 경기도 장단

---

❸ 이정(李瀞) 1541-1613 : 명종, 선조, 광해군 때의 유학자이다. 조식의 문인으로 1592년 임진왜란이 일어나자 의병을 일으켰다. 본관은 재령(載寧), 자는 여함(汝涵), 호는 모촌(茅村)이다.

❷ 하징(河憕) 1563-1624 : 선조, 광해군 때의 유학자이다. 1597년 정유재란 때 왜군에게 잡혀갔다 돌아왔다. 정인홍의 문인이며 조식을 사숙했다. 1614년에서 1623년까지 덕천서원 원장을 지내는 동안 조식의 『학기유편(學記類編)』을 간행했다. 저서에 『계몽황극서(啓蒙皇極書)』, 『창주집(滄州集)』이 있다. 『진양지(晉陽誌)』를 최초로 편찬했다. 본관은 진양(晉陽), 자는 자평(子平), 호는 창주(滄州)이다.

❸ 문익성(文益成) 1526-1584 : 명종, 선조 때의 관료이다. 양양부사, 나주목사, 사간원헌납(司諫院獻納)을 지냈다. 조식과 주세붕의 문인이며 이황에게서 『대학』을 배웠다. 본관은 남평(南平), 자는 숙재(叔栽), 호는 옥동(玉洞)이다. 『옥동집(玉洞集)』을 남겼다.

❹ 종부시주부(宗簿寺主簿) : 종부시는 왕실의 계보인 『선원보첩(璿源譜牒)』 편집을 담당하는 곳이다. 주부는 문서와 부적(符籍)을 맡는 종6품 관직이다.

부(長湍府)❸의 부사 벼슬을 받았다.

누가 임금이고 누가 신하인지조차 알 수 없었다. 윤원형 일파는 백성들을 속이려고 수준 낮은 조작극을 계속 만들어 냈다. 그럴수록 민심은 점점 더 멀어져 갔고 조정의 말을 믿는 사람은 아무도 없었다. 백성들에 대한 명령은 먹혀들지 않고 자신들의 권위는 땅에 떨어지자, 윤원형 일파는 더욱더 공포 분위기를 만들어 갔다.

윤원형 일파 중에는 윤원형보다 더 지독한 자도 있었다. 을사사화 때 반대파 숙청에 앞장섰던 이기(李芑)는 전답이나 곡식 등 남의 눈에 띄는 물건은 우선 윤원형에게 가져다 바쳤다. 하지만 금은보화와 같이 눈에 잘 띄지 않는 것은 전부 자신이 차지했다. 그리고 이와 같은 뇌물을 모으기 위해 수단과 방법을 가리지 않았다. 얼마나 혈안이 되어 뇌물을 모았는지, 이기는 뇌물을 바치지 않으면 자기 사위에게도 자리 하나 주선해 주지 않았다. 이기가 윤원형에게 빌붙어서 정권을 차지한 이후, 그 사위는 고을 수령 정도는 떼어 놓은 당상이라고 생각하고 기다렸으나 아무리 기다려도 벼슬을 내린다는 소식은 없었다.

일찍이 이기는 『중용』을 즐겨 읽는 것으로, 조정은 물론 재야의 선비들에게도 이름이 났다. 그러나 조식은 이기가 장차 사림을 해칠 사람이라고 예언했다. 이런 이기가 경상도관찰사로 부임한 적이 있었다. 이기는 자기의 지식을 자랑하고자 조식에게 편지를 보내 의리의 학문에 관해 물어 왔다. 조식은 이기가 진심으로 공부하려는 사람이 아님을 간파하고 이렇게 답장을 썼다. "사또께서는 제가 과거를 버리고 산림에 들어와 살고 있으니 무슨 학문이나 있는 줄 생각하지만, 나는 아무것도 모르니 사또를 속인 것이 많습니다. 나는 병이 많아 한가하게 지내면서 요양이나 하고 있을 뿐이며 의리의 학문에 대해서는 공부한 것이 없습니다."❸

조식이 아무리 학문을 좋아한다 해도, 사람 같지도 않은 자와 무슨 학문을 이야기하겠는가? 조식은 학문에 대해서는 일언반구(一言半句)도 언급하지 않고 다만 격식에 맞는 답장을 보냈다. 과연 이기는 몇 년 후 을사사화를 일으켜 많은 선비를 해쳤다.

---

❸ 『남명속집(南冥續集)』권1, 「이기에게 답한 글(答李芑)」. • 원문은 책 끝에 덧붙임.

孔子年四十五魯昭
公卒定公立季氏僭
于公室陪臣執國命
故孔子不仕退而脩
詩書定禮樂弟子弥
衆

適齊志沮
歸魯政荒
道不可行
懷器乃藏
乃脩詩書
正樂定禮
沽哉沽哉
待價而起

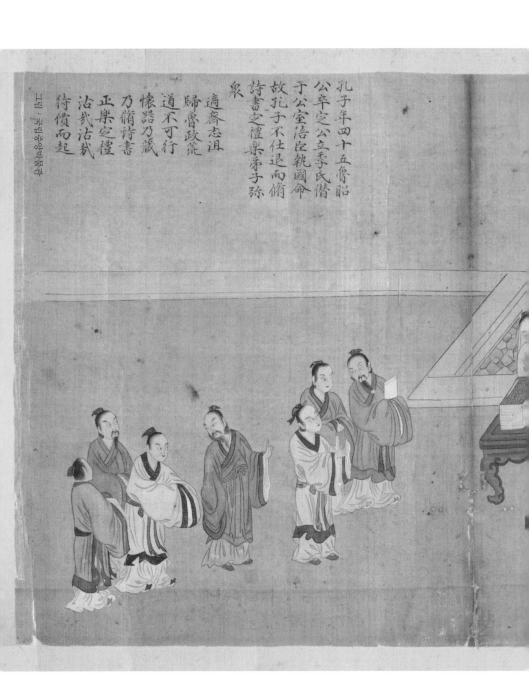

공자는 제자마다 인(仁)을 다르게 설명한 것으로
유명하다. 조식 또한 제자를 가르칠 때 각자의
기질, 재주, 환경 등을 고려했다. 그림은 공자의
행적을 그린 「공자행적도(孔子聖蹟圖)」 중 하나로,
제자들을 가르치는 공자의 모습을 보여준다.

후학을 가르치는 기쁨,
현사(賢士)와 사귀는 즐거움

1551년 설날이 지난 후 산음현(山陰縣) 덕천리(德川里)❸의 오건(吳健)❸이 조식을 찾아와 제자의 예를 갖추었다.

오건은 열한 살 때 부친상을 당하여 3년 동안 상복을 입었다. 오건의 아버지는 임종(臨終)을 맞이하며 어린 아들의 등을 어루만지며 "너는 글을 열심히 읽어 집안을 일으키고 나아가 나라에 쓰일 큰 인물이 돼라"는 유언을 남겼다. 그리고 장성한 아들의 모습을 보지 못하고 죽는 일을 한스러워했다.

---

❸ 산음현(山陰縣) 덕천리(德川里) : 덕천리는 현재의 산청군 금서면 특리 덕촌(德村)마을이다. 산음현은 현재의 산청군 산청읍 · 금서면 · 오부면 · 차황면 · 생초면 일대에 있던 고을 이름이다. 영조 때, 이 고을에서 일곱 살 아이가 아기를 낳았다고 하여 산음현(山陰縣)의 음(陰)자를 청(淸)자로 고쳐 고을 이름을 산청(山淸)이라 부르기 시작했다.

❸ 오건(吳健) 1521-1574 : 명종, 선조 때의 관료이다. 1558년 문과에 합격해 성주향교 훈도(訓導), 사간원헌납, 사헌부지평, 이조정랑 등을 지냈다. 일 처리에 거리낌이 없었으므로 "옛날의 훌륭한 사람과 다르지 않다"는 평을 들었다. 현실 개혁에 있어 강경한 입장을 취했다. 조식의 문인이다. 조식을 장사지낼 때 조식의 문인 중 첫 자리에 섰다. 김인후(金麟厚), 이황(李滉)에게서도 배웠다. 본관은 함양(咸陽), 자는 자강(子强), 호는 덕계(德溪)이다. 저서로 『덕계집(德溪集)』, 『역년일기(歷年日記)』 등이 있다.

오건은 아버지의 마지막 가르침을 명심하면서 더욱 부지런히 책 읽기에 전념했다. 집안 살림이 넉넉하지 못해 책이 별로 없었기 때문에 그나마 남아 있던 『중용』을 반복해서 읽었다. 상중에 있는 동안 『중용』을 천 번이나 읽어 작은 주석까지 송두리째 외울 뿐만 아니라, 그 내용을 처음부터 끝까지 완전히 꿰뚫었다 할 만큼 이해했다. 나중에 이런 철저한 독서법을 다른 책에도 적용하여 책의 요점을 훨씬 잘 이해했다. 오건의 공부는 막연히 글귀나 외우는 식의 상투적인 공부가 아니라, 철저한 궁리와 사색을 통해 그 깊은 뜻을 깨닫는 공부였다.

오건은 조식의 명성을 듣고 진작부터 가르침을 받기를 간절히 바라고 있었다. 다만 집안에 계속 상사(喪事)가 있어 상주 노릇을 하느라 집을 떠날 수가 없었다. 아버지의 삼년상을 마친 이듬해에 오건은 할머니 정씨(鄭氏)의 상을 당해 다시 1년 동안 상복을 입었다. 그리고 또 그 이듬해에는 할아버지 상을 당했다. 아버지가 계시지 않은 맏손자였으므로 오건은 아버지를 대신해 3년 동안 상복을 입었다.❸ 할아버지 상을 마치고는 혼자 어머니를 모시고 가난한 집안 살림을 꾸려갔다. 그리고 스물네 살 때는 어머니 도씨(都氏)의 상을 당했다. 묘소 옆에 움막을 짓고 시묘살이를 하고 있는데, 그 이듬해 할아버지가 다시 장가들었던 재취 할머니의 상을 당했다. 또한 아버지가 계시지 않았으므로 이번에도 3년 동안 상복을 입었다.

이렇게 해서 다섯 차례의 상을 치른 오건은 열한 살에서 스물일곱 살까지 16년의 기간 동안 약 열두 해를 상주 노릇을 하며 보내야 했다. 이 기간 동안 혼례를 치를 수도 없었고 스승을 찾아가 배울 수도 없었으며 과거 시험에도 응시할 수 없었다. 그래서 오건은 스물여덟 살에야 결혼할 수 있었고 서른한 살에야 진사시 초시에 응시해 합격할 수 있었다.

조식은 오건을 제자로 받아들였지만 7의 학문이 이미 상당한 경지에 있

---

❸ 아버지가 살아 있을 때 할아버지 상을 당하면 손자는 1년 동안 상복을 입는다. 이를 기년복(朞年服)이라 한다. 그런데 아버지가 죽은 후 할아버지 상을 당하면 맏손자가 아버지를 대신해 3년 동안 상복을 입는다. 이를 승중복(承重服)이라 한다.

었으므로 매우 정중하게 대하고 존중했다. 조식은 오건에게『중용』,『대학』, 『심경』,『근사록(近思錄)』❸⁊ 등의 책을 읽고 그 담긴 뜻을 깊이 체득하여 실천에 옮기라고 가르쳤다.

오건은 조식의 가르침이 이때까지 혼자 공부해 오던 것과 크게 다르지 않다는 것을 알게 되었고, 이로써 조식의 가르침을 더욱 절실하게 깨달아 나갔다. 오건이 살고 있는 산음현은 삼가현에서 그리 멀리 떨어져 있지 않았으므로 자주 뇌룡사로 찾아와 의문스럽게 여겼던 부분을 질문하고 토론했다.

오건은 1558년 문과 식년시(式年試)에 합격해 이조좌랑, 사간원헌납(司諫院獻納), 사헌부지평(司憲府持平) 등을 지냈는데 스승 조식에게 배운 것을 그대로 실천했다. 임금에게 바른말하기를 주저하지 않았으며 모든 일을 떳떳하게 처리했다. 동료나 하급자는 물론 상급자일 경우에도 부정한 일이 있으면 '가을철의 가는 짐승 털(秋毫)'만큼도 용납하지 않았다. 함께 벼슬하던 벗 노진(盧禛)이 시골의 한미한 집안 출신으로서 조정에서 청요직을 지내는 그에게 몸조심할 것을 당부하며 이렇게 말할 정도였다. "자네는 시골한미한 집안에서 태어나 조정에서 벼슬하며 관직이 여기까지 이르렀으니 그만 만족하고 몸조심하는 것이 좋겠네. 너무 강직한 소리를 하다가는 화를 당할지도 모르지 않은가?" 하지만 오건(吳健)은 "선비가 배운 바를 실천해야 한다"며 이러한 말에는 아랑곳하지 않았다.

조식에게서 배운 오건은 또한 나중에 여러 제자들을 가르쳤다. 1559년 성주향교(星州鄕校)의 훈도(訓導 ; 교관)로 있으면서 정구(鄭逑)❸⁸, 김우옹(金宇顒) 등을 가르쳐 뛰어난 유학자로 성장할 기반을 만들어 주었다. 1572년 이조정랑에서 물러나 산음현으로 낙향한 후에도 비록 병든 몸이었지만 찾아와 질문하는 제자가 있으면 차근차근 가르쳐 주기를 마다하지 않았다.

1551년 봄에 경상도 안음현(安陰縣)❸⁹의 화림동천(花林洞天)❹⁰을 찾았다.

---

❸⁊『근사록(近思錄)』: 주희와 여조겸(呂祖謙)이 편찬한 성리학 입문서이다. 주돈이(周敦頤), 정명도(程明道), 정이천(程伊川), 장재(張載) 등 송나라 성리학자들의 문장을 모아 놓았다.

안음현 북쪽 무주현(茂朱縣)의 덕유산(德裕山)은 동남쪽으로 흘러내리며 금원산(金猿山)과 기백산(箕白山)을 거쳐 황석산(黃石山)에 이른다. 이 일대의 계곡은 당시에도 이미 경치가 아름다운 동천(洞天)❹으로 유명했다. 특히 황석산 남쪽의 화림동천 계곡, 황석산과 기백산 사이의 심진동천(尋眞洞天) 계곡, 기백산 동쪽의 원학동천(猿鶴洞天) 계곡은 훗날 '안의삼협(安義三峽)'으로 손꼽힐 만큼 풍광이 수려하기로 이름이 높았다. 조식은 이 중에서도 첫손가락으로 꼽히는 화림동천을 유람하고자 한 것이다.

오건(吳健)이 조식을 따라 함께 화림동천으로 향했다. 화림동천에 도착하니 함께 유람하기로 약속한 노진(盧禛)과 강익(姜翼)❷이 먼저 와서 기다리고 있었다. 계곡에는 맑은 여울과 소(沼), 우락부락한 기암괴석이 절묘한 솜씨로 어울려 나무들에게 따뜻한 봄기운을 불어넣고 있었다. 조식 일행은 계곡을 따라 상류 쪽으로 천천히 걸어 올라가다가 너럭바위가 널찍하고 물이

---

❸ 정구(鄭逑) 1543-1620 : 선조, 광해군 때의 관료이다. 안동부사, 강원도관찰사, 형조참판, 대사헌 등을 지냈다. 통천군수(通川郡守)로 있을 때 임진왜란이 일어나자 의병을 일으켜 활약했다. 오건(吳健), 이황, 조식에게서 배웠다. 성리학과 예학뿐만 아니라 제자백가, 역사, 산수(算數), 병법, 의약(醫藥), 풍수지리 등 여러 방면에 능통했다. 40여 권의 책을 남겼다. 『한강집(寒岡集)』, 『주자서절요강목(朱子書節要綱目)』, 『심경발휘(心經發揮)』, 『의안집방(醫眼集方)』, 『관의(冠儀)』 등이 그의 대표적인 책이다. 본관은 청주(淸州), 자는 도가(道可), 호는 한강(寒岡)이다.

❸ 안음현(安陰縣) : 안음현은 함양군 북쪽의 안의면 · 서하면 · 서상면, 거창군 남쪽의 마리면 · 북상면 · 위천면에 걸쳐 있었던 고을이다. 영조 때인 1767년 음(陰)자가 좋지 않다 하여 '안의현(安義縣)'으로 이름을 바꾸었다.

❹ 화림동천(花林洞天) : 덕유산에서 발원한 금천(錦川 ; 남강 상류)이 함양군 서하면에서 안의면으로 흘러가면서 만들어 놓은, 아름다운 계곡을 말한다. 예로부터 영남 일대에서는 가장 경치가 아름다운 경승지로 유명했다.

❹ 동천(洞天) : 산천으로 둘러싸인 경치 좋은 골짜기로, '신선이 노닐 만큼' 아름다운 곳을 뜻한다.

❷ 강익(姜翼) 1523-1567 : 중종, 명종 때의 유학자이다. 조식의 문인이다. 홀로 있을 때 삼가는 신독(愼獨)을 바탕으로 말보다는 실천 위주의 학문을 강조했다. 학문과 덕행으로 천거되었으나 출사하지 않았다. 함양군 효우촌(孝友村 ; 현재의 수동면 우명리 효리마을)에서 출생했다. 본관은 진양(晉陽), 자는 중보(仲輔), 호는 개암(介庵) · 송암(松庵)이다. 『개암집(介庵集)』을 남겼다.

조식은 1551년 오건, 강익 등과 함께 경상도 안음현의
화림동천을 유람했다. 지금의 함양군 안의면 화림동
계곡이다. 사진은 당시 조식 일행이 솥을 걸고
밥을 지어 먹었던 것으로 보이는 농월정 일대이다.
너럭바위 사이로 흘러가는 물이 굳세다.

깊은 소(沼)를 이룬 월연암(月淵巖)❸에 자리를 잡고 앉았다. 그리고 솥을 적당한 곳에 걸고 밥을 지어 먹었다.

식사를 마치고 계속해서 상류 쪽으로 걸어 올라갔다. 해가 질 때쯤 덕유산 기슭의 영각사(靈覺寺)에 도착했다. 미리 기별을 보내 놓았으므로 영각사의 승려들이 멀리까지 나와서 기다리고 있다가 길을 인도했다. 정갈한 절밥을 먹으니 세속의 음식과 다른 맛이 있었다. 다음 날 아침밥을 먹고 덕유산을 올라가니 가까운 곳과 먼 곳의 산들이 마치 수많은 용들이 몰려다니는 것처럼 꿈틀거리고 있었다.

돌아올 때 다시 화림동 계곡을 따라 내려왔다. 누군가 시를 읊기 시작하자 다른 여러 사람이 이에 화답했다. 이때 강익은 「화림동 계곡을 유람하고 (遊花林洞)」라는 시를 지었다.

조식이 오건을 데리고 와서	南冥携玉溪
우리 친구들을 불렀네.	喚起及吾儕
향그런 풀 돋아나 산 모습 좋고,	芳草山容好
읊조리는 사람들이 탄 말 머리 가지런하네.	吟鞭馬首齊
월연(月淵)에 물 불어 발 씻기 좋고,	月淵足初濯
또 용간(龍澗) 시냇물 시 짓게 만드네.	龍澗詩更題
구경하는 마음 가는 곳마다 즐거우니	賞心隨處樂
그 마음 산새 소리에 실어 보내네.❹	輸與野禽啼

이해(1551년)에 김희삼(金希參)❺이 삼가현 계부당(鷄伏堂)으로 조식을 찾아왔다. 이때 경상우도 지방에 큰 흉년이 들었는데, 그 실상을 정확히 파악

---

❸ 월연암(月淵巖) : 현재의 함양군 안의면 농월정(弄月亭) 앞이다. 넓은 너럭바위가 많다. 이때 조식과 함께 화림동천을 찾은 강익이 「화림동 계곡을 유람하고(遊花林洞)」라는 시를 지었는데, 이 시에 "월연(月淵)에 물 불어 발 씻기 좋고"라는 구절이 나온다.
❹ 강익(姜翼), 『개암집(介庵集)』 권1, 「화림동 계곡을 유람하고(遊花林洞)」.

하기 위해 조정에서 김희삼을 경차관(敬差官)⑯으로 임명해 파견했다. 김희삼은 경차관으로 내려온 길에 평소 흠모해 마지않던 조식을 만나기 위해 계부당으로 왔던 것이다.

조정의 정치는 무뢰한들에 의해 썩어 문드러지고 있었고 백성들은 무거운 세금과 지나친 부역(負役)으로 크게 괴로워하고 있었다. 여기에 흉년까지 들었으니 백성들의 생활은 섶을 지고 불속으로 뛰어드는 것과 같았다. 조식은 이러한 백성들을 보고 날마다 꽉 막힌 가슴을 치고 있었다. 조식은 김희삼에게 백성들의 곤궁한 생활을 자세히 설명하면서 그 구제 방법까지 이야기해 주었다. 올바른 인물이 정권을 맡아 조정의 기강을 바로잡고 왕실의 사치를 막아야 하며 이로써 세금과 부역을 줄여야 한다는 내용이었다. 토지 조사를 다시 해서 세금을 내지 않는 자들이 있으면 그 토지를 몰수해야 한다는 내용도 있었다. 김희삼은 강직한 선비였으므로 조정에 돌아가 그대로 건의할 사람으로 믿고, 조식은 간절한 마음을 담아 호소했다. 어떻게 하면 조금이라도 백성들이 사람다운 삶을 영위해 나갈 수 있도록 할 수 있을까 하는 생각에서 나온 부탁이었다.

김희삼은 조정에 돌아온 후 조식의 호소와 자신이 직접 보고 들은 사정을 종합해서 백성들의 고통 받는 실상과 그 구제책을 적어 상소를 올렸다. 하지만 실낱같은 기대에도 불구하고 이 상소는 받아들여지지 않았다. 윤원형 일파가 정권을 제멋대로 하고 있고 명종은 허수아비와도 다를 바 없으니, 바른 소리가 받아들여질 리가 없었다.

수렴청정을 하고 있던 문정왕후는 거의 매일 불사(佛事)로 나라의 재물과 곡식을 낭비하고 있었다. 물고기들에게 보시(布施)를 해야 한다며 하루에

---

⑮ 김희삼(金希參) 1507-1560 : 중종, 명종 때의 관료이다. 이조좌랑(吏曹佐郞), 삼척부사(三陟府使) 등을 지냈다. 항상 밤중에 일어나 성현의 말을 외웠는데 늙도록 그만두지 않았다고 한다. 김우옹(金宇顒)의 아버지이다. 조식, 이황, 김인후(金麟厚) 등과 교유했다. 본관은 의성(義城), 자는 사로(師魯), 호는 칠봉(七峰)이다.
⑯ 경차관(敬差官): 지방 고을에 임시로 파견하여 곡식의 손실 등을 조사하고 민정을 살피던 관원을 말한다.

수십 섬의 쌀로 밥을 지어 한강 곳곳에 뿌렸다. 백성들은 굶어 죽어 가는 판에 임금의 어머니는 물고기 배고플 일을 걱정하고 있었으니 나라꼴이 어떠했는지를 짐작하고도 남음이 있다.

1552년 조식이 쉰두 살 때 부실부인 송씨(宋氏)가 아들 조차석(曺次石)을 낳았다. 마흔일곱 살에 삼가현으로 거처를 옮겨 온 이후 조식은 줄곧 혼자서 생활했다. 정실인 조씨부인이 김해부의 처가에 그대로 머물기로 했기 때문이다. 삼가현에서 멀지 않은 단성현 법물(法勿)로 출가한 딸이 가끔 들러 살림을 돌봐주고 옷가지도 챙겨 주었지만 생활이 여간 불편하지 않았다. 음식과 의복에 관한 일을 맡아서 해주고, 곁에서 시중도 들어줄 손이 필요했다. 다른 한편 조식에게는 새로 아들을 얻고 싶은 마음이 없지 않았다. 그러나 자신보다 한 살 많은 정실부인 조씨에게서 출산을 바랄 수는 없는 일이었다.

이에 그 얼마 전에 삼가현 대병(大幷)❹❼에 살던 선비 송린(宋璘)❹❽의 딸을 부실(副室)로 들였고 이해에 아들을 얻었던 것이다.

1552년 청도군 운문산 아래 우연(牛淵)에 살던 벗 김대유(金大有)가 세상을 떠났다. 김대유는 조식보다 스물두 살 위였으나 둘은 나이 차이를 잊고 망년우(忘年友)로 지냈다. 조식은 다른 사람을 쉽사리 인정하지 않았지만, 김대유만은 그 기개가 세상을 덮을 만한 선비라고 생각했다.

김대유는 임종 때 자신은 죽음을 슬퍼하지 않는다는 뜻을 보이기 위하여 비복(婢僕)들에게 풍악을 울리게 하고서 숨을 거두었다. 조식은 나중에 이 사실을 알고는 이렇게 말했다. "죽어가면서 꼭 이럴 것이 있겠는가? 이런 행위 자체가 죽음을 초탈하지 못해 마음이 흔들린 것이다. 그가 공부가 깊지 못해 그렇다." 옛날 송(宋)나라의 유학자 소강절(邵康節)❹❾이 죽을 때 웃으면서 숨을 거두었는데 이 이야기를 들은 정자(程子)가 "인정에 맞지 않다"라고 말했다. 정자가 말한 것과 같이 죽음을 초탈했으면 그만이지 그것을

---

❹❼ 삼가현 대병(大幷) : 현재의 경상남도 합천군 대병면 유전리에 해당한다.
❹❽ 송린(宋璘) 1509~1573 : 삼가현 대병에 살았던 선비로 조식과 교유했다. 본관은 은진(恩津), 자는 숙옥(叔玉)이다.

밖으로 드러나도록 표시할 것까지는 없다는 것이 조식이 이렇게 말한 이유였다. 조식은 김대유의 장례에 참석해서 애도의 뜻을 표했고, 나중에 그의 묘갈명을 지었다.

조식이 군색하게 사는 것을 걱정한 김대유는 임종에 이르러 "조식에게 매년 곡식 가마니를 별도로 보내주라"는 내용의 문서를 써서 자식들에게 주었다. 김대유의 자식들이 아버지의 유지에 따라 조식에게 곡식을 보내려고 했지만, 조식은 시를 지어 거절하는 뜻을 보이고 이를 받아들이지 않았다. 조식은 가난했지만 평생 가난을 입에 올리거나 불편하게 여기지 않았고, 또 재물 때문에 마음이 흔들리는 일이 없었다.

1552년 11월에 성수침(成守琛)이 보낸 편지를 받았다. 성수침은 조식의 가장 절친한 벗인 성운(成運)의 사촌형이다. 성수침은 조광조의 문인으로 1519년의 기묘사화 때 스승 조광조가 처형당하고 많은 선비들이 화를 입자 벼슬을 단념하고 처가가 있는 경기도 파주목(坡州牧) 우계(牛溪)로 내려갔다. 이후 두문불출하며 경서 연구에 전념했다. 성리학자 성혼(成渾)❺⓿을 길러낸 아버지로도 유명하다. 조식은 10대 후반 서울 장의동에 살 때 성운과 이웃하며 살았는데, 자신보다 여덟 살 많은 성수침과도 절친하게 지냈다. 특히 성수침의 은자와도 같은 모습에 큰 감화를 받았다. 이런 인연이 있었

❹ 소강절(邵康節) 1011-1077 : 송나라의 유학자이다. 도가(道家) 사상의 영향을 받아 유가의 역(易)철학을 독특하게 발전시켰다. 음(陰)·양(陽)·강(剛)·유(柔)의 4원(四元)을 바탕으로 우주 만물을 설명하고자 했다. 강절(康節)은 시호이고, 이름은 옹(雍)이다. 자는 요부(堯夫), 호는 안락선생(安樂先生)이다.

❺⓿ 성혼(成渾) 1535-1598 : 조선시대를 대표하는 성리학자이다. 이황을 사숙했다. 같은 파주목에 살던 이이(李珥)와 교유했다. 붕당 정국에서 이이, 정철 등 서인과 노선을 함께했다. 서인의 학문적 원류를 형성했다는 평가를 받았다. 이이와 사단칠정(四端七情) 논쟁을 벌였다. 경(敬) 공부를 강조했다. 이이의 권유로 사헌부장령, 내섬시첨정(內贍寺僉正), 사헌부집의, 병조참지, 이조참판 등의 벼슬을 제수받았다. 그러나 대부분 출사하지 않았고, 출사한 경우에도 줄곧 사직을 청했다. 본관은 창녕(昌寧), 자는 호원(浩原), 호는 묵암(默庵)·우계(牛溪)이다. 『우계집』, 『주문지결(朱門旨訣)』, 『위학지방(爲學之方)』 등의 책이 있다.

던 성수침이 이때에 이르러 편지를 보내왔던 것이다.

편지의 내용은 시(詩)를 청하는 것이었다. 성수침은 이황 등 여러 사람들이 차운(次韻)한 시를 편지와 함께 보내며 자신을 위해 시를 한 편 지어 달라고 조식에게 부탁했다. 치운은 다른 사람이 지은 시의 운자(韻字)에 따라 시를 짓는 일을 말한다. 그렇지만 조식은 이미 오래전부터 시 짓는 일을 즐기지 않고 있었다. 시 짓는 일이 공부에 도움이 되지 않고 마음을 공허하게 한다고 여겼기 때문이다. 이런 이유로 조식은 제자들에게도 시 짓는 일을 경계했다. 그러나 젊은 날의 절친한 벗이 20여 년 만에 하는 부탁을 거절하기가 힘들어 차운하여 시를 지어 보냈다. 조식은 시와 함께 다음과 같은 내용의 답장을 보냈다.

고을 사람 송함(宋瑊)이 공(公)의 귀한 편지를 전해주었습니다. 20년 전에 서로 소식이 끊어졌다가 이제야 비로소 연락이 왔는데, 공의 편지는 바로 한 움큼의 명월주(明月珠)와 같습니다. 내려주신 은혜가 기쁘기 한량없습니다. 대부인(大夫人)께서 건강하고 편안하시다는 소식은 여러 번 들었는데, 다시 한번 대부인의 만수무강을 기원합니다.

저도 아직 목숨을 보전하고 있습니다만 정수리에 흰서리가 가득합니다. 성대한 이름을 도적질함으로써 존경하는 공과의 교유에 누를 끼쳤습니다. 단지 스스로를 속였을 뿐만이 아니어서 더욱 도리에 어긋나고 수치스럽습니다. 공의 사촌동생 성운은 자신을 드러내지 않고 숨어서 자신을 닦으면서도 일찍이 다른 사람에게서 인정받고자 하지 않았습니다. 이에 저는 이 일을 칭송하고 감탄해 왔습니다. 그런데도 저 자신은 세상에 이름을 팔아 군자인 양 크게 속였으니 이 사람을 볼 면목이 없습니다.

부탁하신 사언시(四言詩)는 차운해서 올립니다. 저는 일찍이, 시를 읊는 일은 사물을 즐기다가 거기에 정신이 팔려 자기의 뜻을 잃어버리게 하는 좋지 않은 것으로 여겼습니다. 또 시가 저에게는 매양 교만한 마음을 잔뜩 더하는 것이라고 생각했습니다. 이에 시 읊기를 그만둔 지가 거의 수십 년에 가까워 갑니다. 이제 공께서 멀리서 부탁하니, 비록 저의 간이나 허파라도 아까워하지 않고 나누어 드려야 할 사이인데, 하물며 몇 글자의 짧은 시이겠습니까? 다만 한 가지 한스러운 것은 공의 작품을 보여주지 않은 것입니다. 시가 잘못된 것이 싫어서 그러셨다면 공은 시를 잘 짓는다고 자부하는 분은 아닙니다. 지금 이후로 소식이 또다시 저 하늘의 은하수처럼 아득할 것이니, 서로 잊고 지냈던 옛 시절만 생각나게 만들어 견딜 수가 없을 정도입니다.❺❶

조식이 지어 보낸 시 「성수침 공을 그리워하며(奉上仲玉丈)」는 지금도 성수침의 후손들이 그 친필을 보존해 오고 있다. 그리고 이때 조식이 지어 보낸 시는 여러 명현(名賢)들의 시와 함께 성수침의 문집인 『청송집(聽松集)』에도 실려 있다. 이 시는 다음과 같다.

이곳은 대마도 바다에 가까우니	馬之島海
남쪽 노인성(老人星) 뜨는 끝입니다.	老人之角
그대 사는 파주의 강물은	坡之江水
직녀가 빨래하는 은하수처럼 맑겠지요.	織兒之濯
이 사람은 먼 곳에 숨어 살면서도,	之子之遠
우리 도(道)를 걱정하고 있습니다.	而道之憂
어떻게 하면 만날 수 있을지요?	曷之覯乎
꿈속에서라도 만나 놀기를 바랍니다.❺❷	要之夢遊

---

❺❶ 『남명집(南冥集)』 권2, 「성수침의 편지에 대한 답으로(答成聽松書)」. • 원문은 책 끝에 덧붙임.
❺❷ 성수침, 『청송집(聽松集)』 권1, 조식 「성수침 공을 그리워하며(奉上仲玉丈)」.

1555년,
명종 임금에게
을묘사직소를
올리다

四章

벼슬길로 나오라는
이황의 권유

1552년 10월, 조정에서 또다시 전생서주부(典牲署主簿) 벼슬을 내렸으나 이번에도 출사하지 않았다. 주부 벼슬의 품계가 초야의 선비에게 내리는 것으로는 전례가 없이 높은 6품에 해당했지만, 이런 것은 중요하지 않았다. 조정의 형편이 이전과 크게 다를 바 없었기 때문이다. 그런데 이번에는 이황(李滉)이 벼슬길로 나오라고 권유하는 편지를 보내왔다. 당시 이황은 성균관(成均館)의 총책임자인 대사성(大司成)으로 있었다. 이황이 보내온 편지는 다음과 같았다.

요즈음 이조(吏曹)에서 숨어 사는 인재를 천거해서 쓰니, 곧 임금께서 현명한 인재를 얻어서 등용하기를 즐거워하시기 때문입니다. 임금께서 품계를 뛰어넘어 6품직에 명하라고 특별히 명령하시니, 이는 우리나라에서 이전에 보기 드문 대단한 조처입니다. 제가 가만히 생각해 보니, 벼슬하러 나오지 않는 것은 '임금에 대한 의리(君臣之義)'가 없는 것 같습니다. 임금과 신하 사이의 큰 의리를 어찌 팽개칠 수 있겠습니까?

그러나 선비가 벼슬하러 나오기를 어려워하는 이유는, 과거 제도는 선비를 구차하게 만들고 또 참봉(參奉)과 같은 말단 관원으로 임명하는 잡진(雜進) 제도를 통한 길은 선비에게 비천한 까닭에, 자기 몸을 깨끗이 하려는 선비들이 자취를 감추고 숨어 살면서 벼슬을 탐탁하게 여기지 않기 때문입니다. 그러나 지금의 이 조치는 산림에 숨은 선비를 천거하는 것이니 과거처럼 몸을 더럽히는 일도 아니요, 6품직에 바로 임명한 것은 잡진처럼 비천한 것도 아닙니다. 그대와 같은 때에 천거를 받은 성수침(成守琛)은 이미 토산현감(兎山縣監)으로 부임했고 이희안(李希顔)도 고령현감(高靈縣監)으로 부임했습니다.❶ 이 두 사람은 모두 전날에 벼슬을 마다하고 초야에 묻혀 살면서, 한 세상을 마치려 했던 이들입니다. 이들이 전날에는 벼슬에 나오지 않다가 지금은 나왔는데, 이것이 어찌 이들의 지조가 변해서 그런 것이겠습니까? 이들은 반드시 "내가 지금 벼슬하러 나아가면 위로는 조정의 아름다움을 이룰 것이고, 아래로는 그동안 쌓아온 경륜을 펼칠 수 있을 것"이라고 생각하여 그렇게 한 것일 따름입니다.

그대에게 곧바로 전생서주부를 제수하니 사람들이 모두 이렇게 말합니다. "그대의 뜻이 곧 성수침, 이희안 두 사람의 뜻과 같으므로, 이제 두 사람이 모두 벼슬하러 나왔으니 그대 또한 나오지 않을 리가 없을 것이다." 그런데도 그대는 끝내 나오지 않고 있으니 어떤 이유에서입니까? 사람들이 몰라준다고 여긴다면, 깊숙이 숨어 지내는 사람 가운데서 뛰어난 사람이라고 발탁했으니 몰라준다고 할 수 없습니다. 벼슬할 때가 아니라고 생각한다면 훌륭한 임금께서 현명한 인재를 목 타게 기다리시니, 때가 아니라고 말할 수도 없습니다.

문을 닫고 단정히 지내면서 수양한 지가 오래되었으니, 많은 것을 얻고 많은 경륜을 쌓았을 것입니다. 그 쌓아온 경륜을 세상에 나와 쓰신다면 무

---

❶ 이조는 1552년 7월 11일 파주목의 성수침, 초계군의 이희안, 삼가현의 조식 등을 천거했다. 이어서 명종은 7월 26일 성수침을 예산현감에 제수한 후 다시 임지를 바꾸어 토산현감에 제수했고, 이희안을 장악원주부(掌樂院主簿)에 제수했다. 그런데 이희안이 장악원주부 자리에 나오지 않자, 9월 12일 고령현감에 제수했다. 그리고 10월 2일 조식을 전생서주부에 제수했다.

슨 일이든 훌륭히 해낼 수 있지 않겠습니까? 그런데도 벼슬에 자신 없다 하면서 그 멀리하기를 칠조개(漆雕開)❷처럼 하십니까? 그대가 벼슬하러 나오지 않는 행동에는 제가 분명하게 이해하지 못할 점이 있습니다. 그대의 처신에 대해서 그대는 할 말이 있을 것입니다.

저는 경상도(嶺南)에서 태어나 자랐고 집은 예안현(禮安縣)에 있습니다. 남쪽 지방을 왕래하면서 그대의 거처가 삼가현(三嘉縣) 혹은 김해부(金海府) 등지에 있다는 사실을 들은 적이 있습니다. 이 두 곳을 일찍이 지나간 적이 있으면서도 그대가 은거하는 집에 나아가 그대의 훌륭한 모습을 접하지 못했습니다. 이는 실로 제가 덕이 있는 분을 사모하는 데 게으르기 때문입니다.

저는 타고난 자질이 촌스럽고 고루한데다가, 스승이나 친구들의 지도를 받지 못했습니다만, 어려서부터 괜히 옛것을 좋아하는 마음만은 있었습니다. 몸에는 병이 많은지라, 친구들 가운데서 마음을 느긋하게 갖고 노닐면 병을 고칠 수 있다고 권하는 사람들이 많이 있었습니다. 그러나 집안은 가난하고 어머니는 연세가 많아 마지못해 과거를 통해서 밥을 얻어먹었습니다. 그때 저는 식견이 없었던지라 다른 사람들 말에 따라 흔들려 줄곧 헛된 벼슬길에 몸을 들여놓게 되었습니다. 이후 또 천거하는 글에 제 이름이 우연히 올라 티끌 세상 속에서 버둥거리며 살아오다 보니 한가한 날이 없었습니다. 사정이 이러하니 그 밖의 것이야 말할 것이 있겠습니까?

저는 나중에야 병은 더욱 깊어져 가고, 또 세상에 나아가 벼슬하면서도 아무런 하는 일도 없다는 것을 스스로 알았습니다. 이에 옛 성현들의 글을 가져다가 읽어 보고 지금까지 제 학문의 방향이나 처신, 일 처리 등이 옛 성현들과 크게 어긋났음을 알았습니다. 이에 흠칫 놀라 깨닫고 늦게라도 길을 바꾸어 늘그막의 시간이나마 보람 있게 써야겠다고 생각했습니다. 그러나

---

❷ 칠조개(漆雕開) 기원전540년-? : 춘추시대 노(魯)나라 사람이다. 공자의 제자이다. 덕행으로 이름이 높았으며 벼슬하기를 즐겨하지 않았다. 성은 칠조(漆雕), 이름은 개(開)이다. 자는 자개(子開)·자약(子若)이다.

뜻은 노쇠해지고 정신은 혼미해져 공력(功力)을 들일 수가 없었습니다. 그렇다고 내팽개쳐 버릴 수도 없습니다. 그래서 사퇴하기를 구하여 벼슬자리를 피해 책을 싸가지고 고향에서 살면서 지금까지 달성하지 못한 것을 구하여 일생을 헛되게 보내지 않으려고 했습니다. 이것이 제가 요 십수 년 사이에 지녔던 소원이었습니다.

그러나 임금께서 허물 있는 저를 포용해 주시고 헛된 이름이 저를 핍박해 계묘년(癸卯年 ; 1543년)에서 임자년(壬子年 ; 1552년)에 이르기까지 세 번 물러나 고향에 돌아갔다가 세 번 불려 나왔습니다. 늙고 병든 정력에다 본격적인 노력도 들이지 못했으니, 학문이 성취되기를 바라기가 어렵지 않겠습니까? 이런 까닭에 어떤 때는 벼슬에 나아가기도 하고 어떤 때는 고향에 그대로 있기도 하고, 어떤 때는 오래 벼슬에 있다가, 어떤 때는 잠시 동안만 있기도 했습니다. 그러니 제 학문의 경지는 다른 사람들보다 나을 게 없습니다. 이래서 마음이 더욱 뒤숭숭한 채로 서울에서 고달프게 지내고 있습니다. 세월은 쉬지 않고 흘러가니 고향에 돌아가고픈 한 가지 생각은 흘러가는 물처럼 끝이 없습니다.

이런 때에 절의를 지키면서 고상하게 살아가는 그대의 생활을 멀리서 듣고서 그대의 풍모를 그리워하니 저의 나약함이 힘을 얻어 떨쳐 일어날 것 같습니다. 훌륭한 그대는 무슨 일을 스스로 쌓아 올려서, 능히 저 명성과 이익을 잊어버릴 수 있었던 것입니까? 거기에는 반드시 일삼는 바가 있을 것이고, 반드시 얻은 바도 있을 것이며, 반드시 지키면서 편안히 마음을 가지는 바도 있을 것이며, 다른 사람들이 모르는 가슴속에 간직한 즐거움도 있을 줄로 압니다. 그러니 저같이 학문에 뜻은 두었으면서도 벼슬길에서 허둥대면서 고향에 돌아가 학문을 하지 못하는 사람이 발뒤꿈치를 들고서 그대의 한마디 좋은 말을 목마른 듯이 기다리지 않겠습니까?

천리나 멀리 떨어진 곳에 살면서 정신적으로 사귀는 것은 옛사람들이 귀하게 여겼던 바이니, 어찌 꼭 만나본 후라야 절친한 친구처럼 사귀겠습니까? 경솔하게 제 스스로 자진해서 벼슬길에 나왔다가 여러 차례 낭패를 당한 것은, 저의 식견 없는 처신 때문입니다. 그러나 벼슬길에 나오기를 매우 신중히 하여 평소 지키던 절의(節義)를 잘 보전한 것은 앞길을 멀리 보는 그대의 훌륭한 식견 덕택입니다. 그대와 저의 차이가 어찌 천 리, 만 리에 불과하겠습니까?

저의 지난날의 잘못된 점을 그대가 너그러이 보고 지금 늦었지만 드리는 간절한 부탁을 동정하여 물리쳐 외면하지 않으신다면, 저에게 큰 다행이겠습니다.❸

편지글의 문체는 장중했으며 말하고자 하는 내용은 정성스럽고도 절실했다. 이황은 곧 다음과 같이 강권하여 말했던 것이다.

"당신처럼 자신만을 깨끗하게 지키기 위해 임금이 불러도 계속해서 나오지 않는다면 '군신 간의 의리(君臣之義)'를 깨뜨리는 것이다. 그리고 도탄에 빠져 허덕이는 백성들을 돌보지 않고 내팽개치는 것이다. 더구나 지금의 임금이 높은 학문과 덕행을 알아주어 파격적인 품계로 부른 것인데도 나오지 않는다면 임금의 은혜를 저버리는 것이다."

이황은 일생 동안 조식과 만난 적이 없다. 이황의 첫 번째 부인은 김해허씨인데 허씨부인 집안은 의령현(宜寧縣) 가례(嘉禮)에 있었고, 두 번째 부인인 안동권씨의 친정아버지 권질(權礩)❹은 안음현(安陰縣) 영승촌(迎勝村)❺에 우거(寓居)하고 있었다.❻ 이에 이황은 가례마을이나 영승촌을 여러 번

---

❸ 이황(李滉), 『퇴계문집(退溪文集)』 권10, 「조식에게 보내는 글(與曹楗仲)」. • 원문은 책 끝에 덧붙임.

❹ 권질(權礩) 1483-1545 : 중종 때의 관료이다. 이황(李滉)의 장인이다. 1521년의 신사무옥(辛巳誣獄)으로 사림파가 쫓겨날 때 아우 권전(權磌)이 죽임을 당하면서 예안현(禮安縣)으로 유배되었다. 1538년 유배를 마친 후 안음현으로 거처를 옮겼다.

❺ 안음현 영승촌(迎勝村) : 현재의 경상남도 거창군 마리면 영승마을이다. 이 마을은 원래 영송촌(迎送村)이었는데 이황이 다녀가면서 영승촌(迎勝村)으로 이름을 고쳤다고 한다. 안음현은 함양군의 안의면 · 서하면 · 서상면 일대, 거창군의 마리면 · 북상면 · 위천면에 걸쳐 있었던 고을이다.

❻ 허씨부인은 이황과 동갑이었는데, 스물한 살에 이황과 혼인해 두 아들을 낳았다. 그런데 둘째 아들을 낳고 한 달 만에 산후병으로 죽고 말았다. 이후 이황은 평소 그 학덕을 존경하던 권질의 부탁으로 정신질환이 있는 권씨부인과 재혼한다.

방문했는데, 이 두 곳은 마침 조식이 있었던 삼가현과 인접한 곳이었을 뿐만 아니라 김해부에서도 멀지 않은 곳이었다. 가례마을이나 영승촌을 다녀가는 길에 거쳐 갈 수도 있었을 텐데 그리하지 않았던 것이다. 이 편지에서 이황은 자기의 정성이 부족했다고 말했다.

조식은 이황의 편지를 읽고 또 읽었다. 그리고 자신의 소신을 밝히는 답장을 써서 보냈다.

늘 그대를 우러러 사모하기를 하늘의 북두성처럼 해왔습니다만, 오랜 세월 동안 만나 뵙지 못하여 마치 책 속에 실린 옛 인물 같았습니다. 그러다가 문득 그대의 사연을 받아 보니, 저를 가르쳐주시는 바가 매우 많았습니다. 마치 그대와 아침저녁으로 만나 가르침을 받는 것 같았습니다.

저 같은 사람은 어리석고 사리에 어두우니, 어찌 아낄 만한 학문이나 덕행이 있겠습니까? 다만 꾸며낸 말로 헛된 명성을 얻어 온 세상을 심하게 속이고 결국 임금마저 속이는 결과를 얻고 말았습니다. 남의 물건을 훔쳐도 오히려 도적이라고 말하는데, 하물며 하늘의 물건을 훔쳤으니 이를 어찌하겠습니까? 길을 가는데 발 디딜 곳이 없다는 말이 이런 것일 듯합니다. 이런 까닭에 날마다 하늘의 벌을 기다리고 있었는데, 과연 하늘이 벌을 내렸습니다. 지난해 겨울에 한 달 남짓 허리뼈가 쑤시고 아프더니 결국은 오른쪽 다리까지 절뚝거리게 되었고 사람들의 행렬에서 나란히 걸을 수 없는 형편입니다. 평지를 다니려 해도 발 디딜 곳을 찾지 못하고 허방다리를 짚는 것만 같습니다.

사람들은 모두 저의 단점을 알고 있고 저도 사람들한테 저의 단점을 숨길 수도 없으니 가소롭고 한탄스럽습니다. 그대는 날카로운 통찰력을 가졌는데 나는 항아리를 뒤집어쓴 듯 아무런 식견이 없어 안타깝습니다. 그대에게서 가르침을 받을 길이 없습니다. 게다가 나는 몇 년 동안 눈병이 있어 사물을 볼 수 없게 되어 있습니다. 그대에게 눈을 밝게 해주는 발운산(撥雲散) 약이 있으면 나의 눈을 좀 밝게 해 주십시오.

할 말은 많으나 지면을 빌려서는 다 할 수가 없습니다. 굽어살펴 주시옵소서. ❼

조식은 이황의 학문을 접한 후 이황을 마음의
벗으로 여겼다. 이황 또한 조식을 진심으로
존중하며 그리워했다. 사진은 도산서원
광명실(光明室)의 모습이다. 현판은 이황이
직접 쓴 친필이라고 한다.

조식은 이황에 대한 사모의 마음이 간절함을 먼저 말하고, 이어 벼슬에 나아가지 못하는 이유를 밝혔다. 자신은 벼슬에 나갈 만한 경륜이나 식견이 정말로 없다는 것이다. 또 자신에게는 세상일을 분별할 눈이 없으니 이황에게 자신의 눈을 밝혀줄 약을 좀 달라고 했다. 그러나 이 말속에는 "그대는 현명한 처신을 하고 있으니 나에게도 그 현명함을 좀 나누어 달라"고 은근히 풍자하는 의미가 숨어 있다.

이황은 학문에 전념하기 위해서 벼슬에서 물러났다가도, 임금이 부르면 몇 번 사양하는 상소를 하다가 박절하게 거절하기 어려워 다시 벼슬길에 나오곤 했다. 그리고 조정의 체제 자체를 비판하는 경우는 드물었다. 그러나 조식은 명종, 문정왕후, 윤원형 등을 축으로 하는 당시 조정의 체제에 근본적인 문제가 있다고 보았다. 윤원형 일파를 중심으로 한 간신들이 가득한 조정에서는 도저히 벼슬할 까닭이 없다고 판단했던 것이다. 이에 조식은 이황의 정중한 권고를 받아들일 마음을 조금도 가질 수 없었다.

1554년 강익(姜翼)이 배우러 왔다. 그는 3년 전 조식과 함께 안음현 화림동천(花林洞天)을 유람한 적이 있었는데, 그때 감화를 받아 정식으로 조식을 찾아와 폐백을 바치고 제자가 되었다. 그는 함양군 효우촌(孝友村)❽에서 1523년에 태어났으니 조식보다 스물두 살 아래였다.

강익은 태어날 때부터 기골이 장대하고 눈빛이 형형한 것이 보통 아이와는 사뭇 달랐다. 그런데 자라면서는 매일 사냥이나 씨름 등으로 놀기만 했다. 글은 도통 읽으려 하지 않았다. 열다섯 살이 될 때까지도 공부할 생각이 전혀 없었다. 강익의 아버지는 오랜 질병으로 아들을 엄격하게 단속할 수 없는 형편이었다. 그러나 더 이상은 아들을 그대로 둘 수 없어 어느 날은 아픔을 참고 일어나 훈계의 말을 했다. "사람으로 태어나 배우지 않는다면 짐승과 다를 바가 없는데, 어찌 아무 생각 없는 금수처럼 한 평생을 헛되이 살

❼ 『남명집(南冥集)』 권2, 「이황에게 답하는 글(答退溪書)」. • 원문은 책 끝에 덧붙임.
❽ 함양군 효우촌(孝友村) : 현재의 함양군 수동면 우명리 효리마을 일대이다.

다 가려 하느냐?" 그러자 강익은 크게 깨닫고 곧바로 같은 마을에 사는 유학자 정희보(鄭希輔)의 문하에 나아가 배우기 시작했다.

먼저 와서 배우던 학생들은 나이 들어 글공부를 시작하려는 그를 비웃었다. 아는 글자도 없는데 지금 공부를 시작한다 한들 어찌하겠느냐는 투의 표정을 지었다.

정희보가 『십팔사략(十八史略)』❾ 첫째 권을 시험 삼아 가르쳐 보았다. 그랬더니 얼마 지나지 않아 글 읽는 소리가 낭랑했다. 정희보가 기특하게 여기며 "뒷날 큰선비가 될 사람은 바로 이 아이다"라고 말했다. 이로부터 강익은 분발하여 공부에 몰두했다. 하루 종일 단정히 앉아 열심히 글을 읽고 이치를 궁구하여 잠자는 일과 밥 먹는 일도 잊을 정도였다. 『십팔사략』한 권을 다 읽자 문리(文理)가 조금 갖추어져 혼자서 책을 읽어 나갔다. 혼자서 궁리하다가 알지 못하는 것이 있을 때는 스승에게 물어 해결하였다. 이때부터 낮에는 경서(經書)와 사서(史書)를 익히고 틈틈이 과거 공부를 해서 스물일곱 살(1549년)에 형 강삼(姜參)과 함께 진사시에 합격했다.

강익이 조식의 제자로 들어온 것은 그의 나이 서른두 살 때였다. 조식은 강익에게 어떻게 자신을 수양하는지에 대한 위기지학(爲己之學)의 요점을 말해 주었다. 강익은 조식에게 『주역』괘사의 뜻에 대해 여러 가지를 질문했다. 조식은 강익의 이야기가 나오면 "내 평생 사람들에게 속은 적이 많았는데 확실히 믿어 조금도 의심할 것이 없는 사람은 이 사람뿐이다"라고 말하며 항상 칭찬했다. 강익은 진사시에 합격한 후로는 더 이상 명리(名利)를 구하지 않고 오로지 학문에만 침잠했다. 나중에 오건(吳健)이 천거하여 소격서(昭格署)❿의 참봉(參奉) 벼슬을 받았으나 출사하지 못하고 갑자기 병으로 죽고 말았다.

---

❾ 『십팔사략(十八史略)』: 원(元)나라의 증선지(曾先之)가 지은 중국의 간략한 역사책이다. 옛날 서당에서 교재로 많이 사용했다.

❿ 소격서(昭格署): 하늘과 산천에 제사지내는 일을 담당하던 관청이다.

을묘사직소(乙卯辭職疏),
죽음을 결심한 상소

1555년 10월, 또다시 조정에서 벼슬을 내렸다. 천리 밖 삼가현에 살고 있는 조식을 서울로 불러올리기가 어렵다고 여긴 조정은 꾀를 냈다. 조식이 사양하기 곤란하도록 삼가현과 인접한 단성현(丹城縣)의 현감 자리를 벼슬로 내린 것이다.

이전까지는 말 한마디 없이 벼슬을 사양해 왔던 조식이었지만, 이번에는 눈 가리고 아웅하는 조정의 행태를 크게 한번 바로잡아야겠다고 생각했다. 무뢰한들이 판치는 조정의 정치와 이로 인해 피폐해진 백성들의 삶을, 조식은 더 이상 지켜보고 있을 수만은 없었다. 이에 붓을 들어 자신이 평소 느꼈던 정치의 잘못을 낱낱이 지적하는 상소문을 올렸다. 이때까지 조식은 조정에 나아가 있는 이황이나 이준경(李浚慶) 등이 조정의 폐단을 바로잡고 백성들의 삶을 개선하기 위해 강력하게 건의해 줄 것으로 기대하고 있었다. 그러나 이들은 대체로 온건한 성품을 가진 이들이라 비열한 윤원형 일파와 정면으로 맞서지 못했다. 여우가 호랑이의 위세를 빌려 설치듯 윤원형이 명종을 등에 업고 있으니, 이황이나 이준경 등으로서도 함부로 부당함을 말하기가 쉽지 않은 상황이었다.

산림에 묻힌 처사라 하여 현실 문제를 외면할 수는 없으며, 벼슬길에 나아가지 않은 선비라 하여 백성의 고통에 대해 아무 책임이 없는 것은 아니다. 조식은 선비들의 비판과 울분을 결집하여 이들을 대표하는 입장에서 조정의 정치를 정면으로 추궁했다. 명종이나 명종의 어머니인 문정왕후에 대해서도 그 잘못을 가차없이 지적했다.

조정에서 단성현감 벼슬을 내린 것은 1555년 10월 11일이었다. 조식은 단성현감에 물러난다는 말을 앞세운 이 상소를 11월 19일에 올렸다. 이때 조식이 올린 상소가 「을묘사직소(乙卯辭職疏)」이다. 「을묘사직소」는 「단성현감사직소(丹城縣監辭職疏)」라고 부르기도 하고 세상에는 「단성소(丹城疏)」라는 약칭으로 더 잘 알려져 있다.❶ 상소의 내용은 다음과 같다.

새로 단성현감(丹城縣監)을 제수받은 조식은 진실로 황공해 하면서 머리 조아려 주상전하께 상소를 올립니다. 엎드려 생각합니다. 선왕(중종)께서는 신이 보잘것없는 사람인 줄을 알지 못하고 처음에 신을 참봉에 제수했습니다. 전하께서 왕위를 계승하고서는 신을 주부(主簿)에 제수한 것이 두 번이었고 이번에 또 현감에 제수하니 신은 떨리고 두려워 마치 큰 산을 짊어진 것 같습니다. 그런데도 아직까지 전하 앞에 나아가 하늘의 해와 같은 그 은혜에 감사드리지 못하고 있습니다.

신이 생각하건대, 임금이 인재를 등용하는 것은 마치 집 짓는 목수가 목재를 취해 쓰는 것과 같습니다. 깊은 산 큰 골짜기 어디에 있는 것이든 재목을 버려두지 않고 그것을 가져다가 훌륭한 집을 짓는 일은 목수에게 달렸지, 나무가 스스로 참여할 수 있는 일이 아닙니다. 전하께서 인재를 등용해야 하는 것은 한 나라를 맡아 다스리는 책임에서입니다. 신이 혼자서 걱정하여 견딜 수 없는 것은 이 때문이니 인재를 등용하려는 전하의 큰 은혜를 감히 독차지할 수 없습니다.

---

❶ 『남명집』 판본에 따라 「사면단성현감소, 을묘(辭免丹城縣監疏, 乙卯)」로 실려 있는 경우도 있다.

그렇지만 제가 머뭇거리면서 벼슬길에 나아가기를 어려워하는 뜻은 전하께 아뢰지 않을 수가 없습니다. 신이 벼슬길에 나아가기 어려워하는 이유는 두 가지입니다.

그 첫째는, 신은 나이가 예순에 가깝고 또 학문이 엉성하면서도 어둡기 때문입니다. 신의 문장 실력은 보잘것없어 전날에 과거의 끝자리에도 오르지 못했으며, 신의 행실은 물 뿌리고 비질하는 예절조차 제대로 갖추지 못했습니다. 과거에 합격하려고 10년 동안 애를 썼지만 세 번 실패하고서 그만두었으니, 애초부터 어떤 뜻을 가지고 과거를 일삼지 않은 사람도 아닙니다. 설사 어떤 사람이 처음부터 과거 합격을 탐탁하게 여기지 않는다 할지라도, 작은 절개나 지키는 선량한 사람에 불과할 뿐입니다. 이것만으로는 나라를 위해 무슨 대단한 일을 할 수 있는 훌륭한 인재라고 볼 수 없습니다. 어떤 사람이 훌륭한가의 여부는 결코 과거에 합격하기를 바라느냐 그렇지 않느냐에 달려 있는 것은 아닙니다. 신이 과거를 통해서 벼슬길에 나아가지 않았다고 해서, 신을 대단하게 보실 어떤 이유도 없다는 것입니다.

보잘것없는 신이 명성을 도둑질해서 천거(薦擧)를 담당하는 관원의 눈을 속였고, 담당 관원은 저의 거짓 이름을 듣고서 전하로 하여금 신이 훌륭한 사람이라고 잘못 판단하도록 한 것입니다. 전하께서는 과연 신을 어떤 사람으로 생각하십니까? 도(道)를 가지고 있다고 생각하십니까? 문장을 잘 쓴다고 생각하십니까? 문장을 잘 쓴다고 해서 꼭 도를 지닌 사람은 아니고, 또 도를 지닌 사람은 신처럼 이렇지 않습니다. 전하는 물론 정승들 또한 신의 능력이나 사람됨을 잘 알지 못하고 있습니다. 그 사람됨을 모르면서 그를 등용한다면 훗날 나라의 수치가 될 것이니, 그 죄가 어찌 이 보잘것없는 신에게만 있겠습니까? 신이 거짓된 이름을 가지고 몸을 팔아 벼슬에 나아가는 일이, 진짜 곡식을 바쳐 벼슬을 사는 짓거리보다 어찌 나을 수가 있겠습니까? 신은 차라리 이 한 몸을 저버릴 수는 있어도, 전하를 저버릴 수는 없습니다. 이것이 신이 벼슬길에 나아가기 어려워하는 첫 번째 이유입니다.

또한 전하의 나랏일은 이미 잘못되었습니다. 나라의 근본은 이미 없어졌으며, 하늘의 뜻은 이미 떠나 버렸고, 민심 또한 이미 사방으로 흩어져 버렸습니다. 비유컨대, 큰 고목나무가 있는데 백 년 동안 벌레가 속을 파먹어서 진액이 다 말라버린 것과 같습니다. 폭풍우가 닥쳐오기라도 하면 언제 쓰러질지 모를 만큼 위태롭습니다. 그리고 이런 지경에 이른 지 이미 오래입니다. 조정에서 벼슬하는 이들 중에는 충성스런 뜻을 가지고 이른 아침부터 밤늦게까지 부지런히 일하는 신하가 없지는 않을 것입니다. 그러나 나라의 형세가 더 이상 지탱할 수 없을 만큼 아주 위태로우므로 사방을 둘러보아도 손을 쓸 곳이 없다는 것을 잘 알고 있으면서도 누구 하나 책임지려고 하지 않습니다.

낮은 벼슬아치들은 아래 자리에서 히히덕거리면서 술과 여색에 빠져 있습니다. 높은 벼슬아치들은 윗자리에서 빈둥거리면서 뇌물을 받아 재산 긁어모으기에만 여념이 없습니다. 오장육부가 썩어 물크러져 배가 아픈 것처럼 온 나라의 형세가 안으로 곪을 대로 곪았는데도 말입니다. 궁궐 안 내직(內職)의 벼슬아치들은 관직에 자신들의 당파 심기를, 마치 용이 온 연못을 독차지하듯 하고 있습니다. 각 도와 고을의 외직(外職)에 있는 벼슬아치들은 백성 벗겨 먹기를, 마치 여우가 들판에서 날뛰는 것처럼 하고 있습니다. 이는 가죽이 다 없어지면 털이 붙어있을 데가 없다는 사실을 알지 못하는 것입니다. 곧 백성들이 다 없어지면 자신들이 붙어있을 데가 없다는 사실을 알지 못하는 것입니다. 신은 밤에 천장을 바라보며 흐느끼다가 가슴을 쾅쾅 친 날들이 이미 헤아릴 수 없을 만큼 많습니다. 낮에 하늘을 바라보다가 깊이 탄식하며 한숨을 몰아쉰 날들 또한 셈조차 할 수 없을 정도입니다.

대비(大妃: 문정왕후)께서는 신실하고 뜻이 깊다 하나 깊은 궁중에서 살아온 과부에 지나지 않습니다. 게다가 전하께서는 아직 순진하니, 다만 돌아가신 임금이 남겨 놓은 어리숙한 고아에 지나지 않습니다. 사정이 이렇다면 백 가지 천 가지로 내리는 하늘의 재앙을 어떻게 감당하며 만 갈래로 흩어진 민심을 어떻게 수습하시겠습니까? 백성들이 의지하는 강과 내는 마르고❷ 하늘에서는 좁쌀이 비처럼 쏟아져 내리고 있으니, 하늘의 재앙은 이미

❷ 조식이 이 상소를 올리기 전인 1554년 겨울에 낙동강 상류가 끊어지는 일이 있었다.

그 징조를 보였습니다. 백성들의 구슬픈 울음소리는 상복(喪服)을 입은 듯하니 민심이 산산조각 흩어져버린 형상은 이미 나타났습니다. 이런 시절에는 비록 저 주(周)나라의 훌륭한 재상인 주공(周公)**⑬**과 소공(召公)**⑭** 같은 분의 재주를 겸하여 가진 이가 대신의 자리에 있다 해도 어찌할 도리가 없을 것입니다. 하물며 풀잎이나 지푸라기처럼 보잘것없는, 신 같은 사람이 무슨 방법이 있겠습니까?

신은 위로는 만 가지 중 한 가지라도 나라의 위태로운 사태를 붙들 수 없고, 아래로는 털끝만큼이라도 백성들을 보호할 수 없으니, 전하의 신하로 일하기에는 곤란하지 않겠습니까? 만약 헛된 이름을 팔아서 전하로부터 벼슬을 얻어 그 녹을 먹기만 하고 아무 일도 하지 않는 것은 신이 원하는 바가 아닙니다. 이 점이 신이 벼슬하러 나아가기 어려워하는 두 번째 이유입니다.

또 신이 요즈음 살펴보니, 전라도 변방에 왜구가 침입하는 왜변**⑮**이 일어나 여러 벼슬아치들이 제때 밥도 못먹을 정도로 바쁘다고 합니다. 그러나 신은 이 일이 조금도 놀랍지 않습니다. 이 일은 벌써 20년 전부터 그 조짐이 있었던 일인데, 그동안은 다만 전하의 신성(神聖)한 힘 덕분에 일어나지 않

---

⑬ 주공(周公) : 공자가 존경해 마지않았던 인물이다. 기원전 1046년 세워진 주(周)나라의 재상이다. 주나라 문왕(文王)의 아들이며 무왕(武王)의 동생이다. 형인 무왕의 신하로서 은(殷)나라를 멸망시키고 주나라를 세웠으며, 조카인 성왕(成王)을 도와 주나라의 국가 제도를 정비했다. 주나라로부터 제후국인 노(魯)나라를 분봉 받았다. 성은 희(姬), 이름은 단(旦)이다.

⑭ 소공(召公) : 기원전 1046년 세워진 주(周)나라의 재상으로, 능력 있는 재상의 대명사와도 같은 인물이다. 주나라 문왕의 아들로, 형인 무왕과 주공을 도와 은(殷)나라를 멸망시키고 주나라를 세웠으며, 조카인 성왕을 도와 주나라의 기반을 닦았다. 주나라의 서쪽을 다스렸다. 성(姓)은 희(姬), 이름은 석(奭)이다.

⑮ 1555년 5월의 달량포왜변(達梁浦倭變)을 말한다. 왜구들이 약 70척의 배를 이끌고 전라도 남해안 지방에 침입해 노략질을 일삼은 사건이다. 5월 11일 전라도 영암군 달량포(達梁浦 : 현재의 해남군 북평면 남창리)로 침입한 왜구들은 5월 25일까지 24일 동안 장흥부, 진도군, 해남현 지역을 별 저항도 받지 않고 휩쓸고 다녔다. 왜구 침입 초기 각 고을의 수령들은 제대로 싸워보지도 못하고 패해 항복하거나 도망쳤다. 조정에서 정예병인 금군(禁軍)을 보내고, 호조판서 이준경(李浚慶)을 보낸 후에야 왜구를 격파하여 물리쳤다. 을묘년에 일어났으므로 을묘왜변(乙卯倭變)이라고도 한다.

앉던 것일 뿐입니다. 이 일은 하루아침에 갑자기 터진 일이 아니라는 것입니다. 문제의 근본적인 원인은 평소 조정에서 뇌물을 받고 사람을 쓰는 데에 있습니다. 이렇게 하면 벼슬아치의 집안에 재물은 쌓이지만 민심은 흩어지고 맙니다. 그래서 결국 장수 가운데 지략과 용맹을 갖춘 자가 없고 성 안에는 싸울 군졸이 없어서 왜적이 무인지경(無人之境)으로 들어오듯 했으니, 이것이 어찌 이상한 일이겠습니까?

이번 왜변도 대마도 왜놈들이 몰래 결탁하여 앞잡이가 되었으니 만고에 씻지 못할 큰 치욕입니다. 전하께서는 영묘(靈妙)한 위세를 떨쳐 보여주지 못하고 그 머리를 재빨리 숙이고 말았습니다.⓰ 우리나라의 옛 신하였던 대마도 왜놈들을 대접하는 의례(儀禮)가 천자(天子)의 나라인 주(周)나라를 대하는 의례보다 더 융숭합니다. 원수인 오랑캐를 사랑하는 은혜가 춘추시대 송(宋)나라의 양왕(襄王)⓱보다 한 수 위입니다. 우리나라는 세종대왕 때 대마도를 정벌했고 성종대왕 때 북쪽 오랑캐를 물리쳤습니다. 이런 정벌과 비교할 때 오늘의 사정은 어떻습니까?

그러나 이런 일은 겉으로 드러난 병일 뿐, 가슴과 배의 병은 아닙니다. 가슴이나 배의 병은 덩어리가 뭉쳐지고 막혀서 아래위가 통하지 않는 것입니다. 이것이 바로 나랏일을 맡은 조정의 높은 벼슬아치들이 목이 마르고 입술이 타들어 갈 정도로 열심히 노력하지만, 수레 있는 백성들은 수레를 타고 달아나고 수레 없는 백성들은 등짐을 지고 달아나는 까닭입니다.

백성들에게 하소연하여 군사를 불러 모아 전하를 위해 부지런히 일하도록 하는 일은 자질구레한 형벌 제도 따위에 달려 있는 것이 아닙니다. 백성

⓰ 1555년의 달량포왜변 이전에 조정은 일본의 무역선인 세견선(歲遣船) 파견을 제한했다. 하지만 대마도 도주가 전라도 지방을 약탈한 왜구의 목을 잘라 와 사죄하며 세견선 증가를 간청하자 조정은 대마도의 식량 사정과 생활필수품 부족을 고려하여 5척의 세견선 파견을 허용해 주었다.

⓱ 춘추시대에 송나라가 초(楚)나라와 싸울 때, 송나라 참모들은 양왕(襄王)에게 초나라가 아직 전열을 정비하지 못했을 때 공격하자고 건의했다. 하지만 양왕은, "군자는 남이 곤경에 처했을 때 괴롭히지 않는다"라고 군자의 인(仁)을 주장하며 공격하지 않았다. 결국 송나라는 초나라에게 패하고 말았다.

地以謝天日之恩者以為人主之取人猶匠之求木
深山大澤靡有遺材以成大廈之功大匠取之而木
不自與焉　殿下之取人者有土之責也臣不任為
應用是不敢私其太恩而蹦躅難進之意則終不敢
不達於側席之下矣抑臣難進之意則有二焉今臣
年近六十學術疏昧文未足以取丙科之列行不足
以備洒掃之任求舉十餘年至於三刖而退初非不
事科舉之人也就使人有不肖科目之為者亦非不
悻悻一段之凡民非大有為之全才也況為人之善
惡決不在於求舉與不求舉也微臣盜名而誤執事

벼슬길에 나아가지 않은
유학자라 하여 백성의
고통에 대해 아무 책임이
없는 것은 아니다.
1555년 조식은
얼토당토않은 조정의
정치를 정면으로 추궁하는
「을묘사직소」를 올린다.
사진은 『남명집』에 실려
있는 「을묘사직소」
첫 부분이다.

三世一食其簞教子詩禮獨遺以安孫家有子女則
在手盧室之婦宜姑宜舅齊眉四十年燧及早孤一
不為小參也盡榕穀死其同白璧雙合世有明月九
泉藏蛤

疏類

乙卯辭職疏

宣務郎新授冊城縣監臣曹植誠惶誠恐頓首頓首
上疏于　主上殿下伏念先王不知臣之無似始除
為參奉及　殿下嗣服除為主簿者屢今者又除為
縣監懷懷危懼如負丘山猶不敢一就黃琮一尺...

을묘(乙卯: 서기 1555)년에 단성현감(丹城縣監)을 사직하며 올린 상소문

조식의 「을묘사직소」는 조선시대의 상소 중 첫손가락으로 꼽히는 것이다. 사진은 최근 합천군 삼가면 용암서원 앞에 세워진 '을묘사직소 비'이다.

들로 하여금 나랏일에 힘쓰도록 하는 일은 오직 전하의 마음 하나에 달려 있습니다. 마음을 극진히 하면 그 효과를 크게 기대할 수 있는데, 그 틀은 전하에게 달려 있을 따름입니다. 신은 지금 전하가 따르고자 하는 일이 도대체 무슨 일인지 알지 못합니다. 전하께서는 학문을 좋아한다는 말이 무슨 뜻인지 들어본 적이라도 있는지 모르겠습니다. 전하께서는 풍악이나 여색을 즐겨하려고 하시는 것은 아닌지 모르겠습니다. 그나마 활쏘기나 말타기라도 좋아한다면 다행이겠습니다. 정말 묻고 싶습니다. 전하께서는 군자를 좋아하십니까, 소인을 좋아하십니까? 전하께서 좋아하는 것이 무엇이냐에 나라의 존망이 걸려 있습니다.

전하께서 진실로 맑은 정신으로 깨달아 분연(奮然)히 떨쳐 일어나 학문에 힘을 쏟는다면, 밝은 덕을 밝히고 백성을 날로 새롭게 만드는 정치❸에 대하여 얻는 바가 있을 것입니다. 밝은 덕을 밝히고 백성을 새롭게 만드는 일 안에, 모든 착한 것이 다 포함되어 있고 여기에서 모든 교화(敎化)가 나옵니다. 밝은 덕을 밝히고 백성을 새롭게 하는 정치를 베푼다면, 나라가 고루 다스려질 것이고, 백성들은 화합하게 될 것이고, 나라의 위기도 안정시킬 수 있을 것입니다. 밝은 덕을 밝히고 백성을 새롭게 하는 일을 요약해서 잘 간직한다면, 사람을 알아보거나 일을 판단하는 것이 거울처럼 맑고 저울처럼 공평하지 않음이 없을 것입니다. 그렇게 되면 생각에 사악함이 없게 될 것입니다.

불교에서 말하는 진정(眞定)❹이라는 것도 단지 이 마음을 간직하는 것에 있을 뿐입니다. 위로 하늘의 이치를 통달함에 있어서는 유교나 불교가 다른 부분이 없습니다. 다만 이를 사람의 일에 적용할 때는 불교의 경우 발 디딜

---

❸ 『대학』의 첫 부분에 다음과 같은 구절이 나온다. "대학(大學)의 도는 밝은 덕을 밝히고 (明明德) 백성을 새롭고 하고(新民) 지극한 선에 이르는(止於至善) 데 있다.(大學之道 在明明德 在新民 在止於至善)" 여기서 대학의 도는 곧 유학의 기본 목표이자 유가 정치의 근본 이념을 말한다.

❹ 진정(眞定) : '참된 정(定)'이라는 의미이다. 여기서 정이란 집중, 전념, 몰입을 뜻한다. 곧 마음을 한곳에 집중시켜 흩어지거나 움직이지 않도록 하는 것이다.

곳이 없다는 점이 다릅니다. 그래서 우리 유가(儒家)에서는 불교를 배우지 않습니다. 전하께서는 이미 불교를 좋아하고 있으니 이 불교를 좋아하는 마음을 학문으로 옮긴다면 공부하는 것이 곧 우리 유가의 것이 될 것입니다. 이는 마치 어려서 집을 잃은 이가 그 집을 다시 찾아 부모, 친척, 형세나 옛 친구들을 만나는 일과 같습니다.

더욱이 정치하는 것은 사람에게 달려 있습니다. 인재를 취하여 쓸 때는 전하께서 솔선수범해야 하고, 솔선수범할 때는 도(道)로써 몸을 닦아야 합니다.❷⓿ 전하께서 사람을 취해 쓸 때 솔선수범한다면 가까운 곳에서 전하를 모시는 신하들이 모두 사직을 지킬 만한 사람으로 가득 찰 것입니다. 이렇게 하지 않고 사람을 취해 쓸 때 눈으로만 한다면, 곁에서 모시는 몇 사람을 제외하고는 사방이 전하를 속이거나 저버릴 무리들로 들끓을 것입니다. 이런 때가 되면 굳게 자기 지조라도 지키는 소견 좁은 신하인들 어찌 가만히 있을 수 있겠습니까? 훗날 전하께서 인(仁)과 덕(德)을 근본으로 하는 왕도(王道) 정치를 펼친다면, 신은 미천한 말단 관직에 종사한다 하더라도 신의 심력(心力)을 다해서 직분에 충실할 것입니다. 그러므로 어찌 전하 섬길 날이 없겠습니까?

엎드려 바라옵니다. 전하께서는 반드시 마음을 바로잡는 것으로서 백성을 새롭게 하는 바탕으로 삼고, 몸을 닦는 것으로서 인재를 취해 쓰는 근본으로 삼아 임금으로서의 원칙을 세우십시오. 임금이 원칙이 없으면 나라가 나라다울 수 없습니다. 부디 전하께서는 신의 상소를 굽어살펴 주시옵소서. 신은 두려워 어쩔 줄 몰라 하며 죽음을 무릅쓰고 아뢰옵니다.❷①

조식이 올린 이 상소의 내용은 대략 다음과 같은 네 가지로 요약할 수 있다. "첫째, 조정의 형편은 거의 망할 지경에 접어들었는데 그 원인은 대소

---

❷⓿ 『중용 』「애공문정(哀公問政)」장에 다음과 같은 구절이 나온다. "정치를 하는 것은 사람에게 달려 있다. 사람을 쓰는 일은 몸으로써 해야 하고, 몸을 닦는 일은 도로써 해야 하고, 도를 닦는 일은 인으로써 해야 한다.(爲政在人 取人以身 修身以道 修道以仁)"

❷① 『남명집(南冥集) 』권2, 「을묘사직소(乙卯辭職疏)」. ・원문은 책 끝에 덧붙임.

관원들이 모두 파당만 짓고 자기 이익만 챙기려 하기 때문이다. 둘째, 지금 임금의 무능력으로 인해 벼슬아치들은 부패하고 백성들은 달아나 국가 위기 상황이 잇달아 발생하고 있다. 셋째, 국가 위기 상황을 극복하려면 왕 자신의 마음가짐을 새롭게 하는 것을 최우선으로 해야 한다. 넷째, 임금 스스로 학문을 닦아 정치의 바른길을 알아야 한다. 임금이 대비나 간신들에게 끌려다녀서는 안된다."

첫 번째와 두 번째는 당시 현실에 대한 진단이고, 세 번째와 네 번째는 이를 해결하기 위한 해결책이다. 조식은 나라의 근본인 백성이 무너졌다고 했다. 벼슬아치들의 부패와 무사안일로 민심이 떠났고 천명(天命) 또한 떠났다는 것이다. 그리고 현재의 조정과 임금에게는 이를 해결할 능력이 없다고 직설적으로 이야기했다. 이 문제에 대한 해결책으로는, 임금이 "밝은 덕을 밝히고 백성을 새롭게 해야 한다"는 『대학』의 강령을 인용한 후, "인재를 취해 쓸 때는 솔선수범해야 하고 솔선수범할 때는 도로써 몸을 닦아야 한다"는 『중용』의 말을 덧붙인다.

제발 현실을 제대로 인식하고 이를 바탕으로 정치 개혁을 실시하며 임금이 앞장서서 왕도 정치를 펴라는 것이다. 이런 조건이 갖추어진다면 자신 또한 기꺼이 출사할 수 있다는 것이다.

온 나라를 흔들어 놓은
을묘사직소의 파장

조식의 상소는 추상같이 준엄했다. 이 시대에 임금이라는 존재는 신성(神
聖)과도 같아서 말 한마디 함부로 할 수 없었다. 그러므로 임금과 임금 어머
니의 잘못을 대놓고 지적하는 조식의 상소는 다른 벼슬아치나 선비들로서는
꿈에도 생각하지 못할 것이었다. 조선이 개국한 이래 이처럼 강렬하게 임금
에게 직언을 서슴지 않은 상소는 없었다. 조식이 올린 「을묘사직소(乙卯辭
職疏)」는 조정과 재야에 일대(一大) 파장을 불러일으켰다.

　당시 갓 스물을 넘긴 명종은 조식의 상소문을 보고 격분했다. 명종은 조
식의 상소문을 읽고 정치를 쇄신할 결심을 하기는커녕, 자신을 '고아(孤)'라
말하고 자신의 어머니인 문정왕후를 '과부(寡婦)'라고 말한 데 대한 분노를
참지 못했던 것이다. 명종은 승정원(承政院)❷❷을 통해 '임금에게 언행을 불경
하게 한 불경군상죄(不敬君上罪)'로 조식을 다스리라는 명을 내렸다.

---

❷❷ 승정원(承政院) : 왕명의 출납(出納)을 맡아 보던 중앙 관청이다. 왕이 내리는 모든 명
　　령과 지시를 실무 관청에 전달하고 실무 관청에서 올라오는 모든 보고나 건의를 왕에게
　　전달하는 역할을 한다.

조식(曺植)의 상소를 보니 비록 간절하고 강직한 바가 있지만 대비에게 공손하지 못한 언사가 있으니 군신(君臣)의 의리도 알지 못하는 사람 같아 한심스럽기 짝이 없다. 승정원에서는 이러한 상소를 뜯어보았으면 신하 된 마음에 마땅히 분해 하며 그에게 죄를 주어야 한다고 청해야 할 것인데도, 대수롭지 않은 듯 한마디 아뢴 말이 없었으니 이는 더욱 한심한 노릇이다. 이런 사람을 어떤 까닭으로 군신 간의 명분을 아는 사람으로 여겨 추천했단 말인가? 설령 임금이 어질지 못하다 해도 신하로서 차마 욕하는 말까지 할 수 있는 일인가? 이런 행위를 어떻게 군자다운 사람이 임금을 사랑하고 윗 사람을 공경하는 것이라고 볼 수 있겠는가?

곡식을 바친 사람에게 벼슬자리를 주는 일이 비록 아름다운 일은 아니라 해도 옛날부터 있어 왔던 관행이다. 그리고 이는 백성들의 목숨을 소중히 여기다 보니 어쩔 수 없는 일이었다. 이제 한갓 고상한 이름만 숭상하면서 백만 백성들이 굶주려 이리저리 헤매다가 도랑이나 구렁에 거꾸러져서 죽는 꼴을 보면서도 가만히 앉아서 구제하지 않겠다는 것인가? 또 나에게 불교를 좋아한다고 말했는데, 내가 비록 학식이 넉넉하지 못해서 밝은 덕을 밝히고 백성을 새롭게 만드는 공적은 없다 해도, 그 어찌 불교를 숭상하겠는가?

비록 사실이 그렇다 하더라도 이런 말은 그래도 좋게 받아들일 수 있다. 그러나 '과부'라는 불경(不敬)한 말이 대비에게까지 미쳤으니 매우 원통하고 울분을 참기 어렵다. 임금에게 불경스럽게 군 죄를 다스려야 마땅할 것이나 조식이 숨은 선비라고 하니 불문에 부치고자 한다. 관원의 인사를 맡은 이조(吏曹)에 명하여 즉시 단성현감 관직에서 파면하도록 하라. 내가 덕이 없는 임금인 줄을 내 스스로 모르고서 위대한 분에게 이토록 작은 고을이나 다스리라고 했으니 그분을 욕되게 한 것이다. 내가 영민하지 못해서 이렇게 된 것이니, 승성원에서는 그리 일라.❷❸

명종은 한 나라의 임금으로서 체통을 지켜 자기의 감정을 절제하지 못하고, 조식의 상소문 가운데서 자기 뜻에 거슬리는 부분에 대해서 비꼬는 말로 승정원에 명령을 내렸다. 조식의 상소가 전례 없이 과격했던 것은 명종에게 따끔한 일침을 가하고자 한 것이었는데, 명종은 본질은 도외시하고 오히려 감정적인 말싸움을 걸고 있다.

분이 풀리지 않은 명종은 승정원에 다시 다음과 같이 전교하였다. "상소 가운데서 '대비는 신실하고 뜻이 깊다 하나 깊은 궁중에서 살아온 과부에 지나지 않는다'는 말은 공손하지 못한 말이다. '전하의 신하로 일하기에는 곤란하다'는 말도 공손하지 못한 말이다. '백성들의 구슬픈 울음소리는 상복을 입은 듯하니 민심이 산산조각 흩어져 버린 형상은 이미 나타났다'는 말 또한 불길하다."❷❹

임금이 노발대발 화를 내자, 왕을 보좌해야 할 승정원의 승지들은 상소를 올린 조식의 참뜻이 어디에 있는가를 깨우쳐 줄 생각은 하지 않고, 자기들의 책임을 회피하기에 바빴다. 승지 백인영(白仁英), 신희복(愼希複), 윤옥(尹玉), 박영준(朴永俊), 심수경(沈守慶), 오상(吳祥) 등이 연명하여 다음과 같이 아뢰었다. "신 등이 조식의 상소를 보고서 마땅히 해야 할 말만 들어 있는 줄 알았습니다. 그리고 경상도관찰사가 이미 접수하여 올려보낸 것이므로 승정원에서는 부득이 그 상소를 바칠 수밖에 없었습니다. 다만 바칠 때 그 민망한 말이 있다는 것도 아울러 아뢰었어야 했습니다. 그런데 신 등은 망령되이 생각하기를 '이 사람은 초야에 묻힌 자로 반드시 상소문을 쓸 때 그 말이 불공스럽게 된 줄을 스스로 알지도 못했을 것이니, 이런 망령되이 분수 모르는 소리를 하는 것이야 족히 나무랄 것도 없겠다'라고 여겨 따로 아뢰지 않았을 뿐입니다. 이제 전하의 전교(傳敎)를 받들고 보니 황공하여 어쩔 줄을 모르겠습니다. 신 등에게 죄를 내려 주십시오."❷❺

승정원은 왕명(王命)의 출납을 맡은 기관으로 은대(銀臺)❷❻나 후원(喉院)❷❼이라고도 하는데 지금으로 치면 일종의 비서실과 비슷하다. 승정원의 승지는 임금을 가까이서 모시기 때문에 자칫하면 멋대로 권력을 휘두를 우려가

❷❸ 『명종실록(明宗實錄)』 1555년 11월. • 원문은 책 끝에 덧붙임.
❷❹ 『명종실록(明宗實錄)』 1555년 11월.
❷❺ 『명종실록(明宗實錄)』 1555년 11월.

있다. 이를 방지하기 위해서 그 책임자인 도승지(都承旨)조차 품계를 정3품으로 낮게 정해 놓았다. 그러나 정3품이라 해서 그 정치적 위상이 줄어드는 것은 아니며, 실제로 조선시대에 승지의 권력은 정2품 이상의 재상과 다르지 않았다. 그런 만큼 그 책임은 막중했다. 무엇보다도 임금을 가까이서 보필하는 벼슬아치로서 바른말로 임금을 잘 인도해야 했다. 그런데도 이때에 서로 책임을 미루며 눈치나 보았으니, 조식이 정치 개혁을 위해 건의한 내용은 완전히 뒷전으로 밀려나고 말았다.

그러나 명종의 이러한 태도에 대해서 역사를 기록하는 『명종실록』의 사신(史臣)들은 그 문제점을 올바르게 지적했다. 사신들은 조금도 주저하지 않고 조식을 '어진 사람'이라고 평가했다. 상소의 내용은 간절하고 거짓이 없었으며 말과 행동은 강직하고 충성스러웠다는 것이다. 당시 사신의 역사 서술은 바른길을 걷고 있었다는 것을 알 수 있다. 사신들은 이렇게 말했다.

조식은 초야에 묻혀 있는 선비로 시골에 있었다. 비록 벼슬자리와 녹봉 보기를 뜬구름 같이 여겼지만, 오히려 임금을 잊어버리지 않았다. 정성스럽게 나라를 근심하는 마음이 언사(言辭)에 드러났고 간절하고 강직하여 회피하지 않았으니, 명성을 거짓으로 얻은 자가 아니라고 말할 만하다. 어진 사람이다.

세상의 도리가 쇠퇴하고 희미해져서 염치(廉恥)는 모두 사라지고 기개와 절조는 그 흔적을 쓸어버린 듯하다. 이에 유일(遺逸)❷❽이란 명칭에 의탁하고서 공적과 명예를 낚는 자가 참으로 많다. 어질다. 조식이여! 몸가짐을 조심

스럽고 조촐하게 하며 초야(草野)에서 빛을 감추었지만 난초와 같은 향기는 저절로 알려지고 명망은 조정에 전달되었다. 이미 참봉(參奉)에 임명되었고 또 주부(主簿)에 임명된 것이 두 번 세 번에 이르렀지만 모두 머리를 가로저으며 거절했다. 지금 이 고을 수령의 지리는 영광이리고 이를 만하며, 그 자리를 특별히 제수한 은혜는 보기 드문 일임에도 불구하고, 가난한 것을 편안히 여기고 스스로 도(道)를 즐기면서 끝까지 나아가려고 하지 않았으니, 그 뜻을 높이 살 만하다.

그러면서도 세상의 일을 잊어버리는데 과감하지 못하여 상소를 올려 의(義)를 지키며 당시의 폐단을 극렬하게 논했다. 사연이 간절하고 의리가 강직했으며, 시대를 걱정하고 변란을 근심하여 우리 임금이 덕을 밝히고 백성을 새롭게 하는 곳으로 나아가도록 인도하려 하였으며, 풍속과 교화가 왕도정치(王道政治)의 경지에 이르기를 바랐으니, 나라를 근심하는 그 정성이 지극하다. 아, 마침내 뜻한 바를 대궐에 펼쳐 전달하기는 하였지만 은거(隱居)하던 곳에서 일생을 마쳤으니 그 마음은 충성스럽고 그 절개는 고상하다. 지금과 같은 때에 이와 같이 마음을 비우고 물러난 선비가 있는데, 그를 높여 포상하거나 등용하지는 않고 도리어 그를 공손하지 못하고 공경스럽지 못하다고 책망하였으니, 세상을 다스리는 도리가 날로 쇠퇴하고 명분과 절의가 땅에 떨어진 것이 당연하며, 아슬아슬한 위망(危亡)의 조짐이 이미 이루어진 것이다.

임금은 조식의 상소에 대해서 답하지 않았을 뿐만 아니라 도리어 승정원에서 죄를 주자고 청하지 않았다며 엄하게 문책하고 있다. 이로 인해 자유롭게 말할 수 있는 언로(言路 ; 말의 길)가 막힌 것이 이때부터 더욱 심해졌고 임금의 덕에 누를 끼침이 이로 말미암아 더욱 커졌다. 온 나라의 선비들은 임금이 무엇을 좋아하고 무엇을 싫어하는지를 알게 되었으니, 결국 모두가 비위 맞추는 데로 몰리게 될 것이다. 훗날 국가가 위급하여 망할 지경에 빠진다 해도, 선비들 가운데서 누가 임금의 잘못을 말하려고 하겠는가? 임금의 말은 한번 나오면 사방으로 퍼져나가니 그 영향이 아주 크다. 이러한 임금의 전교는 온 나라 사람들의 입을 막아 감히 말하지 못하게 하는 것이니, 애석하다.

　조식은 지금의 유일(遺逸) 중에서 가장 어진 사람이다. 재능이 뛰어나고 행실이 깨끗하며, 또 학식도 있다. 초야에서 가난하게 살았으나 명예와 이익을 생각하지 않았고, 조정에서 여러 차례 불렀지만 출사하지 않고 그 뜻을 고상하게 했다. 수령으로 임명되고도 부임하지는 않았으나, 오히려 나라를 근심하는 마음을 가지고 곧은 말로 상소를 올려 당시의 폐단을 바로 지적했다. 이 어찌 군신(君臣)의 의리를 모르는 사람이겠는가?

　"대비는 깊은 궁중에서 살아온 과부에 지나지 않는다"고 한 말은 조식이 새로 지어낸 것이 아니고 선현(先賢)의 말을 인용하여 글을 지은 것이니, 이것이 어찌 공손하지 못한 말이겠는가? 포상하여 장려하지는 않고 꾸짖고 나무라기를 매우 엄중하게 했는데, 이는 보필하고 인도하는 사람 중에 적합한 자가 없어 학문이 넓지 못해서 그렇게 된 것이다. 정승의 자리에 있는 자도 잘못을 바로잡아 이 문제를 해결하지 못하여 조식과 같이 현명한 사람이 등용되지 못하고 초야에 버려졌다. 윗사람에게 자신의 의견을 말하는 길이 막히고 현인(賢人)을 불러들이는 일이 폐기되었으며 다스리는 도(道)가 없어졌으니, 세상의 마땅한 도리가 야박해진 일이 어찌 그리 이상한 일이겠는가?❷⁹

　임금에게 아뢰는 글의 종류에는 여러 가지가 있다. 가장 보편적인 것이 상소(疏)인데 이는 서식은 비교적 까다롭지만 대신에서부터 평범한 선비에 이르기까지 모두가 다 올릴 수 있도록 제도적으로 허락되어 있는 것이다. 전(箋)은 나라의 길사(吉事), 흉사, 경사, 명절 등에 신하들이 임금 또는 왕비에게 올리는 형식의 글이다. 차자(箚子)는 서식이 비교적 간단한데 주로 언론을 담당한 사헌부, 사간원, 홍문관의 관원들이 많이 사용했다. 계(啓)는 신하가 임금에게 정치적인 주제에 대하여 공식적으로 아뢰는 글이다. 그 가운데서 장계(狀啓)는 임금의 명을 받아 외직이나 변방에 나가 있는 관찰사, 절도사(節度使) 등이 그 지역의 중요한 일을 임금에게 보고하거나 건의하는

❷⁹ 『명종실록(明宗實錄)』 1555년 11월. • 원문은 책 끝에 덧붙임.

글이다. 정사(呈辭)는 벼슬아치가 개인 사정으로 사직, 휴직, 휴가 등을 청할 때 아뢰는 글이다. 봉사(封事)는 중요하거나 기밀을 유지할 필요가 있을 때 다른 사람들이 보지 못하도록 밀봉하여 임금에게 직접 아뢰는 글이다.

상소를 할 때는 자기 고을의 수령이니 관찰사에게 먼저 올려서 승정원에 전달하게 하는 것이 보통이다. 그러나 특별히 급하거나 사회적 여론을 환기시키기 위해 상소하는 사람이 직접 궁궐 앞에 엎드려 아뢰는 복합상소(伏閤上疏)도 종종 있었다. 상소하는 사람은 한 사람인 경우가 대부분이지만, 여럿이 하는 연명상소(聯名上疏)도 있었다. 때로는 일정한 범위의 지역, 도(道), 당파에 속한 모든 사람들이 함께 상소를 올리기도 했다. 조선 후기의 만인소(萬人疏) 같은 것이 대규모 상소의 대표적인 예이다.

조식의 시대에는 관찰사나 승정원 승지들이 마음만 먹으면 얼마든지 상소를 차단할 수 있었다. 그러므로 임금이 특별히 관심을 갖고 언로(言路)를 개방하지 않으면 언로가 막히기 쉬운 일인데도, 임금이 먼저 이런 상소를 차단하지 않았다고 승정원을 문책하고 있으니 답답하기만 한 일이었다.

평소에 임금이 신하들의 말을 너그럽게 받아들인다 해도 신하로서 임금의 허물을 바로 이야기하는 일은 대단한 용기가 필요한 법이다. 그런데 임금이 이처럼 노기등등하니 임금의 눈치를 살피지 않을 신하가 없을 것이다. 이런 일이 극단적으로 흐르면, 무력(武力)으로 현재의 임금을 몰아내고 새로 왕위를 차지한 임금이 있을 경우에도 신하들은 그 잘못을 바로 이야기하지 못할 것이다. 종국에는 나라를 무너뜨리고 새로 나라를 세운 임금에 대해서도 그 잘못을 말하지 못할 것이다. 그러므로 이 일은 온 나라 선비들의 사기와 조정 신하들의 태도에 얼마나 나쁜 영향을 미칠지 모를 일이었다.

다음날 임금에게 경서를 강의하는 경연의 시강관으로 있던 정종영(鄭宗榮)❸이 임금의 잘못된 생각을 깨우치고 노기를 풀기 위해 다음과 같이 입을 열었다.

전하께서 조식의 상소를 보고 전교의 말씀이 있었습니다. 신은 그 상소를 보지 못했으니 그 내용이 어떠했는지는 모르겠습니다. 만약 그 가운데서 대비에게 모욕적인 언사가 있었다면 죄를 주더라도 괜찮을 것입니다. 그러나 이 사람은 세상에 숨어 사는 인물인지라 그 성격이 소탈하여 예를 차릴 줄 몰라 그런 것입니다. 옛날 훌륭한 제왕들이 초야에 묻힌 선비를 대접하는 방법은 조정에 벼슬하고 있는 벼슬아치들을 대접하는 것과는 달랐습니다. 거칠고 세련되지 못한 태도를 책망하기보다는 그 욕심 없이 물러나려는 뜻을 귀하게 여겼습니다. 전하께서도 그렇게 해야 욕심 없이 물러나 맑은 지조를 지키는 선비를 대접하던 옛 훌륭한 제왕들과 같이 될 수가 있을 것입니다.

이제 조식의 상소를 처벌한다면 사방의 선비들은 그 상소의 내용에 공손하지 못한 말이 있었던 것은 생각하지 못하고, 전하의 선비 대접하는 방법이 옛날 훌륭한 제왕들과 같지 않은 것으로만 여길 것입니다. 이로써 선비들의 꿋꿋한 기개가 꺾일 것입니다.❸❶

정종영의 말처럼 한 나라의 임금은 깨끗하게 물러나 지조를 지키며 살아가는 선비를 우대하는 것이 선비를 대접하는 길이다. 선비의 상소에 대해 처벌 운운하는 것은 사실 온 나라 선비들의 의욕을 꺾어버리는 일이었다. 사간원정언 이헌국(李憲國)❸❷도 명종의 마음을 깨우치기 위해서 다음과 같이 말했다.

전하께서 바른말을 할 수 있는 길을 열어 숨어 사는 선비들을 장려해야 합니다. 이런 일은 선대 임금들께서도 드물었습니다. 임금께 의견을 개진하는 방법은 조정의 신하와 바깥의 선비가 다릅니다. 조정에 몸담고 있는 신

---

❸⓿ 정종영(鄭宗榮) 1513-1589 : 명종, 선조 때의 관료이다. 경상도관찰사, 한성부판윤, 우찬성 등을 지냈다. 조식이 상소를 올렸던 1555년 11월 홍문관전한(弘文館典翰)으로서 경연 시강관을 겸하고 있었다. 자는 인길(仁吉), 호는 항재(恒齋)이다.

❸❶ 『명종실록(明宗實錄)』 1555년 11월. • 중략 있음. 원문은 책 끝에 덧붙임.

❸❷ 이헌국(李憲國) 1525-1602 : 명종, 선조 때의 관료이다. 조식이 상소를 올렸던 1555년 11월, 사간원정언으로서 경연 시강관을 겸하고 있었다. 성품이 곧고 고집스러워 임금 앞에서도 말하고자 하는 바를 피하지 않았다고 한다. 형조판서, 좌찬찬, 좌의정 등을 지냈다. 자는 흠재(欽哉), 호는 유곡(柳谷)이다.

하들은 그 말이 느긋하면서 박절하지가 않습니다. 조식 같은 사람은 세련되지 못했고 또 옛사람들의 책만 읽었으므로 그 말은 바르고 곧으나 문채(文彩)가 없습니다.

어려서부터 옛사람이 쓴 책을 읽은 사람인데 어찌 군신간의 의리를 모르기야 하겠습니까? 전하께서는 '대비는 신실하고 뜻이 깊다 하나 깊은 궁중에서 살아온 과부에 지나지 않는다'라는 말은 공손한 말이 아니라고 여기시는데, 옛날 송나라의 구양수(歐陽脩)도 황태후(皇太后 ; 황제의 어머니)를 '한 아낙네'라고 한 적이 있었습니다. 그러나 황태후는 그에게 벌을 주지 않았습니다.

그리고 조식은 시사(時事)가 날로 잘못되어 가는 것을 보고 전하께서 위에서 고립되어 백성의 실정을 들을 수 없을까 두려워했던 것입니다. 그러므로 그는 벼슬을 하더라도 자신이 잘못되어 가는 시사를 어떻게 할 방법이 없을 것이라고 생각하고서 "전하의 신하로 일하기에는 곤란하지 않겠는가?"라고 한 것입니다. 이는 전하를 업신여긴 것이 아닙니다. 이와 같은 말에 대해 항상 두려워하는 마음을 더하신다면 그것도 국가의 복(福)입니다. 조정에 가득한 신하로서 누가 국가의 은혜를 입지 않았겠습니까? 국가의 은혜 속에서 살아가고 국가의 은혜 속에서 죽는다 해도 오히려 기꺼이 말을 다하려 하지 않습니다. 조식은 초야의 일개 선비로서 비록 목숨을 잃게 되더라도 후회하지 않을 각오로 이와 같은 말을 했는데, 전하께서는 전교를 통해 그 공손치 못한 죄를 심하게 책망했습니다.

승정원의 승지는 임금의 입과 같은 지위에 있으니 왕명의 출납을 합당하게 해야 하며, 왕명을 공손히 받드는 일만을 직분으로 삼아서는 안됩니다. 전교를 받은 뒤에도 조식의 상소를 가상히 여겨 받아들이는 것이 옳다는 뜻을 당연히 아뢰어야 했는데, 허물을 관찰사에게 돌렸습니다. 앞으로는 관찰사가 틀림없이 상소를 받지 않아 아랫사람의 실정이 전달되지 않을 것이니, 이는 승정원의 승지 탓입니다. 말 한마디가 나라를 일으킬 수도 있고 나라를 잃게 할 수도 있는데, 종묘사직(宗廟社稷)이 흥하고 망하는 것이 여기에 달려 있습니다. 승정원의 승지가 한번 잘못해서 그것이 역사에 기록되어 후

세에 불미(不美)스러운 일로 전해지게 되었으니 그 임무를 살피지 못했다고 할 만합니다.**❸**

이헌국은 아주 절실한 말로 자신의 견해를 개진했다. 또 명종을 가장 화나게 했던 '과부'라는 단어 사용의 문제는, 중국의 역사에서 구양수의 사례를 끌어와 해결했다. 이헌국은 계속해서, 바른말로 임금에게 아뢰지 않고 자기들이 죄를 뒤집어쓸까 두려워 경상도관찰사에게 잘못을 전가하려고 했던 승정원이 언로(言路)를 막는 나쁜 사례를 만들었다고 나무랐다. 정말 옳은 말이다.

정종영과 이헌국이 아뢰는 말을 차례로 듣고 나서 명종은 이렇게 말했다. "과인은 생각이 얕고 학식도 전혀 없어 사리를 모른다. 그러나 임금과 신하 사이의 구분은 신하들이 마땅히 알아야 할 바이다. 비록 초야에 묻힌 선비라고 하지만, 그 지켜야 할 의리를 모른다면 어찌 어진 사람이라고 하겠는가? 그 말이 공손하지 못하니 신하들이 마땅히 벌주자고 청해야 할 것인데도 그렇게 하지 않으니, 조정에서도 임금에게 불경(不敬)하게 대하는 기운이 점점 더 퍼져간다. 그 상소의 내용이 옳다고 말한다면 이는 잘못된 논의다. 그러나 조식은 숨은 선비이기 때문에 내가 너그러이 용서하여 벌은 주지 않겠다."**❹**

이때 명종은 노기(怒氣)가 상당히 누그러졌는데도 얼굴은 일그러지고 목소리는 제대로 나오지 않았다고 한다. 명종은 신하들이 간(諫)하는 말을 받아들여 조식에게 벌을 주지는 않았지만, 바른 말을 한 조식을 공손하지 못하다고 여겼고 끝내 옳다고 여기지는 않았다. 이로 인해 바른 말을 하는 신하는 점점 멀어져가고 아첨하는 신하만이 조정에 모여드는 상황이 만들어지고 말았다. 의로운 사람이 평가받지 못하고 밀려나니 나라의 앞날이 암담할 수밖에 없었다.

---

❸ 『명종실록(明宗實錄)』1555년 11월. • 원문은 책 끝에 덧붙임.
❹ 『명종실록(明宗實錄)』1555년 11월.

이 상소를 올리기 전에도 조식은 재야의 두터운 신망을 받고 있었다. 그런데 이 상소를 올린 후 조식의 정치적 비중과 영향력은 명종도 무시할 수 없는 수준으로 높아졌다. 재야 언론의 영수로 자리잡은 것이다. 조식의 상소는 조정에서 변방의 구석구석에 이르기까지, 온 나라를 한바탕 뒤흔들어 놓았다.

조식의 처벌 문제를 두고 조정에서는 한동안 논란이 계속되었지만, 조식은 이전과 다를 바 없이 학문 연구와 제자 양성에 심혈을 기울였다.

이 무렵 하응도(河應圖)❸라는 소년이 조식을 찾아왔다. 당시 하응도는 나이가 열여섯 살에 불과했지만 이미 사서오경(四書五經)을 대략 섭렵하고 있었다. 조식은 그가 명민(明敏)하고 또 물어보면 막힘없이 대답하는 것을 보고 큰 그릇이 될 것으로 기대해 친절하게 가르치고 인도했다. 조식에게서 성현의 학문을 접한 그는 이를 즐겨 그 핵심을 익혀 나갔다.

조식은 선비들이 지켜야 할 장례 예법에 대해 기록한『사상례절요(士喪禮節要)』한 권을 직접 베껴 하응도에게 주면서 "내가 죽거든 이 책에 따라서 장사 지내라"라고 부탁했다. 이에 하응도는 조식이 죽은 후 이『사상례절요』를 기준으로 장례를 지냈다. 조식의 학문과 덕성을 기리기 위해 여러 제자들이 덕천서원(德川書院)을 세우고자 할 때는 자신의 땅을 서원 부지로 흔쾌히 내놓았다.

1589년 정여립(鄭汝立) 사건❸이 일어났을 때 조식의 제자들 가운데 억울한 일을 당한 사람이 많았다. 하응도는 이들에게 아무 죄가 없다는 사실을 적어 요로(要路)의 영향력 있는 관계자들에게 편지를 보내는 등, 이들을 구하기 위해 백방으로 노력했다. 결국 이 사건으로 국문(鞫問)❸을 받던 최영

---

❸ 하응도(河應圖) 1540-1610 : 명종, 선조 때의 유학자이다. 조식의 문인으로 정구(鄭逑), 최영경(崔永慶) 등과 함께 공부했다. 가난하게 살면서도 항상 웃으며 사람을 대했다고 한다. 임진왜란 이후 진주판관, 능성현령(綾城縣令)을 지냈다. 자는 원룡(元龍), 호는 영무성(寧無成)이다.

경(崔永慶)이 옥사하자 직접 가서 시신을 수습해 돌아왔다.

하응도는 임진왜란 직후 진주목 판관(判官)❸❽으로 부임해 전쟁으로 파괴된 진주목을 복구하고 흩어진 백성들을 모아 다시 생업에 종사하도록 하는 데 힘썼다. 그는 벼슬아치로서 자신의 행동에 매우 엄격했다. 진주목 판관을 지낸 후 전라도 능성현령(綾城縣令)으로 갔다가 돌아올 때쯤 자신의 말이 새끼 한 마리를 낳았다. 그런데 그 말과 교접한 말이 역마(驛馬)였으므로 그 새끼는 자신이 사사로이 차지할 수 없다 하여 돌려주고 왔을 정도였다. 그는 자신의 호를 영무성(寧無成)이라고 했는데 그 뜻은 "벼슬에 나아가 자신의 뜻을 잃느니보다는, 차라리 물러나 지조를 지키다가 아무 이룬 것이 없는 것이 낫다"는 의미였다.

1555년 함안군(咸安郡)에 살던 박제현(朴齊賢)❸❾과 박제인(朴齊仁)❹⓿ 형제가 와서 배웠다. 조식 문하에 와서 여러 동문들과 경서의 뜻을 토론하는 것을 보고 조식이 칭찬해서 말하기를 "함안 땅의 고상한 선비가 실로 난형난제(難兄難弟)로다"라고 했다.

---

❸❻ 정여립(鄭汝立) 사건 : 선조 때인 1589년 10월, 정여립(鄭汝立)이 역모를 꾀하였다는 고변이 발단이 되어 일어난 사건이다. 홍문관수찬을 지낸 바 있는 정여립이 전라도 전주부(全州府)에서 대동계(大同契)를 조직하여 매월 활쏘기를 익혔는데, 황해도관찰사 한준(韓準) 등이 이를 역모라 하여 고변했고 이것이 대규모 옥사로 발전했다. 이때 최영경을 비롯한 조식의 제자들 가운데 억울한 일을 당한 사람이 많았다. 이 사건으로 동인(東人)이 몰락하고 서인(西人)이 정국을 주도하기 시작했다. 이 사건 이후 호남(湖南) 출신자의 관직 등용에 제한이 생겼다.

❸❼ 국문(鞫問) : 국청(鞫廳)에서 몽둥이를 사용하여 역적 등의 중죄인(重罪人)을 신문하던 일을 말한다.

❸❽ 판관(判官) : 지방 고을의 수령 밑에서 수령을 보좌하던 종5품 관직을 말한다.

❸❾ 박제현(朴齊賢) 1521-1575 : 명종, 선조 때의 유학자이다. 조식의 문인이다. 마흔 살에 부동심(不動心)이라는 세 글자를 써서 벽에 붙였다고 한다. 자는 맹사(孟思), 호는 송암(松嵒), 본관은 경주(慶州)이다.

❹⓿ 박제인(朴齊仁) 1536-1618 : 선조, 광해군 때의 관료이다. 형조좌랑, 군위현감(軍威縣監)을 지냈다. 조식의 문인으로, 최영경, 하항, 김면 등과 함께 공부했다. 임진왜란 때 함안군에서 의병을 일으켰다. 본관은 경주(慶州), 자는 중사(仲思), 호는 황암(篁巖)이다. 『황암집(篁巖集)』이 있다.

조식이 「을묘사직소」를 올린 이후, 당시 조정에서는 일대 파란이 일어났다. 그러나 조식은 이전과 다를 바 없이 제자 양성에 심혈을 기울인다. 다른 한편 부실부인이 낳은 아들 조차석이 자라는 것을 보면서 아버지로서의 기쁨도 누린다. 그림은 조선시대에 그려진 「경직도(耕織圖 : 농사짓고 누에치는 그림)」의 일부이다.

1556년, 하락(河洛)❹과 하항(河沆) 형제가 찾아와 제자가 되었다. 조식은 이들의 심지가 굳고 바탕이 맑고 순수한 것을 사랑했다.

하락은 조식의 권유에 따라『심경(心經)』과『근사록(近思錄)』을 읽었고 역(易)과 예(禮)에 밝았다. 학문이 높은 것으로 천거를 받아 왕자에게 글을 가르치는 왕자사부(王子師傅)를 지냈는데, 이이(李珥)와 성혼(成渾)이 반대 당파로부터 모함을 받는 등 조정에 분당의 조짐이 보이자 벼슬에서 물러나 성상도 상주목(尙州牧)에 은거했다. 임진왜란 때 왜적이 상주목으로 침입했을 때 아들과 가복(家僕)들을 거느리고 상주산성으로 피해 가다가 왜적을 만났다. 왜적이 공을 살해하려 하자 아들 하경휘(河鏡輝)가 몸으로 왜적의 칼날을 막았고 부자가 함께 죽고 말았다.

하항은『소학(小學)』등을 열심히 읽어 '소학군자(小學君子)'로 불리기도 했다. 말과 행동에 법도가 있었고 몸소 실천함이 독실했다. 조식의 문인인 최영경(崔永慶) 등과 교유하며 성리학 연구에 전념했다. 1589년의 정여립 사건 때 무고를 받아 옥사한 최영경의 억울함을 풀고자 궁궐 대문 앞에 엎드려 울부짖었으나 뜻을 이루지 못했다. 조식이 세상을 떠나자 3년 동안 심상(心喪)을 입었다. 나중에 덕천서원의 원장으로서 인근 선비들의 정신적 모범이 되었다.

1557년, 부실 송씨부인에게서 둘째 아들 조차마(曺次磨)가 태어났다. 쉰일곱 살에 얻은 아들이라 나이 차이가 많이 났지만 조식은 이 아들 덕분에 즐거운 노년을 보낼 수 있었다. 조식이 죽을 때 조차마는 겨우 열여섯 살에 지나지 않았다. 조차마는 아버지에 대한 그리움을 달래기 위해서 조식의 묘소 근방에 집을 짓고서 집 이름을 모정(慕亭)이라고 했다. 모정은 '돌아가신 부모를 추모하는 사람이 사는 정자'라는 뜻이다. 조차마는 자질이 고상하고

---

❹ 하락(河洛) 1530-1592 : 명종, 선조 때의 유학자이다. 조식의 문인이다. 왕자사부로 선조의 왕자들인 임해군(臨海君), 광해군(光海君)을 가르쳤다. 자는 도원(道源), 호는 환성재(喚醒齋)이다.

늠름했다. 조식의 명성에 힘입어 음직(蔭職)으로 벼슬을 받아 경상도 칠원현(漆原縣)의 현감을 지냈다.

조차마는 임진왜란 때 조식의 시문(詩文) 원고가 모두 불타 없어져 버렸는데, 문인, 친척 등을 방문하여 남은 원고를 모으는 일에 정성을 쏟았다. 특히 남아 있기는 했으나 뒤범벅이 되어 알아보기 힘들었던 조식의『학기(學記)』를 한 글자 한 글자 정서했고 정온(鄭蘊)❷의 발문까지 받아 책의 형태를 갖추어 놓았다. 나중에 덕천서원에서 이를『학기유편(學記類編)』이라는 제목으로 간행했다.

『학기유편』은 조식이 성현의 글을 읽다가 중요한 것이나 마음에 드는 구절을 뽑아 모아 놓은 것이다. 비록 조식이 직접 지은 글은 아니지만 성리학에 대한 조식의 절실한 태도와 깊은 이해를 보여준다. 또한 조식의 학문이 어떤 점을 주목하고 있었는지는 물론 유학 전반의 개념을 이해하는 데도 유용하다.

---

❷ 정온(鄭蘊) 1569-1641 : 광해군, 인조 때의 관료이다. 대사간, 대제학, 이조참판 등을 지냈다. 1614년 광해군이 선조의 적자인 영창대군(永昌大君)을 죽이려 할 때 영창대군에게 은전을 베풀어야 한다고 주장하다가 제주도 대정현으로 유배되었다. 병자호란 때 김상헌(金尙憲)과 함께 척화(斥和)를 주장했다. 이후 벼슬에서 물러나 덕유산(德裕山)에 들어가 은거했다. 조식의 문인인 정구(鄭逑)에게서 배웠다. 본관은 초계(草溪), 자는 휘원(輝遠), 호는 동계(桐溪) · 고고자(鼓鼓子)이다.

해인사에서
만나자는 약속

1557년 가을에, 충청도 보은현(報恩縣) 종산(鍾山)[43]에 은거하고 있는 벗 성운(成運)을 찾아가 만났다. 성운은 어린 시절 서울 장의동에서 조식과 이웃하며 살았고 이후 일생 동안 조식과 한결같은 마음으로 교유했다. 이때 속리산(俗離山)에서 멀지 않은, 이곳 종산의 깨끗하고 고요한 터에 초가집을 짓고 살고 있었다.

조식은 속리산 쪽으로 발걸음을 옮기며, 이제는 자신과 마찬가지로 노인이 되어 있을 성운에 대해 생각했다. 성리학에 대한 공부는 얼마나 깊어졌을지, 세상을 보는 눈은 또 어떤 방향으로 나아가고 있을지 궁금했다. 풍채와 용모는 어떤 모습으로 변해 있을지도 머릿속으로 그려보았다. 이런저런 생각을 하다 보니 경상도 삼가현에서 충청도 보은현에 이르는 6백 리 길도 그리 멀다고 느껴지지 않았다. 삼가현을 떠난 지 열흘 만에 성운의 집에 당

---

❹ 보은현 종산(鍾山) : 현재의 충청북도 보은군 보은읍 종곡리 북쪽에 있었던 산 이름이다. 성운은 이곳 산자락에 대곡재(大谷齋)를 짓고 제자들을 모아 가르쳤다. 이 대곡재는 현재 모현암(慕賢菴)이라는 이름으로 남아 있다.

도했다.

조식은 성운과 눈물을 흘리며 인사를 나누었다. 1532년 조식이 서울 살림을 완전히 정리하고 김해부로 내려올 때 헤어진 후, 25년 만에 다시 만나는 것이었다. 감격스럽지 않을 수 없었다. 그 사이 몇 차례 서신을 주고받기도 했고 인편을 통해 서로의 안부를 묻기도 했다. 그러나 이처럼 직접 얼굴을 마주하고 보니 온갖 생각이 머리를 스치고 지나갔다. 검은 머리의 청년이었던 둘은 이제 머리가 하얗게 센 노인이 되어 만난 것이었다. 지나온 날들을 생각하는 감구지회(感舊之懷)가 깊지 않을 수 없었다.

성운은 조식을 위해 담가 두었던 술과 함께 온갖 나물 반찬을 안주로 내놓았다. 그리고 학문에 대한 이야기를 나누기 시작했고, 이 이야기는 곧 선비의 출처(出處)❹, 세상 돌아가는 형편, 여러 인물에 대한 평가 등에 관한 것으로 끝없이 이어졌다.

이 자리에서 성운은 같은 집안사람인 성제원(成悌元)❺을 불렀다. 오래지 않아 성제원이 초가집으로 와 조식과 인사를 나누었다. 성제원은 과거 공부를 버리고 학문에 정진하여 실천에 힘쓰고 자질구레한 격식에 얽매이지 않았으므로 기질이나 학문 경향이 조식과 많이 닮아 있었다. 이때는 유일(遺逸)로 천거를 받아 보은현감(報恩縣監)으로 나와 있었다.

성제원은 인내심이 강하여 여러 날을 자지 않고 버틸 수가 있었다. 인내

---

❹ 출처(出處) : 벼슬길에 나아가고 물러나는 도리를 말한다. 유학자들에게 이 출처 선택은 매우 중요한 문제였다. 공자의 『논어(論語)』 「위령공(衛靈公)」편에는 "나라에 도가 있으면 벼슬하고 나라에 도가 없으면 감추었다(邦有道則仕 邦無道則可卷而懷之)"는 말이 나온다. 유학자들은 이 말을 기준으로 삼아 나라의 권력자에게 도가 없다고 생각하면 숨어 살면서 자신의 학문과 인격을 닦고, 권력자에게 도가 있다고 생각할 때라야 출사하고자 했다.

❺ 성제원(成悌元) 1506-1559 : 중종, 명종 때의 유학자이다. 성리학 외에 지리, 의학, 복술 등에 두루 능통했다. 학문과 덕행으로 천거되어 보은현감을 지냈다. 성운, 조식, 신계성, 이희안 등과 교유했다. 본관은 창녕(昌寧), 자는 자경(子敬), 호는 동주(東洲) · 소선(笑仙)이다.

심이 강하다고 자부하던 어떤 승려가 성제원과 잠을 자지 않고 얼마나 버티는지 내기를 했다. 낮에는 평소와 같이 생활하다가 밤에도 잠자리에 들지 않고 깨어 있는 것이었다. 점점 피로해진 승려는 밤이면 졸음을 쫓으려고 찬물로 목욕을 하는가 하면 송곳으로 허벅지를 찔러보기도 했다. 그러나 열사흘째 날 밤에는 자신도 모르게 쓰러져 곯아떨어지고 말았다. 그러나 성제원은 보름 동안 자지 않고도 평소와 다름없이 생활했다.

성제원은 조식보다 다섯 살 아래였는데, 조식이 먼저 허교(許交)를 청하여 벗이 되었다. 둘은 이때에 처음 만났지만 기질이 서로 비슷했으므로 친숙하기가 오랜 벗과 같았다. 천거를 받았으나 출사하지 않았던 조식이 출사한 일을 가지고 성제원과 우스갯소리를 주고받았다. 조식이 성제원에게 "자네는 왜 벼슬을 그만두고 돌아가지 않는가?"라고 물었다. 그러자 성제원이 성운을 돌아보며, "이 노인네가 만류해서 그렇소"라고 대답했다. 조식이 "이 노인네가 사람을 그렇게도 잘 붙잡는가?"라고 하자, 성제원은 자신이 지조를 지키지 못하고 벼슬하러 나온 일을 마음속으로 부끄러워했다.

세 사람은 며칠 동안 학문을 토론했다. 그리고 때로는 시를 짓고 술도 마시며 오랫동안 나누지 못했던 회포를 풀었다. 어느덧 열흘의 시간이 지나갔다. 조식은 두고 온 집과 제자들 생각에 이제는 그만 돌아가겠다고 말했다.

이때 성운의 소개를 받은 최흥림(崔興霖)[46]이 자신의 금적정사(金積精舍)에 선비를 모아놓고 강의를 해달라고 청했다. 조식이 보은현을 찾아왔다는 말을 들은 속리산 일대의 선비들이 이 기회를 놓치지 않고 조식에게 가르침을 원한 것이다. 조식은 몇 번 사양했지만, 최흥림의 요청이 워낙 간절하여 끝까지 뿌리치지는 못했다. 그리고 금적정사에서 왕도(王道)와 패도(覇道)의 차이, 출처를 선택하는 자세, 마음을 단속하는 방법, 중용을 지켜 치우치

---

[46] 최흥림(崔興霖) 1506-1581 : 중종, 명종 때의 유학자이다. 성운(成運)의 문인이다. 벼슬에 나아가지 않고 학문에 전념했다. 1545년의 을사사화(乙巳士禍) 때 많은 이들이 화를 당하는 것을 보고 서울의 가족들을 이끌고 충청도 보은현(報恩縣)의 금적산(金積山) 기슭으로 내려와 은거했다. 본관은 화순(和順), 자는 현좌(賢佐), 호는 계당(溪堂)이다. 저서로『계당유고(溪堂遺稿)』가 있다.

지 않는 중화(中和) 등에 대해 강의했다. 선비들은 모두 한마디라도 놓치지 않으려고 경청했다. 이 일을 기념하여 나중에 보은현 사람들은 그 터에 사당을 세워 조식의 제사를 지내기도 했다.

금적정사에서의 강의를 마무리하고 조식이 삼가현으로 돌아갈 채비를 마치자, 성운이 조식에게 이별의 시 한 수를 지어주었다.

금적산 골짜기 구름 깊은 곳,	金積雲深處
그대 보내노라니 두 눈에 눈물이 흐르네.	送君雙涕流
멀고 먼 이별 길 어찌 견디겠는가?	那堪千里別
평생의 시름 풀 길이 없네.	未解百年愁
소나무 무성하여 학 깃들기에 알맞겠고,	松密宜藏鶴
물결 출렁이기에 배 대지 못한다네.	波驚不著舟
산중으로 돌아가 밝은 달 끌어안고,	還山抱白月
티끌 세상 꿈일랑 멀리 띄워 보내겠지.❹❼	塵夢付悠悠

무려 25년 만에 만난 벗과 또다시 헤어지는 성운의 마음은 쓸쓸하기만 했다. 조식 또한 다를 바 없었다. 조식이 성운에게 화답의 시를 지어 주었다.

금적산 골짜기 두루 구경하며,	踏破金華積
근원까지 다 더듬어 올라갔지.	源頭第一流
땅이 높아 뭇 산들 모두 발아래요.	地高羣下衆
신선 멀리 가 마음에 시름 생기네.	神遠片魂愁
의젓하고 의젓한 그대 제자들,	鄭鄭君家子
나는 나의 동지를 찾는다네.	招招我友舟
이 마음 그려내지 못하겠으니,	此懷摸不得
날이 갈수록 정말 그리워지리.❹❽	來日定悠悠

조식이 길을 나서자 보은현의 모든 사람들이 섭섭해했지만, 그중에서도 가장 섭섭해한 사람은 바로 성제원이었다. 그는 길목 몇 곳에 미리 전별연(餞別宴)을 준비해 두고 있다가 조식이 지날 때마다 이별의 말을 전하며 아쉬워했다. 마지막 전별연에서는 급기야 조식의 손을 붙잡고 눈물을 흘리고 말았다. 성제원은 이렇게 말하며 안타까워했다. "그대나 나나 모두 노인이 다 되었고 또 각각 멀리 떨어진 고을에 사니, 언제 다시 만날 수 있겠는가?" 조식은 "마음이 있으면 만날 수 있으니 내년 8월 보름에 가야산 해인사(海印寺)에서 만나면 어떠하겠는가?"라고 말했다. 이에 성제원은 주저 없이 약속을 정했다. "그때 내가 벼슬을 그만두고 해인사로 가겠네"라고.

1558년 8월 보름을 앞두고 가야산 해인사로 갔다. 조상들에게는 송구스러운 일이었으나 이해만은 추석 차례를 동생 조환에게 맡겼다. 1년 전에 충청도 보은현을 찾았을 때 벗이 되었던 성제원과 만나기로 했던 약속을 지키기 위해서였다.

그런데 추석 사흘 전부터 비가 내리기 시작했다. 빗줄기는 장대처럼 굵었고 거센 바람까지 함께 불었다. 때 늦은 태풍이 몰려왔던 것이다. 바람은 키 큰 나무들이 쓰러지고 지붕이 날아갈 정도였다. 수확을 앞둔 곡식도 적지 않은 피해를 입었다. 추석 이틀 전에 조식이 길을 떠나려고 하니 동생 조환과 제자들이 모두 말렸다. 부실 송씨부인도 걱정스러운 얼굴빛을 감추지 못했다. 이때는 도로나 교량이 지금처럼 갖추어져 있을 때가 아니어서 폭우가 쏟아질 때면 길이 끊어지는 일이 많았다. 그러므로 이럴 때 길을 떠나는 일은 매우 위험했다. 그러나 벗과의 약속을 깨뜨릴 수는 없었다. 조식은 여러 사람들의 만류를 뿌리치고 세찬 비바람을 무릅쓰고 길을 나섰다.

---

❹ 성운(成運), 『대곡집(大谷集)』 권1, 「금적정사에서 최흥림과 함께 조식을 보내며(金積溪堂別楗仲)」.

❹ 『남명집(南冥集)』 권1, 「최흥림의 금적산 서재에서, 성운 시에 화답하며(和楗叔贈崔賢佐金積山齋)」.

삼가현에서 출발해 오후 늦게 황강(黃江)에 도착했다. 강 건너편 뱃사공을 소리쳐 불렀으나 오지 않았다. 강물은 불어나 있고 날은 이미 어두워졌으므로 이편에서 부르는 소리가 잘 들리지 않았을 것이다. 설령 들었다 해도 뱃사공이 위험천만한 강을 건너오려고 하지는 않았을 것이다. 할 수 없이 주막에 들어 술로 몸을 따뜻하게 한 후 저녁밥을 먹고 일찍 잠자리에 들었다. 다음날 아침 강가로 나오니 빗줄기가 조금 약해졌고 시야도 조금 밝아져 건너편이 뚜렷이 보였다. 강에는 여전히 왕래하는 사람이 없었지만, 몇 차례 사공을 부르니 사공이 강을 건너왔다. 조식과 종자들을 태운 배는 세찬 물살을 헤치고 겨우 강을 건넜다. 워낙 물살이 센 탓에 보통 때의 선착지보다 훨씬 아래쪽에 배가 가 닿았다.

합천군 읍내를 지나 빗줄기 속을 종일 걸어 가산(加山)❹에서 하룻밤을 묵었다. 그리고 다음날 두모산(頭毛山)❺ 오른쪽 기슭을 넘어, 야로(冶爐)❺를 거쳐 가야산 홍류동(紅流洞) 계곡을 통해 해인사로 향했다. 홍류동 계곡은 가을 단풍이 아름다운 곳인데, 아직 단풍이 들지는 않았지만 울창한 나무와 암석이 주변의 산세와 어울려 절경을 이루고 있었다. 연일 쉬지 않고 내린 비로 불어난 계곡물이 곳곳에서 바위에 부딪혀 물보라를 일으키고 있었다.

조식은 길을 가면서 옛날 신라의 최치원(崔致遠)❺이 어지러운 세상을 피해 홍류동 계곡에 숨어 살 때 지었던 시를 읊조려 보았다.

---

❹ 가산(加山) : 현재의 경상남도 합천군 묘산면 가산리 일대를 말하는 것으로 보인다.

❺ 두모산(頭毛山) : 경상남도 합천군과 거창군 경계의 두무산(斗霧山)을 말하는 듯하다. 1750년대 것으로 추정되는 군현지도첩『해동지도(海東地圖)』의 합천군 면에 두모산(頭毛山)이 보인다. 1884년 것으로 추정되는 군현지도첩『지도(地圖)』의 합천군 면에 두무산(豆无山)이 보인다.

❺ 야로(冶爐) : 현재의 경상남도 합천군 야로면 지역을 말한다.

❺ 최치원(崔致遠) 857-? : 신라 때의 학자이다. 유학(儒學), 불교(佛敎), 도교(道敎)에 모두 이해가 깊었고, 유불선 통합 사상을 제시했다. 열두 살에 당나라로 유학을 가 빈공과(賓貢科)에 장원으로 합격했다. 황소의 난이 일어나자 '토황소격문(討黃巢檄文)'을 써서 이름을 높였다. 신라로 돌아와 진성여왕에게 시무책을 올려 정치 개혁을 추진했다. 수많은 시문(詩文)을 남겼다. 경주최씨(慶州崔氏)의 시조이다.『계원필경(桂苑筆耕)』,『사륙집(四六集)』등의 책이 있다. 자는 고운(孤雲)·해운(海雲)이다.

겹겹의 암석 사이 미친 듯 달려 부르짖는 시냇물,　狂奔疊石吼重巒
지척 간에도 사람의 말소리 분간하지 못하겠네.　人語難分咫尺間
속세의 다투는 소리 이곳까지 들릴까 두려워,　常恐是非聲到耳
흐르는 물로 하여금 이곳을 에워싸게 했느가 보다.❸　故敎流水盡籠山

　시를 다 읊고 난 조식은 과연 홍류동 계곡의 물을 생동감 있게 묘사했다는 생각으로 감탄했다. 그러나 최치원이 어지러운 세상을 구해 보겠다는 의지 없이 애써 속세를 피해 살고자 하는 것처럼 보여서 실망스러운 마음도 들었다. 이처럼 나약한 태도는 올바른 선비의 자세가 아니라고 여겨졌기 때문이다.

　이때까지도 비는 계속해서 내리고 있었다. 빗길을 올라서 해질녘에야 겨우 해인사에 도착했다. 조식이 막 해인사에 도착하여 고개를 들어보니, 한 발 앞서 도착한 성제원이 해인사 문루(門樓)에 올라 젖은 우장을 벗으려 하고 있었다. 조식은 너무나 반가운 마음에 큰 소리로 성제원을 불렀고 성제원도 문루 아래로 조식을 내려다보았다.

　두 선비는 마주 바라보며 잠시 웃었다. 아무 말도 하지 않았지만 서로 간의 신의를 확인할 수 있었다. 이때 성제원은 조식을 보기 위해 보은현감을 그만두고 해인사로 달려온 것이었다. 이전 해에 자신이 "현감 자리를 그만두고 해인사로 가겠다"고 한 말은 이별의 아쉬움으로 한 말이라는 핑계를 대며 가볍게 여길 만도 한 것이었다. 그러나 성제원은 이 말을 어김없이 지킴으로써 말을 그대로 실천하는 선비의 모습을 보여주었다.

　이때 성운은 몸이 불편하여 함께 오지 못했다. 다만 시를 한 수 지어 전해 왔다.

남쪽 가야산으로 향하는 말 발걸음 가벼운데,　南向伽倻馬足輕
그곳에 가면 처사(處士)인 내 벗과 만나보겠네.　遙期處士此相迎

---

❸ 최치원(崔致遠), 『고운집(孤雲集)』 권1, 「가야산 독서당에서(題伽倻山讀書堂)」.

종산(鍾山)에서 밭 가는 늙은이 안부 묻거든,　　　　鍾山若問躬耕叟

나이 먹어 갈수록 병이 늘어 간다 전해주구려.❸　　　爲報年添病轉嬰

　날이 저물자 여러 날 동안 세차게 내리던 비가 그쳤다. 하늘에는 한가위 달까지 둥실 솟아올랐다. 두 사람은 달빛 아래서 술잔을 기울이며 밤이 새도록 이야기를 나누었다. 지난 한 해 동안의 안부도 안부였지만, 학문하는 선비의 자세, 조정의 사정에 대한 비판, 백성의 생활에 대한 안타까움 등이 중요한 화제였다. 올바른 선비라면 비록 벼슬에 나아가 있지 않아도 언제나 현실 문제에 대한 걱정을 잊지 않는 것이다.

　그 다음날 두 사람은 함께 가야산에 올랐다. 계곡의 푸른 숲과 능선의 기암괴석이 하늘의 구름과 어우러진 가야산의 경치는 아주 좋았다. 조식은 성제원과 함께 여러 날 동안 시간을 보내다가 아쉽게 작별했다. 조식과 성제원은 모두 환갑에 가까운 나이인지라 이제 헤어지면 언제 다시 만날지 기약할 수 없는 일이었다. 두 사람은 가야산에서 처음 만났을 때처럼 말없이 서로를 바라보다가 돌아섰다.

　성제원과 헤어진 조식은 합천군 읍내까지 와서 하루를 묵었다. 그리고 그 다음날 읍내에서 멀지 않은 황강 북쪽 벼랑 위에 있는 함벽루(涵碧樓)를 찾았다. 함벽루는 남정(南亭)이라고도 하는데 고려 충숙왕 때(1310년) 합주(陜州)❺의 수령인 지합주사(知陜州事)가 처음 세웠고 조선 세조 때(1467년) 합천군수(陜川郡守) 유륜(柳綸)이 다시 세웠다.

　함벽루에 올라보니 며칠 동안 내린 비로 강물이 크게 불어나 있었다. 그리고 강물 위를 떠다니는 나룻배와 하늘 위를 나는 물새의 모습이 한 폭의

---

❸ 성운, 『대곡집(大谷集)』 권1, 「임기를 마친 후 가야산을 유람하고 고향으로 돌아가는 성제원을 보내며(送子敬秩滿遊伽倻因歸故林)」.

❺ 합주(陜州) : 현재의 경상남도 서북부 일대에 있었던 고려시대 지방 행정 구역의 명칭이다. 현재의 합천군 지역을 중심으로 12개의 현(縣)이 속해 있었다.

풍경화와도 같았다. 누각 위에는 조선의 개국공신 조준(趙浚)의 시를 비롯해 여러 편의 시가 걸려 있었다. 이 가운데는 이미 대학자로 이름이 높았던 이황(李滉)의 시 두 편과 이 시에 차운(次韻)한 시편도 있었다. 조식도 시 한 편을 지었다.

> 멍한 것이 남곽자기(南郭子綦)[56]와 다르니,　　喪非南郭子,
> 흐르는 강물 아득하여 끝을 모르겠네.　　　　江水渺無知.
> 얽매임 없는 구름을 배우고자 하나,　　　　　欲學浮雲事,
> 가을바람이 불어와서 흩어 버리네.[57]　　　　高風猶破之.

　함벽루에서 내려와 종자들과 함께 읍내에서 점심을 먹고, 나루터로 가 배를 기다렸다. 이때 깨끗한 새 도포에 갓을 쓰고 있기는 했지만, 어딘가 천박해 보이는 사람 둘이 나루터 분위기를 험악하게 만들고 있었다. 배를 기다리는 동안에 뱃사공이 빨리 오지 않는다고 욕설을 내뱉더니, 배를 타고서는 뱃사공을 주먹으로 때리고 발길질까지 했다. 배 안 사람들이 말리자 말리는 사람들에게도 눈을 부라렸다. 그리고 "내가 누군데 이렇게 대접하느냐? 나는 영의정 대감께서 신임하는 사람이야"라고 말하며 패악질을 했다.

　이 무렵 영의정 윤원형은 자신의 남자 종들에게 그럴듯한 의관을 입혀 팔도의 여러 고을로 보내 뇌물을 거두어들이고 있었다. 각 고을의 수령들은 윤원형의 종이라면 암행어사(暗行御史)보다도 더 무서워하여 이들에게 뇌물을 주고 잘 대접해서 보냈다. 이처럼 고을 수령들로부터 칙사(勅使) 대접을

---

❺ 남곽자기(南郭子綦) : 『장자(莊子)』에 등장하는 가상의 철학자이다. 남곽(南郭)은 '하층민들이 주로 사는 성곽 밖의 남쪽 지역'을 뜻하고, 자기(子綦)는 '사물의 근본 원리를 깨우친 사람'을 뜻한다. 『장자(莊子)』「제물론(齊物論)」에 다음과 같은 구절이 나온다. "남곽자기가 팔뚝을 안석에 기대고 앉아서, 하늘을 우러러보며 길게 한숨을 내쉬는데, 멍한 모습이 자신의 몸이라도 잃어버린 듯했다.(南郭子綦 隱机而坐 仰天而噓 荅焉似喪其耦)" 남곽자기를, 실존 인물인 춘추시대(春秋時代) 초(楚)나라 소왕(昭王)의 서출 형제로 보기도 한다.

❺ 『남명집(南冥集)』 권1,「함벽루(涵碧樓)」.

1558년 조식은 합천군 황강의 함벽루(涵碧樓)에 들러 시 한 수를 지었다. 끝없이 흘러가는 강물과 얽매임 없는 구름을 보면서 학자로서의 한계를 절감하는 내용의 시, 「함벽루」이다. 사진은 함벽루에 걸려 있었던 「함벽루」 시판의 모습이다.

조식의 시 「함벽루」 시판이
걸려 있는 황강 함벽루
천장의 모습이다. 현재 걸려
있는 것은 복제품이다.

받아왔던 터라 뱃사공이 배를 조금 늦게 댄 일에 대해 위세를 부리는 것은 그리 이상할 것도 없는 일이었다.

조식은 불의를 보면 참지 못하는 성미인지라 종자들을 시켜 이 두 놈을 물속에 처넣노록 했다. 두 놈이 발악을 하며 버텼지만, 조금 전까지 억울한 일을 당했던 이들까지 합세하니 더 이상 버티지 못하고 강물 속으로 떨어졌다. 두 놈은 다행히 헤엄을 칠 줄 알아 겨우 강가로 나왔다. 경상도관찰사도 자신들을 함부로 대하지 못했는데, 알지 못할 시골 노인에게 이렇게 당하고 보니 화가 머리끝까지 치밀었다. 합천군수에게 이야기하면 당장 보복을 할 수 있으리라 생각하고 이를 갈았다. 그러나 한편으로 생각해 보니 조금 전까지만 해도 합천군수 앞에서 위세를 떨치고 왔는데 곧바로 초라한 모습을 보이고 싶지 않았다. 주인 윤원형에게 알리면 더 크게 혼을 낼 수 있으리라 생각하여 그 길로 바로 서울로 달려가 윤원형에게 사실을 일러바쳤다. 윤원형은 "너희들이 누구인지 밝혔는데도 물에 집어넣던가?"라고 물었다. 종들은 "소인들이 두 번 세 번 말했는데도 눈빛 하나 변하지 않았습니다"라고 대답했다. 윤원형은 종들의 말을 듣고 그가 조식이라는 사실을 금세 알아차렸다. 벼슬에 불러도 나오지 않고 바른말로 임금에게 상소만 하던 자가 이번에는 자신에게 직접 도전을 한다고 생각하니 참을 수가 없었다. 어떻게 보복을 할까 여러 날을 생각하다가 결국 그만두었다.

윤원형은 약삭빠른 자인지라, 조식을 잘못 건드렸다가는 일이 커져 자신의 비리가 온 세상에 알려질 것이니 자신에게도 이로울 것이 없겠다고 생각한 것이다.

지금은 벼슬할 만한 때가 아니니

1558년에는 또 강익(姜翼)이 와서 조식을 모시며 『주역』에 대한 가르침을 받았다. 그리고 『의례(儀禮)』[58]를 읽으면서 세상에 쓰이는 예법의 옳고 그름을 따지고, 의문나는 부분이 있으면 조식에게 질문하여 밝혔다. 이때 사제가 주고받은 문답을 책으로 편집했는데 아쉽게도 지금은 전해지지 않는다.

조식은 예법에 있어서 『주자가례(朱子家禮)』[59]를 따랐지만, 그 큰 줄거리만 따르고 소소한 것까지 무리하게 따르지는 않아도 무방하다고 생각했다. 혼례를 예로 들면, 『주자가례』에는 신랑이 신부를 맞이해 신랑 집에서 혼례식을 치르는 것으로 나와 있다. 이런 이유로 혼례식은 밤 시간에야 올릴 수 있었다. 남자가 신붓집에 가서 신부를 맞이한 후 다시 자기 집으로 돌아와야 했기 때문이다. 그래서 신붓감은 가까운 거리에서 구해야 했는데, 먼 거

---

[58] 『의례(儀禮)』: 관혼상제 등의 예법을 기록한 유가 경전이다. 13경의 하나로 『주례(周禮)』, 『예기(禮記)』와 함께 삼례(三禮)로 일컬어진다.

[59] 『주자가례(朱子家禮)』: 명나라 때 구준(丘濬)이 가례에 관한 주희(朱熹)의 말을 수집해 만든 책이다. 주로 관혼상제에 관한 사항을 담고 있다. 조선시대의 예법은 주로 이 책을 따랐다.

리에서 구했다가는 밤 시간에도 혼례식을 올릴 수 없었다. 혼례(婚禮)라는 단어의 '혼(婚)'자는 원래 '날이 저물다'는 의미의 '혼(昏)'자였다. 요즈음 낮에 혼례식을 치르면서도 촛불을 켜는 것이 여기에 기원을 두고 있다.

조식은 우리나라 형편에 맞도록 혼례식 절차 가운데서 신랑이 직접 신붓집으로 가서 신부를 맞이해 오는 친영(親迎) 절차를 없앴다. 조식의 제자 정구(鄭逑)가 이 부분에 대해 이황에게 질문하니 이황 또한 "우리 집에서도 진작 그렇게 해오고 있다"라고 대답하며, 조식의 의견에 전적으로 동의를 표시했다.

이해 겨울에 산해정(山海亭)으로 가서 잠시 머물렀다. 이때 열아홉 살의 오운(吳澐)❻❶이 와서 배웠다. 오운은 함안군(咸安郡) 모곡리(茅谷里)에 살았는데, 그의 증조부가 의령현감을 지낸 후 서울로 돌아가지 않고 모곡리에 은거했다고 한다.

나중에 의령현의 진사 허사렴(許士廉)의 맏딸에게 장가들었고 허사렴에게 아들이 없었으므로 그 집과 재산의 대부분을 상속받았다. 그래서 의령현 가례(嘉禮) 백암촌(白巖村)❻❶으로 옮겨가 살았다. 허사렴은 외가가 영천군(榮川郡)❻❷에 있었는데 그 외조부에게 아들이 없었으므로 맏사위인 허찬(許瓚), 곧 허사렴의 아버지에게 재산을 물려주었다. 그리고 이 재산을 다시 오운이 물려받았다. 그래서 임진왜란 후 오운은 영천군에서 살았고, 현재 그

---

❻ 오운(吳澐) 1540~1617 : 명종, 광해군 때의 관료이다. 성균관직강(成均館直講), 북도조전장(北道助戰將), 성균관사성, 접반사(接伴使), 광주목사(光州牧使), 청송부사(靑松府使) 등을 지냈다. 임진왜란(壬辰倭亂) 때 의병장 곽재우(郭再祐)의 휘하에서 병사와 군량미를 모았다. 조식, 이황의 문인이다. 본관은 고창(高敞), 자는 태원(太源), 호는 죽유(竹牖)·죽계(竹溪)·백암(白巖)이다.

❻ 의령현 가례(嘉禮) 백암촌(白巖村) : 현재의 경상남도 의령군 가례면 가례리에 있었던 마을 이름이다. 오운의 처증조부인 허원보(許元輔)가 이곳으로 옮겨와 살면서 백암정사를 짓고 풍류를 즐겼다고 한다.

❻ 영천군(榮川郡) : 현재의 경상북도 영주시에 해당하는 고을이다. 봉화군 상운면·물야면·봉성면 등의 일부 지역도 포함했던 것으로 보인다.

의 묘소도 영천군에 있다. 허사렴의 딸에게 장가들면서 오운은 이황과도 혼맥이 닿았다. 허사렴이 이황의 처남이었으므로 오운은 이황의 처질서(妻姪婿 ; 처조카사위)가 된 것이다.

오운은 스물일곱 살에 문과에 합격한 후 성균관사성, 광주목사(光州牧使) 등을 지냈다. 그리고 임진왜란 2년 전인 1590년 벼슬에서 물러나 의령현으로 돌아와 있었다.

임진왜란이 일어나자 의령현의 선비 곽재우(郭再祐)**⑥**가 의병을 일으켰다. 그런데 경상우도(慶尙右道) 병마절도사(兵馬節度使) 조대곤(曺大坤) 등이 곽재우를 모함하여 일이 낭패에 이르렀다. 이에 성미가 급한 곽재우는 분기를 참지 못하고 왈각달각하며 지리산으로 들어가 몸을 숨기려고 했다. 곽재우는 지리산으로 들어가기 전에 의령현 가례에 있던 오운을 찾아갔다. 오운은 곽재우보다 열두 살 많은 연장자로서 조식의 문하에서 먼저 공부한 동문이었다. 그리고 일찍이 문과에 합격한 후 조정의 요직을 두루 거친 경륜 있는 선배였다. 특히 병마절도사를 보좌하는 조전장(助戰將)으로서 전장에 나아가 공을 세운 경험까지 가지고 있었다.

오운은 큰일을 이루기 위해서는 작은 어려움은 참을 줄 알아야 한다며, 곽재우를 진정시켰다. 그리고 다시 의병을 규합해 참전하자고 설득했다. 곽재우도 오운의 말을 듣고서 마음을 가라앉히고 더욱 의기를 일으켰다. 오운은 자신의 재산과 노비 등을 내놓고, 자신이 가진 영향력을 발휘하여 많은 군사와 물자를 모았다. 그는 또 곽재우를 의병장으로 추대하고 자신은 의병을 불러 모으는 소모관(召募官)의 역할을 맡았다. 이때 오운은 이미 정3품 관직인 광주목사까지 지낸 전력을 가지고 있었지만 어떤 거리낌도 없이 곽

---

⑥ 곽재우(郭再祐) 1552-1617 : 임진왜란 때의 대표적 의병장이다. 의령현에서 의병을 일으켰는데, 여러 의병 중에서도 가장 먼저 기의(起義)한 것이었다. 전투에 나아가 붉은 옷을 입고 군사를 지휘했기 때문에 '홍의장군(紅衣將軍)'으로 불렸다. 정유재란 때도 의병장으로 싸웠고, 이후 진주목사, 함경도관찰사 등을 지냈다. 조식으로부터 『논어』를 배웠다. 조식의 외손녀와 결혼했는데, 조식이 직접 곽재우를 외손서(外孫壻)로 골랐다고 한다. 자는 계수(季綏), 호는 망우당(忘憂堂)이다.

재우의 휘하를 자처했던 것이다.

　오운은 함안군에 살 때, 군수로 와 있던 정구(鄭逑)와 함께 함안군의 역
사, 행정 정보, 인문지리 등을 담은『함주지(咸州誌)』❻❹를 편찬했다. 또 역사
에 깊은 관심이 있었던 그는『삼국사기』,『삼국유사』,『고려사』,『고려사절요』
등을 참고해『동사찬요(東史纂要)』를 편찬함으로써 조선 초에 만들어진『동
국사략(東國史略)』의 잘못을 바로잡고자 했다. 사리에 밝은 명재상 유성룡
(柳成龍)❻❺은 이 책을 보고 대단히 잘 만들어진 책이라 하여 선조(宣祖)에게
보내 살펴보도록 했다.

　오운은 조식의 문하에서도 공부하고 이황에게서도 배웠다. 이에 그가 죽
었을 때 임금이 내린 사제문(賜祭文)❻❻에서는 이렇게 말했다. "도학(道學)은
이황을 존경하며 그리워했고, 학문은 조식을 으뜸으로 삼았다. 천추(千秋)
의 거울과도 같은 유가의 모범이다."

　1559년, 조정에서 또다시 조식에게 벼슬을 내렸다. 이번에는 종이 만드
는 일을 관장하던 조지서(造紙署)의 사지(司紙)❻❼로 출사하라고 했다. 그러
나 이때까지도 조정에서는 여전히 윤원형, 이기 등의 간신들이 활개를 치고

---

❻❹ 『함주지(咸州誌)』: 1587년 경상도 함안군의 군수 정구(鄭逑)가 오운(吳澐) 등과 함께 편
　　찬한 읍지(邑誌 ; 지방지)이다. 함안군의 역사, 행정 정보, 인물, 지리, 풍속 등을 수록
　　하고 있다. 정구가 책 앞에 서문을 쓰고, 오운이 책 끝에 발문을 썼다. 지금까지 남아
　　있는 읍지 중 가장 오래된 것이다. 함주(咸州)는 함안군의 다른 이름이다. 고려 초에 잠
　　시 이 일대를 '함주(咸州)'라고 부른 적이 있다.

❻❺ 유성룡(柳成龍) 1542-1607 : 선조 때의 명재상이다. 부제학, 대사헌, 경상도관찰사, 이
　　조판서, 좌의정, 병조판서, 영의정 등을 지냈다. 임진왜란 때 호서, 호남, 영남을 총괄
　　하는 삼도도체찰사(三道都體察使)로서, 국난을 극복하는데 크게 기여했다. 이순신, 권
　　율 등의 명장을 천거했으며, 군대 양성과 군비 확충을 위해서도 노력했다. 임진왜란 회
　　고록인『징비록(懲毖錄)』을 썼다. 이황의 문인이다. 붕당 정국에서는 동인, 남인에 속해
　　있었다. 성리학, 문장, 덕행으로도 이름이 높았다. 저서에『서애집(西厓集)』,『신종록(愼
　　終錄)』등이 있다. 자는 이현(而見), 호는 서애(西厓)이다.

❻❻ 사제문(賜祭文) : 임금이 죽은 신하에게 내리는 애도의 글을 말한다.

❻❼ 조지서사지(造紙署司紙) : 조지서는 종이 만드는 일을 관리하던 관청으로 공조(工曹)에
　　속했다. 사지는 이 조지서의 종6품 관직이다.

있었다. 조식은 또한 이 간악한 무리들에게 이용당하고 싶지 않았으므로 나아가지 않았다.

이해 5월, 초계군의 절친한 벗 이희안(李希顏)이 세상을 떠났다. 그는 조식보다 세 살 아래였으므로 향년 쉰여섯이었다. 조식과 이희안은 세종 때 명장 최윤덕(崔潤德)의 후손으로서 일가친척이기도 했다. 곧 최윤덕은 조식의 외외고조부(外外高祖父 ; 외할머니의 조부)이자 이희안의 외고조부(外高祖父 ; 외할아버지의 조부)이니, 따지고 보면 조식과 이희안은 삼종형제(三從兄弟) 간이었다.

조식은 직접 상례 절차를 챙겼는데, 전하는 이야기로는 조식이 상여줄을 매기까지 했다고 한다. 이희안의 첫째 부인 권씨는 아들을 낳지 못하고 먼저 죽었다. 5년 전에 혼례를 치른 후취 이씨부인은 남편의 죽음을 애통해하며 물 한 모금도 입에 넣지 못하고 머리도 빗지 못했다. 겨우 상복을 입고서는 남편을 따라 무덤에 묻히고자 했다. 사람들이 억지로 말려 그 뜻을 이루지는 못했다. 그러나 이후 혼자 살면서 부지런히 재산을 마련해 남편의 비석을 다듬어 놓고는 조식에게 묘갈문을 청했다. 조식은 가슴이 막히고 눈물이 앞을 가려 붓이 잘 내려가지 않았다. "지극한 감정은 글이 되지 않는다"는 말이 있는데 바로 이런 경우를 두고 하는 말일 것이다.

조식과 이희안은 두 사람 모두 아직 관직에 나아간 적이 없을 때, "지금은 벼슬할 만한 때가 아니니 임금이 불러도 나아가지 말자"고 약속했다. 그러나 이희안은 임금의 부름을 차마 거절하기가 어려워 벼슬길에 나아갔다. 조식은 자신의 포부를 펼칠 수 있는 상황이 아닌데도 집권자들에게 명분만 만들어주는 이희안의 출사에 대해 못마땅하게 생각했다. 그래서 이런 시를 지어주었다.

산해정에서 그리워한 꿈 몇 번 꾸었던가?	山海亭中夢幾回
황강(黃江) 노인의 뺨에 백설이 가득하리,	黃江老叟雪盈腮
반평생 세 번이나 조정에 불려 갔지만,	半生金馬門三到
임금의 얼굴은 한 번도 보지 못하고 돌아온다네. ❽	不見君王面目來

'임금의 얼굴은 한 번도 보지 못하고'라는 구절을 통해 하찮은 관직을 받아 출사했던 이희안을 풍자한 것이다.

1552년 9월 조정에서는 이희안에게 고령현감 벼슬을 내렸다. 이전에 몇 번 벼슬을 사양한 적이 있었지만 이때에는 부임했다. 고령현감으로 부임하고 보니, 고령현의 형편은 말이 아니었다. 재정 상황은 빈약했고 행정은 제멋대로였다. 게다가 고령현을 규찰하고 감독하는 경상도관찰사 정언각(鄭彦慤)은 간사한 인물이었다. 양재역벽서사건을 일으켜 윤원형 등의 비위를 맞추느라 많은 선비들을 죽였고, 그 공으로 승진하여 관찰사로 와 있었던 것이다. 그리고 자신에게 고분고분하지 않았던 이희안을 이런저런 일로 모욕하기 일쑤였다. 그래서 이희안은 섣불리 벼슬에 나온 것을 후회했다. 얼마 지나지 않아 벼슬을 버리고 고향으로 돌아왔다.

그러자 정언각은 조정에 이희안을 잡아다가 죄를 물어야 한다는 장계를 올렸다. "흉년 때문에 백성 구제하는 일을 하기 싫어 병을 핑계로 벼슬을 버리는 자가 자못 많다"는 것이었다. 당시 호조판서 조사수(趙士秀)❻❾가 이 말에 동조하며 이렇게 말했다. "수령이 자기 임무를 잘 수행하지 못해서 고을의 재정을 탕진한 다음 더는 어찌할 수 없는 상황에서 벼슬을 버리고 훌쩍 떠나버렸으니, 그 죄가 말할 수 없이 큽니다. 또 지금 흉년이 들어 백성들이 곤경에 처해 있고, 내외의 기강은 해이해져 있습니다. 경상도관찰사의 건의와 같이 이희안을 처벌해야 합니다." 따지고 보면 조식이 이희안을 풍자했던 것은 한발 더 나아가, 이처럼 얼토당토않은 상황을 한탄한 것이기도 했던 것이다.

다행히 사헌부장령(司憲府掌令)❼⓿으로 있던 유중영(柳仲郢)❼❶이 이러한 주

---

❻❽ 『남명집(南冥集)』 권1, 「이희안이 고향으로 돌아온다는 소식을 듣고(聞李愚翁還鄕)」.

❻❾ 조사수(趙士秀) 1502-1558 : 중종, 명종 때의 관료이다. 6조의 판서를 거쳐 의정부좌참찬(議政府左參贊)을 지냈다. 본관은 양주(楊州), 자는 계임(季任), 호는 송강(松岡)이다.

❼⓿ 사헌부장령(司憲府掌令) : 사헌부의 정4품 관직으로 감찰 업무를 맡았다. 청요직(淸要職)으로 문과 합격자 중 청렴 강직하여 시류에 영합하지 않으며 옳다고 믿는 바를 직언할 수 있는 인물이 임명되었다.

장은 합당하지 않다며 반대하고 나섰다. 유중영이 명종에게 아뢰었다. "탐욕스럽고 백성을 학대하는 수령이라면 관직을 버릴 수가 없습니다. 자리를 내놓을 수 있는 사람은 탐욕스럽거나 백성들을 해치는 사람은 아닙니다. 또 조정에서 선비를 대접하는 데 있어 예절을 숭상하여 염치를 길러주어야지, 선비들을 속박해서는 안됩니다. 이제 이희안이 유일(遺逸)로 천거되어 벼슬에 나왔다가 버리고 간다고 해서 처벌한다면, 조정의 선비 대접하는 예를 해치게 되는 것입니다."

명종은 유중영의 말이 옳다며 이희안을 처벌하지 않았다. 다만 "세상의 폐단을 구제하려는 호조판서의 말도 따르지 않을 수가 없다"라고 하고는, 금고(禁錮)❼를 명하여 다시는 벼슬에 나올 수 없도록 했다. 이희안은 다시 벼슬에 나갈 뜻이 없었으므로 금고를 당해도 별 영향이 없었다. 그러나 사림에서는 조정의 이러한 조치를 못마땅하게 생각했고 또 이희안을 위해서 애석하게 여겼다.

1559년 8월, 성주목(星州牧) 사월곡리(沙月谷里)❼에 사는 김희삼(金希參)을 찾아가 만났다. 김희삼은 8년 전인 1551년 토지 조사의 임무를 띠고서 남쪽 지방을 순시하다가 삼가현에 들러 조식을 만나고 간 사람이었다. 조식과 김희삼은 사람이 지켜야 할 도리에 대해 이야기를 나누었다.

이때 김희삼은 둘째 아들 김우굉(金宇宏)❼으로 하여금 조식에게 가르침을 받도록 했다. 자신이 삼가현을 방문했을 때 조식의 학문이 깊고 제자들

---

❼ 유중영(柳仲郢) 1515-1573 : 중종, 선조 때의 관료이다. 황해도관찰사(黃海道觀察使), 예조참의(禮曹參議) 등을 지냈고, 청백리(淸白吏)로 이름을 떨쳤다. 명재상 유성룡(柳成龍)의 아버지로 유명하다. 본관은 풍산(豊山), 자는 언우(彦遇), 호는 입암(立巖)이다.

❼ 금고(禁錮) : 죄과 또는 신분의 허물이 있는 사람을 벼슬에 쓰지 않는 일을 말한다.

❼ 성주목(星州牧) 사월곡리(沙月谷里) : 현재의 성주군 대가면 칠봉리 사도실마을이다.

❼ 김우굉(金宇宏) 1524-1590 : 명종, 선조 때의 관료이다. 예문관검열, 사간원정언, 대사간, 대사성, 충청도관찰사, 광주목사 등을 지냈다. 대사간으로 있을 때 옥송(獄訟)을 사사롭게 결정한 형조판서를 탄핵해 주위를 놀라게 했다. 조식과 이황의 문인이다. 본관은 의성(義城), 자는 경부(敬夫), 호는 개암(開岩)이다.

을 가르치는 일에 법도가 있다고 생각했기 때문이다. 김우굉은 자신이 궁금해하던 내용을 조식에게 질문했고, 이후로 조식의 문하에 드나들었다. 조식은 김우굉에게 이렇게 가르쳤다. "학문이란 어버이를 섬기고 형을 따르는 일상생활의 일에서 벗어나지 않는다. 만약 여기에 힘쓰지 않는다면 인사에서 '하늘의 이치(天理)'를 구하는 일이 아니니 끝내 얻는 것이 없을 것이다. 이러한 도리는 온전히 일상의 쓰임에 익숙해지는 것에 달려 있다. 자신을 닦는 것은 움직이거나 고요히 있거나, 말하거나 침묵하는 사이에 '안으로 마음을 보존하고(存心)' '밖으로 자신을 돌이켜보면서(省察)' 이 일을 익히는 것이다."㊄

김우굉(金宇宏)은 이황에게서도 배웠다. 중간에 이황이 다른 이의 말을 전해 듣고서 "조식의 학문에는 노자와 장자의 경향이 있다"라고 비평하자, 김우굉은 이황에게 편지를 보내 강하게 항의했다. "이황 선생님과 조식 선생님은 경상도의 좌도(左道)와 우도(右道)에서 해와 달과 같은 존재입니다. 그런데 선생님이 조선생님에게 노장(老莊)의 경향이 있다고 말씀하신 것은 무슨 이유에서입니까? 조선생님은 제자를 가르칠 때에 쇄소응대(灑掃應對)㊅ 등의 일상생활에서부터 가르칩니다. 그리고 높고 먼 성리학설(性理學說) 등은 입으로 지껄이는 것을 경계했습니다. 그러므로 조금도 노장과 가까운 점이 없습니다."㊆

이황은 「김우굉에게 답하는 글(答金敬夫書)」을 보내 김우굉이 전해 들은 이야기가 잘못된 소문이라고 해명했다. "옛말에 구르는 구슬은 움푹 팬 곳에서 멈추고, 떠도는 말은 지혜로운 사람에게서 그친다고 했소. 떠도는, 의심스러운 말은 진실로 지혜로운 사람에게서 그치지만 지금 이 말은 의심할 것도 없으니 어찌 지혜로운 사람을 기다린 뒤에야 그치겠소? 그대의 아들이

㊄ 『덕천사우연원록(德川師友淵源錄)』 김우굉조. • 원문은 책 끝에 덧붙임.
㊅ 쇄소응대(灑掃應對) : 물을 뿌려 쓸고 응대한다는 말이다. 곧 집 안팎을 깨끗이 청소하고 웃어른의 부름이나 물음에 공손하게 응한다는 것이다.
㊆ 이익(李瀷), 『성호사설(星湖僿說)』 권9.

왔을 때 이 말을 듣고서 일소(一笑)에 부치고 말았소. 생각건대 조식 선생도 가까이 있는 사람에게서 이 말을 듣고서 훌훌 털어 버리고 개의치 않았을 것이오."[78]

　김우굉은 학풍이 다른 조식과 이황 사이에서 틈이 생기지 않도록 잘 조화시키려고 노력했다.

　1560년 부실 송씨부인이 셋째 아들 조차정(曹次矴)을 낳았다. 매우 늦게 얻은 늦둥이 아들이었으므로 조식은 한편으로는 기쁘면서도 한편으로는 안타까운 마음이 들었다. 조차정은 조식이 죽을 때 겨우 열세 살에 지나지 않았다. 그러나 상례에 참여한 모습은 어른과 같았다.

---

[78] 이황(李滉), 『퇴계문집(退溪文集)』 권15, 「김우굉에게 답하는 글(答金敬夫書)」.・원문은 책 끝에 덧붙임.

1558년,
벗들과 함께
지리산을
유람하다

五章

어진 사람은
산을 사랑하고

1558년 4월에 벗들과 함께 지리산을 찾았다. 진주목사(晉州牧使)로 있던 김홍(金泓)❶, 진주목에 살고 있던 자형 이공량(李公亮), 고령현감을 지낸 초계군(草溪郡)의 벗 이희안(李希顔), 청주목사를 지낸 후 고향 사천현(泗川縣)에 돌아와 있던 이정(李楨)❷ 등과 오래전부터 약속을 해놓고 있다가 이때에 비로소 날을 잡아 유람에 나선 것이다.

초계군의 벗 이희안이 4월 10일에 조식이 살고 있는 삼가현으로 왔다. 두 사람은 등정에 대한 기대감을 나누며 뇌룡사에서 하루를 함께 보냈다. 이튿날 아침 계부당에서 식사를 마치고 길을 나섰다. 이웃에 살던 원우석(元右釋)이라는 자를 데리고 갔다. 원우석은 승려 생활을 하다가 환속한 사람인

---

❶ 김홍(金泓) : 중종, 명종 때의 관료이다. 내자시부정(內資寺副正), 진주목사 등을 지냈다. 자는 홍지(泓之), 본관은 경주(慶州)이다.

❷ 이정(李楨) 1512-1571 : 중종, 명종 때의 관료이다. 청주목사, 우부승지, 병조참의, 대사간, 경주부윤 등을 지냈다. 경주부윤으로 있을 때 경주의 사적을 재건했다. 송인수, 이황에게서 배웠다. 구암정사를 지어 후학을 가르쳤다. 본관은 사천(泗川), 자는 강이(剛而), 호는 구암(龜巖)이다.

데, 눈치가 빠르고 영리할 뿐만 아니라 또 노래를 아주 잘했기 때문에 함께 가기로 한 것이다. 동생 조환(曺桓) 또한 형을 따라나섰다.

저녁 무렵 진주목 관아에 거의 당도했는데 말고개❸ 근방에서 종사관 이준민(李俊民)❹을 만났다. 이준민은 이공량의 아들이었으니 곧 조식의 조카였다. 호남 지방에서 종사관으로서 일하고 있었는데 부모님을 뵈려고 진주목으로 오는 길이었다. 그의 말을 들으니, 지리산으로 함께 산행을 가기로 약속했던 진주목사 김홍(金泓)은 갑작스러운 일이 생겨 차사원(差使員)❺으로 출장을 갔다가 돌아올 때 관아를 거치지 않고 이공량의 집으로 곧장 오기로 했다고 한다. 그래서 진주목 관아로 향하던 발길을 돌려 진주목 대여촌(代如村) 가방(佳坊)❻에 있는 자형 이공량의 집으로 향했다.

12일에는 많은 비가 내렸다. 이희안과 함께 이공량의 집에 머물러 있었다. 진주목사 김홍이 "긴급한 일이 있으니 좀더 머물러 있어야 되겠다"는 내용의 편지와 함께 많은 음식을 보내왔다. 비 덕분에 오랜만에 만난 누님과 시간적인 여유를 갖고 정다운 이야기를 나눌 수 있었다. 그 다음날 진주목사 김홍이 도착했다. 진주목사의 품계는 정3품이었으므로 그는 가난한 선비들과는 달리 씀씀이에 여유가 있었고 벗들에게 넉넉하게 베풀었다. 그는 도착하자마자 종자들을 시켜 소를 잡아 음식을 마련하고 악사들까지 불러 잔치를 벌였다. 또 이희안, 이준민 등과 활쏘기 솜씨를 겨루고는 술을 마시며 즐겁게 놀았다.

다음날인 14일에는 사천현 구암(龜巖)에 있는 이정(李楨)의 집으로 가 하

---

❸ 말고개 : 현재의 경상남도 진주시 옥봉동과 초전동을 연결하는 고개를 말한다. 말티고개로도 불린다.

❹ 이준민(李俊民) 1524~1590 : 명종, 선조 때의 관료이다. 사간원정언, 대사헌, 병조판서, 평안도관찰사, 한성부판윤, 좌참찬(左參贊) 등을 지냈다. 조식의 자형인 이공량의 아들로 조식에게서 배웠다. 당론을 조정하려던 이이(李珥)를 존경했다. 자는 자수(子修), 호는 신암(新庵), 본관은 전의(全義)이다.

❺ 차사원(差使員) : 중요하고 긴급한 일이 생겼을 때 이 일을 처리하기 위해 임시로 차출하여 파견하던 관원을 말한다.

❻ 대여촌(代如村) 가방(街坊) : 현재의 경상남도 진주시 금산면 가방리 일대이다.

롯밤을 묵었다. 이번 지리산 유람은 사천현에서 배를 타고 섬진강을 거슬러 오른 후 쌍계사(雙磎寺)❼ 쪽으로 들어가기로 계획했기 때문에 먼저 사천현 으로 간 것이다. 이정은 청주목사를 지내고 물러난 지 얼마 지나지 않은 때 였고, 또한 집안의 재산이 여유가 있었다. 득별히 만든 전도면(剪刀麵)이라 는 이름의 칼국수를 비롯해, 발효주, 하어회(河魚膾), 기름떡, 찹쌀떡 등을 준비해 일행을 대접했다.

15일에는 아침을 먹고 사천현 장암(場巖)❽으로 가서 고려시대 장수인 이 순(李珣)❾의 쾌재정(快哉亭)에 올랐다. 얼마 지나지 않아 김홍의 형인 김경 (金涇)과 김홍의 아들인 김사성(金思誠)이 잇따라 쾌재정으로 왔고 나중에는 김홍도 왔다. 일시에 이곳 쾌재정에 조식과 함께, 진주목사 김홍, 전직 청주 목사 이정, 전직 고령현감 이희안 등 이 일대에서는 명망이 대단한 인물들 이 모였다.

사천현감 노극수(魯克粹)가 고을 수령으로서 찾아와 인사하고 환영의 의 미로 작은 술자리를 베풀었다. 그리고 술과 안주와 음식을 조식 일행이 타 고 갈 배에 넉넉히 실어 주었다. 충순위(忠順衛) 정당(鄭溏)이 시중들 기생 여남은 명과 함께 여러 가지 악기를 준비해 왔다. 그러나 이날은 마침 성종 의 비인 공혜왕후(恭惠王后) 한씨(韓氏)의 기일(忌日)이었으므로 노래를 부 르거나 풍악을 울리지는 않았다.

이날 밤에 달은 대낮같이 밝았고 물결은 잘 닦은 거울 같았다. 뱃사공들 은 번갈아가며 뱃노래를 불렀는데, 그 노랫소리가 바닷속 깊은 데까지 울리 는 듯했다. 동풍이 살짝 불자 돛을 올리고 배를 대었다. 배에 올라타서 잠깐

---

❼ 쌍계사(雙磎寺) : 경상남도 하동군 화개면 운수리의 지리산 기슭에 자리잡고 있는 절이 다. 신라의 승려 삼법(三法)이 723년에 창건했다. 대한불교조계종 제13교구 본사이다.

❽ 장암(場巖) : 사천만의 가장 안쪽으로 가화천과 사천강이 합쳐지는 곳이다. 현재의 경상 남도 사천시 축동면 구호리 일원이다.

❾ 이순(李珣) : 고려 공민왕 때의 무장(武將)이다. 무수한 전공을 세웠다. 1359년과 1362년 홍건적(紅巾賊)이 쳐들어왔을 때 대장군 또는 예부상서로서 홍건적을 격퇴했다. 1367년 신돈(辛旽)을 제거하려다 실패해 유배되었으나 1371년 신돈이 처형되자 풀려났다.

있으려니 사공 한 사람이 곤양군(昆陽郡)을 지나 하동현(河東縣)에 들어섰다고 알려 주었다. 밤이 깊어지자 졸음도 오고 술도 취해 배 위에서 한 사람 두 사람 눕기 시작했고, 급기야는 서로의 몸을 베기도 하고 서로의 몸에 깔리기도 하며, 일행 모두가 곯아떨어졌다. 진주목사 김홍은 넓은 털 이불을 준비해 와 덮었다. 조식은 그 가장자리에 겨우 발을 넣고 잠이 들었다가 자신도 모르게 점점 김홍을 밀어내고 털 이불 가운데를 차지했다. 그래도 김홍은 세상모르고 자고 있었다. 4월 중순이었지만, 바다 위의 밤 기온은 상당히 차가웠다.

4월 16일 아침 일찍 섬진강 입구에 이르렀다. 해가 막 떠오르려고 할 때였다. 만경창파(萬頃蒼波) 바닷물이 발갛게 끓어오르는 듯했고, 강 양쪽 푸른 산의 그림자가 강물 속에 잠겨 있었다. 모두들 잠에서 깨어나 의관을 고치고 앉았다. 기생들이 목청을 돋우어 노래를 불렀다. 청아한 목소리가 강물 위를 구르는 듯했고, 강 양쪽으로 산이 둘러싸고 있어 그 여운이 은은하게 메아리쳤다. 노래를 들으면서 멀리 북쪽을 바라보니, 구름 낀 산봉우리가 우뚝우뚝 솟아있는 것이 지리산인 것 같았다. 모두들 고개를 쳐들고 바라보고 기뻐하면서 "방장산(方丈山)❿이 삼한(三韓)에 우뚝 솟아있는데 이제 멀지 않다"라고 말했다.

배가 악양현(岳陽縣)⓫을 빠르게 지나갔다. 강가에 삽암(鍤巖)⓬이란 곳이 있었는데, 고려 때의 은자(隱者) 한유한(韓惟漢)⓭이 살던 곳이다. 한유한은

---

❿ 방장산(方丈山) : 지리산의 다른 이름이다. 신선이 사는 산이라는 뜻이다. 지리산은 방장산 외에 두류산(頭流山)이라는 이름으로도 자주 불린다.

⓫ 악양현(岳陽縣) : 현재의 경상남도 하동군 악양면 일대에 있었던 고을이다.

⓬ 삽암(鍤巖) : 삽암은 '꽂힌 바위'라는 뜻이다. 마을 사람들은 '섯바구'라고도 부르고 '선바위'라고도 부른다. 이곳에서 고려 때의 은자 한유한(韓惟漢)이 숨어 살았다고 한다. 바위에 모한대(慕韓臺)라는 석각이 있는데 '한유한을 그리워하는 곳'이라는 뜻이다. 경상남도 하동군 악양면 평사리의 섬진강 가에 있다.

⓭ 한유한(韓惟漢) : 고려 인종(仁宗 ; 재위 1122~1146) 때의 은자(隱者)이다. 최충헌(崔忠獻)이 권력을 휘두르는 것을 보고 장차 난리가 닥칠 것이라고 예언했다. 이후 처자를 이끌고 악양현의 지리산 자락으로 들어와 숨어 살았다.

고려 조정이 어지러워지는 모습을 보고 이곳에 와서 숨어 살았다. 조정에서 대비원(大悲院)❹ 녹사(錄事)❺ 벼슬을 내리며 불렀으나 그날 밤에 도망쳐 숨어버렸다고 한다. 조식은 술을 청해 잔에 가득 따라 마시면서 나라가 망할 판국에 현사(賢士)를 등용한다는 이름을 얻으려는 명종과 조정의 태도에 대해 깊이 탄식했다.

점심때쯤 배는 도탄(陶灘)❻에 이르렀다. 이곳에서 한 마장쯤 떨어진 곳에는 유학자 정여창(鄭汝昌)❼의 집이 있었다. 정여창은 하동정씨(河東鄭氏)로 대대로 함양군(咸陽郡)에 살았는데, 처자를 이끌고 이곳 도탄으로 들어와 살며 경서를 읽었다. 일두(一蠹)라는 호를 썼는데, '한 마리의 좀벌레'라는 뜻이다.

정여창은 여덟 살 때 의주목(義州牧) 통판(通判)❽으로 부임하는 아버지 정육을(鄭六乙)❾을 따라갔다. 그때 마침 명(明)나라 사신 장녕(張寧)이 와서 정여창을 보고서 기특하게 여기며 이름을 여창(汝昌)으로 새로 지어주었다. 여창은 곧 "너의 집안을 창성하게 하라"는 뜻이었다. 아버지 정육을은 나중에 함길도(咸吉道)❿ 병마우후(兵馬虞候)⓴를 지내다가 이시애(李施愛)의 난⓱

---

❹ 대비원(大悲院) : 고려 때 가난한 백성의 질병 치료를 맡아보던 의료 구제 기관이다. 문종 때(1049년) 개성(開城)에 설치했으며 동대비원과 서대비원이 있었다.

❺ 녹사(錄事) : 고려 때 각급 관아에 속하여 기록 관련 일을 맡아보던 하급 관직이다.

❻ 도탄(陶灘) : 경상남도 하동군 화개면 덕은리의 섬진강에 있었던 여울을 말한다. 섬진강 대로 상덕교차로 남서쪽 부근일 것으로 보이나 정확하지는 않다.

❼ 정여창(鄭汝昌) 1450-1504 : 성종, 연산군 때의 유학자이다. 김종직(金宗直)의 문인이다. 지리산 자락(현재의 하동군 화개면 덕은리)에 악양정(岳陽亭)을 짓고 성리학을 연구했다. 관료로서 예문관검열, 시강원설서, 안음현감(安陰縣監) 등을 지냈다. 1498년 무오사화 때 함경도 종성부로 유배된 후 1504년에 죽었다. 본관은 하동(河東), 자는 백욱(伯勗), 호는 일두(一蠹)이다.

❽ 의주목(義州牧) 통판(通判) : 의주목은 명나라와 국경을 맞대고 있는 첫 번째 고을이다. 중국과의 교류 관문이자 북방 수비의 요충지였다. 현재의 평안북도 서북쪽이다. 통판은 지방 수령을 보좌하는 종5품 관직 이름이다.

❾ 정육을(鄭六乙) ?-1467 : 세조 때의 무관이다. 의주통판(義州通判), 함길도병마우후(咸吉道兵馬虞侯)를 지냈고 이시애(李施愛)의 난 때 살해당했다.

때 살해당했다. 정여창은 시체 더미를 헤치고 들어가 아버지의 유해를 찾아서 고향에 장사지냈다. 삼년상을 마치자 조정에서 그에게 무관 벼슬을 내렸으나, 그는 아버지가 전사한 일에 의지해서 자식이 벼슬을 받을 수는 없다며 사양했다.

정여창은 김종직(金宗直)의 문하에서 배웠다. 또한 김종직의 문인인 김굉필(金宏弼), 김일손(金馹孫), 남효온(南孝溫) 등과 도의지교(道義之交)를 맺고 함께 공부했다. 문과에 합격해 예문관검열❷❸을 거쳐 안음현감(安陰縣監)을 지냈다. 안음현감을 지내면서 총명한 젊은이들을 골라 교육시켜 훌륭한 사람으로 길러냈다. 김종직의 「조의제문(弔義帝文)」이 사초(史草)❷❹에 실린 것이 화근이 되어 일어났던 1498년의 무오사화 때, 김종직의 제자라 하여 함경도❷❺ 북쪽의 종성부(鍾城府)로 귀양 갔다가 6년 후인 1504년 그곳에서 죽었다. 나중에 성균관 문묘(文廟)❷❻에 모셔졌고,

---

❷⓪ 함길도(咸吉道) : 함경도(咸鏡道)이다. 정육을이 병마우후를 지냈을 때는 함길도였다. 영길도(永吉道)로 불리던 것을 태종 때 함길도(咸吉道)로 고쳤다가, 성종 때 영안도(永安道)로 고쳤고 중종 때 다시 함경도로 고쳤다. 현재의 함경북도, 함경남도, 양강도 일대에 걸쳐 있었다.

❷① 병마우후(兵馬虞候) : 조선시대 각도의 병마절도사(兵馬節度使)를 보좌하던 종3품 무관 벼슬이다. 병마절도사를 보좌했으므로 아장(亞將)이라는 별칭으로 불리기도 했다.

❷② 이시애(李施愛)의 난 : 1467년 세조 때, 함길도 길주목(吉州牧) 출신의 무관 이시애가 북쪽 고을의 수령을 남쪽 출신 관료로 임명하는 것에 불만을 품고 일으킨 난이다. 반란군은 함길도절도사(咸吉道節度使) 강효문(康孝文)을 살해하고 단천군(端川郡), 북청부(北靑府), 홍원현(洪原縣)을 공략하고 함흥부(咸興府)를 점거했다. 북청부 싸움에서 강순(康純), 허종(許琮) 등이 이끄는 관군에게 패했다. 이 사건 이후 길주목은 길성현(吉城縣)으로 강등되었다.

❷③ 예문관검열(藝文館檢閱) : 조선 때 예문관에 속하여 사초(史草) 교정을 담당하던 정9품 관직이다.

❷④ 사초(史草) : 실록, 일기 등 공식적인 역사 편찬의 첫 번째 자료로서 사관이 매일 기록한 원고를 말한다.

❷⑤ 함경도(咸鏡道) : 정여창이 귀양 갈 때는 영안도(永安道)로 불렸다.

❷⑥ 문묘(文廟) : 공자의 위패를 모신 사당이다. 유가(儒家) 사회 주요 지역에 위치한다. 공자를 중심으로 맹자, 증자, 안자, 공자의 제자, 송나라 성리학자 등을 함께 모신다. 우리나라 성균관 문묘에는 이들 외에 우리나라 유학자 18인도 모셔져 있다.

동방오현(東方五賢)**㉗**으로 받들어졌다.

정여창은 사서오경과 역사에 두루 통달했으며, 실천궁행을 위한 독서를 주로 했다. 『용학주소(庸學注疏)』 등 많은 저서가 있었으나, 무오사화 때 화를 당할까 두려워한 그 부인이 모두 소각하여 현재는 거의 전해지지 않는다. 조식은 정여창을 자신의 학문적 선배로 여겼으며, 그 학문이 깊고 독실하며 또 유학의 학통을 계승했다고 평가했다. 실천을 위주로 하는 학문적 분위기가 은연중에 조식에게 전수되었다고 할 수 있을 것이다. 조식은 정여창을 생각하며 쌍계사로 향했다.

일행 중 진주목사 김홍과 전직 청주목사 이정이 먼저 쌍계사 입구의 석문(石門)에 도착했다. 사람 몇 길은 됨직한 두 개의 바위 사이로 사람이 통행할 수 있는 자연적인 문이 나 있었다. 그리고 신라 때 학자 최치원(崔致遠)이 쓴 '쌍계석문(雙磎石門)'이라는 큰 글씨가 양쪽 바위에 새겨져 있었다. 글자 한 획의 크기가 사슴 다리만하고 바위에 깊이 새겨져 있어 이때까지도 뚜렷이 남아 있었다. 또한 이후로도 몇 천 년을 더 전해갈지 알 수 없을 정도였다.

쌍계사 서쪽에는 의신동(擬神洞) 계곡에서 흘러온 물이 있고, 동쪽에는 청학동(靑鶴洞)**㉘** 계곡에서 흘러온 물이 있다. 절이 두 시냇물 사이에 있으므로 쌍계(雙磎)라고 이름한 것이다. 쌍계사 대웅전 뜰에는 최치원이 짓고 직접 글씨를 쓴 진감선사비(眞鑑禪師碑)**㉙**가 높다랗게 서 있었다. 이것은 최

㉗ 동방오현(東方五賢) : 유학자로서 조선을 대표하는, 다섯 분의 현인(賢人)이라는 뜻이다. 곧 정여창(鄭汝昌 ; 1450-1504), 김굉필(金宏弼 ; 1454-1504), 조광조(趙光祖 ; 1482-1519), 이언적(李彦迪 ; 1491-1553), 이황(李滉 ; 1501-1570)을 말한다. 선조, 광해군 때 사림파가 여러 차례 상소를 올리며 주장하여 성균관 문묘 대성전에 위패를 모셨다.

㉘ 청학동(靑鶴洞) : 조선의 유학자들은 쌍계사 동쪽에 있는 계곡을, 푸른 학이 날아다니는 청학동으로 생각했다. 조선의 유학자들은 이 청학동을 끔찍한 현실 세계와는 멀리 떨어진 초월적인 이상향(理想鄕)으로 여겼다. 현재 '청학동'으로 좀더 널리 알려져 있는 하동군 청암면의 청학동과는 다른 곳이다.

㉙ 진감선사비(眞鑑禪師碑) : 통일신라 후기의 승려인 진감선사(眞鑑禪師 ; 774-850)의 탑비이다. 진감선사는 불교 음악인 범패를 도입하여 대중화시킨 인물이다. 당나라 유학을 다녀왔다. 높은 도덕과 법력(法力)으로 당시 왕들의 추앙을 받았다. 진감선사비는 신라 때의 귀중한 금석 문화재로 현재 국보 제47호로 지정돼 있다.

치원의 대표적 작품인 사산비명(四山碑銘)❸ 가운데 하나이다.

조식 일행은 이날 밤 쌍계사에서 묵었다. 혜통(惠通), 신욱(愼旭) 등 쌍계사 승려들로부터 부근에서 나는 차, 과일, 산나물 등을 대접받았다. 조식은 갑자기 구토와 설사를 만나 저녁을 먹지 못하고 누워 있어야 했는데, 벗 이희안이 간호하면서 곁에서 같이 하룻밤을 보냈다.

17일 이른 아침에 진주목사 김홍이 와서 병증이 좀 어떠하냐고 문안했다. 그리고 전라도 해남현 어란달도(魚瀾獺島)❸에 왜구의 배가 와 정박하고 있다는 소식을 전했다. 그래서 곧장 산행을 중단하고 아침밥을 재촉해 먹고 돌아갈 계획을 세우고는 술 몇 잔씩을 나누어 마셨다. 이때 쌍계사에는 호남 선비 김득리(金得李), 허계(許繼), 조수기(趙壽期), 최연(崔硏) 등이 와 있었는데 이들도 불러들여 술을 한 순배 돌리고는 곧바로 이별했다. 모두들 길을 떠나려고 차리고 나선 행색(行色)이 급박했다. 기생 봉월(鳳月), 옹대(甕臺), 강아지(江娥之), 귀천(貴千) 등과 피리꾼 천수(千守)만 남아 있도록 하고 나머지는 다 돌려보냈다.

비가 하루 종일 그치지 않고 많이 내렸다. 검은 구름이 사방을 가득 채우고 있는 것이 마치 인간 세상과 아주 멀리 떨어져 있는 별세계 같은 기분이 들었다. 한낮쯤 되어 호남의 역리(驛吏)가 편지를 가지고 왔는데, 아침에 봉화대를 통해 전해졌던 왜선 소식은 잘못된 것이라는 내용이었다. 조세 곡식을 운반하는 조운선(漕運船)이 왜선으로 잘못 알려졌다는 것이다. 한 치 앞도 내다보지 못하는 진주목사 김홍의 안목을 안타까워했는데 그는 그래도 불공드리기에만 몰두하고 있었다.

---

❸ 사산비명(四山碑銘) : 최치원이 남긴 네 편의 비명(碑銘)을 일괄하여 부르는 것이다. 화려한 수사와 함축미를 갖춘 문장으로 유명하다. 『삼국사기』보다 연대 상으로 훨씬 앞서 쓰여진, 역사적 사실을 담은 1차 기록물로서의 사료적(史料的) 가치도 높다.

❸ 해남현 어란달도(魚瀾獺島) : 현재의 전라남도 해남군 송지면 어란리의 어란진항을 말한다. 조선시대에 이곳은 병선이 배치된 수군진이면서 제주도를 오가는 선박의 입출항지이기도 했다. 『남명집(南冥集)』에는 어란달도(魚瀾獺島)로 나오는데, 『왕조실록』에는 어란달도(於蘭達島) 또는 어란포(於蘭浦)로 나온다.

지리산 유람을 떠난 조식 일행은 배를 타고
섬진강을 따라 거슬러 올라갔다.
그림은 배를 타고 유람하는 조선시대 선비들의
모습을 그린 「선유도(船遊圖)」이다.

쌍계사 진감선사비 전액 탁본이다. 신라시대 최치원이 쓴 것으로 알려진 이 고전(古篆)은
'당해동고진감선사비(唐海東故眞鑑禪師碑)'라는 글자이다. 진감선사비의 글자와 내용은
조식의 시대에 이미 유학자들 사이에서 널리 알려져 있었다.

이날 날이 저물자 이번에는 이정까지 가슴과 배가 아프다고 하더니 먹은 것을 모두 토해냈다. 창자가 꼬이고 위장이 뒤집히는 듯 매우 고통스런 표정을 짓더니 이어 급히 설사를 했다. 위를 편안하게 하고 정신을 맑게 하는 소합원(蘇合元)을 먹여도 고통이 가라앉지 않았다. 그래서 참기름까지 먹여보았지만 또한 소용이 없었다. 이정은 전부터 가까이 지내던 기생 강아지가 손으로 머리를 받쳐 눕히고 간호를 하여 새벽녘에야 조금 진정이 되었다.

18일 날이 밝았다. 불일암(佛日庵)❸❷ 쪽으로 올라가 청학동을 구경하고자 했으나 비로 길이 젖어 갈 수 없었다. 물이 불어난 탓에 신응사 쪽으로도 갈 수 없어 쌍계사에 그대로 머물러 있었다.

호남 순변사(巡邊使)❸❸ 남치근(南致勤)❸❹이 이공량에게 술과 음식을 보내왔다. 남치근은 달량포왜변 때 왜구를 크게 물리친 공이 있었고, 나중에 도적떼의 우두머리 임꺽정을 황해도 재령군(載寧郡)에서 잡아 목을 벤 인물이다. 이때 이공량의 아들 이준민이 남치근의 종사관으로 있었다. 이에 남치근은 자기 부하의 아버지가 전라도 접경으로 산행(山行)을 왔다는 이야기를 듣고 음식을 보낸 것이다.

의정부사인(議政府舍人)을 지낸 정황(丁熿)❸❺의 종과 진사 하종악(河宗岳)❸❻의 종이 술과 생선을 지고 찾아왔다. 당시 조식의 명망이 조정과 재야에

---

❸❷ 불일암(佛日庵) : 경상남도 하동군 화개면 운수리에 있는 절 이름이다. 이 불일암 바로 옆이 청학동 계곡이고 이 계곡에 불일폭포가 있다. 신라 때 진감국사(眞鑑國師)가 창건했다. 고려 때 이곳에서 수도한 지눌(知訥)의 호가 불일보조(佛日普照)이기 때문에 암자의 이름을 '불일암'이라고 지었다고 한다.

❸❸ 순변사(巡邊使) : 조선시대 변방의 군사와 정무를 돌아보기 위해 왕명으로 파견한 임시 특사를 말한다. 공문 등을 전달하는 우역(郵驛), 농사의 풍흉과 농민들의 생활상을 살피는 농형(農形), 변방의 군정 실태를 살피는 군무(軍務)를 맡아 보았다. 중요한 직책이었으므로 조정의 중의(衆議)를 거쳐 중신을 보냈다.

❸❹ 남치근(南致勤) ?-1570 : 중종, 선조 때의 무장이다. 전라도에 출몰한 왜구를 여러 차례 토벌했다. 경기도, 황해도, 평안도의 삼도토포사(三道討捕使)를 지내면서 황해도 재령군(載寧郡)에서 암약하던 임꺽정을 잡아 처형했다. 자는 근지(勤之)이다.

나 있었으므로, 그 제자나 후배들이 예를 차리기 위해 술과 음식을 장만해 보냈던 것이다. 지금이야 술과 음식이 흔하지만, 당시는 끼니도 제대로 잇기 힘든 때였으므로 음식의 귀중함이란 지금으로서는 상상할 수 없는 정도였다.

19일 아침 일찍, 조식 일행은 청학동을 오르기 위해 나섰다. 청학동은 쌍계사 동쪽 지리산 속에 있는 골짜기인데, 진주목에서는 약 1백50리 정도의 거리에 있다. 옛날부터 그윽하고 뛰어난 경치를 그리워하여 이상향으로 여기고 찾은 사람들이 많았다.

1170년 고려 의종(毅宗) 때 정중부(鄭仲夫)❸를 비롯한 무신(武臣)들이 정변을 일으켜 "무릇 갓 쓴 사람이면 무조건 목을 베어 버려" 문신(文臣)들이 떼죽음을 당했다. 간혹 살아남은 문신들은 머리를 깎고 승려가 되기도 하고 떠돌이 방랑자가 되기도 했다. 이때 승려가 되었던 문인 이인로(李仁老)❸도 더러운 속세와 인연을 끊고 신선 같은 세상에서 깨끗하게 살고자 하여 지리산으로 청학동을 찾아 나섰다. 송아지 두어 마리만 끌고 들어가 농사짓고 살면, 속세와 인연을 끊을 수 있으리라는 생각에서였다.

이인로는 책에서 보거나 나이 많은 이들한테 들은 이야기를 바탕으로 지리산 일대를 샅샅이 뒤졌다. 하지만 결국 청학동을 찾지 못했다. 이인로는

---

❸ 정황(丁熿) : 병조정랑, 의정부사인 등을 지낸 정황(丁熿)은 조식보다 열한 살 아래였다. 1547년의 양재역벽서사건에 연루되어 거제현으로 유배와 있었고, 조식이 지리산 유람을 한 1558년 봄에도 거제현에 있었다. 조식은 1553년 정황의 유배지인 거제현으로 찾아가 정황을 만난 적이 있다.

❸ 하종악(河宗岳) : 조식의 형인 조납(曹拉)의 사위이니 곧 조식의 질서(姪婿 ; 조카사위)이다. 어린 시절 조식의 문하에서 배웠다. 자는 군려(君礪), 본관은 진양(晉陽)이다.

❸ 정중부(鄭仲夫) 1106~1179 : 고려 의종, 명종 때의 무관(武官)이다. 1170년 문신 귀족 중심의 조정 정치에 불만을 품고 이의방(李義方), 이고(李高) 등과 함께 정변을 일으켰다. 의종을 폐위하고 정권을 장악한 후 무단 정치를 행했으나 경대승(慶大升)에게 살해당했다. 본관은 해주(海州)이다.

❸ 이인로(李仁老) 1152~1220 : 고려 명종, 고종 때의 유학자이자 문인이다. 임춘(林椿), 오세재(吳世才) 등과 어울려 시와 술로 즐기며 세칭 '죽림고회(竹林高會)'를 만들어 활동했다. "말과 뜻이 함께 묘함을 갖추어야 한다"는 시작론으로 유명하다. 관료로서 예부원외랑(禮部員外郎), 비서감우간의대부(秘書監右諫議大夫)를 지냈다. 본관은 경원(慶源), 초명은 득옥(得玉), 자는 미수(眉叟), 호는 와도헌(臥陶軒)이다.

쌍계사 계곡 청학동 불일폭포의 모습이다. 조선의 유학자들은 이 청학동 계곡을,
끔찍한 현실 세계와는 멀리 떨어진 이상향(理想鄉)의 공간으로 생각했다.

화엄사를 거쳐 신응사(神凝寺)까지 가서 묵었다. 그 일대의 경치가 하도 빼어나 신선들이 사는 곳 같았다. 결국 정확한 청학동을 찾지 못하고 돌아갔다. 그는 청학동은 실제로 있는 곳이 아니고 사람들이 꾸며낸 이상적인 골싸기로 생각했다.

숙종 때의 유학자이자 남인(南人)❸의 영수였던 허목(許穆)❹은 1640년 「지리산.청학동기(智異山.靑鶴洞記)」를 지었다. 다음과 같은 내용이었다.

남쪽 지방의 산 가운데서 지리산이 가장 깊숙하고 그윽하여 신선이 사는 산이라 부른다. 기묘한 바위와 뛰어난 경치가 헤아릴 수 없을 정도로 많다. 그중에서도 유독 쌍계사 입구 석문 위에서 옥소(玉簫) 동쪽 골짜기를 지나는 곳은 모두 깊은 물과 큰 돌로 이루어져 사람의 자취가 통하지 못한다.

쌍계사 북쪽 언덕을 쫓아 산굽이를 따라서 암벽을 부여잡고 올라가 완폭대(玩瀑臺)❹ 석벽(石壁) 위에 도달하여 남쪽을 향해 서면, 청학동이 발아래 굽어보인다. 돌로 이루어진 골짜기에 사방은 가파른 바위요, 바위 위에는 소나무, 대나무, 단풍나무가 많다. 서남쪽 산봉우리에는 예전에 학의 둥지가 있었는데, 학은 날개는 검고 머리는 붉으며 다리는 자줏빛이었으나 햇빛

---

❸ 남인(南人) : 조선시대 때 붕당의 하나이다. 선조 때 동인(東人)이 이산해를 중심으로 한 북인(北人)과 유성룡, 우성전을 중심으로 한 남인(南人)으로 갈라지면서 등장했다. 경종 이후 중앙 정치에서는 멀어져 학문과 교육에 전념했다.

❹ 허목(許穆) 1595-1682 : 숙종 때의 유학자이다. 성리학을 중시하던 1600년대의 학계 분위기와 달리, 원시유학(原始儒學)인 육경학(六經學)에 관심을 두면서 고학(古學)의 경지를 개척했다. 특히 예학(禮學)에 밝았다. 관료로서 삼척부사, 이조판서, 우의정을 지냈다. 정구(鄭逑)의 문인으로 조식과 이황의 학문을 계승했다. 남인의 거물로서, 남인과 서인이 펼친 예송(禮訟) 논쟁을 이끌었다. 『동사(東事)』, 『방국왕조례(邦國王朝禮)』, 『경설(經說)』, 『경례유찬(經禮類纂)』, 『미수기언(眉叟記言)』 등의 책이 있다. 본관은 양천(陽川). 자는 문보(文甫)·화보(和甫), 호는 미수(眉叟)이다.

❹ 완폭대(玩瀑臺) : 불일암(佛日庵) 앞에 있었던 작은 돈대이다. 허목의 글 원문에서는 불일전대(佛日前臺)라고 표현하고 있다. 완폭대(玩瀑臺)는 '폭포를 즐기면서 감상하는 바위'라는 의미이다. 이곳을 찾았던 조선 유학자들의 기록으로 미루어보아 이 완폭대는 불일폭포(佛日瀑布)의 명소였던 것으로 보인다. 문헌상에만 기록이 남아 있었는데, 2018년 5월 불일암 아래에서 '완폭대(玩瀑臺)'라는 석각 바위가 발견되어 그 실제 모습이 확인됐다.

아래에서 보면 깃이 모두 푸르렀다고, 산중의 노인들이 전한다. 아침이면 빙 돌아 날아올라 하늘 높이 갔다가 저녁이면 돌아오곤 했는데, 지금은 오지 않은 지 거의 1백 년이 된다고 한다. 그리하여 봉우리를 청학봉(靑鶴峯), 골짜기를 청학동(靑鶴洞)이라 한다.

남쪽으로는 향로봉(香爐峯)을 대하고 그 동쪽은 석봉(石峯) 세 개가 나란히 늘어서 있고, 동쪽 골짜기는 모두 층을 이룬 기이한 바위들인데, 어젯밤 내린 비로 폭포수가 가득했다. 그 대 위의 돌에는 완폭대(翫瀑臺)라는 글자가 새겨져 있고, 그 아래에는 못이 있었다.❷

조식의 자형 이공량과 전직 청주목사 이정은 배탈이 나 고생을 했기에 청학동을 지척에 두고도 가지 못하고 쌍계사에 그대로 남아 있었다. 천하절경을 구경하려면 그에 걸맞은 연분이 있어야만 신이 받아들인다는 옛말을 실감케 하는 일이었다.

조식은 자신이 살고 있는 삼가현은 산세가 너무 빈약하다고 생각했다. 그래서 산과 물이 마음에 드는 곳을 골라 거처를 옮기고 싶어 지리산 일대를 10여 차례 찾았다. 그리고 이곳 불일암 쪽에도 이미 세 차례 다녀갔다. 유가 사회의 선비들은 우주와 인간을 하나로 보고 인간을 우주의 축소판으로 생각했다. 그래서 인간을 자연의 일부로 생각하는 것도 이러한 생각과 맞닿아 있으며, 그리하여 자연을 인격을 갖춘 것으로 보았다. 공자의 말 중에는 "어진 사람은 산을 좋아하고 지혜로운 사람은 물을 좋아한다"❸는 것이 있다. 어진 사람은 중후(重厚)하기에 정적(靜的)이고, 지혜로운 사람은 민첩하기에 동적(動的)이다. 산은 늘 장중하므로 어진 사람은 산의 장중한 모습을 배우려고 노력하고, 물은 늘 쉬지 않고 흐르고 지형에 따라 낮은 곳을 찾아가

---

❷ 허목(許穆), 『미수기언(眉叟記言)』 권28. 「지리산 청학동기(智異山靑鶴洞記)」. • 원문은 책 끝에 덧붙임.
❸ 『논어』 「옹야(雍也)」 편에 이 구절이 나온다. "子曰 知者樂水 仁者樂山 知者動 仁者靜 知者樂 仁者壽"

므로 지혜로운 사람은 물의 변화와 적응력을 배우려고 노력한다. 그래서 인격 수양에 산수가 많은 영향을 미치므로 사는 곳을 정할 때 여러 가지 요소를 고려하는 것이다.

조식과 여러 친구들은 새끼에 굴비를 엮은 것처럼 한 줄로 늘어서 앞서거니 뒤서거니 하며 올라갔다. 쌍계사 승려 신욱(愼旭)이 길을 인도했고, 물품을 책임진 강국년(姜國年)과 음식을 진 종자들이 뒤를 따랐다. 길을 가다 보니 길가의 큰 바위에다 사람들이 이름을 새겨 놓았다. 바위에 이름을 새겨 놓으면 천 년 만 년 썩지 않고 자기 이름이 전해질 것으로 생각해서 이렇게 해 놓은 것이다. 이런 자들의 가소로운 작태를 보고 조식은 생각했다. "대장부의 이름은 푸른 하늘의 밝은 해처럼 떳떳해야 한다. 훌륭하게 일생을 살았으면 사관(史官)이 역사책에 기록할 것이고, 넓은 땅 위의 사람들이 입에서 입으로 전할 것이다. 그런데 쩨쩨하게 날다람쥐나 살쾡이가 사는 수풀 속 바위에다 이름을 새겨 놓고는 없어지지 않고 전해지기를 바라고 있다. 이는 새 그림자를 보고서 후세 사람들이 무슨 새인지 알기를 바라는 것보다 더 어리석은 짓이다."❹

산이 가팔라 열 걸음 걷고는 앉아서 쉬고 또 열 걸음 걷고는 앉아서 쉬었다. 주변 경치가 사람의 넋을 앗아갈 정도로 좋았다. 열 걸음 옮기는 동안 아홉 번을 돌아봐야 할 정도였다. 이렇게 쉬엄쉬엄 걸어 점심 무렵에는 불일암에 이르렀다.

불일암 동쪽 아래가 청학동이다. 주변의 멧부리가 우뚝우뚝 솟아 마치 공중에 달려 있는 듯했다. 발아래는 너무 아찔해서 굽어볼 수가 없었다. 동쪽에 하늘로 치받치듯 솟아 있는 봉우리는 향로봉이고, 서쪽에 깎아지른 듯 솟아 있는 봉우리는 비로봉이다. 청학 두어 마리가 그 바위틈에 깃들어 살면서 가끔 날아올라 빙빙 돌다가 내려오곤 했다. 절벽 아래 있는 못은 학연(鶴淵)이라 부르는 곳인데 시퍼런 물빛이 그 깊이를 알 수가 없어 사람들이

---

❹ 남명집(南冥集) 권2, 「유두류록(遊頭流錄)」. • 원문은 책 끝에 덧붙임.

감히 접근하지 못했다. 이희안과 조환은 나무를 타고 골짜기로 내려갔다가 올라왔다. 나이가 젊고 다리 힘이 좋은 이들은 모두 향로봉을 올랐다. 얼마 후 모두 불일암에 다시 모여 물에 찬밥을 말아 먹었는데, 밥맛이 말할 수 없이 좋았다. 간단한 식사를 마치고 불일암 앞 소나무 아래 앉아서 서로 술잔을 권했다. 술을 제법 많이 마셨고, 악기를 연주하며 목청껏 노래를 불렀다. 그 노랫소리가 바위에 부딪친 후 메아리쳐 돌아왔다.

봄이지만 산 위는 아직 추워서 오래 머물러 있을 수 없었다. 다시 일어나 불일암 뒤쪽의 봉우리에 올라갔다가 지장암(地藏庵)에 들렀다. 흐드러지게 피어 있는 목단꽃의 붉은 빛이 푸르른 산속에서 유난히 돋보였다. 지장암에서 하산하기 시작해 잠깐 사이에 쌍계사에 도착했다.

올라갈 때는 한 발짝 한 발짝 그렇게도 힘들더니 내려올 때는 발을 들기만 해도 저절로 몸이 아래로 내려갔다. 조식은 발을 옮기면서 "선한 일을 하기는 산을 올라가는 것처럼 힘들고 악한 일을 하기는 산을 내려오는 것처럼 쉽다"는 생각을 했다. 배탈이 나서 쌍계사에서 기다리고 있던 이공량과 이정이 산길 초입에 있는 팔영루(八詠樓)에 와서 기다리고 있었다.

지리산 유람에서 만난, 세 군자의 숨결

4월 20일 날이 밝자, 아침을 먹고 신응사(神凝寺) 쪽으로 길을 잡았다. 신응사는 쌍계사에서 10리쯤 떨어진 곳에 있었다. 말에서 내려 잠시 쉬기도 하고 걷기도 하면서 신응사에 도착했다.

그리고 시내에 좋은 너럭바위를 찾아 모두 그 위에 둘러앉았다. 세찬 시냇물이 바위에 부딪쳐 흘러내리는 것이, 은하수가 끊어져 별이 쏟아져 내리는 듯했다. 전날 내린 비로 물이 불어나 있어 그 모습이 더욱 장관이었다. 이 경치를 구경하느라 모든 사람들이 말없이 넋을 잃고 눈만 휘둥그렇게 뜨고 있었다. 조식은 이 경치를 시에 담고자 했으나, 너무 좋은 경치라 필설로는 도저히 형용할 수 없어 결국 시를 짓지 못했다. 너럭바위 위에서 다시 풍악을 울리고 노래를 불렀지만, 주위의 물소리 때문에 마치 독 안에 든 모깃소리와 같은 느낌이었다.

신응사 주지 옥륜(玉崙)과 승려 윤의(允誼)가 나와 일행을 반겨주었다. 그리고 곧 술과 과일을 준비해 와서 조식 일행을 대접했다. 이 시대의 유학자들은 불교 교리 자체는 부정했지만 승려들과의 교류까지 금기시하지는 않았다. 서로 시를 주고받으며 어울리기도 했고, 어려운 일이 있을 때는 서로 돕기도 했다. 선비들이 공부를 하거나 모임을 열기 위해 절의 공간을 이용하는 경우도 많았다.

조식은 술잔을 주고받다가 주흥이 도도해지자 자리에서 일어나 너울너울 춤을 추고 노래하며 마음껏 즐겼다. 그리고 시 한 수를 지었다.

시냇물은 물 신(神)의 구슬 토해내고,	水吐伊祈璧
산에는 봄빛이 짙어졌네.	山濃靑帝顔
겸손과 자랑 그리 심하지 않아,	謙誇無已甚
애오라지 그대 대하여 앉았노라.❹	聊與對君看

이날 밤은 신응사에서 묵었다. 조식은 잠자리에 누워서 곰곰이 생각했다. "산에 들어온 사람 중에 누가 그 마음을 깨끗이 씻지 않겠는가? 또 누가 스스로 소인이라고 생각하겠는가? 그러나 잠시 마음을 씻는다고 해서 소인이 군자가 되는 것은 아니다." 중요한 것은 꾸준한 노력일 뿐 단기간의 노력은 효과가 없다는 생각을, 조식은 하고 있었던 것이다.

22일에는 아침부터 장대 같은 비가 계속 내렸다. 이번에도 꼼짝없이 신응사에 머물러 있어야 했다. 진주목사 김홍의 아들 김사성(金思誠)은 비를 무릅쓰고 길을 떠났다. 이때 기생 세 명과 악사들도 같이 떠났다. 조식은 종일 절의 누각에 앉아 불어나는 물을 구경했다. 소나 말처럼 여기저기 솟아 있던 바위들은 어느새 물에 다 잠겼고 밖으로 통하는 길도 끊겼다.

음식을 조달할 길이 막혔으므로 식사량을 반으로 줄였다. 오직 술만은 수십 잔씩 마셨는데, 함께 간 이들이 술을 즐기지 않아 준비해 간 술이 많이 남아 있었기 때문이다. 호남의 젊은 선비 기대승(奇大升)❹이 일행 10여 명과 함께 상봉(上峯)에 올랐다가 비에 길이 막혀 있다는 소식이 들려왔다.

신응사는 지리산 한가운데에 있어 푸른 산줄기가 사방을 가로막고 있었

---

❹ 『남명집(南冥集)』 권2, 「유두류록(遊頭流錄)」.

다. 그나마 세상으로 통하는 길은 흰 구름이 꼼꼼하게 닫아걸고 있었다. 그러나 이처럼 후미진 곳까지도 관아의 조세와 부역은 어김없이 찾아 들어왔다. 신응사의 주지는 자신의 고을 수령에게 조세와 부역을 가볍게 해달라는 내용의 편지를, 조식이 씨서 주면 좋겠다고 간절하게 부탁했다. 이때 조식의 명성이 곳곳에 알려져 있었고 진주목사 등도 함께 와 있었으므로 고을 수령 또한 조식의 편지를 받아들일 것이라 여긴 것이다. 조식은 이들의 처지를 딱하게 여겨 선선하게 편지를 써주었다.

그리고 절의 주지조차 이런 정도이니 이곳의 무지렁이 백성들 사정은 더 말할 필요가 없을 것이라 생각했다. 이런 생각을 하니 조식은 또 마음이 너무 아팠다. 이 후미진 곳에는 부역과 세금을 견디지 못해 일가친척조차 버리고 도망쳐온 이들도 많을 것인데 이런 곳까지 무거운 세금이 똑같이 부과되고 있었다. 이렇게 살고 있는 이들도 있는데 여유 있게 유람이나 하고 있으니 스스로 겸연쩍고 미안한 마음이 들었다.

23일 신응사에서 대접해 주는 아침밥을 먹고 길을 나섰다. 지리산 골짜기마다 수많은 절이 있지만 신응사의 경치가 최고였다. 조식은 이미 30년 전에 서울에서 온 벗 성우와 함께 천왕봉에 올랐다가 내려오면서 신응사에 들른 적이 있었다. 전에 같이 왔던 벗은 이미 죽고 혼자 왔으니 감회가 더욱 새로웠다. 또 20년 전에는 생질서(甥姪壻)인 하천서(河天瑞)❹ 등과 함께 와서 며칠 묵은 적이 있었는데, 그때의 추억도 떠올랐다.

---

❹ 기대승(奇大升) 1527–1572 : 조선 유학사에 큰 영향을 미친 유학자이다. 이황의 문인이면서, 이황과 8년 동안 사단칠정(四端七情) 논쟁을 벌였다. 명종, 선조 때의 관료이다. 이조정랑, 홍문관교리, 사헌부헌납, 성균관대사성, 대사간, 공조참의 등을 지냈다. 세상을 다스리면서 민인에게 혜택을 베푸는 경세택민(經世澤民)의 열정을 가지고 있었다. 자는 명언(明彦), 호는 고봉(高峯)·존재(存齋)이다.『고봉집(高峰集)』,『주자문록(朱子文錄)』,『논사록(論思錄)』등의 책이 있다.

❹ 하천서(河天瑞) : 조식의 자형인 이공량의 사위이니 곧 조식의 생질서(甥姪壻 ; 조카사위)이다. 학행으로 천거받아 전생서참봉(典牲署參奉)을 지냈고 임진왜란이 일어나자 의병 활동에 나섰다. 허물어진 진주성을 고쳐 짓고 못을 팠다. 본관은 진주(晉州), 호는 망추정(望楸亭)이다.

신응사 앞 시내는 물이 너무 불어나 건널 수가 없었다. 신응사 승려들이 나와 나무를 걸쳐 급히 외나무다리를 만들어 준 덕분에 조심조심 건널 수 있었다. 시내를 따라 일곱 마장쯤 내려왔더니, 쌍계사 승려들이 조식 일행을 전송하기 위해 나와 있었다. 쌍계사 입구에서 또 예닐곱 마장을 내려왔더니, 마을 사람들이 닭을 삶고 소주를 고아 가지고 와서 조식 일행을 대접했다. 조금 더 내려오니 또다시 건널 수 없는 시내가 나왔다. 이번에는 악양현(岳陽縣)의 아전들이 나와 대나무 가교를 엮어 주었다. 그러나 물살이 세고 미끄러워 매우 위험했다. 아전들이 조식 일행을 등에 업어 내를 건너도록 해주었다. 다행히 한 사람도 물에 빠진 사람이 없었다.

시내를 건너 10리쯤 더 내려오니 청룡(靑龍)이란 사람이 술과 고기를 가지고 나와 대접했다. 청룡의 아내는 옛날 서울에서 살았는데, 이공량과 이정이 혼인을 할 수 있도록 도와준 은혜가 있어 인사를 하러 왔다. 청룡 아내의 요리 솜씨가 대단히 좋아 가져온 음식을 매우 맛있게 먹었다. 이날은 세미(稅米)를 보관하던 악양현 조창(漕倉) 숙소에서 묵었다.

24일 아침, 흰죽을 먹고 악양현 동쪽에 있는 삼가식현(三呵息峴)❹⁸ 쪽으로 길을 나섰다. 이 고개는 경사가 사뭇 급해 사람들이 오를 때 "한 발자국마다 세 번씩 숨을 몰아쉰다"고 해서 '삼가식(三呵息)'이라는 이름이 붙었다. 지리산에서 여기까지의 거리가 이미 백 리를 넘었는데도 여전히 산세는 꺾일 기미를 보이지 않고 있었다.

초계군의 벗 이희안은 전 청주목사 이정의 말을 타고 채찍질을 하여 맨 먼저 고갯마루까지 올랐다. 그리고 뒤에 올라오는 이들을 놀리기라도 하려는 듯 부채를 살랑살랑 흔들며 돌 위에 걸터앉아 있었다. 다른 사람들은 한 걸음 한 걸음 기어오르는데 다들 땀을 비 오듯 쏟고 있었다. 얼마 후에 일행 모두가 고갯마루에 도착했다. 조식이 이희안을 책망하듯 말했다. "자네는 말의 힘만 믿고서 나갈 줄만 알지 멈출 줄은 모르더군." 그리고 또 "다른 날

---

❹⁸ 삼가식현(三呵息峴) : 현재의 하동군 악양면 신대리와 하동군 적량면 서리 사이에 있는 삼화실재를 가리키는 것으로 보인다.

옳은 일 할 적에도 남보다 먼저 하면 좋지 않겠나?"라고 덧붙였다.

일행은 고갯마루에서 동서남북을 둘러보았다. 북쪽에서 서쪽으로는 천왕
봉을 비롯한 지리산의 장대한 봉우리들이 위엄있는 모습을 보여주고 있었
다. 그리고 시신을 아래쪽으로 내리면 북서쪽에서 흘러온 섬진강이 남쪽으
로 흘러가고 있었다. 북쪽에서 동쪽으로는 주산에서 이명산 쪽으로 곤양군
(昆陽郡)의 산줄기가 물결치듯 굽이쳐 내리다가 동남쪽의 금오산에서 한번
치솟아 오르고는 다시 남해로 들어갔다. 멀리 동쪽 하늘의 구름 아래에는
사천현의 와룡산(臥龍山)이 거뭇한 봉우리를 보여주고 있었다.

이날 저녁에 진주목 서쪽의 정수역(正守驛)❹에 도착했다. 역 앞에는 붉은
정려문(旌閭門)❺ 하나가 세워져 있었는데, 시강원보덕(侍講院輔德)❺을 지
낸 조지서(趙之瑞)❺의 부인 연일정씨(延日鄭氏)에게 내려진 것이었다.

성종(成宗)은 조지서를 총애하여 조지서로 하여금 시강원보덕으로서 세
자를 가르치도록 했다. 그런데 당시의 세자는 연산군이었다. 연산군은 이미
어릴 때부터 학문에는 전혀 뜻을 두지 않고 주색잡기를 일삼았다. 시강원의

---

❹ 정수역(正守驛) : 하동현(河東縣)에서 진주목(晉州牧)으로 들어올 때 거치는 역이다. 진
주목 서부 지역의 중요 역로(驛路)에 위치한 곳으로, 동쪽으로는 진주목, 서쪽으로는 하
동현과 호남 지역, 남쪽으로는 남해현, 북쪽으로는 단성현과 이어졌다. 현재의 경상남
도 하동군 옥종면 정수리에 있었다. 조식은 「유두류록(遊頭流錄)」에서 이 역의 명칭을
정수역(正守驛)이 아니라 '정수역(旌樹驛)'으로 쓰고 있다. 그런데 이 정수역에서 유래했
을 것으로 보이는 현재의 행정구역상 명칭은 정수리(正水里)이다.
❺ 정려문(旌閭門) : 충신, 효자, 열녀 들을 표창하기 위하여 그 집 앞에 세워주던 붉은 문
을 말한다.
❺ 시강원보덕(侍講院輔德) : 시강원은 조선시대에 세자의 교육을 맡아 보았던 관청을 말
한다. 보덕은 이 시강원의 관원으로 세자에게 경사(經史)와 도의(道義)를 가르치던 종3
품(인조 이후 정3품)의 관직을 말한다.
❺ 조지서(趙之瑞) 1454-1504 : 성종, 연산군 때 관료이다. 형조정랑, 지평, 시강원보덕, 창
원부사 등을 지냈다. 연산군이 세자일 때 잘못을 고치도록 간하는 풍간으로 집요하게 학문
을 진강하여 연산군의 미움을 샀다. 연산군이 왕위에 오르자 외직을 청해 창원부사로 나갔
다가 곧 사직하고 고향으로 돌아왔다. 그러나 1504년의 갑자사화 때 연산군에 의해 참형에
처해졌다. 본관은 임천(林川), 자는 백부(百符), 호는 지족정(知足亭)·충헌(忠軒)이다.

보덕들이 경서를 강의하는 서연(書筵)에 나오기는 했지만, 이는 부왕인 성종이 엄하게 단속하기 때문일 뿐이었다. 조지서 등의 보덕들이 정성을 다해 강의를 진행해도 연산군은 모두 듣지 않았다. 조지서는 천성이 군세고 강직하여 매양 나아가 강의할 때 연산군의 태도가 좋지 않으면 이렇게 말했다. "저하(邸下)❸께서 학문에 힘쓰지 않으면 신은 마땅히 임금님께 아뢰겠습니다." 책까지 던져버리고 이렇게 말했기 때문에 연산군은 이를 몹시 곤욕스럽게 여겼다. 반면 또 다른 보덕 허침(許琛)❺은 부드러운 말로 연산군을 깨우쳤다. 이에 연산군은 조지서를 매우 혐오하며 벽에 이렇게 써 붙이기까지 했다. "조지서는 큰 소인이고 허침은 큰 성인(聖人)이다."

연산군이 즉위하자, 조지서는 연산군에게 아무런 기대할 것이 없다고 여겨 벼슬을 버리고 지리산에 숨어 살았다. 그러나 연산군은 10년이 지나도록 세자 시절의 곤욕을 잊지 않고 있다가 1504년 갑자사화 때 조지서를 잡아갔다. 조지서는 잡혀갈 때 정씨부인에게 이렇게 말했다. "이번 길은 돌아오지 못할 것 같소. 신주(神主)를 어떻게 보전해야 할지 모르겠소." 이에 정씨부인은 "죽음으로써 보전하겠다"고 대답했다. 과연 연산군은 조지서의 목을 베고 그 시신을 강물에 버렸다. 그리고 집안의 재산까지 몰수했다. 이때 조지서의 아들 조침(趙琛)은 포대기에 있었고 조리(趙理)는 배 속에 있었는데, 정씨부인은 나무 열매를 오지 사발에 삶아 아침저녁으로 제사를 지냈다. 남편 조지서의 강직함에 '짝할 만한 절개와 의리'였다.

2년 후 중종반정(中宗反正)으로 연산군이 쫓겨나자 정씨부인은 몰수당했던 옛집을 다시 돌려받았다. 그리고 조지서 또한 원통한 누명을 벗고 벼슬 품계를 높여 받았다.

이날 밤은 정수역의 역사 숙소에서 묵었다. 좁은 방 한 칸에서 네 사람이

---

❸ 저하(邸下) : 조선시대에 신하가 세자를 높여 부르던 말이다.
❺ 허침(許琛) 1444-1505 : 성종, 연산군(燕山君) 때의 관료이다. 직제학, 대사헌, 이조판서를 거쳐 우의정, 좌의정을 지냈다. 시강원(侍講院)에 보덕으로 있을 때 세자였던 연산군의 총애를 받았다. 성종 때 윤비(尹妃)의 폐위를 반대하여 갑자사화(甲子士禍) 때 화를 면했다. 자는 헌지(獻之), 호는 이헌(頤軒)이다.

1558년 봄, 조식이 벗들과 함께 지리산 신응사 계곡을 찾았을 때, 마침 장대 같은 비가 내렸다. 먹먹한 구름이 지리산 푸른 산줄기를 씻어 내리면서 계곡 물이 불어나고 있었다. 조식은 "산에 들어온 사람 그 누구라도 그 마음을 깨끗하게 씻지 않겠는가?"라고 생각했다. 사진은 물이 불어나기 시작하는 신응사 계곡의 모습이다.

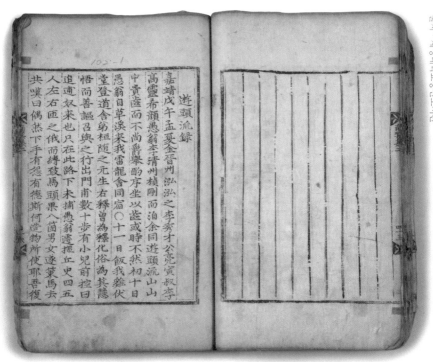

조식은 벗들과 함께 지리산을 유람하며 자신의 학문과 삶에 대해 다시 한번 돌아보았다.
그리고 이때 보고 느꼈던 것들을 「유두류록」에 기록해 놓았다. 사진은 『남명집』에
실려있는 「유두류록」 첫 부분이다.

잤는데 방이 좁아서 여러 가지로 불편했다. 허리를 구부리고 들어가야 했고 들어가서는 발도 뻗을 수가 없었다. 게다가 사방 벽은 바람을 가릴 수 없을 만큼 허술했다. 그래도 네 사람은 서로를 베개 삼아 베고 편안하게 푹 잤다. 며칠 전 지리산에서 신선처럼 지낼 때는 오히려 만족할 줄 몰랐는데 이때는 좁은 방에 포개어 자면서도 원래 그랬던 것처럼 모두들 만족스러워하고 있었다. 조식은 사람이 만족하느냐, 만족하지 못하느냐의 차이가 모두 마음먹기에 달렸다는 사실을 절실하게 느꼈다.

이때의 선비들에게 유람을 떠나는 일은 단순히 먹고 놀기 위해서가 아니었다. 선비들은 유람에서 만나는 좋은 경치를 통해 사물의 이치를 깨닫고자 했다. 그리고 스승, 제자, 벗들의 학문적 태도와 삶의 방식을 통해 자신을 돌아보고자 했다. 조식은 마음속으로 지난 여남은 날 동안 지리산을 다녀오며 경험했던 일들을 생각했다.

높은 산과 큰 내를 보았으니 얻은 바가 없지 않았다. 게다가 한유한(韓惟漢), 정여창(鄭汝昌), 조지서(趙之瑞) 등과 같은 세 군자의 숨결을 느껴보기까지 했으니 아주 큰 것을 얻었다. 이들의 학문과 절의는 높은 산과 큰 내에 견주어 본다면, 열 겹의 산봉우리 위에 다시 옥(玉) 하나를 더 얹어 놓은 것이요, 천 이랑의 물결 위에 둥근 달 하나가 더 빛나는 것이라 할 수 있다.

바다와 산을 거치는 3백 리 길에서 세 군자의 흔적을 하루 사이에 붙잡아 보았다. 물을 보고 산을 보고 사람을 살피고 세상을 살피며 산에서 열흘 동안 좋아하며 품었던 마음이 하루 동안의 언짢은 마음을 뒤집어 펼쳐 놓고 말았다. 나중에 빠른 수레바퀴를 움직이는 자가 이 하나의 길로 온다면 마음을 어찌해야 할지 알지 못할 것이다. 또한 산속 바위에 자신의 이름을 새긴 자들도 있었으나, 이 세 군자의 이름은 결코 바위에 새겨져 있지 않았다. 그러나 장차 이들의 이름은 오래도록 세상에 퍼져 전해질 것이다. 그러니 만고(萬古)의 역사를 바위로 삼는 것이 차라리 낫지 않겠는가?❺❺

---

❺❺ 『남명집(南冥集)』 권2, 「유두류록(遊頭流錄)」. • 원문은 책 끝에 덧붙임.

1558년 4월 25일 날이 밝았다. 일행은 아침을 먹고 헤어지기로 했다. 진주목사 김홍은 신주목의 관아로 돌아가야 했고 전 청주목사 이정은 사천현으로 돌아가야 했으며, 진주목에도 집이 있지만 서울에 사는 이공량은 서울로 돌아가야 했다. 서로 인접한 고을에 사는 벗들인 조식과 이희안만은 삼가현까지 얼마 동안은 더 동행할 수 있었다. 그런데 막상 헤어지려 하자 모두들 허전한 마음이 들었는지 차마 먼저 발걸음을 떼지 못하고 한동안 그대로 있었다. 나이가 쉰이 넘은 이들이 여러 날 시간을 내지 않으면 오갈 수 없는 곳으로부터 와서 여남은 날 동안 지리산에서 함께 놀다가 헤어지려 하니, 애틋한 이별의 정을 금할 수가 없었다.

조식은 저녁 무렵 삼가현의 뇌룡사에 도착했다. 제자들이 돌아온 스승을 반가운 얼굴로 맞아주었고 어린아이들도 즐거워했다. 누구보다도 부실부인 송씨가 기뻐하는 얼굴빛을 감추지 못하고 있었다. 삼가현까지 함께 온 이희안은 뇌룡사에서 하룻밤을 같이 자고 나서 다음날 초계군으로 떠났다.

벗들은 헤어지면서 조식에게 산행기를 지어달라고 당부했다. 지리산에 대해서는 조식이 가장 잘 안다고 여겼기 때문이다. 이에 조식은 「유두류록(遊頭流錄)」을 지었다. 이 글을 본 이황은 이렇게 말했다.

조식의 「유두류록(遊頭流錄)」은 단순히 유람하고 구경하는 일에 관한 글이 아니다. 이 글에는 때로는 마음속 깊은 분노를 꺼내놓고, 때로는 격렬한 감정을 불러일으키도록 하는 말이 많다. 그리고 사람들로 하여금 정신을 차리도록 하며 그의 인품을 상상하도록 한다.

조식은 이렇게 말한다. "하루 따뜻하게 해주고 열흘 찬 기운에 내버려 두는 일은 곡식을 키우는 데 별 도움이 되지 않는다. 공부도 조금 하다가 그만두면 아무런 소용이 없다." 또 다른 곳에서는 이렇게 말한다. "위로 올라가는 것과 아래로 내려가는 것은 한 발짝 옮기는 데 달려 있을 뿐이다." 이런 말들은 정말 대단한 의미를 담고 있다. "사리에 밝은 총명함은 다행한가, 불행한가?"라는 말은 참으로 천고 영웅들에 대한 탄식을 불러온다. 그리고 어두컴컴한 곳에서 귀신을 울린다.❻

조식은 이때까지 자신이 만년을 보낼 곳을 찾기 위해서 덕산동(德山洞)❺⑦ 골짜기로 세 번, 청학동과 신응동 골짜기로 세 번, 용유동(龍遊洞)❺⑧ 골짜기로 세 번, 백운동(白雲洞)❺⑨ 골짜기로 한 번, 장항동(獐項洞)❻⓪ 골짜기로 한 번 등 모두 열한 번 지리산을 찾았다. 그래도 아직 자기가 살 곳을 정하지 못하고 있었다. 이런 산행을 다시 할 수 있을지를 생각하자, 조식은 조금 서글픈 마음이 들었다.

---

❺⑥ 이황, 『퇴계문집(退溪文集)』 권43, 「조식의 '유두류록'을 읽은 후에(書曹南冥遊頭流錄後)」. • 원문은 책 끝에 덧붙임.

❺⑦ 덕산동(德山洞) : 지리산 천왕봉 동쪽, 시천(矢川)과 삼장천(三壯川)이 합류하면서 덕천강(德川江)을 이루는 곳을 말한다. 조식은 예순한 살 때 실제로 이곳 덕산동으로 거처를 옮겼다. 천왕봉이 바라다보이는 덕천강 옆에 산천재(山天齋)와 살림집을 짓고 일생의 마지막을 보냈다. 이곳은 현재의 경상남도 산청군 시천면 사리 일대로, 남명기념관과 한국선비문화연구원 등이 들어서 있다.

❺⑧ 용유동(龍遊洞) : 지리산 천왕봉 북쪽 용유담(龍遊潭) 계곡 일대를 말한다. 현재의 행정구역상 위치는 경상남도 함양군 휴천면이다.

❺⑨ 백운동(白雲洞) : 지리산 동쪽 산줄기에 자리잡은 백운산의 서쪽 계곡이다. 이 계곡의 백운천(白雲川)은 계곡 끝에서 지리산에서 흘러온 덕천강(德川江)과 만난다. 현재의 경상남도 산청군 단성면 백운리 일대이다.

❻⓪ 장항동(獐項洞) : 지리산 천왕봉 동북쪽의 대원사 계곡 일대이다. '장항(獐項)'은 '노루의 목'이라는 뜻인데, 이 대원사 계곡의 옛 지명 중에 노루목이 있었다. 경상남도 산청군 삼장면 유평리에 있다.

1561년, 지리산 덕산동에 산천재를 짓다

六章

벽에 '경(敬)'자와
'의(義)'자를 붙인 까닭

1561년, 조식은 지리산 동쪽의 덕산동(德山洞)으로 거처를 옮겼다. 김해부의 산해정을 떠나 삼가현 토동에 뇌룡사와 계부당을 짓고 제자들과 함께 공부한 지 열두 해 만이었다. 조식은 지리산 자락에 살고자 하는 평생의 염원을 이루기 위해, 지리산 계곡 곳곳을 직접 찾아가 보며 마땅한 곳을 물색해 왔다. 그리고 이해에 마침내 덕산동을 선택해 거처를 옮겼다.

이곳은 중산리 계곡에서 흘러온 시천(矢川)❶과 대원사 계곡에서 흘러온 삼장천(三壯川)의 물이 합쳐져 덕천강(德川江)을 이루는 곳이다. 서쪽 하늘과 맞닿은 곳으로는 지리산 천왕봉(天王峯)이 아득하게 솟아올라 있다. 북쪽으로는 이방산(二方山)과 수양산(首陽山)의 산줄기가, 남쪽으로는 주산(主山)과 두방산(斗芳山)의 산줄기가 천왕봉으로부터 뻗어 내려와 있다. 서쪽에서 흘러온 덕천강은 제법 널찍한 평지(平地)를 펼쳐 놓고 동쪽으로 빠져

---

❶ 시천(矢川) : 경상남도 산청군 시천면, 지리산 동쪽 중산리 계곡을 흐르는 냇물을 말한다. 계곡의 경사가 급해 냇물이 '화살'처럼 빠르다는 의미에서 시천(矢川 ; 화살 같은 시내)이라고 한다. 이 시천을 살천(薩川)이라고도 하는데 또한 '화살'처럼 빠른 시내라는 뜻이다.

나간다. 강줄기 북쪽 낮은 구릉으로는 양당촌(兩堂村), 사륜동(絲綸洞)❷ 등과 같은 마을이 있고, 남쪽으로는 천평(川坪)이라는 이름의 들판이 있다. 덕천강이 빠져나가는 동쪽은 수양검음(首陽黔陰) 협곡❸인데 수양산(首陽山)과 검음산(黔陰山)❹이 양쪽으로 사나운 벼랑을 깎아 세운다.

이곳의 산과 물은 정결했다. 봄이면 덕천강으로 복사꽃이 흘러들었고, 겨울이면 아득한 천왕봉에 흰 눈이 쌓였다. 물고기들은 나무에서 날고 새들은 물속에서 헤엄치고 있었다. 마을에는 넉넉한 감나무와 사철 푸른 대나무가 집과 골목을 채웠다. 농사짓고 고기 잡고 누에 치고 나물 캐며, 느긋하게 살아가기에 이보다 더 좋은 곳이 있을까 싶었다. 도연명(陶淵明)이 노래한 무릉도원(武陵桃源)❺에 견주어도 손색이 없을 정도였다. 과연 이곳은 사방이 높은 산으로 둘러싸인, 아주 동떨어진 곳이었다.

바깥세상 쪽에서 이곳으로 들어오려면 수양검음 협곡이 막고 있어 접근할 엄두조차 내기 힘들었다. 좁은 길이 뚫려 있었지만 말 그대로 험악한 낭떠러지 길이었다. 이 길을 '덕천벼리(德川遷)'라고 불렀는데 '벼리'는 길을 뜻하는 말이 아니라 '벼랑'을 뜻하는 말이었다. 조식은 이 수양검음 협곡의 벼랑 길을 입덕문(入德門)이라고 했다. '덕(德)'의 세계로 들어가는 문, '덕산동으로 들어가는 관문'이라는 뜻과 함께 '너무 험난해서 통과하기가 쉽지 않은 문'❻이라는 뜻을 나타낸 것이다.

---

❷ 사륜동(絲綸洞) : 현재의 산청군 시천면 사리 일대이다. 조식의 시대에는 덕산동(德山洞)을 사륜동이라고 부르기도 했다.

❸ 수양검음(首陽黔陰) 협곡 : 덕천강이 경상남도 산청군 단성면 백운리의 화장산과 단성면 자양리의 함박산 사이를 흐르면서 만들어 놓은 좁은 골짜기이다. 길이는 서쪽의 시천면 사리에서 동쪽의 단성면 창촌리에 이르기까지 약 3km 정도이다.

❹ 검음산(黔陰山) : 경상남도 산청군 단성면 자양리의 덕천강 남쪽 함박산과 소두방산(小斗芳山)을 말한다.

❺ 무릉도원(武陵桃源) : 도연명(陶淵明)의 「도화원기(桃花源記)」에 나오는 말이다. 이상향, 별천지를 비유적으로 이른다. 무릉이라는 곳의 한 어부가 복사꽃이 만발한 수원지로 올라가 난리를 피해 살고 있는 사람들을 만났는데, 이들은 하도 살기가 좋아서 바깥세상의 소식을 알지 못했다고 한다.

조식은 살림집을 장만하여 가족들을 이사하도록 하는 한편, 조용히 성현의 책을 읽고 제자들도 가르칠 수 있는 서재를 지었다. 그리고 이 서재의 이름을 산천재(山天齋)라 했다.

'산천(山天)'은 『주역』 대축괘(大畜卦)❼의 괘상에서 가져온 말이다. 대축괘의 괘상(䷙)은 간괘(艮卦)의 괘상(☶)과 건괘(乾卦)의 괘상(☰)이 합쳐진 것인데, 간괘는 산을 나타내고 건괘는 하늘을 나타낸다. 이는 곧 하늘이 산 안에 있는 모습이고, 산이 하늘 위에 있는 모습이다. 그리고 이 모습에 대해 대축괘의 단전(彖傳)❽에서는 "대축괘는 강건하고 독실하게 공부하여 그 빛이 덕을 날로 새롭게 한다"고 설명을 덧붙이고 있다. 군자는 이로써 크게 쌓을 수 있다는 것❾이다. 조식은 '산천'이라는 말을 통해 강건하고 독실하게 공부해 크게 덕을 쌓고자 하는 자신의 의지를 나타낸 것이다. 또한 자신의 시대에 경륜을 펼칠 기회를 얻지 못한다 하더라도, 힘껏 제자를 길러 훗날에 큰 덕이 쌓이기를 기대한 것이다.

조식이 덕산동으로 온 것은 예순한 살 때였다. 보통 사람이라면 편안하게 여생을 보내고자 해도 좋을 나이였다. 그러나 조식은 이때 오히려 자신의 공부를 완성하고자 하는 의지로 가득 차 있었다. 지리산 천왕봉을 바라보는 자리로 거처를 옮긴 것도, 서재의 이름을 산천재(山天齋)로 지은 것도 이런

---

❻ 지금은 이곳으로 지리산대로가 시원하게 뚫려 있다. 지리산대로 가에는 '입덕문(入德門)'이라는 석각이 새겨진 바위가 있는데, 이것은 덕천벼리에 붙어 있던 것을 도로 공사를 하면서 떼어다 옮겨 놓은 것이다.

❼ 대축괘(大畜卦) : 『주역』 스물여섯 번째 괘의 이름이다. 하늘을 나타내는 건괘(乾卦)가 아래에 있고 산을 나타내는 간괘(艮卦)가 위에 있어, 흔히 산천대축괘(山天大畜卦)라고도 한다. 학문과 덕행, 재물과 명성 등과 같이 무엇인가를 크게 쌓아 올리는 일을 의미한다.

❽ 단전(彖傳) : 『주역』의 원문 괘사를 설명하는 글이다. 춘추시대의 공자가 지었다고 하지만, 실제로는 공자 시대 이후의 학자들이 조금씩 덧붙였다고 본다.

❾ 정이천(程伊川)의 『이천역전(伊川易傳)』 대축괘 주해에는 다음과 같은 구절이 나온다. "아래에 있는 건괘의 체질은 강건하고 위에 있는 간괘의 체질은 독실하다. 사람의 자질이 강건하고 독실하면 축적하는 것이 커질 수 있어서 마음속의 충실함이 크게 빛난다. 마음속의 축적함이 그치지 않으면 그 덕은 또한 날로 새로워진다.(乾體剛健 艮體篤實 人之才剛健篤實 則所畜能大 充實而有輝光 畜之不已 則其德日新也)"

이유에서였다. 선비의 공부는 죽은 이후에야 끝나는 법이다.

조식은 산천재의 왼쪽 벽에 '경(敬)'자를 써 붙이고 오른쪽 벽에 '의(義)'자를 써 붙였다. 또 '경'자 옆에는 경의 의미와 관련하여 중요한 말들을 골라 좀더 작은 글씨로 써 붙여 놓았다. "공부는 경(敬)을 유지하는 것보다 더 중요한 것은 없다"고 조식은 생각했다. 경(敬)과 의(義)의 이 두 글자는 조식이 일생 동안 학문에 대한 지표로 삼아온 것이다. 여기서 경은 내면적인 수양의 방법이고 의는 경을 바탕으로 한 사회적 실천의 원칙을 의미한다.

조식은 제자들에게 이 경자와 의자에 대해 이렇게 말했다. "우리 집에 이 '경(敬)'과 '의(義)'라는 두 글자가 있는 것은 마치 하늘에 해와 달이 있는 것과도 같다. 이 두 글자의 의미는 만고의 오랜 세월이 지나도 변치 않는 것이다. 성현들이 남긴 많은 말씀의 마지막 귀결처를 생각해 보면 모두 이 두 글자에서 벗어나지 않는다. 학문을 한다면서 경을 위주로 하지 않는다면 거짓된 것이다. 맹자는 학문의 방법은 다른 데 있는 것이 아니니 그 흩어진 마음을 수습하는 것일 뿐이라고 말했다. 이것이 경을 위주로 하는 공부이다."❿

그리고 조식은 이 경과 의의 의미를 명확하게 보여주는 「신명사도(神明舍圖)」를 그려 자신의 자리 옆에 걸어 놓았다. 이 신명사도는 마음의 작용을, 임금이 신하들을 거느리고 나라를 다스리는 일에 비유하여 도식화한 것이다. 조식은 「신명사도」와 함께 「신명사명(神明舍銘)」을 지어 그 의미를 좀더 분명하게 밝혀 놓았다. 그림으로 설명하기 어려운 부분을 말로써 보완하고자 한 것이다. 「신명사명」은 다음과 같다.

태일진군(太一眞君)이	太一眞君
명당(明堂)에서 정사를 베푼다.⓫	明堂布政
안에서는 총재(冢宰)가 관장하고,	內冢宰主

❿ 『남명별집(南冥別集)』 권2, 「언행총록(言行總錄)」. • 원문은 책 끝에 덧붙임.
⓫ 태일진군(太一眞君)의 태일은 태극을 말하고 진군은 마음을 말한다. 명당(明堂)은 임금의 자리와도 같은 마음의 자리이고 정사(政事)는 이 마음의 움직임이다.

1561년 지리산 천왕봉이
바라다보이는 덕산동으로
거처를 옮긴 조식은
서재로 쓸 산천재(山天齋)를
지었다. '산천(山天)'이라는
이름은 『주역』
산천대축괘(山天大畜卦)의
괘상에서 가져온 말로,
산처럼 큰 덕을 쌓고자 하는
의지를 담은 것이었다.
사진은 오른쪽 처마를
조금 들어 올려 천왕봉의
이야기에 귀를 기울이는
산천재의 모습이다.

조식은 하늘에 닿아 있는 지리산 천왕봉을 사랑했다.
그리고 이 천왕봉을 자신의 스승으로 여겨 배우고자 했다.
조식은 「덕산동에 살 곳을 정하고(德山卜居)」라는 시에서,
덕산동으로 살 곳을 정한 것은 "다만 하늘에 닿아 있는
천왕봉이 마음에 들어서였네"라고 읊었다.
사진은 지금도 변함없이 굳세고 굳센 천왕봉의 모습이다.

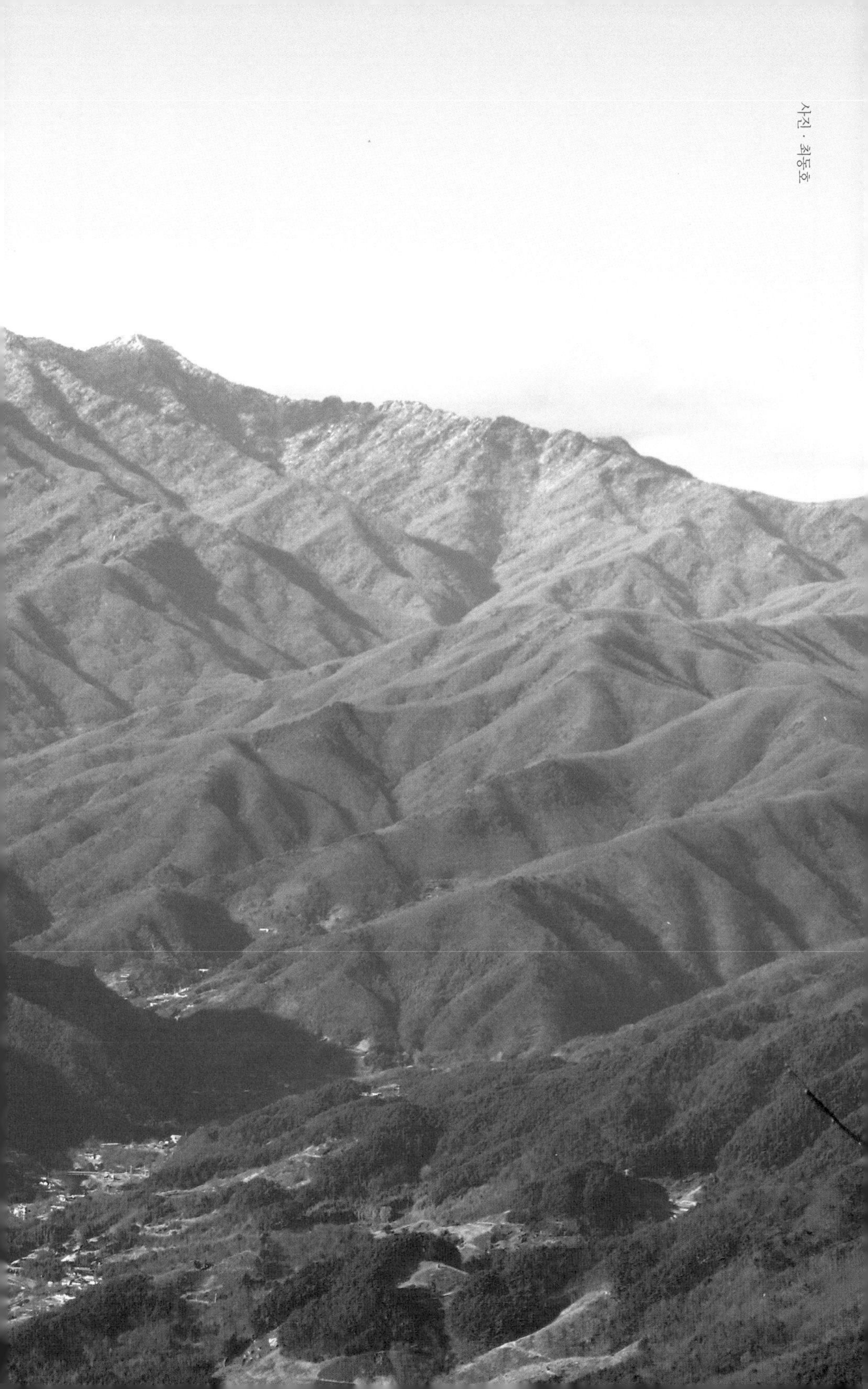

사진 · 최동호

밖에서는 백규(百揆)가 살핀다.⑫   外百揆省

추밀(樞密)을 받들어 말의 출납을 맡아,   承樞出納

진실하고 믿음직하게 말을 다듬는다.⑬   忠信修辭

네 글자⑭의 부절(符節)을 표방하고,   發四字符

백 가지 금지의 깃발을 세운다.⑮   建百勿旍

아홉 구멍의 사악(邪惡)함도,   九竅之邪

세 곳에서 처음으로 발생한다.⑯   三要始發

작은 낌새가 있을 때 용감하게 이겨내고,   動微勇克

나아가 반드시 섬멸하도록 한다.   進敎廝殺

대궐에 나아가 임금께 승리를 보고하니,   丹墀復命

태평한 시대의 해와 달이다.   堯舜日月

세 관문을 닫아 두니⑰   三關閉塞

푸른 들판이 끝없이 펼쳐져 있다.   清野無邊

하나로 되돌아가니   還歸一

시동(尸童)과도 같고 연못과도 같다.⑱⑲   尸而淵

---

⑫ 총재(冢宰)는 내정을 총괄하는 사람인데, 이 '마음의 집'에서는 마음의 움직임을 총괄하는 경(敬)과 같은 것이다. 백규(百揆)는 외정을 총괄하는 사람인데 이 마음의 집에서는 시비와 선악을 판단하는 의(義)와 같은 것이다.

⑬ 추밀(樞密)은 마음의 움직임을 말로 나타내는 일을 가리킨다. 마음의 집에서 이 일은 왕명의 출납과 군사 업무를 맡아보던 추밀원(樞密院)과 같이 신실하게 해야 한다.

⑭ 네 글자는 화(和), 항(恒), 직(直), 방(方)이다. 원래 주에서는 다음과 같이 말하고 있다. "예의 적용은 조화로움(和)이 중요하고 조화로움은 절도에 맞아야 한다. 언행을 신중하게 하고 조심스럽게 하는 것은 항상성(恒)이 중요하고 항상성은 오래도록 변하지 않아야 한다. 홀로 있을 때 삼가는 것이 곧음(直)이고, 자신의 마음을 미루어 다른 사람의 마음을 생각하는 것이 반듯함(方)이다.(禮之用和 和中節 庸信謹恒 恒攸允 謹獨絜矩)"

⑮ 백 가지 금지의 깃발을 세운다는 것은 하지 말아야 할 일이 백 가지가 넘는다는 말이다.

⑯ 아홉 구멍은 사람의 몸에 있는 아홉 군데의 구멍을 가리킨다. 세 곳은 눈, 귀, 입을 말한다.

⑰ 세 관문은 곧 눈, 귀, 입을 말한다.

⑱ 『장자(莊子)』「재유(在宥)」편에 다음과 같은 구절이 나온다. "시동처럼 가만히 있어도 용처럼 자유롭게 움직일 수 있고 깊은 연못처럼 침묵하고 있어도 우레와 같은 소리를 낼 수 있다.(尸居而龍見 淵默而雷聲)" 원문의 '시이연(尸而淵)'은 이 구절을 줄인 것이다.

⑲ 『남명집(南冥集)』권1, 「신명사명(神明舍銘)」.

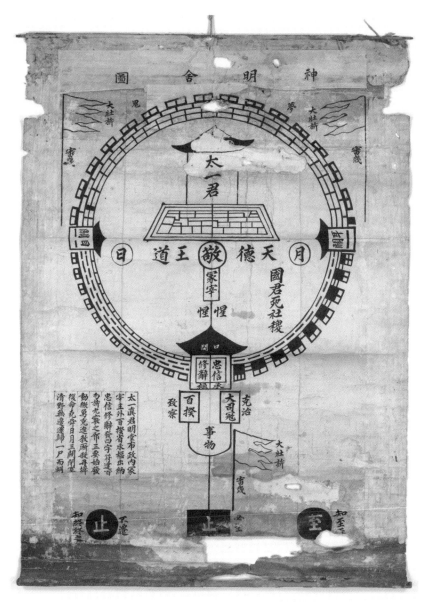

조식은 '경(敬)'과 '의(義)'를 매우 중요하게 생각했다. 그래서 이 경과 의의 의미를 명확하게 보여주는 「신명사도(神明舍圖)」를 그려 자신의 자리 옆에 걸어 두고 제자들을 가르쳤다.

조식은 또 「덕산동에 살 곳을 정하고(德山卜居)」라는 시를 써서 산천재의 주련(柱聯)❷❶으로 달았다. 조식은 이 시를 통해 이때 덕산동으로 들어온 심경과 함께 이후의 삶에 대한 생각을 밝힌다.

봄 산 어느 곳인들 향기로운 풀 없으리오만,	春山底處無芳草
다만 하늘에 닿아 있는 천왕봉이 마음에 들어서였네.	只愛天王近帝居
빈손으로 들어와서 무엇을 먹고 살 것인가?	白手歸來何物食
은하수가 십 리나 뻗어 있으니 실컷 먹고도 남겠네.❷❶	銀河十里喫有餘

향기로운 풀이 있는 곳이라면 어디라도 갈 수 있었다. 그런데 꼭 덕산동으로 들어온 이유는 이곳에 바로 천왕봉이 있었기 때문이라는 것이다. 이 천왕봉의 모습은 곧 '산이 하늘 위에 있는'『주역』 대축괘(大畜卦) 괘상의 모습과 같다. 『주역』 대축괘(大畜卦)의 괘사에서는 "크게 쌓는 일은 바르게 해야 이롭다(大畜利貞)"라고 말한다. 이로써 조식은 장엄한 천왕봉(天王峯)의 기상과 맑고 힘찬 덕천강(德川江)의 성정을, 감정 없는 자연으로 보지 않고 살아 있는 자신의 스승으로 여겼다. 조식은 산천재 앞에 풀로 지붕을 인 정자를 짓고 상정(橡亭)이라는 이름을 붙였다. 그리고 「덕산 시냇가 정자 기둥에(題德山溪亭柱)」라는 시를 지어 이 정자의 주련으로 걸었다.

쌀 천 섬이 들어가는 큰 종(鍾)을 보시오.	請看千石鍾
세게 치지 않아서는 소리가 나지 않는다오.	非大扣無聲
어떻게 하면 지리산(頭流山)을 흉내내어,	爭似頭流山
하늘이 울어도 오히려 울지 않을 수 있을 것인가?❷❷	天鳴猶不鳴

❷❶ 주련(柱聯) : 기둥이나 벽 따위에 써서 붙이는 글귀를 말한다. 한시 구절을 많이 쓴다.
❷❶ 『남명집(南冥集)』 권1, 「덕산동에 살 곳을 정하고(德山卜居)」.
❷❷ 『남명집(南冥集)』 권1, 「덕산 시냇가 정자 기둥에(題德山溪亭柱)」.

조식은 천왕봉처럼 장중한 포부를 가지고 있었다. 천 섬이 들어가는 큰 종은 조식이 지향하는 이상적인 인물을 상징하는데, 궁극적으로는 조식 자신이 나아가고자 하는 모습이다. 곧 기상이 씩씩하고 꿈이 원대하며, 마음속에 쌓아 놓은 것이 많은 선비라 할 수 있다. 워낙 크기가 큰 그릇이라 세게 치지 않으면 소리가 나지 않는다. 이 선비는 관직, 명성, 이익, 여색 등에 조금도 흔들리지 않고 옳은 일만 해나가며, 임금이 전례 없는 벼슬을 내리며 불러도 출사하지 않고 때를 기다린다. 백성을 위해 '왕도(王道) 정치'의 이상을 실현하고 나라를 위해 '하늘의 덕(天德)'을 펼칠 수 있을 정도의 일이 아니면 이 선비를 조금도 흔들 수 없다. 그래서 세게 치지 않으면 소리를 내지 않는다고 하는 것이다. 조식은 당당하게 버티고 서 있는 천왕봉의 자세를 배워 자신의 지조를 지키고자 했다.

조식은 이때 덕산동으로 거처를 옮기면서, 삼가현에 있는 집과 땅은 물론 노비까지도 모두 동생 조환(曹桓)에게 물려주었다. 제사 또한 맡겼다.

조식은 동생과 우애가 매우 돈독했다. 형제는 한 뿌리에서 갈라져 나온 나뭇가지와 같아서, 그 기운은 서로 이어져 있는 존재라고 생각했다. 삼가현에 있을 때는 같은 울타리 안에 살며 같은 대문을 출입했으며, 같은 밥상에서 밥을 먹고 한 이불에서 잠을 잤다. 그리고 아무리 사소한 일이라도 서로 의논해서 일을 처리했다. 아버지를 일찍 여읜 동생 조환도 조식을 엄한 아버지처럼 공경하며 따랐다. 또 덕산동과 삼가현 토동은 하루면 올 수 있는 거리였다. 그래서 동생은 자주 덕산동으로 조식을 찾아왔고, 또 조식에게 필요한 물품을 마련해 오기도 했다.

덕산동으로 옮기고 나니 번잡한 세상사가 많이 줄어들었기 때문에 학문 연구와 제자 양성에 더욱 전념할 수가 있었다. 찾아오는 사람도 모두 배우려는 사람이거나 뜻이 맞는 종유(從遊)❷들이었다.

---

❷ 종유(從遊) : 학문이 깊고 덕이 높은 사람과 함께 사귀면서 배우는 일, 또는 그 사람을 말한다.

덕산동으로 거처를 옮긴 지 얼마 지나지 않아 정탁(鄭琢)❷이 와서 배웠다. 정탁은 조식보다 스물다섯 살 아래였다. 그는 일곱 살 때 이미 이황의 문하에 들어가 학문을 익혀 성리학에 조예가 깊었다. 서른세 살 때 문과에 합격해 교서관정자(校書館正字)❷와 평안도 성천부(成川府) 교수(敎授)를 지냈다. 그리고 이때에 진주목 교수로 부임하면서 조식을 찾아온 것이다.

정탁은 이미 오래전부터 조식의 학문과 덕성에 대해 듣고서 언제라도 나아가 가르침을 얻고자 하는 염원을 가지고 있었다. 이에 진주향교로 부임해 오자마자 곧바로 폐백(幣帛)❷을 가지고 찾아와 제자의 예를 갖추었다. 정탁은 천 길 절벽처럼 우뚝한 조식의 장중한 기상을 우러러보았다. 조식 또한 재주가 영민하고 행동에 과단성이 있는 정탁이 마음에 들었다.

2년 후에 정탁이 다른 벼슬을 받아 떠나기 위해 하직 인사를 하러 왔다. 조식은 그에게 소를 한 마리 주면서 타고 가라고 했다. 정탁이 그 뜻을 알 수 없어 어리둥절해 하자 조식은 이렇게 말했다. "자네는 말이나 기질이 너무 민첩하니, 이제부터는 꾸준히 행동함으로써 원대한 경지에까지 나아가는 것이 좋겠네. 소처럼 꾸준히 행동하도록 하게." 조식은 정탁의 과단성 있는 행동을 좋아했지만 다른 한편으로는 이를 조절하여 균형을 이룰 수 있도록 가르쳤던 것이다. 정탁이 평생 지조를 굽힘이 없이 꿋꿋하게 살아간 것은 조식에게서 받은 영향이 적지 않았다.

1565년 정탁은 성균관전적을 거쳐 사간원정언의 자리에 올랐다. 사간원의 관원은 임금과 조정의 옳지 못한 일을 지적하고 고치도록 간(諫)하는 책

---

❷ 정탁(鄭琢) 1526-1605 : 명종, 선조 때의 관료이다. 도승지, 강원도관찰사, 대사헌, 이조판서, 우의정, 좌의정 등을 지냈다. 임진왜란 때 선조를 의주까지 호종했다. 곽재우, 김덕령(金德齡) 등의 명장을 천거해 전공을 세우도록 했다. 정유재란 때 이순신이 옥에 갇히자 이순신에게 죄가 없음을 밝혀 죽음을 면하도록 했다. 조식의 문인이다. 경서와 역사서는 물론 천문, 지리, 상수(象數), 병법 등에 두루 능했다. 자는 자정(子精), 호는 약포(藥圃)·백곡(栢谷)이다. 『약포집(藥圃集)』이 있다.

❷ 교서관정자(校書館正字) : 교서관은 경적(經籍)의 인쇄와 제사에 쓰이는 축문 등을 담당하던 관청이다. 정자는 문장 교정을 담당하던 정9품 관원이다.

❷ 폐백(幣帛) : 정식으로 제자가 되기 위해 스승에게 바치는 예물을 말한다.

무를 가지고 있었다. 이에 정탁은 당시 문정왕후의 비호 아래 권력을 독차지하고 있던 윤원형의 악행을 서슴없이 탄핵했는데, 그 말이 칼날과도 같았다. 인재를 보는 안목이 남달랐던 이준경(李浚慶)은 그를 처음 보고 "용모가 암룡(雌龍)과 같으니 훗날 반드시 크고 귀하게 될 것"이라고 예언했다.

임진왜란 때 선조의 몽진(蒙塵 : 피난길) 방향을 놓고 논란이 벌어졌는데, 정탁이 평안도로 몽진할 것을 강력히 주장하여 이를 실현시켰다. 당시 함경도 쪽으로 몽진하자는 주장도 적지 않았지만, 정탁은 "함경도는 막다른 곳이고, 또 명나라에 원병을 청하는 데도 이롭지 않다"며 반대했다. 명나라에 원병을 청할 때도 큰 공을 세웠다. 정유재란 때는 원균(元均) 등의 모함으로 이순신(李舜臣)이 옥에 갇혀 모진 고문을 당하자, 정탁이 이순신에게 죄가 없음을 밝혀 죽음을 면할 수 있도록 했다. 그는 임진왜란 때 풍전등화의 위기에서 나라를 구한, 위대한 정치가였다.

정탁은 성리학 이론에만 몰두한, 문약(文弱)한 유학자가 아니었다. 그는 늘 "선비로서 병법(兵法)을 모르면 큰 임무를 맡을 수 없다"라고 주장했다. 그리고 스스로 병법에 정통했다. 문무를 함께 갖추어 밖으로 나아가서는 무장(武將)이 되고 안으로 들어와서는 정승이 되어 세상을 구제할 수 있는 인재가 바로 정탁이었다.

이해(1561년)에 또 조원(趙瑗)❷이 배우러 왔다. 조원은 조식의 생질(甥姪 : 누이의 아들)인 이준민(李俊民)의 사위였으니, 곧 조식의 생질손서(甥姪孫壻)이기도 했다.

여러 편의 한시(漢詩)를 남긴 시인 이옥봉(李玉峰)❷은 조원의 부실(副室) 부인이었다. 그는 왕족의 후예였는데 나면서부터 매우 총명했다. 그 아버지가 이를 사랑하여 글을 가르쳤고 그는 배운 것을 매우 빨리 이해했다. 그래

---

❷ 조원(趙瑗) 1544~1595 : 선조 때의 관료이다. 이조좌랑, 삼척부사(三陟府使), 동부승지(同副承旨) 등을 지냈다. 조식의 문인이다. 효성이 지극했으며 자식 교육 또한 단정하고 엄숙했다. 본관은 임천(林川), 자는 백옥(伯玉), 호는 운강(雲江)이다. 『가림세고(嘉林世稿)』, 『독서강의(讀書講疑)』 등의 책이 있다.

서 때때로 책을 사주어 읽게 했더니 시문(詩文) 솜씨가 나날이 발전했다. 시 짓는 재주를 타고난 데다 이전 사람들의 시를 답습하지 않았다. 이옥봉은 자신의 시에 자부심을 가지고 아무에게나 시집가려고 하지 않고, 문장이 뛰어난 선비를 골라 일생을 함께하고자 했다. 그 아버지도 이런 뜻을 알고 적당한 사윗감을 얻으려 노력했지만 구하지 못했다. 그러다가 조원이 문장이 뛰어나다는 사실을 알고 직접 조원을 찾아가 사정을 이야기하며 자신의 딸과 혼인해 달라고 청했다. 그러나 조원은 이미 결혼한 상황이라 이 부탁을 들어줄 수가 없었다.

이옥봉의 아버지는 이번에는 조원의 장인인 이준민(李俊民)을 찾아가 이 사정을 이야기했다. 그러자 이준민은 웃으면서 이 말을 들어 주었다. 그리고는 조원에게 "자네는 왜 그 사람의 간청을 들어주지 않는가?" 하고 물었다. 조원은 이렇게 대답했다. "나이 어린 벼슬아치가 어찌 첩을 거느리겠습니까?" 이에 이준민은 "장부의 처사가 아니다"라고 말하고, 날을 받아 데려오도록 했다.

조원이 괴산군수, 삼척부사(三陟府使), 성주목사(星州牧使), 영월군수 등의 고을 수령으로 나갈 때, 이옥봉은 항상 따라다니며 그 지방의 경치와 풍속을 시로 읊었다.

이해에 기생 황진이(黃眞伊)가 덕산동으로 조식을 찾아왔다. 당시 팔도 제일의 기생으로 이름을 떨치던 황진이는 지리산 유람을 하던 중이었다.

황진이는 빼어난 용모로 뭇 남성들의 마음을 떨리게 했고, 가무에 대한 조예도 깊었다. 특히 노래를 매우 잘 불렀는데 그 소리가 곱고 맑았다. 시서화(詩書畵)에 두루 능했을 뿐만 아니라, 경서와 역사서에 대한 지식도 풍부했다. 그리고 능란한 대화술을 갖추고 있었다.

---

❷ 이옥봉(李玉峰) 1544~1595 : 선조 때의 시인이다. 맑고 씩씩한 시를 지었으며 중국에까지 이름이 알려졌다. 양녕대군의 후손으로 충청도 옥천군(沃川郡)의 군수를 지낸 이봉(李逢)의 서녀이다. 삼척부사를 지낸 조원(趙瑗)의 부실부인이다. 한시 32편이 실린 『옥봉집(玉峰集)』 1권이 전해지고 있다.

황진이는 이름 높은 사대부나 승려를 유혹하여 세상의 조롱거리로 만드는 일을 즐거움으로 삼았다. 깨끗한 행실을 자부하던 왕족(王族) 벽계수(碧溪水)를 노랫소리로 무너뜨린 이야기는 유명하다. '살아 있는 부처'로 일컫어지던 수도승 지족선사(知足禪師) 또한 몸으로 유혹하여 파계시켰다. 도학군자로 이름이 높던 유학자 서경덕(徐敬德)㉙이 진실한 군자인지를 밝혀보고자 한 일도 있었다. 그는 선비의 옷을 입고 『대학』 책을 옆에 끼고 찾아가 제자가 되기를 청했다. 서경덕은 웃으면서 받아들인 후 그에게 글을 가르쳤다. 밤이 되자 옆에서 잠을 자겠다고 하자, 서경덕은 또 그러라고 했다. 이렇게 여러 날 계속했지만, 서경덕은 끝내 조금도 흔들리지 않았으므로 스스로 굴복하고 물러났다.

황진이는 산수 유람을 좋아하여, 황해도 구월산(九月山), 평안도 묘향산(妙香山) 등을 유람했다. 명나라에서도 보고 싶어 한다는 금강산(金剛山)에도 가보고 싶었으나 함께 유람을 떠날 만한 사람이 없어 떠나지 못했다. 이때 마침 이정승(李政丞)의 젊은 아들 이생(李生)을 만나보니 함께 산행을 할 만한 인물이었다. 자신은 죽장망혜(竹杖芒鞋)㉚에 고깔모자를 쓰고, 이생에게는 더벅머리에 괴나리봇짐을 져 종의 행색으로 꾸며 따르도록 했다. 금강산을 찾아가 모든 봉우리와 골짜기를 샅샅이 구경했다. 때로는 덕이 높은 고승(高僧)을 만나 불법에 대해 묻고 인생살이의 이치에 대해 들었다. 이렇게 한 해 동안 금강산을 구경한 후 집으로 돌아갔다가 이내 다시 남쪽으로 길을 나섰다. 태백산, 오대산, 소백산을 거쳐 지리산에 이르렀다. 지리산에 와서는 노고단(老姑壇), 반야봉(般若峯), 천왕봉(天王峯) 등의 모든 봉우리에 올라가 보고, 화엄사(華嚴寺), 쌍계사(雙磎寺), 천은사(泉隱寺), 연곡사

㉙ 서경덕(徐敬德) 1489~1546 : 중종 때의 유학자이다. 이기론(理氣論)의 본질을 연구하여 체계화했다. 수학과 역학도 깊이 연구했다. 벼슬길에 나아가지 않고 초야에 묻혀 은둔해 학문에 전념하는 처사로서의 삶을 살았다. 자는 가구(可久), 호는 복재(復齋)·화담(花潭)이다. 저서에 『화담집』이 있다.

㉚ 죽장망혜(竹杖芒鞋) : 대지팡이에 짚신을 신는다는 말이다. 먼 길을 떠나는 사람의 차림새가 간편하다는 뜻을 나타낸다.

(鷲谷寺), 대원사(大源寺) 등의 절도 모두 들러 보았다. 그리고 덕산동 산천재에 당도했다.

황진이는 먼저 "평소에 조식을 우러러 사모해 왔는데 한번 만나 뵙고 싶다"는 뜻을 전한 후 조식의 답을 기다렸다. 조식은 이미 황진이의 소문을 듣고 있었으나 거절하지 않고 맞아 들였다. 당시의 풍속으로 사대부는 남의 집 부녀자와는 함부로 만날 수 없었지만 기생과는 어울릴 수 있었다. 조식은 바깥 외물(外物)의 유혹에 흔들리지 않을 자신이 충분했으므로 만났던 것이다.

그러나 황진이는 조식을 대하는 것이 마치 우뚝한 산봉우리를 대하는 것 같아, 도저히 그 지조를 시험해 볼 엄두가 나지 않았다. 그도 세상 사람들을 많이 접해 봤지만, 이렇게 기상이 크고 포용력이 있으면서도 감히 범접할 수 없는 인격을 갖춘 인물은 처음 보았다. 유혹에는 실패했으나 유혹을 시도해보기라도 했던 서경덕과는 또 다른 면모였다. 조식도 산수를 좋아하는지라 자신이 가보지 못한 묘향산, 금강산 등의 형상에 대해서 묻자, 황진이는 상냥하게 그림을 그리듯 자세하게 대답했다. 그 경치 묘사가 아주 사실과 부합하면서도 치밀해, 조식은 황진이가 재주 있다는 말이 그냥 전해진 말이 아니라는 것을 느꼈다.

황진이가 돌아가고 난 후 제자들이 조식에게 물었다. "『소학(小學)』에 '남녀 간에는 일곱 살만 되면 자리를 같이하지 않는다'라고 했는데, 선생께서 그 기생의 방문을 물리치지 않은 것은 무슨 이유에서입니까?" 자신들이 존경하는 스승이 무슨 이유로 이와 같이 요사스러운 기생을 만나는 것인지 불만스럽고 의아했던 것이다. 조식은 웃으면서 이렇게 대답했다. "천하에서 제일 통과하기 어려운 관문이 무엇인지 아는가? 바로 화류관문(花柳關門 ; 여인의 유혹)이라네. 내 스스로 이 관문을 통과할 수 있는지 시험해 본 것이네. 너희들은 지금 스스로 지조가 굳다고 생각하고 있지만, 이 관문에 들어가면 다 녹아 없어질 걸세."

이해(1561년)에는 또 진주목에 사는 자형 이공량이 자신의 아버지를 추모하는 재각(齋閣) 영모당(永慕堂)을 지었다. 조식은 이 영모당 건립에 얽힌 사연을 기록한 「영모당을 지은 내력(永慕堂記)」을 짓고, 그 낙성식에 참석했다. 영모당 주변의 경치는 '선인들이 몰래 감추어두고 홀로 즐기기라도 했을 것'처럼 말할 수 없이 좋았다. 서쪽 멀리로는 웅장한 지리산이 뻗어 있었고 북쪽에서 동쪽으로는 남강(南江)이 감돌아 흐르고 있었다. 동쪽으로는 제법 널찍한 들판이 내려다 보였고, 남쪽으로는 월아산(月牙山)**❸❶**이 '흰 구름 속에 소라 껍질 같은 모양'으로 솟아올라 있었다. 때때로 집터를 둘러싼 대숲이 월아산에서 불어온 바람에 휩쓸렸다가 다시 일어서면서 부스럭거리는 소리를 내곤 했다. 과연 영모당은 착한 것을 좋아하는 이의 집이라 하기에 부족함이 없었다.

조식은 이 「영모당을 지은 내력」에서 자형 이공량에 대해 이렇게 썼다. "평소 별난 행실을 좋아하지 않았고 입으로 남의 나쁜 점을 말한 적이 없었으며, 마음으로 남을 해치려는 생각을 가져본 적이 없었다. 남을 사랑하고 착한 것을 좋아하며 소탈하고 얽매이지 않았다."**❸❷**

당시 백성들의 생활은 극도로 피폐하여 봄이면 굶어 죽는 사람이 속출했다. 백성들은 나라에 온갖 명목의 세금을 납부해야 했고, 병역과 부역에도 시달려야 했다. 녹봉만으로 재산을 모으기 힘들었던 관원들이 권력을 이용해 백성들의 토지를 탈취하거나 겸병했다. 백성들에게 집에서 사는 일은 곧 무엇인가를 끊임없이 빼앗겨야 하는 일이었으므로, 집은 더 이상 편안한 보금자리가 아니었다. 이에 집을 버리고 정처 없이 떠돌아다니던 백성들은 열 명씩, 스무 명씩 비슷한 처지에 있는 이들과 함께 무리를 지어 도둑질이나 강도 짓을 했다.

이런 분위기 속에서 임꺽정과 같은 도적이 나타났다. 그는 경기도 양주목(楊州牧)에서 한 백정의 아들로 태어났는데 정처 없이 떠도는 도적 무리를 결집시켜 큰 세력을 형성했다. 임꺽정 도적패는 황해도 금천군(金川郡) 청

---

❸❶ 월아산(月牙山) : 진주시 금산면 갈전리와 문산읍 상문리 경계에 위치한 산이다. 해발 482m의 장군대봉과 471m의 국사봉이 있다. 두 봉 사이로 솟아오르는 보름달이 장관을 이룬다.

❸❷ 『남명집(南冥集)』 권2, 「영모당을 지은 내력(永慕堂記)」. • 원문은 책 끝에 덧붙임.

석골을 중심으로 황해도와 평안도는 물론 경기도 일부 지역까지 활개를 치고 다녔다.

임꺽정 도적패는 주로 양반, 부자의 집을 습격해 재물을 빼앗았다. 심지어 관군을 공격하고 관청에 침입하여 백성들로부터 거둬들인 것들을 가져갔다. 그리고 이렇게 가져간 재물을 백성들에게 나누어 주었다. 임꺽정 도적패에는 유랑민 외에도, 무뢰배, 상인, 대장장이, 노비는 물론 역리와 아전까지 가담해 있었다. 이들은 자신들의 능력을 활용해 다양하면서도 대담한 방법으로 도적질을 했다. 관찰사가 조정에 보내는 봉물(封物)을 약탈하거나, 관찰사의 친척을 가장해서 각 고을 수령들을 등쳐먹는 일까지 있었다. 임꺽정 도적패는 임꺽정의 핵심 수하인 서림(徐林)이 서울에서 잡히면서 점점 세력이 위축되었다. 그리고 임꺽정은 황해도 구월산에서 토포사 남치근에게 잡혀 처형당했다.

1562년 1월, 임꺽정이 잡혀 죽자 조정의 관원들은 물론 명종도 마음을 놓았다. 명종은 "나라에 반역한 큰 도적 임꺽정 등이 이제 모두 잡혀 내 마음이 매우 기쁘다"고 말하며 공을 세운 자들에게 상을 내렸다. 임꺽정 도적패의 횡행(橫行)은 조선 조정을 뿌리부터 뒤흔들어 놓았다. 이처럼 큰 무리의 도적패가 이처럼 넓은 지역에서 무려 3년 동안이나 관군과 대치하며 도적질을 한 일은 전례가 없는 것이었다. 그러나 임꺽정 무리가 어떻게 온 나라를 뒤흔들어 놓을 수 있었는지 그 원인을 밝혀 이를 바로잡으려고 애쓰는 이는 아무도 없었다.

조식은 임꺽정이 잡혀 처형당했다는 소식을 듣고 나라를 위해 다행이라고 여기면서도 홀로 가만히 앉아 눈물을 흘렸다. 선량한 백성들을 도적패로 내몰고 있는 현실을 탄식하는 한편 근본 원인을 찾아 대책을 세우지 않는 벼슬아치들에게 분노를 느꼈다. 무엇보다도 오랜 세월 억눌려 지내던 백성들의 처지가 서럽고도 뼈아팠다.

20절

부지런한 농부들이 연둣빛 들로 나올 때

1562년 5월에 밀양부(密陽府)에 살던 벗 신계성(申季誠)이 세상을 떠났다. 조식보다 두 살 더 나이가 많았으므로, 향년 예순넷이었다. 조식은 그의 장례일에 맞춰 밀양부로 가서 장례에 참석했다. 나중에 그 아들의 요청으로 신계성의 묘갈명(墓碣銘)을 지어 주었다.

신계성은 밀양부 삽포(鈒浦)❸❸에 석계정사(石溪精舍)를 짓고 학문에 전념했다. 성현의 학문에 몰두하면 부귀영화를 얻지는 못해도 그보다 더 즐거운 세상이 있다는 확신을 가지고 있었다. 간단한 병풍을 만들어 펼쳐두고 지냈는데, 이 병풍에는 "경으로써 안을 곧게 하고 의로써 바깥을 바르게 한다"❸❹는 구절이 쓰여 있었다. 이 구절은 『주역』 「곤괘, 문언전(坤卦, 文言傳)」에 나오는 것으로, '경(敬)'으로서 마음의 선한 본성을 기르고, '의(義)'로서 행동의 기준을 삼는다는 의미이다. 신계성은 경과 의를 강조했던 조식과 같은 생각을 가지고 있었던 것이다. 조식은 신계성에 대해 이렇게 말했다. "겉으로는

---

❸❸ 밀양부 삽포(鈒浦) : 현재의 밀양시 부북면 후사포리에 있었던 마을 이름이다.
❸❹ 『주역』 「곤괘, 문언전(坤卦, 文言傳)」. "君子, 敬以直內, 義以方外."

가만히 물러나 있는 것 같지만 안으로는 매우 강하고 과단성이 있다. 늙도록 변하지 않을 사람은 이 사람뿐이다."

신계성의 묘갈명에서 조식은 이렇게 한탄했다. "나만 나중에 죽으라는 것인지 벗들이 먼저 간다." 이때 조식의 절친한 벗 여럿이 이미 세상을 떠났다. 10년 전에 김대유(金大有)가 먼저 떠났고, 3년 전에는 초계군의 이희안(李希顏)과 보은현에서 만났던 성제원(成悌元)이 뒤를 따랐다. 그때마다 이들의 집안사람들이 조식에게 묘갈명을 청해 왔다. 조식은 신계성의 묘갈명을 쓰면서 이렇게 말했다. "여러 집의 자제들이 모두 부형의 뜻을 모르고 그 차마 하기 어려운 일을 억지로 맡기면서 눈물을 흘리며 간청을 하니 어찌 괴롭지 않겠는가?" 조식은 자신 또한 곧 이 벗들을 따를 것으로 생각하니 벗들의 죽음을 슬퍼할 세월도 오래 남지 않은 것 같았다.

1563년, 초계군(草溪郡) 성산리(城山里)에 사는 이대기(李大期)❸❺가 찾아왔다. 이때 이대기는 열세 살의 소년이었으니 조식보다는 쉰 살 아래였다.

이대기는 1589년 정여립 사건이 일어났을 때 동문 선배인 최영경이 정여립 일당으로 몰려 죽자 그 억울함을 밝히는 상소를 했다. 임진왜란 때는 곽재우와 함께 의병을 일으켰고 낙동강 유역 전투에서 혁혁한 공을 세웠다.

1614년 광해군이 선조의 적자인 영창대군(永昌大君)을 죽이려 할 때, 정온(鄭蘊)이 이를 반대하다가 제주도 대정현(大靜縣)으로 유배되었다. 이때 이대기가 이 일의 부당함을 말하며 정온을 구하려다가 자신 또한 황해도의 백령도로 유배되었다. 백령도에서는 9년 동안 귀양살이를 하다가 인조반정(仁祖反正)❸❻ 후에야 풀려나 고향으로 돌아왔다. 그가 의롭지 못한 일에 굽히지 않는 것은 모두 조식의 정신에 훈도(薰陶)받은 결과라 할 수 있을 것이다. 이대

---

❸❺ 이대기(李大期) 1551-1628 : 최영경, 김우옹 등과 함께 조식 문하에서 공부했다. 임진왜란 때 초계군에서 의병을 일으켜 곽재우와 합세해 싸웠으며 낙동강 유역에서 혁혁한 공을 세웠다. 임진왜란 이후, 의흥현감(義興縣監), 청풍군수(淸風郡守), 형조정랑(刑曹正郎) 등을 지냈다. 본관은 전의(全義), 자는 임중(任重), 호는 설학(雪壑)이다.

❸❻ 인조반정(仁祖反正) : 1623년 광해군 15년에 서인(西人)이 정변을 일으켜 광해군 및 집권파인 북인(北人)을 몰아내고 인조를 왕으로 옹립한 사건이다. 이로써 임진왜란 이후 정권을 잡았던 북인 일파는 몰락하고 서인의 시대가 열렸다.

기는 고향에 돌아온 후, 자신의 고향인 초계군의 향촌 질서를 바로 세우고자 애썼다. 이를 위해 초계군의 수령을 지냈던 인물들을 차례로 정리한『초계향안(草溪鄕案)』과 향촌 사람들의 자치 규약인 향규(鄕規 ; 향약)를 만들었다.

이해에 사천현의 이정(李楨)이 조식을 만나러 왔다. 이정은 맑은 덕산동의 산수를 좋아했다. 이에 일찍이 이곳에 들어와 조식과 이웃하여 살겠다고 말하고 실제로 산천재 근방에 집을 지어 놓고 있었다. 그리고 이 무렵 이곳에 와서 며칠 머물면서 산천재를 방문한 것이다. 조식과 이야기를 나눈 이정은, 즐거움에 도취되어 이렇게 말했다. "참된 즐거움이란 바로 여기에 있으니 뜬 부귀영화는 이제 끊을 수 있겠습니다. 여기에서 모시고 지내다가 여생을 마치면 족하겠습니다."

이 말을 들은 어떤 사람이 "이정은 벼슬하는 사람인데 어찌 갑자기 깊은 골짜기에 들어와 살 계획을 하는 것입니까?" 하고 조식에게 물었다. 조식은 웃으면서 아무 대답도 하지 않았다. 이 사람이 다시 묻자 조식은 이렇게 대답했다. "그는 결코 살러 오지 않을 것일세. 나는 그가 살러 오지 않으리라는 것을 마음속으로 짐작했지만, 그가 나를 좇아 살겠다는데 내가 어찌 거절할 수 있겠는가?" 과연 이후 이정은 덕산동으로 들어와 살지 않았다.

이정은 스물세 살 때 조식의 벗 송인수에게서 가르침을 받았다. 1534년 송인수가 직간(直諫)한 일로 억울하게 탄핵을 당해 사천현으로 귀양 왔을 때였다. 권력 전횡을 비판하다가 오히려 귀양을 온 송인수의 강직한 기질과 현실관은 이정에게 적지 않은 영향을 미쳤다. 이정은 이후 스물다섯 살 때 문과에 장원으로 합격했고, 6년 후에 경상도 영천군(榮川郡 ; 현재의 영주시)의 군수를 지냈다. 그리고 이때 인접한 예안현 도산(陶山)으로 이황을 찾아가 학문하는 방법을 배웠다.

마흔 살 때는 경주부윤(慶州府尹)으로 있으면서 이황의 자문을 받아, 김유신, 설총, 최치원 등을 모시는 서악서원(西岳書院)을 세웠다. 이황과는 자주 편지를 주고받으며 학문을 토론했으며 철 따라 선물을 보내며 제자의 예를 극진히 했다. 그러나 조식에게는 제자의 예는 차리지 않고 후배로서 종유했다.

1563년 3월이 되자, 봄이 한창 무르익기 시작했다. 덕산동의 산과 들이 연둣빛으로 물들고 덕천강 물이 소리를 높였다. 부지런한 농부들은 벌써 들에 나와 땅을 갈아엎고 있었다.

조식은 제자 하항(河沆), 하응도(河應圖), 유종지(柳宗智)❸, 진극경(陳克敬)❸ 등과 함께 함양군의 남계서원(灆溪書院)❹을 방문해 정여창(鄭汝昌)의 사당에 참배한 후 여러 선비들과 함께 학문을 강론했다. 조식은 정여창에 대해 이렇게 말했다. "학문이 깊고 독실하여 흠이라곤 하나도 없는데도 사화로 죽었으니 운명이라 할 수 있다."

남계서원에서 강론을 마치고, 안음현 갈계리(葛溪里)❹에 살던 벗 임훈(林薰)❹을 찾아가 조문했다. 임훈은 이때 부친상을 당해 시묘살이를 하고 있었다. 당시 그는 예순 살이 넘은 나이였음에도 예법에 따르고 있었다. 그가 상을 당한 직후 조식은 편지를 보내 위로했는데, 이번에 직접 조문을 하기 위해 갈계리까지 찾아간 것이다. 함께 간 제자들이 안음현의 세 골짜기❹ 경치가 좋으니 놀다가 가자고 했다. 그러나 조식은 "이번 걸음은 오로지 임훈을

---

❸ 유종지(柳宗智) 1546-1589 : 명종, 선조 때의 유학자이다. 조식의 문인이다. 노진(盧禛), 임훈(林薰), 최영경, 정구(鄭逑) 등과 교유했다. 학행으로 천거되어 참봉 벼슬을 두 번 받았으나 출사하지 않았다. 1589년의 정여립 사건에 연루되어 옥중에서 죽었다. 자는 명중(明仲), 호는 조계(潮溪), 본관은 문화(文化)이다. 진주목에 살았다.

❸ 진극경(陳克敬) 1546-1617 : 조식의 문인으로 경(敬)과 의(義)를 삶의 기준으로 삼았다. 최영경, 오건, 하항 등과 함께 공부했다. 『남명사우록(南冥師友錄)』 편찬 및 덕천서원 창건에 참여했고, 임진왜란 이후 덕천서원 중건을 주도했다.

❹ 남계서원(灆溪書院) : 1552년 정여창의 학문과 덕행을 추모하기 위해 창건되었으며 1566년 사액되었다. 남계(灆溪)는 서원 옆을 흐르는 시냇물의 이름이다. 경상남도 함양군 수동면 원평리에 있다.

❹ 안음현(安陰縣) 갈계리(葛溪里) : 현재의 거창군 북상면 갈계리 일대이다. 안음현은 함양군의 안의면·서하면·서상면 일대, 거창군의 마리면·북상면·위천면에 걸쳐 있던 고을이다.

❹ 임훈(林薰) 1500-1584 : 중종, 선조 때의 유학자이자 관료이다. 아버지 임득번(林得蕃)에게 글을 배웠고 정여창(鄭汝昌)을 사숙했다. 조식, 이황과 교유했다. 1561년 부친상을 당하자 예순 살이 넘은 나이에도 정성껏 시묘살이를 했다. 관료로서 소격서참봉(昭格署參奉), 비안현감(比安縣監), 광주목사(光州牧使) 등을 지냈다. 본관은 은진(恩津), 자는 중성(仲成), 호는 자이당(自怡堂)·고사옹(枯査翁)·갈천(葛川)이다.

위로하기 위한 것"이라 말하며 거절했다.

임훈은 성품이 관대했다. 비록 노비가 제멋대로 행동해도 그냥 내버려 두었다. 일찍이 임훈이 말을 타고 길을 떠난 적이 있었다. 그런데 노비가 말안장을 엉성하게 묶은 탓에 말을 타면 안장 끈이 거듭 끊어졌다. 이때 함께 길을 가던 조식이 이를 보다 못해 종자를 시켜 임훈의 노비를 매질하도록 했다. 그러나 임훈의 말이 맨 뒤로 처졌을 때 안장 끈이 또다시 끊어졌다. 임훈이 그 노비에게 "조식이 알면 어찌할 것이냐?"라고 물었더니 그 노비가 안장 끈을 풀어 다시 단단하게 고쳐 맸다. 목적지에 당도했을 때 임훈이 조식에게 웃으며 말했다. "오늘 내가 말에서 떨어지지 않은 것은 자네 덕분일세."

임훈은 그 동생 임운(林芸)❸과 함께 지극한 효자로 소문나 있었다. 임훈과 임운 형제는 이해(1563년)에 모두 정려문(旌閭門)❹을 받았다.

또한 같은 해(1563년)에 성주목 사월곡리(沙月谷里)의 김우옹(金宇顒)이 찾아왔다. 김우옹은 4년 전 조식이 찾아가 만났던 김희삼의 아들이자 김우굉의 동생이었다. 김희삼에게는 아들이 넷 있었는데, 이 가운데 셋이 문과에 합격했다. 김우옹은 이 가운데 막내아들이었다. 그는 어릴 때부터 총명했다. 아직 글자를 모를 때부터 글을 읽고 있는 사람을 보면 기뻐하면서 그 곁에 가만히 앉아 떠나지를 않았다. 조금 자라서는 다른 취미는 전혀 없고 오로지 글 읽기만을 좋아했고, 글을 지으면 어린아이가 쓴 글이라고 생각하지 못할 만큼 그 생각이 아주 뛰어났다.

김우옹은 또한 조식의 외손서(外孫壻)였다. 조식에게 딸이 하나 있었는데, 그 딸은 단성현 법물(法勿)에 사는 상산김씨(商山金氏) 김행(金行)에게

---

❷ 경치가 수려하기로 이름이 높았던 안음현(安陰縣)의 세 계곡을 말한다. 곧 황석산 남쪽의 화림동천(花林洞天), 황석산과 기백산 사이의 심진동천(尋眞洞天), 기백산 동쪽의 원학동천(猿鶴洞天)이다.

❸ 임운(林芸) 1517–1572 : 명종, 선조 때의 관료이다. 아버지 임득번(林得蕃)에게 글을 배웠고 정여창(鄭汝昌)을 사숙했다. 이황의 문인이다. 사직서참봉, 후릉참봉, 경기전참봉 등을 지냈다. 본관은 은진(恩津), 자는 언성(彦成), 호는 첨모당(瞻慕堂)·노동산인(蘆洞散人)이다.

❹ 경상남도 거창군 북상면 갈계리에 '은진임씨 정려각'이 있는데 이 안에 남아 있다.

시집가서 두 딸을 낳았다. 조식은 김희삼과 교분이 두터웠으므로 그 아들 김우옹의 사람됨을 잘 알고 있었다. 이에 자신의 외손녀를 그에게 시집보냈다. 조식의 외손녀는 심성이 곧고 행실이 단정했으나 외모와 솜씨는 보잘것 없었다.

처음에 김우옹은 조식이 처외조부이므로 '외할아버지'라고 불렀는데, 조식은 꾸짖으며 '남명(南冥)'이라는 자신의 호를 부르도록 했다. 그가 처신하는 것이나 공부하는 태도로 봐서 자신의 학풍을 이을 만했으므로, 조식은 자신이 옷에 달고 다니던 성성자(惺惺子)를 끌러 김우옹에게 전해 주면서 이렇게 당부했다. "이것의 맑은 소리가 능히 사람을 깨우쳐 반성하게 한다네. 이것을 차고 다니면 아주 좋다는 것을 느끼게 될 걸세. 내가 이것을 매우 소중하게 생각해 왔는데, 이제 자네한테 주겠네. 이 소리를 견디어 보도록 하게. 자네의 띠 사이에 매어 두면 이것이 자네의 동작을 규제하고 경계하고 책망할 걸세. 마땅히 두려워하여, 이것에게 죄를 얻지 않도록 하게."❹❺ 이로써 마음이 항상 깨어있는 상태를 유지하도록 해야 한다고 가르쳤던 것이다.

김우옹은 스무 살에 문과에 합격한 후 승문원(承文院) 권지부정자(權知副正字)❹❻로 벼슬을 시작했다. 당시에는 관직을 처음 받은 사람에게 선임자들이 참기 힘든 모욕을 주는 면신례(免新禮) 관행이 있었다. 처음 발령받아 온 사람을 심하게 다루어, 몸을 불구로 만들어 버리는 경우까지 있을 정도였다. 신임자가 명령에 고분고분 잘 따르도록 하기 위해서였는데 날이 갈수록 그 도가 점점 심해졌다. 김우옹이 승문원에 부임했을 때도 선임자들이 면신례를 하려고 했다. 그러나 김우옹은 "선비가 처신하는 도리가 아닙니다"라고 단호하게 말하고 거절했다. 김우옹의 태도가 당돌하다고 여긴 선임자들은 화가 나서 더욱 심하게 강요했다. 김우옹은 끝까지 굽히지 않고, 그대로

---

❹❺ 『남명집(南冥集)』 권4, 김우옹(金宇顯) 「남명선생행록(南冥先生行錄)」. • 원문은 책 끝에 덧붙임.
❹❻ 권지부정자(權知副正字) : 승문원의 종9품 관직이다. 전적 및 문장의 교정을 담당한다.

돌아와 한강 가에 이르러 「남풍사(南風辭)」라는 시를 지어 자신의 뜻을 밝혔다. 이후 유성룡(柳成龍)이 김우옹에게 편지를 보내 "승문원의 잘못된 폐습이 그대의 행동으로 모두 없어졌다"고 전했다.

이로써 면신례 대신 선임자와 신임자가 처음 만나 서로 허리를 굽히고 인사를 나누는 상읍례(相揖禮)가 새로운 관행으로 자리잡았다. 김우옹의 과단성 있는 행동으로 오랜 폐습이 일거에 사라지게 되었으니 훌륭한 사람의 처신이 세상에 끼치는 영향이 큰 것이다.

김우옹은 조식을 가장 가까운 거리에서 모시며 조식의 좋은 말을 많이 들었고, 조식의 처신을 직접 눈으로 배웠다. 하루는 조식이 김우옹에게 이렇게 말했다. "스스로 행동할 때는 처음부터 마땅히 금과 옥처럼 조그마한 먼지의 더러움도 받아들이지 않아야 하네. 대장부의 처신은 만길 우뚝 솟은 산악처럼 중후(重厚)하게 하여, 때가 이르면 자신의 경륜을 펼쳐 많은 일을 이루어야 하네. 비유하자면 3만 근이나 나가는 큰 쇠뇌❹는 한 방에 만 겹의 성벽을 깨뜨리지만, 생쥐 한 마리를 잡기 위하여 발사하지는 않는 것과 같다네."❹ 강인한 마음으로 바탕을 세워 신중히 처신하고 역사에 남을 큰일을 하라고 격려한 것이다.

나중에 김우옹이 경연관(經筵官)으로 있을 때, 선조가 "조식(曺植)의 학문은 어떠하냐?"라고 묻자, 김우옹은 이렇게 대답한다. "실천궁행(實踐躬行)하는 공부가 매우 독실하고, 그 정신과 기백이 사람을 감동시켜 깨우쳐 주는 바가 많습니다. 그 문하에서 배운 사람 가운데는 일을 맡길 만한 사람이 많습니다. 신 같은 사람은 따라 배운 지는 오래되었으나 재주가 노둔(魯鈍)해 한 가지라도 얻은 것이 없습니다." 선조가, "조식이 너에게 가르친 바가 무엇이냐?"라고 다시 묻자, 김우옹은 또 이렇게 대답한다. "흐트러진 마음을 잡고, 경(敬)을 주로 하는 것입니다."

---

❹ 쇠뇌 : 쇠로 된 발사 장치가 달린 활을 말한다. 여러 개의 화살을 연달아 쏠 수 있다. 활에 비해 정확도가 높다.

❹ 『남명집(南冥集)』 권4, 김우옹(金宇顒) 「남명선생행록(南冥先生行錄)」. • 원문은 책 끝에 덧붙임.

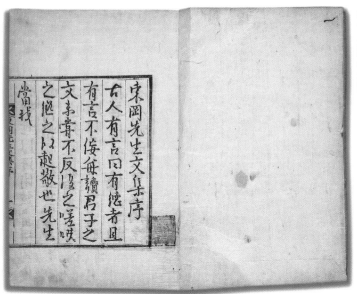

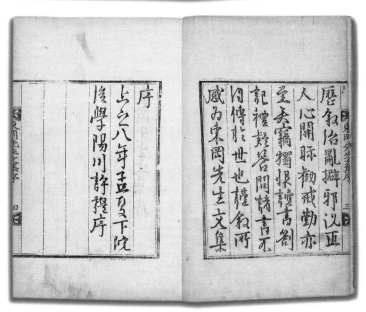

김우옹은 조식의 제자이자 사위로서 조식을 가장 가까운 거리에서 모시며
배웠다. 선조가 경연관으로 있던 김우옹에게 조식이 무엇을 가르쳤는지 묻자
김우옹은 이렇게 대답했다. "흐트러진 마음을 바로잡고 경(敬)을 주로 하는
것입니다." 사진은 김우옹의 문집인 『동강집』의 첫 부분이다.

김우옹은 예안현 도산(陶山)으로 찾아가 이황에게 직접 배운 적은 없다. 그러나 이황이 서울에서 벼슬할 때 과거에 응시하러 올라 온 김우옹이 폐백을 바치고 가르침을 받았다.

1589년의 정여립 사건 때 조식의 제자들 가운데 억울한 일을 당한 사람이 적지 않았다. 김우옹 또한 정여립과 친하다 하여 함경도 회령부(會寧府)로 귀양 갔다. 2년 후인 1592년 임진왜란이 일어났을 때 사면되어 귀양지에서 곧바로 의주목(義州牧)의 행재소(行在所)❹로 가 승문원제조(承文院提調)와 병조참판의 직무를 맡았다.

김우옹은 1594년 대사헌으로 있으면서 정여립 사건 때 억울하게 죽은 최영경(崔永慶) 등의 원통함을 풀어주고자 했다. 또한 당시 위관(委官)❺으로서 최영경 등을 심문했던 정철(鄭澈)❺의 관작을 추삭(追削)❺해야 한다고 주장했다. 그는 "최영경은 산림(山林)에서 도를 지키던 선비로서 간신에게 모함을 당하여 큰 죄명에 억울하게 죽었으니 이것은 참으로 고금(古今)에 드문 지극히 원통한 일"이라고 말했다. 그리고 "정철이 자기의 분풀이를 하기 위해서 죄를 만들어 무고한 사람을 죽인 죄를 저질렀다"고 말했다.

김우옹이 죽었을 때 정구(鄭逑)가 만사(挽詞)❺를 지었는데, "이황 선생의 바른 맥을 종신토록 흠모했고, 조식 선생의 높은 기풍을 특별히 존경했다"❺라 했다. 김우옹이 조식과 이황의 학덕을 함께 물려받았다고 본 것이다. 이

---

❹ 행재소(行在所) : 임금이 궁을 떠나 있을 때 임시로 머무르던 곳이다.

❺ 위관(委官) : 죄인을 신문할 때에, 대신 가운데서 임시로 뽑아 임명한 재판장을 말한다.

❺ 정철(鄭澈) 1536–1593 : 명종, 선조 때의 관료이다. 강원도관찰사, 도승지, 예조판서, 대사간, 좌의정 등을 지냈다. 1589년의 정여립 사건 때 우의정으로 최영경 등의 동인 세력을 숙청했다. 국문학사에서 가장 뛰어난 가사 문학 작가로 평가받는다. 가사 작품으로 「관동별곡(關東別曲)」, 「사미인곡(思美人曲)」 등이 있고, 저서로 『송강집(松江集)』과 『송강가사(松江歌辭)』가 있다. 자는 계함(季涵), 호는 송강(松江)이다.

❺ 추삭(追削) : 죽은 사람의 죄를 논해서 살아 있을 때의 벼슬을 깎아 없애는 일을 말한다.

❺ 만사(挽詞) : 죽음을 애도하는 시, 또는 그 글을 비단이나 종이에 적어 기(旗)처럼 만든 것을 말한다.

❺ 정구(鄭逑), 『한강집(寒岡集)』卷1, 「김우옹의 죽음을 애도하여(挽金東岡)」. •원문은 책 끝에 덧붙임.

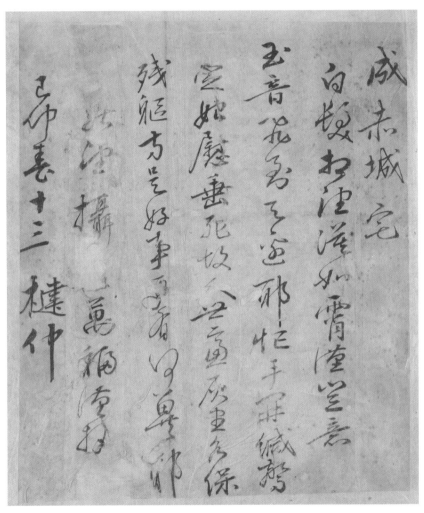

1555년 조식이 성수침에게 보낸 편지이다. 성수침이 먼저 보내온 편지에 대한 답장으로,
성수침에 대한 그리운 마음을 표현하고 있다. 성수침은 기묘사화 이후 두문불출하며
학문에 힘썼던 인물이다. 조식은 10대 때 성수침의 은자와도 같은 모습을 보고 큰 감화를
받은 바 있다.

황을 싫어하던 정인홍(鄭仁弘)❺❺은 이 만사를 보고 나서 정구를 미워하기 시
작했다고 한다.

이 무렵 의령현에 살던 이로(李魯)❺❻가 그 동생 이보(李普), 이지(李旨)와
함께 와서 배웠다. 이로는 임진왜란 때 서울에 있었는데 하루가 위급하다는
변방의 보고를 듣고 의병을 일으키기 위해 경상도로 내려왔다. 소모관(召募
官)으로서 여러 고을을 순행하며 의병을 모으고 군량미를 확보해 군에 공급
했다.

1563년 12월 어릴 적부터 절친하게 지낸 성수침(成守琛)이 세상을 떠났
다. 조식은 1564년 2월에 성수침의 부고를 들었다. 둘은 서로의 취향도 같
았고, 벼슬에 나아가지 않고 은거한 것도 같았다. 서로 멀리 떨어져 있어 자
주 만나지는 못했지만, 늘 마음으로 그리워하며 지내왔다. 부고를 들은 조
식은 자신이 노인이라는 사실을 다시 한번 실감했다.

---

❺❺ 정인홍(鄭仁弘) 1536-1623 : 조식의 문인이다. 성리학은 물론 제자백가와 병법을 폭넓
게 공부했다. 선조 때 사림파가 동인과 서인으로 갈라서고, 다시 남인과 북인으로 갈라
서면서 북인(北人)의 중심인물로 성장했다. 임진왜란 때 고령에도 불구하고 합천군에서
의병을 일으켜 충의(忠義)를 실천했다. 선조 말 정국에서 광해군을 지지했고 1608년 광
해군이 즉위한 후 북인의 영수(領袖)로서 정국을 주도했다. 그러나 1623년 인조반정 직
후 참형을 당했다. 선조, 광해군 때, 사헌부장령, 대사헌, 좌의정, 영의정 등을 제수받았
다. 자는 덕원(德遠), 호는 내암(來庵), 본관은 서산(瑞山)이다. 합천군 상왕산(象王山)
아래 남사촌에서 태어났다.

❺❻ 이로(李魯) 1544-1598 : 명종, 선조 때의 관료이다. 임진왜란 때 소모관으로서 의병을
모았다. 형조좌랑, 비안현감(比安縣監), 사간원정언 등을 지냈다. 자는 여유(汝唯), 호는
송암(松庵), 본관은 고성(固城)이다. 의령현 출신이다.

이기론보다 쇄소응대(灑掃應對)를 강조하는 학문

조식은 당시 성리학이 이론화의 경향을 띠는 일에 대해 몹시 못마땅하게 생각했다. 대신 자신의 몸으로 직접 실천하는 학문을 강조했다. 이론적 논쟁을 일삼는 일은 이황처럼 자신의 학문적 체계를 이룬 대학자인 경우에는 별폐단이 없을 수도 있을 것이다. 그러나 이황에게 배우거나 이황을 따르는 유학자들 중에는 자신의 공부가 아직 궤도로 들어서지도 못한 자들이 적지 않았다. 조식은 바로 이런 자들이 공허한 말장난으로 시간을 보내는 일에 대해 우려했던 것이다. 젊은 유학자들이 공부하는 분위기가 이런 방향으로 흘러간 데는 이황에게도 그 책임이 없지 않다는 것이 조식의 생각이었다.

1564년 9월 조식은 이황에게 다음과 같은 내용의 편지를 보냈다. 조식은 이 편지에서 큰 영향력을 가지고 있던 이황에게 공리공담에 치우친 학풍을 바로잡아 줄 것을 간곡히 당부하고 있다. 이러한 당부의 이면에는 이황의 학문 성향에 대해 비판하는 뜻도 없지 않았다. 편지의 내용은 다음과 같다.

평생 마음으로만 사귀면서 지금까지 한번도 만나질 못했습니다. 앞으로 이 세상에 머물 날도 얼마 남지 않았으니, 결국 이렇게 끝나고 말지도 모르겠습니다. 사람이 살아가는 일에 좋지 않은 일이 많지만 어느 것 하나 마음에 걸릴 것이 없습니다. 그러나 이 일은 유독 한스럽기만 합니다. 선생께서 한번 의령현으로 오시면 쌓인 회포를 풀 날이 있을 것이라 생각하고 있었습니다. 그런데 아직까지 오신다는 소식이 없으니 이 또한 하늘의 처분에 맡겨야 할 일입니다.

요즈음 공부하는 사람들을 보니, 쇄소응대(灑掃應對)하는 예절도 모르면서 입으로는 천리(天理)를 이야기하고 있습니다. 이는 헛된 이름이나 훔쳐서 남들을 속이려 하는 짓이나 마찬가지입니다. 그러나 도리어 남에게서 상처를 입게 되고, 그 피해가 다른 사람에게까지 미치게 됩니다. 이는 아마도 선생 같은 어른이 꾸짖어 그만두게 하지 않았기 때문일 것입니다. 저와 같은 사람은 마음에 간직한 것이 거칠어 배우러 찾아오는 사람이 드뭅니다. 그러나 선생 같은 분은 몸이 높은 경지에 이르러 있으므로 우러러보는 사람이 정말 많습니다. 선생이 충분히 억제하고 타이르는 것이 어떻겠습니까? 삼가 헤아려 주시기 바랍니다.❺❼

이황은 이 편지를 받고서 당시 젊은 학자들 사이에는 조식이 지적한 문제점이 없지 않다고 인정했다. 이황은 그 제자인 황준량(黃俊良)❺❽, 정유일(鄭惟一)❺❾ 등에게 편지를 보내 조식이 지적한 말을 전했다. 그리고 이러한 문제점에 유념하여, 고쳐나가자고 권했다.

그러나 이황은 조식의 말에 전적으로 동의하지는 않았다. 공부를 인격 수양의 측면에서만 보면 조식의 말을 모두 수긍할 수 있다. 그러나 학문 연구의

❺❼ 『남명집(南冥集)』권2, 「이황에게 주는 글(與退溪書)」. • 원문은 책 끝에 덧붙임.
❺❽ 황준량(黃俊良) 1517–1563 : 중종, 명종 때의 관료이다. 호조좌랑, 신녕현감(新寧縣監), 성주목사(星州牧使) 등을 지냈다. 이황의 문인이다. 성주목사로 있을 때 교육 진흥에 힘을 기울여 많은 학자를 배출했다. 본관은 평해(平海), 자는 중거(仲擧), 호는 금계(錦溪) 이다.
❺❾ 정유일(鄭惟一) 1533–1576 : 명종, 선조 때의 문신 관료이다. 이조좌랑, 대사간, 이조판서 등을 지냈다. 이황의 문인이다. 시부에 뛰어났다. 본관은 동래(東萊), 자는 자중(子中), 호는 문봉(文峯)이다.

측면에서 보면 이론적 탐구 없이는 학문이 발전이 있을 수 없다. 또한 이론적 논쟁을 삼가도록 하면, 젊은 학자들이 공부하는 분위기를 억압적으로 만들 수 있다. 이는 결과적으로 이들의 참신하고 독창적인 사고까지 막는 결과를 낳고 만다. 그래서 이황은 조식에게 답장을 보내 자신의 견해를 피력했다.

저에게 보낸 편지에서, "배우는 사람들이 실력도 없이 이름을 훔치고 세상을 속인다"라고 말했습니다. 그러나 이는 그대만 걱정하는 일이 아니라, 저도 걱정하는 일입니다. 그러나 꾸짖어 억제하는 일은 또한 쉬운 일이 아니니, 무슨 까닭이겠습니까? 마음가짐이 본래부터, 세상을 속이고 이름을 훔치려는 자는 말할 것도 없겠지요. 생각건대 하늘이 사람에게 양심을 내려주었으니 누구나 다 선(善)을 좋아합니다. 그러니 천하의 영재이면서 성심으로 학문을 원하는 사람이라면 어찌 한량이 있겠습니까? 만약 세상에서 우려하는 바를 범했다는 이유로 일체 꾸짖어 그만두도록 한다면, 이는 착한 사람들을 세상에 보내주신 하늘의 뜻을 어기는 것입니다. 이는 또한 천하 사람들이 도(道)로 지향하는 길을 끊어 버리는 일이기도 합니다.❻

진정으로 학문을 좋아하는 젊은이들의 기를 꺾어 기존의 틀 속에 넣으려고 해서는 안된다는 것이 이황의 주장이었다. 학문을 한다는 말로 세상 사람들을 속여 이름을 도둑질하려는 사람이 없지 않겠지만, 그런 몇 사람 때문에 온 세상의 공부하려는 사람들에게 공부 자체를 경계하라고 할 수는 없다는 것이다. 마치 밥을 먹으면 목이 멜 수 있으니 밥을 먹지 말라는 말과 같은 격이 될 수도 있기 때문이다.

1564년 7월에는 제자 오건(吳健)을 지리산 동쪽 자락의 삼장사(三藏寺)❻에서 만났다. 이때 오건은 성주향교(星州鄕校)의 훈도(訓導)로 있다가 마침

❻ 이황(李滉), 『퇴계문집(退溪文集)』 권10, 「조식에게 답하는 글(答曺楗仲書)」. • 원문은 책 끝에 덧붙임.

사진 · 국립중앙박물관

성리학 이론의 실천을 중시한 조식과 달리, 이황은 성리학 이론의 심화를 위해 좀더 노력했다.
또한 방대한 분량의 저작물을 남겼다. 사진은 이황의 퇴계문집 표지이다.

산음현 덕천리의 집으로 돌아왔는데, 조식으로부터 삼장사에서 만나자는 편지가 와 있는 것을 보고는 곧바로 달려왔다.

오건은 스스로 조식의 문하에 있을 자격이 없다는, 겸손한 생각을 가지고 있었다. 조식의 높은 학문을 익히기에 자신의 자질은 너무 흐릿하고 게으르다고 여겼기 때문이다. 그러나 마음속으로는 늘 조식의 가르침을 경건하게 새겼다. 이때는 조식의 문하로 들어온 지 십수 년이 흘렀지만 직접 모시고 가르침을 받은 날이 많지 않아 안타까워하고 있었다. 하루 따뜻한 햇볕을 쪼이다가 열흘 찬 기운을 쐬면 잘 자라날 식물이 없듯, 오건도 조식의 감화를 받을 수 있는 날이 많지 않은 자신의 처지가 답답했던 것이다. 그런데 이런 상황에서 조식이 편지를 보내 자신을 찾으니 매우 반가웠다.

오건은 삼장사에 며칠 머물면서 스승 조식의 맑은 가르침을 받았다. 오건에게 조식의 가르침은 가을의 찬 서리와 여름의 뜨거운 햇살 같았고 의로운 기운이 하늘을 빛내는 것과 같았다. 오건은 어리석고 게으른 자신을 깨닫고 스스로를 자책했다.

오건이 집으로 돌아가려고 산음현과 덕산동 사이의 밤머리재❷ 쪽으로 길을 나섰다. 그러자 조식은 제자와 헤어지는 것이 아쉬워 멀리까지 제자를 따라와 전송했다. 여기서 술을 더 마신 오건은 술에 취해 말에서 떨어져 얼굴을 다치고 말았다. 이곳 시냇가에 큰 나무 한 그루가 있었는데, 이후 사람들은 이곳을 송객정(送客亭)❸이라고 했다. 또한 오건이 얼굴을 다친 곳은 면상촌(面傷村)❹이라고 불렀다.

---

❶ 삼장사(三藏寺) : 현재의 산청군 삼장면 평촌리에 있었던 절 이름이다. 삼장(三藏)이란, 불교에서 경장(經藏), 율장(律藏), 논장(論藏)의 세 가지 불서(佛書)를 말한다. 삼장사(三壯寺)라는 명칭으로 더 많이 알려져 있다. 삼장면(三壯面)이라는 지명 또한 이 절 이름에서 나온 것으로 보인다. 현재 절은 없어졌고 삼층석탑 하나가 남아 있다. 두 사람이 삼장사에서 만났다는 것은 『남명선생편년』의 기록인데, 오건의 『덕계집(德溪集)』에는 "선생을 모시고 덕산사에서 모였다(陪南冥先生會德山寺)"는 기록이 나온다. 여기서 덕산사(德山寺)는 현재의 삼장면 대포리 덕산사(내원사)를 말하는 것이다.

❷ 밤머리재 : 산청군 삼장면 홍계리와 금서면 지막리의 경계에 자리하고 있는 고개이다.

❸ 송객정(送客亭) : 현재의 산청군 삼장면 덕교리(德橋里)에 있었던 것으로 보인다.

한편 조정에서는 명종이 나이가 들자 문정왕후가 수렴청정을 그만두었다. 그러나 문정왕후는 여전히 실질적인 권력을 휘두르고 싶어 했다. 자신이 하고 싶은 일이 있으면 그 내용을 쪽지에 적어 왕에게 전달하고, 꼭 시행하기를 원했다. 명종은 명색이 임금이었지만 하루에도 몇 차례씩 이런 쪽지를 받아야 했다. 명종은 문정왕후의 뜻을 힘써 받들고자 했지만 쪽지의 내용에 워낙 사리에 어긋난 것이 많아 곤란했던 적이 한두 번이 아니었다. 차마 신하들에게 시행하라고 명할 수가 없었기 때문이다. 이럴 때는 문정왕후의 앞에 나아가 공손한 언행으로 사리에 따라 "할 수 없다"고 아뢰었다.

그러나 문정왕후는 옳고 그름은 따지지 않고 다만 자신의 명이 이루어지지 않은 일만 분하게 여겼다. 그래서 다음과 같이 말하며 행패를 부리곤 했다. "상감! 상감이 누구 덕분에 임금이 되었소? 상감 외숙(윤원형) 덕분 아니오? 그걸 모르고 내 말을 듣지 않다니⋯⋯." 문정왕후는 보우(普雨)❻❺라는 승려를 특별히 총애했는데 보우를 도대선사(都大禪師)❻❻로 임명하여 전국의 사찰을 통괄하는 지위에 올려놓았다. 그리고 급기야는 이 보우를 병조판서(兵曹判書)로까지 임명하려고 했다.

이때 문정왕후가 보우의 말을 듣고 각 지방에 조정의 관원을 보내 불교 기도회를 행하려고 했다. 성균관 학록(學錄)❻❼으로 있던 오건은 개성부(開城府)의 오관산(五冠山) 기도회를 관장할 관원으로 임명되었다. 그런데 오건은 성리학을 공부한 유학자로서 불교 행사를 주관해야 하는 일이 마음에 걸

---

❻❹ 면상촌(面傷村) : 현재의 산청군 삼장면 평촌리 명상(明上)마을을 말하는 것으로 보인다. 면상(面傷)이 면상(面上)으로 바뀌었다가, 다시 명상(明上)으로 바뀌었다고 보는 것이다.

❻❺ 보우(普雨) 1509~1565 : 명종 때의 승려이다. 문정왕후의 신임을 얻어 승과(僧科)를 부활시키는 등 불교의 교세를 다시 일으켜 세우고자 했다. 봉은사와 봉선사를 각각 선종과 교정의 본사로 정했다. 문정왕후가 죽은 후 사간원과 사헌부의 탄핵을 받았다. 호는 허응(虛應)·나암(懶庵)이다.

❻❻ 도대선사(都大禪師) : 승려의 법계 가운데 선종(禪宗)의 최고 법계이다. 중종의 억불(抑佛) 정책으로 없어졌다가, 명종 때인 1551년 승려 보우(普雨)를 도대선사로 삼으면서 다시 부활되었다.

❻❼ 성균관 학록(學錄) : 성균관의 정9품 관직이다. 교관을 보좌했다.

렸다. 그렇다고 임금의 명을 거역할 수도 없는 일이었다. 그래서 스승 조식에게 편지를 올려 자신의 고민을 털어놓았다. 조식은 답장을 보내어, "그대가 한평생 공부하였는데도 의리를 보는 눈이 높지 못하다"며 나무랐다. 조식의 편지를 받자 오건은 자신의 흐릿한 태도를 깨우치고, 스승이 경계해주는 뜻을 저버리지 않으려고 노력했다.

이때는 1565년이었는데, 4월에 문정왕후가 죽으면서 이 기도회 일은 중지되었다. 문정왕후가 죽자, 그 비호를 받던 보우(普雨)의 앞길도 암담해졌다. 8월에 성균관, 홍문관, 예문관, 춘추관의 관원들이 창경궁에 모여 보우의 목을 벨 것을 연명으로 상소했는데, 오건이 이 상소문을 지었다.

같은 해(1565년)에 김굉필(金宏弼)의 행적에 대한 글을 썼다. 조식은 평소에 김굉필을 선배 유학자로서 높이 받들고 있었다.

이 무렵 조식을 따르던 이정(李楨)이 전라도 순천부사(順天府使)로 부임했다. 그리고 1498년의 무오사화에 연루되어 순천부에 유배와 죽은 유학자 김굉필(金宏弼)과 조위(曹偉)[68]를 기리기 위해 경현당(景賢堂)을 세웠다. 또 이들의 행적을 모은 『경현록(景賢錄)』을 엮었다. 김굉필과 조위는 두 사람 모두 김종직의 문하에서 공부했다. 그리고 성리학의 대가로서 60여 년이 지난 이때까지도 사림의 추앙을 받고 있었다. 이에 이정은 이 두 사람에 대한 추모 사업을 펼친 것이다.

그런데 이 일은 김굉필의 행적을 기록하는 데 적지 않은 기여를 했다. 김굉필은 무오사화 때 귀양 갔다가 갑자사화 때 죽임을 당했다. 올바른 선비로서 『소학』을 착실히 공부하여 참된 선비의 길을 걸었지만, 포악한 연산군에게 화를 입은 것이다. 김굉필이 죽은 후 참척(慘慽)의 고통을 이기지 못한

---

[68] 조위(曹偉) 1454-1503 : 성종, 연산군 때의 유학자이다. 사림(士林)에서 대학자로 추앙받았다. 박식하고 문장이 아름다워 문하에서 많은 문사를 배출했다. 관료로서 도승지, 충청도관찰사, 중추부동지사 등을 지냈다. 1498년의 무오사화 때 유배되었다. 자는 태허(太虛), 호는 매계(梅溪)이다. 저서로 『매계집(梅溪集)』이 있다.

김굉필의 어머니는 아들이 죽은 것이 글 때문이라고 여겨 집에 있던 아들의 글을 모두 불태워 버렸다. 이 때문에 김굉필의 글이 거의 남아 있지 않다.

이정이 『경현록』을 만들자 김굉필의 외증손이었던 정구(鄭逑)가 이를 증보했다. 정구는 이정이 만든 『경현록』의 내용 중 김굉필에 대한 것만 뽑고 새로 내용을 보태거나 다듬어 『경현록』 상·하권을 엮었다. 여기에 김굉필의 저작물, 연보, 행장(行狀) 등을 추가한 『경현속록(景賢續錄)』 상·하권까지 만들었다. 이에 조식 또한 정구가 만든 책을 보고, 김굉필의 행적 가운데 빠진 내용을 모아 「경현록'에 빠진 내용을 모아(書景賢錄後)」를 썼던 것이다.

1565년 최영경(崔永慶)이 조식의 명성을 듣고 서울에서 덕산동까지 찾아와 제자로 받아들여 줄 것을 청했다. 조식은 그를 한번 보고 고고한 인물임을 알았다. 선비가 스승에게 제자의 예를 차릴 때는 본래 폐백을 갖추어야 하는데, 이때는 국상이 있었으므로 죽순 한 묶음으로 폐백을 대신했다.

최영경은 어릴 때부터 맛있는 음식이나 진귀한 과일이 생기면 손에 꼭 쥐고서 먹지 않았다. 곁에 있는 사람들이 그 까닭을 물어 보면, "부모님과 조부모님께 드릴 것이다"라고 했다. 그는 처신하는 것이 매우 엄정했고 나쁜 사람을 미워하여 조금도 사정을 두지 않았다. 벼슬자리를 탐내는 천박한 이들이 찾아와도 만나주지 않았다.

조식의 제자가 된 후로 조식을 우러러 사모하는 마음이 깊어져, 가까운 곳으로 집을 옮겨 조식의 곁에서 소쇄(掃灑)[69]하며 받들고자 하였으나 몸에 병이 많아 뜻대로 하지 못했다. 이에 수시로 말을 타고 서울에서 덕산동까지 달려 내려와 의심나는 점을 묻고 대답을 들었다. 조식이 세상을 떠났을 때 부고를 듣고는 그날로 바로 달려와 장례를 준비했으며, 장례를 끝내고 나서도 3년 동안 심상(心喪)을 입었다.

최영경은 1572년 이후 인근 선비들의 천거로 참봉, 주부 등의 벼슬을 받았으나 출사하지 않았다.

---

69 소쇄(掃灑) : 비로 쓸고 깨끗하게 청소한다는 뜻이다. 여기서는 조식의 거처를 청소하는 일을 말한다.

그는 부모로부터 물려받은 전답을 대부분 동생 최여경(崔餘慶)에게 주고 자신은 척박한 것만 골라 몇 마지기 차지했다. 당시 안민학(安敏學)이란 사람은, 재산 때문에 형제간에 심하게 다투어 거의 서로 용납하지 못하고 있었다. 최영경이 그에게 형제간의 도리를 극진히 들려주었더니 드디어 감화를 받아 뉘우쳤다. 조식이 부모로부터 물려받은 재산을 동생에게 모두 주었듯이 최영경도 동생에게 많은 재산을 주어 우애를 돈독히 한 것이다.

나중에 안민학은 시류에 따라 아부하며 살았는데, 한번은 최영경을 찾아와 정철(鄭澈)을 소개하며 이렇게 말했다. "나의 벗 정철은 참으로 착한 선비입니다. 원컨대 한번 만나보십시오." 그러나 최영경은 응하지 않았다. 얼마 후 안민학이 다시 찾아와, "이 사람은 국사에 마음을 다하는 사람이니 만나보면 괜찮을 것입니다"라고 다시 권했다. 최영경은 "옛날 서울에 살 때 그 사람이 벼슬 좋아한다는 소리는 들었어도 정사를 밝게 한다는 소리는 듣지 못했다"고 대답하고는 거절했다. 이 말을 안민학이 정철에게 전해주자 정철이 최영경에게 원한을 품기 시작했고, 이후로 안민학 또한 최영경을 원수로 여겼다.

동서분당(東西分黨)❼⓪의 기미가 보이자 최영경은 깊이 숨어 살아야겠다고 생각했다. 그리고 경상도 고성현(固城縣)의 산수가 아름답다는 말을 듣고 살 곳을 찾으려 했으나 뜻을 이루지 못했다. 이에 조상의 전답이 있고 동생 최여경이 먼저 내려가 살고 있던 진주목으로 가서 살고자 했다. 그런데 이 때 마침 나라에서 사축서사축(司畜署司畜)❼⓵ 벼슬을 내리며 불렀다. 이전에 여러 차례 벼슬을 받지 않은 일이 있어 계속 사양하기 어려웠으므로 나아가 숙배(肅拜)❼⓶한 후 곧바로 사직했다.

---

❼⓪ 동서분당(東西分黨) : 1575년 사림파가 동인(東人)과 서인(西人)으로 분열한 사건을 말한다. 조정의 인사권을 가진 핵심 요직인 이조전랑(吏曹銓郎) 자리를 놓고, 김효원(金孝元)을 지지하는 후배 사림과 심의겸(沈義謙)을 지지하는 선배 사림이 대립하면서 일어났다. 김효원의 집이 도성 동쪽 건천동(乾川洞)에 있었기 때문에 그 지지파를 동인이라 불렀고, 심의겸의 집이 도성 서쪽 정릉방(貞陵坊)에 있었기 때문에 그 지지파를 서인이라 불렀다.

최영경은 1575년 4월 서울 생활을 정리하고 진주목으로 내려왔다. 그리고 돝골 만죽산(萬竹山)❼ 기슭의, 한적하고 탁 트인 대나무 숲 가운데 집을 짓고 수우당(守愚堂)이라 이름했다. 『공자가어(孔子家語)』에 "총명하고 지혜롭더라도 어리석음으로 그것을 지킨다"❼는 말이 나오는데, '수우(守愚)'는 곧 이와 같은 '어리석음으로 지킨다'는 뜻이었다. 최영경은 이 수우당에서 국화 몇 포기, 매화 몇 그루, 연꽃 몇 줄기를 심어 놓고 한 마리의 학과 더불어 마치 세상사를 알지 못하는 사람처럼 지내고자 했다. 세상 사람들과 오가는 일도 그만두고 곁에 책을 갖추어 놓고 혼자 읽으며 다만 자신을 닦고자 했다.

1576년 조식을 기리는 덕천서원을 세울 때 하항(河沆), 하응도(河應圖), 구변(具忭)❼ 등과 함께 이 일을 주도했다. 덕천서원 앞 시냇가에 소나무 백여 그루가 있었는데 그 가운데 한 그루는 최영경이 직접 심은 것이었다. 사람들은 이 소나무를 '수우송(守愚松)'이라 불렀다.

1589년에 정여립(鄭汝立)의 역모(逆謀)를 다스린다 하여 옥사(獄事)가 일어났다. 서인은 이 옥사를, 동인의 세력을 꺾을 좋은 기회로 이용했다. 정여립이 모반할 때 중심이 된 인물이 길삼봉(吉三峯)❼인데, 그가 바로 진주목에 사는 최영경이라는 말이 떠돌았다. 그래서 최영경은 그 다음해에 진주목의

---

❼ 사축서사축(司畜署司畜) : 사축서는 궁중에서 필요로 하는 가축을 맡아 기르던 관청이다. 사축은 사축서의 종6품 관직이다.

❼ 숙배(肅拜) : 백성이 왕에게 나아가 감사의 뜻으로 절하던 의식이다. 그러나 조선시대의 경우는 보통, 과거에 합격한 자나 관료로 임명된 자가 왕에게 절하고 사례하는 의식을 말하는 것이었다. 머리가 땅에 닿도록 네 번 절하는 돈수사배(頓首四拜)를 행했다.

❼ 돝골 만죽산(萬竹山) : 돝골은 현재의 진주시 초전동, 상대동, 하대동, 상평동 일대이다. 돝골은 저동(猪洞)이라고도 한다. 돝골의 '돝'은 돼지의 옛말이고, 저동의 '저(猪)'자는 '돼지 저'자이다. 1896년 이후 한동안은 도동(道洞)으로 불렸던 적도 있다. 만죽산은 현재의 선학산(仙鶴山)을 말한다. 최영경의 집터에는 1594년 선조가 내린 사제문비가 현재까지 남아 있다. 현재의 진주시 상대동 남강초등학교 서북쪽 근방이다.

❼ 『공자가어(孔子家語)』 제9편. "子曰 聰明睿智 守之以愚"

❼ 구변(具忭) 1529-1578 : 명종, 선조 때의 관료이다. 사간원정언(司諫院正言), 이조좌랑, 진주목사를 지냈다. 진주목사를 지낼 때 덕천서원 창건에 힘썼다. 본관은 능성(綾城), 자는 시중(時仲)이다.

조식의 학문은 한마디로 '경의지학(敬義之學)'으로 일컬어진다.
여기서 '경(敬)'은 내면적인 수양의 방법이고 '의(義)'는 경을 바탕으로 한
실천 원칙이라고 할 수 있다. 조식을 기리기 위해 지은 덕천서원의
강학 공간을 경의당(敬義堂)이라고 명명한 것은 이런 까닭에서이다.
사진에서 가운데 건물이 경의당(敬義堂)이다.

덕천서원 수업재(修業齋)
내부의 모습이다.
기둥과 문설주와 문살,
보와 장여와 서까래가
가지런하다. 단단하다.

사진·전정산

옥(獄)에 갇힌다. 최영경은 이 일이 있기 2년 전에 아들을 잃었는데 그때 정여립이 조문을 왔고, 그 후 최영경이 다른 사람에게 보내는 편지 말미에 정여립의 안부를 물은 적이 있었다. 그런데 이 일이 눈덩이처럼 부풀려졌다.

옥사(獄事)가 올라가자 선조는 최영경에게 죄가 없다는 사실을 알고는 특별히 석방시킬 것을 명했다. 옥에서 풀려나와 잠시 서울의 친척집에 머물고 있을 때, 성혼(成渾)❼이 그 아들 성문준(成文濬)을 시켜 노자로 사용할 쌀 몇 말을 보내왔다. 그때 성문준이 묻기를 "누구에게 미움을 받아 이 지경이 됐습니까?"라고 하니, 최영경은 격앙하여 "네 아버지에게 미움을 받아 이렇게 됐네"라고 대답했다. 본래 정철은 이이(李珥), 성혼 등과 절친하게 지냈는데 무슨 일이 있으면 반드시 이이에게 자문을 구했다. 이이가 죽은 이후로는 성혼에게서 자문을 구했다. 이때 옥사를 다스리는 책임자였던 우의정 정철을 조종하는 사람이 성혼일 것이라고 여겼으므로, 최영경은 성혼의 아들에게 이렇게 과격한 말을 한 것이다.

그런데 다음날 사헌부가 최영경을 다시 국문해야 한다고 청했다. 위관(委官)이었던 정철은 옥졸에게 명하여 최영경을 끌고 다니며 온갖 모욕을 주도록 했다. 그래도 최영경의 낯빛은 조금도 변하지 않았다. 옥에 갇혀 있을 때도 화가 언제 닥칠지 모르는 상황이었지만 최영경은 자신을 엄숙하게 지켜 조금도 흔들리지 않았다. 그가 근엄한 목소리로 부르면 옥졸들이 반드시 "예"하고 대답하며 빠르게 달려왔다. 함께 잡혀온 조종도(趙宗道)❽와는, 평소와 다름없이 농담하고 웃고 이야기했다.

최영경은 신문당할 때 입은 장독(杖毒)으로 인해 몸이 많이 상했다. 하루는 옥에서 박사길(朴士吉)의 무릎을 베고 누웠다가 일어나 '정(正)'자를 크게 쓰고는 곧 세상을 떠났으니, 향년 예순둘이었다. 3년 후 대사헌(大司憲)

---

❻ 길삼봉(吉三峯) : 선조 때의 도적이다. 정여립 사건 때, 정여립의 모사(謀士)로서 역모를 주도한 인물로 알려졌다. 신출귀몰한 재주가 있어 끝내 관군에 잡히지 않았다. 가공의 인물이라는 설도 있다.

❼ 성혼(成渾)은 붕당 정국에서 이이, 정철 등의 서인과 정치 노선을 함께 했다.

홍여순(洪汝諄)❼❾의 건의로 그 원통함을 풀었으며, 대사헌에 추증(追贈)되었다. 반면에 정철은 관작을 삭탈 당하고 평안도 강계부(江界府)로 귀양 갔다. 1612년 하징(河憕) 등 3백여 명의 영남 사림이 최영경을 덕천서원에 배향(配享)❽⓿하고자 상소하여 허락받았다.

---

❼❽ 조종도(趙宗道) 1537-1597 : 명종, 선조 때의 관료이다. 상서원직장(尙瑞院直長), 양지현감(陽智縣監)을 지냈다. 조식의 문인이다. 노진(盧禛), 임훈(林薰), 임운(林芸), 김성일(金誠一), 유성룡(柳成龍) 등과 교유했다. 정여립 사건에 연루되어 옥에 갇혔다가 풀려났다. 임진왜란 때 의병으로 활약했고, 정유재란 때 함양군 서하면의 황석산성(黃石山城)에서 왜군과 싸우다 전사했다. 본관은 함안(咸安), 자는 백유(伯由), 호는 대소헌(大笑軒)이다.

❼❾ 홍여순(洪汝諄) 1547-1609 : 명종, 선조 때의 관료이다. 지중추부사, 호조판서, 병조판서 등을 지냈다. 임진왜란 때 병조판서로서 선조를 호종했다. 본관은 남양(南陽), 자는 사신(士信)이다.

❽⓿ 배향(配享) : 학덕이 있는 사람의 위패를 문묘나 서원 등에 모시는데, 원래 모셔진 위패 옆에 또 다른 사람의 위패를 함께 모시는 일을 말한다.

얼토당토않았던
권간(權奸)의 시대가
저물어 가고

1565년 겨울에 김효원(金孝元)❽이 와서 배웠다. 조식은 그에게 『대학』과 『성리대전』을 열심히 읽도록 권했다. 김효원은 스물네 살이었는데 문과에 장원으로 합격한 직후 경차관(敬差官)으로 뽑혀 경상도 지방에 나왔다. 먼저 예안현 도산(陶山)으로 가서 이황을 만난 후, 다시 지리산 덕산동으로 조식을 찾아와 학문하는 방법을 들었다. 특히 조식에게서 "대장부의 처신은 천길절벽처럼 높고 변함이 없어야 한다"는 가르침을 받았다.

　김효원은 조식이 특별히 아끼는 제자였다. 기대승(奇大升), 이정(李楨) 등이 외척인 심의겸(沈義謙)❾과 친하게 지내는 일에 대해 김효원이 통렬하게 비난하는 말을 듣고, 조식은 김효원이 옳다고 여겼다. 나중에 오건이 조식을 찾아왔을 때 조식은 오건에게 김효원의 학문과 인품에 대해 크게 칭찬했다.

---

❽ 김효원(金孝元) 1542-1590 : 명종, 선조 때의 관료이다. 선조 즉위 초기 진출한 신진 사림파를 대표하는 인물이다. 이조전랑(吏曹銓郎)의 추천과 임명을 둘러싸고 심의겸(沈義謙)과 반목하면서 사림이 동인(東人)과 서인(西人)으로 분열하는 계기를 만들었다. 이조정랑, 경흥부사(慶興府使), 삼척부사 등을 지냈다. 이황, 조식에게 배웠다. 본관은 선산(善山), 자는 인백(仁伯), 호는 성암(省庵)이다.

1572년 이조정랑(吏曹正郎) 오건(吳健)은 자기의 후임으로 김효원을 추천하며 자리에서 물러났다. 이조정랑은 조정 인사들에 대한 인사 행정을 담당하는 요직이었는데, 이 무렵에는 전임자가 후임자를 추천하는 관행이 있었다. 그런데 이때 대사간으로 있던 심의겸이 반대하고 나섰다.

문정왕후의 동생인 윤원형이 아직 권력을 잡고 있을 때, 심의겸이 윤원형의 집에 간 일이 있었다. 윤원형의 사위 이조민(李肇敏)이 심의겸을 데리고 서재로 들어갔는데 그곳에 이불 보따리가 여러 개 놓여 있었다. 그런데 그 보따리 중에는 당시 성균관에서 공부하고 있던 김효원의 것도 있었다. 심의겸은 이를 보고 이렇게 생각했다. "김효원은 성균관에서 깨끗한 선비로 이름이 높은데 이처럼 몰래 외척의 사위에게 붙어 지내는 것을 보니 더 볼 것도 없는 사람이다." 이후 김효원이 문과에 장원으로 합격해 청빈한 벼슬아치라는 평판을 얻어 젊은 선비들이 그를 많이 따랐다. 그러나 심의겸은 마음속으로 늘 좋지 않게 생각했다. 오건이 김효원을 추천했을 때, 심의겸이 반대하고 나선 것은 이런 이유에서였다.

그러나 김효원은 이로부터 2년 후인 1574년 이조정랑의 자리에 올랐다. 이때 김효원은 젊고 깨끗한 선비들을 많이 추천해 후배들이 그를 따랐다. 이후 어떤 사람이 심의겸의 동생 심충겸(沈忠謙)을 이조정랑에 추천하려 했다. 그러자 이번에는 김효원이 "이조정랑 자리가 외척 집안의 사유물인 줄 아느냐?"라고 말하며 일언지하에 거절했다. 심의겸과 심충겸은 명종의 비(妃)인 인순왕후(仁順王后) 심씨의 동생이었다. 그리고 심의겸에 대해서까지 "심의겸은 어리석고 거칠어 요직에 있을 인물이 아니다"라고 폄하했다.

명종은 자신의 외숙부인 윤원형이 한창 권세를 휘두르고 있을 때, 내심으

---

❷ 심의겸(沈義謙) 1535-1587 : 명종, 선조 때의 관료이다. 대사간, 이조참의, 이조정랑, 전주부윤 능을 지냈다. 이조전랑(吏曹銓郞)의 추천과 임명을 둘러싸고 김효원(金孝元)과 반목하면서 사림파가 동인(東人)과 서인(西人)으로 분열하는 계기를 만들었다. 이황의 문인이다. 명종의 비인 인순왕후(仁順王后)의 동생이다. 외척이면서도 권세를 함부로 휘두르지 않았다. 효성이 지극했다. 본관은 청송(靑松), 자는 방숙(方叔), 호는 손암(巽菴)·간암(艮菴)·황재(黃齋)이다.

로는 윤원형을 매우 싫어했다. 그래서 윤원형을 견제하기 위해 인순왕후의 외숙부인 이량(李樑)⑧에게 힘을 실어주었는데, 이량은 오히려 윤원형과 한통속이 되어 더욱 권력을 함부로 썼다. 뿐만 아니라 윤원형이 쫓겨난 후로는 더욱 정사를 제멋대로 하고 사림을 억눌렀다. 이에 심의겸은 이량의 죄상을 명종에게 아뢰어 이량을 귀양 보내는 한편 좀더 많은 사림을 등용하도록 했다. 그래서 사림에서는 심의겸이 사림(士林)을 보호한 공로가 있다고 생각했다.

심의겸을 지지하는 사림 일파는 "김효원이 전날의 일로 유감을 느끼고서 틈을 만든다"고 생각하여 김효원을 소인으로 여겼다. 김효원을 지지하는 사림 일파는 "심의겸은 외척으로서 옳은 선비를 해치는 사람이다"라고 생각했다. 이로 말미암아 사림이 김효원을 지지하는 동인(東人)과 심의겸을 지지하는 서인(西人)의 두 당파로 분열했다. 김효원 지지파를 동인이라 한 것은 김효원의 집이 도성 동쪽 건천동(乾川洞)⑧에 있었기 때문이고, 심의겸 지지파를 서인이라 한 것은 심의겸의 집이 도성 서쪽 정릉방(貞陵坊)⑧에 있었기 때문이다.

동인과 서인의 분당은 1575년 표면으로 드러났다. 좌의정 박순(朴淳)⑧이 우의정으로 있을 때 작은 실수를 했는데, 대사간 허엽(許曄)⑧이 박순을

---

⑧ 이량(李樑) 1519-1582 : 명종의 처외숙부이다. 명종이 윤원형의 권력을 견제하기 위해 중용했다. 그러나 명종의 신임을 배경으로 전횡을 일삼아 윤원형, 심통원과 함께 삼흉(三凶)으로 불렸다. 심의겸의 탄핵으로 관작을 삭탈당하고 삼사의 탄핵을 받아 귀양 가 죽었다.

⑧ 건천동(乾川洞) : 현재의 서울시 중구 인현동 일대이다. 건천동은 '마른내골'의 한자 표기인 듯하다.

⑧ 정릉방(貞陵坊) : 현재의 서울시 중구 정동(貞洞) 일대이다. 태조 이성계의 계비(繼妃)인 신덕왕후(神德王后) 강씨의 능인, 정릉(貞陵)이 있었다. 신덕왕후의 정릉은 태조가 죽은 후 도성 밖의 사을한(沙乙閑)으로 옮겨졌다. 사을한은 현재의 서울시 성북구 정릉동 일대를 말한다.

⑧ 박순(朴淳) 1523-1589 : 명종, 선조 때의 관료이다. 이조참의, 대사헌, 예조판서, 좌의정, 영의정 등을 지냈다. 서경덕의 문인이다. 성리학자로서, 특히 『주역(周易)』에 대한 연구가 깊었다. 이황, 이이, 성혼(成渾)과 교유했다. 문장과 시에도 능했다. 자는 화숙(和叔), 호는 사암(思菴ㆍ은산군사(殷山郡事)이다.

국문(鞫問)해야 한다고 건의했다. 국문은 몽둥이를 사용하여 신문하는 것으로, 좌의정은 예우를 받는 대신이기 때문에 역모와 같은 큰 죄가 아닌 한 국문하지 않는 것이 통례였다. 그러므로 국문을 해야 한다고 건의한 사실만으로도 박순에게는 큰 수모였다. 이런 수모를 당한 박순은 병을 핑계로 대고 사직했다. 이러한 일이 벌어진 이유는, 단지 허엽과 박순이 서로 다른 당파에 속해 있었기 때문이다. 그리고 누구나 이를 알고 있었다.

이때 동인의 주요 인물로는 김우옹(金宇顒), 유성룡(柳成龍), 허엽(許曄), 이산해(李山海)❽, 이발(李潑)❾, 정유길(鄭惟吉)❿ 등이 있었고, 서인의 주요 인물로는 박순(朴淳), 정철(鄭澈), 윤두수(尹斗壽)⓫, 구사맹(具思孟)⓬ 등이

---

❽ 허엽(許曄) 1517-1580 : 명종, 선조 때의 관료이다. 부제학, 경상도관찰사 등을 지냈다. 1568년 명나라에 다녀온 후 향약을 시행할 것을 건의했다. 붕당 정국에서 동인(東人)을 이끌었다. 30년 동안 관직 생활을 했지만 생활은 검소했다. 허균, 허난설헌의 아버지이다. 저서에 『초당집(草堂集)』, 『전언왕행록(前言往行錄)』 등이 있다. 자는 태휘(太輝), 호는 초당(草堂)이다.

❽ 이산해(李山海) 1539-1609 : 정치적으로 '북인의 영수'라는 위상을 가지고 있었다. 선조, 광해군 때 이조정랑, 대사간, 도승지, 부제학, 이조판서, 영의정 등을 지낸 관료이다. 임진왜란이 일어나자 영의정으로서 선조와 함께 피난길에 올랐다. 실용성을 중시했다. 변경에 설치하여 군량을 충당하는 둔전(屯田), 바닷물을 소금으로 만드는 자염(煮鹽)의 활용을 제안했다. 대자(大字)와 산수화에 능했다. 자는 여수(汝受), 호는 아계(鵝溪)·종남수옹(終南睡翁)이다.

❾ 이발(李潑) 1544-1589 : 선조 때의 관료이다. 부제학, 대사간 등을 지냈다. 붕당 정치의 정국에서 북인을 이끌었다. 정여립 사건에 연루되어 매맞아 죽었다. 자는 경함(景涵), 호는 동암(東巖)·북산(北山)이다.

❿ 정유길(鄭惟吉) 1515-1588 : 중종, 명종, 선조 때의 관료이다. 넓은 도량을 가지고 있어 포섭력이 강했다. 큰일이 있으면 대의를 바탕으로 과감하게 처리했다. 이조정랑, 도승지, 우찬성, 판돈녕부사, 우의정, 좌의정 등을 지냈다. 서예에 능해 서체가 임당체(林塘體)라는 평을 받았다. 자는 길원(吉元), 호는 임당(林塘)·상덕재(尙德齋), 본관은 동래(東萊)이다.

⓫ 윤두수(尹斗壽) 1533-1601 : 명종, 선조 때의 관료이다. 대사간, 대사헌, 호조판서, 좌의정, 영의정 등을 지냈다. 임진왜란 때 명나라에 구원을 요청하자는 주장에 반대했다. 평소에는 온화한 성품이었으나 큰일을 당했을 때는 직언을 서슴지 않았다. 이황의 문인이다. 붕당 정국에서 서인을 이끈 거물이었다. 자는 자앙(子仰), 호는 오음(梧陰)이다.

⓬ 구사맹(具思孟) 1531-1604 : 명종, 선조 때 전라도관찰사, 좌부승지, 이조판서, 좌찬성 등을 지낸 관료이다. 왕실의 인척이었으나 더욱 근신해 자제들이 함부로 행동하지 못하도록 했다. 청렴결백했다. 자는 경시(景時), 호는 팔곡(八谷)이다.

있었다.

조식은 당파와 직접적인 연관은 없었다. 그런데 조식의 문인들은 주로 동인에 많이 속했다. 이황의 제자들 또한 동인에 많이 속했다. 임진왜란 직전 동인이 다시 북인과 남인으로 갈라질 때, 조식의 제자들은 북인에 속하는 경우가 많았고 이황의 제자들은 남인에 속하는 경우가 많았다.

1565년 4월, 문정왕후(文定王后)가 죽었다. 명종과 윤원형의 뒤에서 권신과 사림을 쥐락펴락하며 권력을 휘두르던 대비(大妃)가 생을 마친 것이다. 조식과 같은 해에 태어났으니, 향년 예순다섯이었다.

연산군의 이복동생인 중종은 진성대군(晉城大君) 시절 연산군의 처남인 신수근(愼守勤)의 딸과 결혼했다. 그리고 그 7년 후인 1506년, 중종반정으로 왕위에 올랐다. 그런데 신수근은 중종반정에 반대하는 입장을 밝혔다가 반정 세력에게 죽임을 당했다. 또한 반정 세력은 중종이 왕위에 오르면서 왕비를 역적 신수근의 딸이라 하여 쫓아냈다. 이후 중종은 윤여필(尹汝弼)의 딸을 왕비로 책봉했는데, 원자 이호(李峼 ; 인종)를 낳고 산후병으로 죽고 만다. 이에 1517년, 윤지임(尹之任)의 딸을 다시 왕비로 책봉하니, 이 왕비가 바로 문정왕후였다.

윤지임의 딸을 책봉하기 전에, 중종은 윤금손(尹金孫)❸의 딸을 계비(繼妃)로 들이기로 간택해 놓았다. 그런데 윤지임의 딸도 함께 대궐로 데리고 들어오라고 명했다. 이에 앞서 윤지임은 병으로 매우 위독한 상태에 처한 딸이 죽을지 살지 알아보기 위해 점쟁이를 찾아간 적이 있었다. 점쟁이는 "당신 딸의 사수는 국모(國母)가 될 사주이니 걱정하지 마시오"라고 말했다. 과연 얼마 후 형세가 바뀌어 윤지임의 딸이 왕비가 되었다. 중종이 죽고 인종이 즉위했지만 여덟 달 만에 죽었다. 이때 문정왕후의 아들인 경원대군

---

❸ 윤금손(尹金孫) 1458-1547 : 연산군, 중종 때의 관료이다. 중종반정에 가담해 공신 목록에 올랐다. 형조판서, 좌참찬, 공조판서, 대사헌, 평안도관찰사 등을 지냈다. 본관은 파평(坡平), 자는 인지(引止), 호는 서파(西坡)이다.

(慶原大君)이 열두 살의 나이로 즉위하니 이 임금이 곧 명종이었다. 문정왕후는 수렴청정을 펼쳤고 동생 윤원형의 소윤 일파가 권력을 잡았다. 윤원형 일파는 권력을 잡자 곧 을사사화를 일으켜 반대파를 제거했다.

문정왕후가 죽기 직전 변고가 일어났다. 문정왕후가 총애하던 승려 보우는 1565년 4월 초파일을 앞두고 회암사(檜岩寺)❹에서 무차대회(無遮大會)❺를 열고자 했다. 무차대회는 은(銀) 수만 냥의 비용이 들어갈 정도로 큰 규모의 행사였다. 그러나 문정왕후가 국고를 탕진해 비용을 내도록 했기 때문에 보우는 무리 없이 행사를 준비했다. 팔도에서 승려와 신도들이 구름처럼 모여들기 시작했다. 이들에게 주기 위해 수천 섬의 쌀로 밥도 지었다. 그런데 밥을 지을 때마다 모든 밥이 핏빛으로 물들었다. 모인 사람들이 모두 괴이하게 여기며 놀라워했다. 과연 이날 문정왕후가 죽었다.

이에 보우를 죽이라고 사간원과 사헌부가 건의하고 팔도 유생들이 앞다퉈 상소를 올렸다. 생명의 위협을 느낀 보우는 덮개 있는 수레를 타고 도망치다가 강원도 인제현(麟蹄縣)에서 잡혀 제주도로 귀양갔다. 사간원과 사헌부의 대간(臺諫)들은 제주목사 변협(邊協)으로 하여금 은밀하게 그를 죽이도록 했다.

제주목사 변협은 꾀가 많은 사람이었다. 변협은 보우가 체격이 좋고 힘이 센 사람이라는 점에 착안해, 또한 기골이 장대한 이들을 모아 장사단(壯士團)을 조직한 후 여기에 보우도 참여하도록 했다. 그리고 이들에게 주먹질 연습을 한다고 하고는 한 사람을 가운데 놓고 아홉 사람이 돌아가며 치도록 했다. 장사들은 다른 사람을 칠 때는 힘껏 치는 척만 하다가 보우 차례에서는 실제로 있는 힘을 다해 쳤다. 장사 아홉의 주먹 세례를 받고서는 아무

❹ 회암사(檜岩寺) : 경기도 양주시 회암동에 있었던 절이다. 고려 때 전국 최대 사찰의 하나였다. 조선 명종 때 문정왕후의 지원을 받은 승려 보우에 의해 사세가 크게 커졌다가 문정왕후가 죽은 후 불태워졌다. 현재까지 석축, 주춧돌, 계단, 당간지주 등의 석물이 남아 있다.

❺ 무차대회(無遮大會) : 승려, 속인, 남녀노소, 귀천의 차별 없이 모든 사람을 대상으로 잔치를 베풀고 재물을 나누어주며 불교의 가르침을 전하는 불교 행사이다. 행사에 참여하는 사람의 수를 제한하지 않으므로 불교 행사 중에서도 가장 규모가 크다.

리 튼튼한 보우라도 견딜 수가 없었다. 며칠 지나지 않아 보우는 골병이 들어 피를 토하고 죽고 말았다.

승려 보우의 입장에서는 사실 억울한 측면도 없지 않다. 어떻게 보면 그는 불교를 극도로 배척하는 당대의 조선 사회에서 문정왕후의 힘을 빌려 불교를 중흥하고자 했을 뿐이다. 그는『불사문답(佛事問答)』,『선계잡저(禪偈雜著)』등의 불교 서적과 함께『응허당집(應虛堂集)』이라는 문집을 남겼다. 훗날 서산대사, 사명대사 등이 나온 것은 보우가 불교 중흥을 위해 노력한 일과 무관하지 않다. 서산대사, 사명대사 등은 임진왜란 때 승병(僧兵)을 일으켜 공을 세웠다. 그러나 당시의 거의 모든 기록이 그를 '요승' 또는 '권승(權僧)'으로 적고 있다. 보우는 사상적으로 특유의 일정론(一正論)을 주장했는데 그 요체는 성실무망(誠實無妄)이다. 이는 곧 유가의 성리학 이론과 통한다. 그의 사상은 성리학의 사상과 아주 멀리 떨어져 있는 것이 아니었는데도 유학자들의 배척을 받아 비참한 최후를 맞았다.

문정왕후가 죽었지만, 조정에서는 섣불리 윤원형을 탄핵하지 못하고 있었다. 윤원형은 여전히 영의정의 자리를 지키고 있는 명종의 외숙부였으므로 누구도 그를 끌어내리기 위해 나서기 힘들었던 것이다. 그러나 진짜 이유는 윤원형에 대한 명종의 속마음을 알 수 없었기 때문이다.

이때는 명종이 이미 나이가 서른이 넘은 때였다. 명종은 외숙부 윤원형의 끔찍한 악행에 대해서도 누구보다 잘 알고 있었고 내심으로 매우 그를 싫어했다. 또한 윤원형을 싫어하는 조정의 분위기를 알고 있었다. 명종은 어느 날 경연(經筵)에서 조용히 한(漢)나라 문제(文帝)❾❻가 권력을 제멋대로 휘두른 외숙부 박소(薄昭)를 죽인 일이 옳은지 그른지에 대해 물었다. 그제야 신

---

❾❻ 한나라 문제(文帝) 기원전202-기원전157 : 한나라의 5대 황제이다. 한고조 유방(劉邦)의 넷째 아들이다. 한고조의 군국제(郡國制)를 계승하고 농지와 민인(民人)에 대한 세금을 대폭 감면하는 정책으로 나라를 발전시켰다. 화려한 건물을 신축하지 않고 스스로 검소한 생활을 실천했으며, 가혹한 형벌을 폐지했다. 이로써 '문경의 치(文景之治)'로 일컬어지는 태평성대를 열었다.

하들은 임금의 뜻을 눈치채고 윤원형이 권력을 휘두르며 국사를 그르친 죄를 탄핵해 도성 밖으로 내쫓았다.

이때가 8월이었는데 대사간으로 있던 박순(朴淳)이 제일 먼저 윤원형을 탄핵했다. 박순은 사헌부와 대사간의 대간들과 함께 여러 날 동안 대궐 문 앞에 엎드려 윤원형을 귀양 보내라고 청했다. 윤원형이 인심을 많이 잃었기에 대신으로부터 하급 관원에 이르기까지 모두가 처벌할 것을 청하니, 이에 명종은 그를 삭탈관작하여 도성 밖으로 추방했다.

윤원형은 사림을 '풀 베듯' 죽였다. 그가 일으킨 을사사화 때 화를 당한 사림이 한둘이 아니었다. 을사사화 때만이 아니었다. 그는 자신이 하는 일에 조금이라도 거스르면 곧 역적으로 몰아 죽였다. 윤원형은 서울에 집이 열여섯 채나 있었고 의복, 말, 수레 등의 호화스러움은 임금보다 못하지 않았다. 다른 사람의 전답과 재산을 빼앗은 일은 이루 다 기록할 수도 없다.

한번은 이런 일까지 있었다. 윤원형은 관원들의 인사 문제를 결정하다가 피곤하여 깜빡 졸았다. 졸다가 깨어 생각해 보니 뇌물을 바친 자와 그 청탁 내용이 떠오르지 않았다. 인사 행정을 담당하는 이조의 관원들이 붓을 잡고 재촉하자, 윤원형이 졸면서 기억을 더듬느라고 혼잣말로 "고치? 고치?"라고 했다. 관원들이 '고치'란 사람을 널리 찾아보았으나 찾기가 쉽지 않았다. 먼 시골에 고치(高致)란 가난한 사람이 살고 있기에 그에게 관직을 제수했다. 탐욕스러운 파렴치한 한 사람으로 인해 조정 전체가 뒤죽박죽 난장판으로 변해갔다.

윤원형은 기생 첩실이었던 정난정(鄭蘭貞)과 모의하여 정실부인 김씨를 죽도록 만들고 정난정을 정실로 삼은 일도 있었다.

권력을 잡고 얼마 후, 윤원형은 장악원(掌樂院)**97**에서 우연히 요염한 기생 하나를 발견했다. 이 기생은 고운 얼굴에 고요하게 빛나는 눈빛을 가지고 있었다. 정난정이라는 기생이었다. 윤원형은 마음속으로 무한히 기뻐하며 다짐했다. "세상에 저렇게 예쁜 여자도 다 있는가. 안봤으면 모르겠지만

---

97 장악원(掌樂院) : 궁중에서 연주하는 음악과 춤에 관한 일을 담당하던 관청이다.

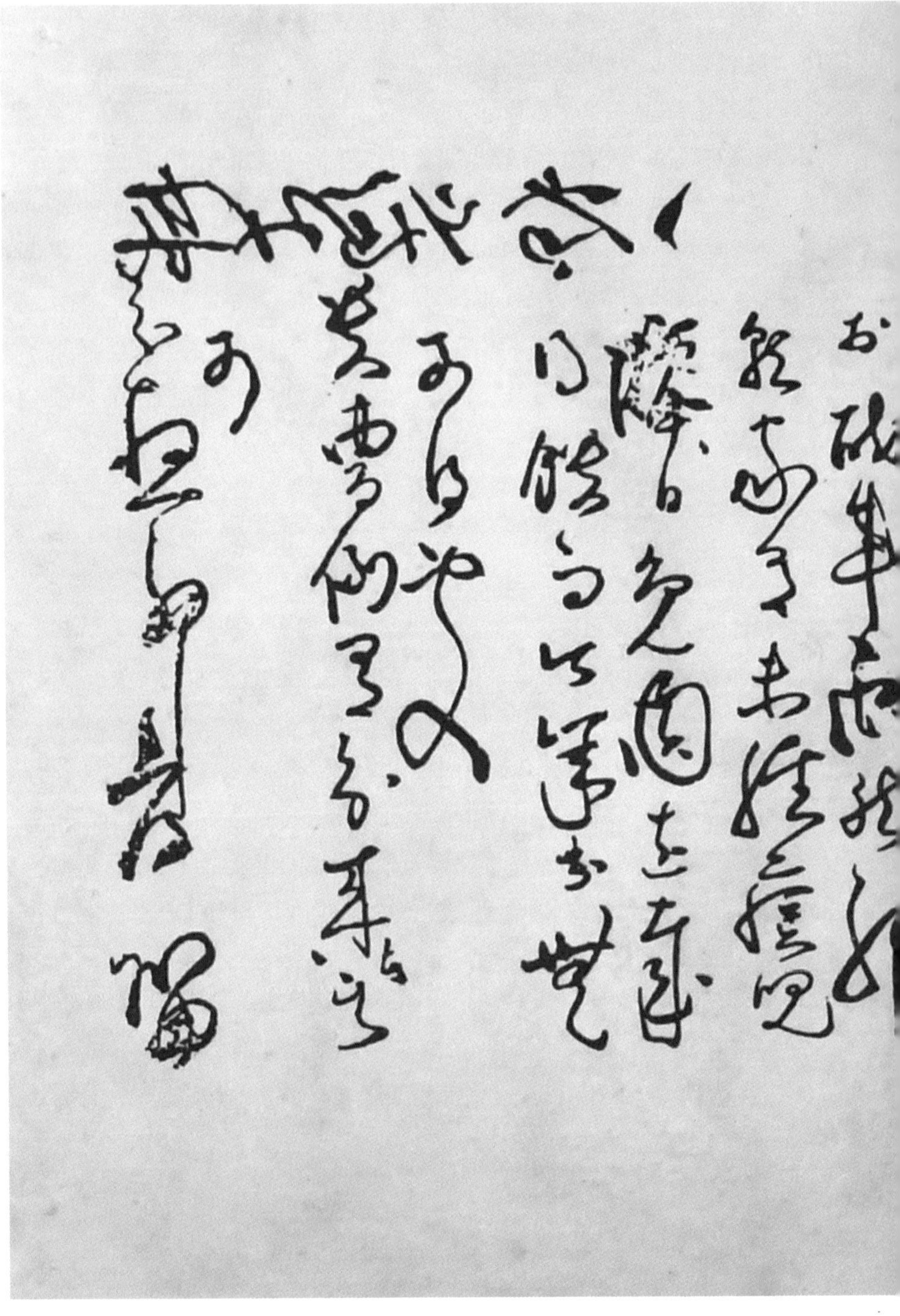

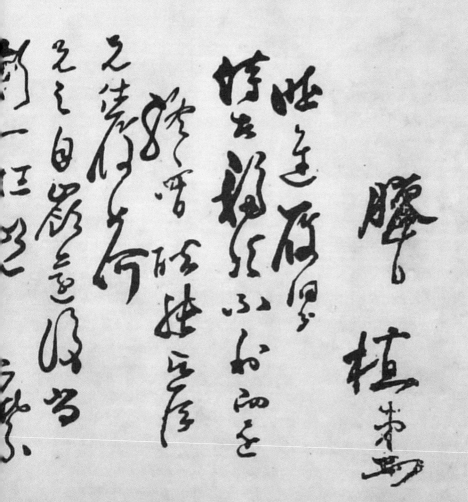

조식이 직접 쓴 편지이다. 아직 천연두를 앓지 않은 아이를 위해
섣달(臘日)에 잡은 토끼고기를 간청하는 내용을 담고 있다.
당시에는 섣달에 잡은 토끼고기가 천연두를 예방한다고 알려져 있었다.
높은 벼슬자리조차 지푸라기처럼 여기던 조식이 토끼고기를 얻기 위해
애쓰는 모습에서 '아버지 조식'의 모습을 엿볼 수 있다.

이미 본 이상 내 것으로 만들어야겠다. 내가 재물이 없나, 권력이 없나? 마음먹은 이상 그까짓 계집 하나 차지하지 못하겠나?" 이후 윤원형에게 다른 여인은 눈에 들어오지 않았다. 윤원형은 이미 스무남은 명의 첩실을 거느리고 있었다. 이 첩실들은 대개 벼슬을 탐하는 자들이 자신의 딸이나 누이, 심지어는 처를 바친 것이었다. 제 발로 접근하여 들어온 이도 있었고 윤원형이 강제로 빼앗은 이도 있었다. 모두 다 일색(一色)이라 할 만했으나 윤원형은 정난정 생각뿐이었다.

윤원형은 권력자답지 않게 정난정에게 온갖 애교를 부려 마음을 얻고자 노력한 이후에야 정난정을 첩실로 삼을 수 있었다. 윤원형은 정난정의 교태에 빠져 들어가 혹시라도 그 비위를 거스를까 벌벌 떨었다. 정난정은 먼저 윤원형이 거느리고 있던 별당의 첩실 스무남은 명을 당장 내쫓으라고 했다. 윤원형은 단번에 이 말을 따랐다. 정난정은 윤원형의 정실(正室)이 되고 싶었지만, 당시의 제도로는 정실을 이유 없이 내쫓을 수 없었다. 그래서 정난정은 정실부인을 독살할 음모를 꾸몄는데, 이를 안 정실부인이 사람 같지 않은 윤원형의 행위에 환멸을 느끼고서 약을 먹고 자살해 버렸다. 이후 정난정은 정실부인의 자리를 차지했다. 그리고 정난정의 손에서 조정의 내직은 물론 각 고을 수령들의 임명과 파면이 좌지우지되었다.

윤원형이 도성에서 쫓겨날 때 백성들이 거리로 나와 그에게 욕을 퍼부었다. 도성에서 쫓겨난 윤원형은 처음에는 동대문 밖의 시골집에 머물렀다. 그러나 곧 경기도 교하현(交河縣)❾ 농장, 고양군(高陽郡) 종의 집을 전전해야 했다. 이는 오랜 세월 윤원형에게 원한을 품었던 이들이 부지기수였고 이들이 윤원형을 모욕하고 해코지했기 때문이다. 집안으로 돌을 던지는 이는 점잖은 편이었고 심지어 활을 쏘아 죽이려는 이도 있었다. 염량세태(炎涼世態)라는 말이 있으니, 날씨에 더운 날이 있으면 추운 날이 있는 것처럼 권세 또한 이와 같다. 권세가 있을 때는 따르다가도 권세를 잃으면 떠나는

❾ 교하현(交河縣) : 현재의 경기도 파주시 교하동, 탄현면 일대에 있었던 고을이다.

법이다. 결국 윤원형은 정난정과 함께 황해도 강음현(江陰縣)**❾**까지 쫓겨 가움막을 짓고 숨어 살았다.

그래도 늙은 윤원형에게는 정난정이 있어 한 가닥 위안을 삼을 수 있었다. 그런데 어느 날 마을 아이들이 우르르 몰려와 "서울에서 사람들이 온다네요"라고 하더니, 곧이어 "금부도사(禁府都事)라네요"라고 하고 갔다. 이 말을 들은 정난정은 그만 독약을 먹고 자살하고 말았다. 얼마 전 정실부인이 죽은 일로 의금부에 끌려간 일이 있었는데 다시 끌려가 굴욕을 당하느니 차라리 죽는 것이 낫겠다고 생각한 것이다. 윤원형이 "아이고! 아이고!" 하며 혼자 울고 있으려니까, 마을 사람들이 몰려왔다. 전후 사정을 듣고 난 사람들은 이렇게 말하며 비웃었다. "금부도사가 오긴 무얼 와? 아이들 장난이지."

무소불위의 권력을 휘두르던 윤원형도 이 지경이 되자 권력의 허무함을 절실히 느꼈다. 정난정을 장사지낸 지 얼마 지나지 않아 윤원형도 시름시름 앓다가 죽었다. 문정왕후가 죽은 지 불과 일곱 달 후의 일이었다. 부귀영화가 한바탕 꿈이란 말은 정말 그냥 생긴 말이 아닌 것이다.

문정왕후와 윤원형이 죽자 1545년의 을사사화로 귀양 가서 고생하던 훌륭한 선비들이나 벼슬을 버리고 낙향해 숨어 지내던 선비들이 속속 조정으로 돌아왔다. 이제야 간신들이 물러나고 현사(賢士)들이 임금을 바른길로 보필해 나라의 앞날에 서광(瑞光)을 비출 것이라는 희망이 생겼다.

---

❾ 강음현(江陰縣) : 현재의 황해도 금천군 동부와 봉천군 서부에 걸쳐 있었던 고을 이름이다. 강음창(江陰倉)이 있어 세곡을 모아 황해로 운반했다.

1568년, 선조 임금에게 무진봉사를 올리다

七章

대장부의 출처(出處)는
태산처럼 묵직해야

1565년 8월 조식의 어린 시절 벗이었던 이준경(李浚慶)이 영의정 자리에 올랐다. 그는 현실 문제를 정확하고 빠르게 처리하는 능력을 갖춘 인물이었다.

이준경은 1555년의 달량포왜변(達梁浦倭變) 때, 자신의 형 이윤경(李潤慶)❶과 함께 왜구를 물리치는 데 큰 공을 세웠다. 달량포왜변은 왜구가 20여 일 동안 전라도 남해안 지방에 침략하여 노략질을 일삼은 사건이다. 왜구 침략 초기에 장흥부, 진도군, 영암군 등의 고을이 연패에 빠지면서 군사들의 사기도 떨어지고 민심 또한 어수선해져 있었다. 이런 상황에서 당시 호조판서였던 이준경이 도순찰사(都巡察使)를 맡아 전라도로 내려가 군권(軍權)을 잡고 전장을 통제했다. 그리고 전주부윤(全州府尹)으로 있던 이윤경은 군사 3천 명을 거느리고 영암군에 진을 친 후, 왜구를 참획(斬獲)하며 전세를 뒤집었다.

---

❶ 이윤경(李潤慶) 1498-1562 : 명종 때의 관료이다. 전주부윤, 전라도관찰사, 도승지, 병조판서 등을 지냈다. 달량포왜변 때 전장 지휘관으로서 왜구를 물리치는 데 큰 공을 세웠다. 자는 중길(重吉), 호는 숭덕재(崇德齋)이다.

이준경과 이윤경 형제는 1504년의 갑자사화❷로 인해 불우한 어린 시절을 보내야 했다. 갑자사화는 연산군이 자신의 생모인 폐비 윤씨의 원한을 갚기 위해 일으킨 대대적인 복수극이었다. 이들 형제의 할아버지인 이세좌(李世佐)❸는 1482년 성종이 폐비 윤씨에게 사약을 내릴 때 형방승지(刑房承旨)로서 이 사약을 가지고 갔다. 그리고 1504년의 사화가 일어나자 연산군으로부터 무자비한 보복을 당했다. 이세좌는 갑자사화 전인 1503년 연산군이 내리는 술잔을 곤룡포에 엎지른 일로 이미 강원도 평해군(平海郡)❹으로 귀양 가 있었다. 그런데 갑자사화를 일으킨 연산군은 유배지를 경상도 거제도(巨濟島)로 옮기도록 한 후, 다시 자살하라는 명을 내렸다. 이세좌는 유배지를 옮겨 가다가 곤양군(昆陽郡) 양포역(良浦驛)에 이르렀을 때 이 명을 받고, 목을 맸다.

연산군은 생모 윤씨가 죽은 일과 관련 있는 관료들을 죽이면서 그 가족까지 처벌했다. 이때 이준경은 여섯 살, 이윤경은 일곱 살에 불과했는데, 충청도 괴산군으로 유배되어 온갖 고생을 겪어야 했다. 다행히 2년 후에 중종반정이 일어나면서 풀려날 수 있었다.

벼슬길에 나아간 적이 없었던 조식과는 달리, 이준경은 일생을 벼슬길에서 보냈다. 그러나 강직한 처신만은 조식 못지않았다. 홍문관부수찬(弘文館副修撰)으로 있던 1533년 11월의 경연에서, 그는 이렇게 말했다. "『소학(小學)』의 강독이 세상에 엄격히 금지되어 있어서 이 책을 끼고 다니면 기묘년

---

❷ 갑자사화(甲子士禍) : 1504년 연산군이 생모인 폐비 윤씨의 원한을 갚기 위해 일으킨 사화이다. 연산군의 생모인 성종의 비(妃) 윤씨는 왕비로서의 체모를 지키지 못한다는 이유로 쫓겨난 후, 1482년 사사(賜死)되었다. 연산군은 이 일에 관여한 모든 사람들에게 복수했다. 성종이 윤씨를 쫓아내고자 할 때 이에 찬성한 관료들을 죽이는 것은 물론 이 관료들의 가족과 제자까지 처벌했다. 폐비 윤씨의 복위에 반대한 관료들도 죽였다.

❸ 이세좌(李世佐) 1445-1504 : 성종, 연산군 때의 관료이다. 대사간, 한성부판윤, 이조판서, 예조판서 등을 지냈다. 1498년의 무오사화 때는 김종직(金宗直)과 그의 제자들을 극형에 처해야 한다고 주장했다. 1504년의 갑자사화 때는 연산군의 생모인 성종의 비 윤씨에게 사약을 전했다는 죄목으로 죽임을 당했다.

❹ 평해군(平海郡) : 현재의 경상북도 울진군 평해읍 · 기성면 · 온정면 · 후포면 일대에 있었던 고을 이름이다. 원래는 강원도에 속해 있었는데 1963년 경상북도로 옮겨졌다.

의 무리로 지목되는데, 기묘년 사류들은 좋지 못하다 하더라도 이 책이 무슨 죄입니까?" 1519년의 기묘사화 이후 『소학(小學)』은 금서로 여겨졌다. 성리학적 이상 정치를 실천하고자 했던 개혁가 조광조(趙光祖)가 이 책을 강조했기 때문이다. 이런 분위기에서 『소학(小學)』이 죄가 없다는 말은 곧 "조광조가 죄가 없다"는 말과 마찬가지였다. 이 일로 이준경은 당시의 권신 김안로(金安老) 일파로부터 모함을 받아 파직당하고 만다. 1548년 병조판서에 부임한 후에는 권간(權奸) 이기(李芑)의 인사 청탁을 거절한 일도 있었다. 이기는 병마절도사(兵馬節度使), 수군절도사(水軍節度使), 첨절제사(僉節制使)❺ 등의 자리가 비면 자신에게 뇌물을 준 이들의 이름을 적어 이준경에게 보냈으나 이준경은 이 청탁을 들어주지 않았던 것이다.

이준경은 남다른 안목으로 훌륭한 인재를 많이 발탁했고, 중후(重厚)한 자세로 조정의 선비들을 보호했다.

1565년 윤원형이 쫓겨나기 전까지는 조정에 간신들이 뿌리를 내리고 있었으므로, 조식은 명종이 여러 차례 불러도 출사하지 않았다. 그러나 이제는 자신의 믿을 만한 벗이 영의정으로서 훌륭한 인재를 등용하고 있었으므로 한번 조정에 나아가 자신의 경륜을 펼치고자 하는 생각이 없지 않았다.

유학자에게 공부의 궁극적인 목적은, 자신을 올바르게 수양한 후 백성을 교화하는 수기치인(修己治人)에 있다. 그래서 젊은 시절에 공부하는 것은 공부로 쌓은 학문과 덕을 세상에 쓰고자 하는 것이다. 그러나 대부분의 선비들은 공부의 큰 목적을 망각한 채 지엽적인 문제에 머물러 있는 경우가 많았다. 아니면 현실에서 동떨어져 아무 소용이 없는 공리공담(空理空談)으로 세월을 보내는 경우도 적지 않았다. 조선 후기의 대학자 정약용(丁若鏞)❻은 "입으로는 늘 치국평천하(治國平天下)를 말하면서 집안 식구들 땟거리도 마

---

❺ 첨절제사(僉節制使) : 조선시대에 절도사가 속한 진에서 휘하 군졸을 다스리던 군직(軍職)이다. 절도사의 아래 관직으로 병마첨절제사(兵馬僉節制使), 수군첨절제사(水軍僉節制使)가 있었다. 종4품 무관 벼슬이었다.

련하지 못하니 가소로운 일이다"라고 말했는데, 이처럼 본분을 알지 못하는 선비의 무능을 지적한 말이다.

조식의 학문은 경의(敬義)를 주로 하여 지식보다는 실천을 중시했다. 성리학 외에도 천문, 지리, 산술, 병법 등을 스스로 깊이 연구했고, 또 이런 과목을 제자들에게도 가르쳤다. 조정이 이상적인 정치를 실현할 수 있는 기미를 보이므로 조식으로서도 이제는 벼슬을 마다할 명분이 없었다. 그러나 상황이 이렇다 하더라도 스스로 벼슬길에 나서려고 설레발을 치며 부산을 떠는 것은 옳은 출처(出處)❼의 태도라 할 수 없다. 조식은 늘 제자들에게 "장부의 처신은 태산처럼 중후해야 하고 마땅한 때가 이른 후에 자신의 경륜을 펼쳐야 한다"라고 강조했다. 자신의 처신도 당연히 이렇게 하려고 노력했다.

조식은 이전까지와 마찬가지로 학문에 힘쓰면서, 산천재로 찾아오는 제자들을 힘껏 가르쳤다. 때로는 인근 지역으로 가서 강론(講論)하기도 했다.

1566년 1월, 산음현 지곡사(智谷寺)❽에서 제자들과 강학회(講學會)를 열었다. 산음현의 오건이 이때 진주목사로 와 있던 노진(盧禛)과 함께 왔다.

---

❻ 정약용(丁若鏞) 1762-1836 : '성실(誠實)'을 가장 중요하게 생각했다. 진보적인 사회 개혁을 통해 부국강병을 꿈꾸었다. 민본(民本) 사상을 기본으로 민주적 주민 자치가 이루어지기를 소원했다. 성리학의 이론 논쟁을 배격하고 봉건 제도의 폐해를 개혁하고자 했다. 정조의 최측근 관료로서 예문관검열, 사간원정언, 사헌부지평, 홍문관수찬, 암행어사, 부승지, 곡산부사(谷山府使), 형조참의 등을 두루 역임했다. 수원성을 설계했고 기중가(起重架)를 고안했으며 한강의 배다리(舟橋)를 만들었다. 천주교도를 탄압한 1801년의 신유박해(辛酉迫害) 때 화를 당하고 전라도 강진현(康津縣)에서 18년 동안 유배 생활을 했다. 『목민심서(牧民心書)』, 『경세유표(經世遺表)』, 『흠흠신서(欽欽新書)』, 『마과회통(麻科會通)』, 『주역심전(周易心箋)』, 『논어고금주(論語古今注)』 등 방대한 분량의 책을 남겼다. 조선 후기를 대표하는 유학자이다. 자는 미용(美庸), 호는 다산(茶山)·사암(俟菴)·여유당(與猶堂)·철마산인(鐵馬山人)·탁옹(籜翁) 등이다.

❼ 출처(出處) : 벼슬길에 나아가고 물러나는 도리를 말한다. 유가의 학자들에게 이 출처 선택은 매우 중요한 문제였다. 『논어(論語)』 「위령공(衛靈公)」에는 "나라에 도가 있으면 벼슬하고 나라에 도가 없으면 감추었다(邦有道則仕 邦無道則可卷而懷之)"는 말이 나온다. 유학자들은 이 말을 기준으로 삼아 나라의 임금이나 권력자들이 도가 없다고 생각하면 숨어 살면서 자식의 학문과 인격을 닦고, 도가 있다고 생각할 때라야 벼슬에 나아가고자 했다.

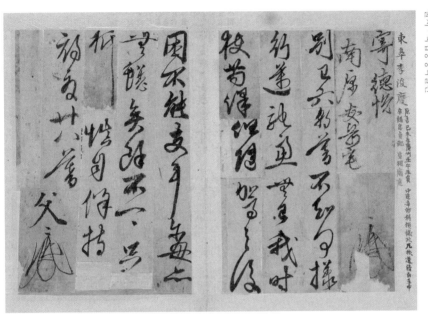

조식의 시대에 영의정을 지낸 이준경의 필적이다. 이준경은 조식의 어린 시절 벗인데, 일생 동안 벼슬에 나아간 적이 없는 조식과는 달리 일생을 벼슬길에서 보냈다. 정치가, 외교관, 군사전략가로서 대단한 활약을 펼쳤으며 성리학을 조선의 정치 이념으로 정착시키기 위해 노력했다.

노진이 온 다음날 강익, 김우옹, 정복현(鄭復顯), 도희령(都希齡)❾, 정유명 (鄭惟明)❿, 임희무(林希茂), 노관(盧祼)⓫ 등도 잇달아 도착했다. 그리고 강학회 소문을 들은 경상우도 일대의 선비들이 구름처럼 모여들었다. 지곡사는 제법 큰 절이었지만 찾아온 선비들 중 일부는 강학에 참석하지 못하고 되돌아가야 할 정도였다. 조식은 이들 선비들과 함께 닷새 동안 지곡사에 머물며 성리학 경전과 고금의 역사에 대해 토론했다.

2월에는 단성현(丹城縣) 단속사(斷俗寺)⓬에서 순천부사로 있던 이정(李楨)을 만났다. 조종도(趙宗道) 등이 조식을 모시고 단속사로 찾아갔다. 단속사는 북쪽의 웅석봉(熊石峰)을 중심으로 동쪽의 석대산(石岱山) 산줄기와 서쪽의 큰등날봉 산줄기가 둥그렇게 감싸고 있는 청계리(淸溪里) 계곡의 한 가운데에 자리잡고 있다.

단속사는 "속세와 끊어져 있다"는 뜻의 이름처럼 깊고 고요하다. 그러나 그 내력만큼은 속세와 끊어져 있는 것으로 보기 힘들다. 단속사는 통일신라 경덕왕 때 창건됐는데 신라의 대학자 최치원이 이곳의 독서당(讀書堂)에서

---

❽ 산음현 지곡사(智谷寺) : 현재의 산청군 산청읍 내리. 웅석봉의 북쪽 기슭에 자리잡고 있었던 절이다. 현재 절 건물은 남아 있지 않고, 그 터에 초석, 귀부, 부도, 축대 등의 석물만 남아 있다. 통일신라 때 창건된 절로 고려시대에는 한때 승려가 3백 명에 이를 정도로 번성했다고 한다.

❾ 도희령(都希齡) 1539-1566 : 명종 때의 관료로 홍문관저작(弘文館著作)을 지냈다. 정희보(鄭希輔), 조식의 문인이다. 자는 자수(子壽), 호는 양성헌(養性軒)이다.

❿ 정유명(鄭惟明) 1539-1596 : 명종, 선조 때의 유학자이다. 조식, 임훈의 문인이다. 임진왜란 때 의병장 김면(金沔)을 도와 공을 세웠다. 자는 극윤(克允), 호는 역양(嶧陽)이다.

⓫ 노관(盧祼) 1522-1574 : 명종, 선조 때의 관료이다. 동몽교관(童蒙敎官), 제원찰방(濟原察訪) 등을 지냈다. 노진의 동생으로 함양군(咸陽郡)에 살았다. 조식의 문인이다. 자는 자장(子將), 호는 사암(徙庵)·상재(尙齋)·중사(仲思), 본관은 풍천(豊川)이다.

⓬ 단속사(斷俗寺) : 현재의 산청군 단성면 운리에 있었던 절이다. 신라 때 창건되었고 조선시대에 이르기까지 지리산 일대에서는 규모가 가장 컸다. 지금도 창건 초기의 것으로 보이는 쌍삼층석탑을 비롯해 초석 등의 일부 석물이 남아 있다. 고려 때 번창했던 이 절의 규모는 조선시대로 들어설 때까지도 여전했다. 조선 세종 때의 기록 중에는 "단속사의 승려가 1백 명이고 딸린 전답이 1백 결"이었다는 내용이 남아 있다. 이는 "승려가 1백 명이고 딸린 전답이 80결"이었던 합천군의 해인사를 능가하는 것이었다.

글을 읽으며 머물렀다고 한다. 청계리 계곡 입구의 바위에는 '광제암문(廣濟嵒門)'이라는 석각⓭이 새겨져 있다. 이 석각은 최치원이 쓴 것이라고 알려져 있으나 실제로는 고려 초의 어떤 승려가 써서 새겨놓은 것이다. 그렇지만 "세상 사람들을 널리 구제한다"는 그 뜻은 속세를 향하고 있다. 또한 이절에는 경덕왕의 초상화도 있었고 신라 화가 솔거(率居)가 그린 유마힐상(維摩詰像)도 있었다고 전해진다. 세속의 한 가운데에 있었던 신라의 수도 경주와 다를 바 없었을 것이라는 말이다. 신라 석탑의 전형적인 양식을 보여주는 쌍삼층석탑⓮은 지금도 여전히 원래의 자리를 지키고 있다.

고려 말에 강회백(姜淮伯)⓯이라는 사람이 젊은 시절 이 단속사에서 머물렀던 적이 있다. 강회백은 이곳에서 책을 읽으며 지냈는데 그때 심은 매화나무가 6백 년이 지난 지금까지도 살아남아 있다. 강회백의 벼슬이 나중에 정당문학(政堂文學)⓰에 이르렀으므로 이 매화를 정당매(政堂梅)라고 한다. 조식이 단속사에서 정당매를 보고 지은 시가 있다.

절 무너지고 중은 파리해도 산은 늙지 않아	寺破僧羸山不古
지난 왕조의 왕은 사직을 보전치 못했네.	前王自是未堪家
조물주는 추위에도 지조 지키는 매화 그르쳐,	化工正誤寒梅事
어제 꽃을 피웠더니 오늘도 또 꽃을 피웠구나.⓱	昨日開花今日開

⓭ 광제암문(廣濟嵒門) 석각 : 현재의 산청군 단성면 청계리 용두마을에 있다. 단성면 운리의 단속사 터에서 호암로를 따라 남쪽으로 약 3km 가까이 내려온 후, 오솔길을 따라 남사천 쪽으로 내려서면 만날 수 있다.

⓮ 쌍삼층석탑 : 보물 제72호인 단속사지동삼층석탑(斷俗寺址東三層石塔)과 보물 제73호인 단속사지서삼층석탑(斷俗寺址西三層石塔)을 말한다. 산청군 단성면 운리의 단속사 터에 있다.

⓯ 강회백(姜淮伯) 1357-1402 : 고려 우왕, 조선 태종 때의 관료이다. 고려시대 말 정당문학(政堂文學) 겸 사헌부대사헌(司憲府大司憲)을 지냈다. 조선이 개국한 후에는 동북면도순문사(東北面都巡問使)를 지냈다. 본관은 진주(晋州), 자는 백부(伯父), 호는 통정(通亭)이다.

⓰ 정당문학(政堂文學) : 고려 때 중서문하성(中書門下省)에 속한 종2품 관직이다. 조정의 관원을 통솔하며 행정을 총괄했다.

산청군 단성면 단속사 절터의 매화나무이다. 정당매(政堂梅)이다. 고려시대에 정당문학을
지낸 후 조선시대에도 벼슬한 강회백이 심은 것이다. 조식은 이 매화나무를 보고
"어제 꽃을 피우더니 오늘도 또 꽃을 피웠다"라고 읊었다. 고려와 조선에서 벼슬한
강회백의 변절을 풍자한 것이다.

맨 마지막 구절에서 조식은 고려에서도 벼슬하고 조선에서도 벼슬한 정당매의 주인공 강회백을 은근히 풍자하고 있다.

단속사에서 이정과 만나 경전의 뜻에 대해 토론했다. 그리고 성리학 학설 가운데 꼭 필요하고 중요한 부분에 대해 묻고 답했다. 이정은 문답을 마치고 나서 "선비 집안의 부인이 행실이 좋지 못하면 어떻게 해야 합니까?"라고 질문했다. 그러자 조식은 "선비가 자신도 다스릴 겨를이 없는데 남의 집안일을 어찌 다스리겠소?"라고 대답했다. 초계군에 살던 조식의 벗 이희안(李希顔)이 죽은 후 그 후취부인에 대해 좋지 않은 소문이 돌았다. 이정은 이 이야기를 슬쩍 꺼내 놓았던 것이다. 그런데 조식이 이와 같이 대답하자 이정은 더 이상 말을 하지 않았다.

1566년 3월, 임훈(林薰), 노진(盧禛), 강익(姜翼) 등과 함께 안음현 화림동천으로 가서 시냇물에 발을 담그고 놀았다.

조식은 먼저 하항(河沆), 조종도(趙宗道), 하응도(河應圖), 유종지(柳宗智), 이정(李瀞) 등 제자들과 함께 함양군 개평촌(介坪村)[18]으로 노진을 방문했다. 조식 일행이 당도하자 노진은 바로 옆 효우촌(孝友村)에 사는 강익을 불러와 함께 하룻밤을 지냈다. 그리고 그 이튿날 이들 일행은 안음현 갈계리(葛溪里)에 사는 임훈을 찾아갔다. 임훈은 조식이 온다는 소식을 듣고 그 동생 임운(林芸)으로 하여금 마중을 나가도록 했다.

임훈의 집에 도착하자, 함양군, 안음현, 거창현 등지의 선비들이 찾아와 조식에게 가르침을 청했다. 조식은 거절하지 않고 이 선비들의 학문 수준이나 기질에 따라 맥을 짚으며 질문에 응해 주었다.

조식보다 한 살 많은 임훈은 생원시에 합격하고 은거해 학문에 전념하다가, 쉰네 살 때 천거를 받아 참봉 등의 벼슬을 지낸 바 있다. 임훈보다 열일곱 살 어린 임훈의 동생 임운(林芸)도 형과 함께 은거하면서 학문 연구에 전

⓱ 『남명집(南冥集)』 권1, 「단속사 정당매를 보고(斷俗寺政堂梅)」.
⓲ 함양군 개평촌(介坪村) : 현재의 함양군 지곡면 개평리 개평마을을 말한다.

념했다. 그는 일찍이 이황의 문하에서 가르침을 받은 적이 있었다. 특히 그는 다방면으로 관심이 많아 학문의 폭이 매우 넓었다. 이는 당시 성리학 공부를 주로 하던 다른 선비들과는 사뭇 다른 모습이었다. 임운은 매우 총명했고 또 통달하지 않은 것이 없다고 소문이 나 있었다. 그러나 조식은 오히려 "저 나이에 벌써 통달하지 않은 것이 없다고 소문이 난 것은 적당한 수준으로 세상 사람들을 속인 것"이라고 생각했다.

조식은 임운을 불러 무게 있는 목소리로 말했다. "자네는 총명하여 통달하지 않은 것이 없다고 하는데, 이런 학문 태도는 옳지 못하네. 요(堯)임금 같은 성스러운 분도 먼저 해야 할 일부터 차근차근 처리해 나갔다네. 군자는 능통한 것이 많다는 것으로 남들에게 군림하지 않네. 우리 유학은 본질적인 것과 지엽적인 것이 구분이 되어 있으니, 본질적이고 중요한 것에 전심전력을 쏟아야 하네." 학문의 근본이 선 다음 여러 가지 다른 분야에 관심을 가지는 것은 괜찮다. 그러나 처음부터 이것저것 관심을 쏟다 보면 올바른 학문을 이루기 어려울 것이라고, 조식은 보았다.

조식은 천천히 훈계를 계속했다. 이번에는 "이치는 끝이 없는데 세월은 한정되어 있다"고 말한 주희(朱熹)의 이야기를 했다. "주자가 일찍이 자기가 해오던 서예를 그만두고 『초사(楚辭)』[19]나 병서(兵書)에 주석 다는 일도 중단하고 오로지 유학에만 정진한 까닭이 무엇이겠는가? 이로써 앞 시대 유학자들의 남긴 업적을 정리하여 후세의 학자들에게 전해야겠다고 생각한 것이네. 후세의 학자들이라면 이를 본받아야 하지 않겠는가? 그물도 벼리(綱)를 들면 그물코가 다 따라 움직여야 사용할 수가 있고, 아무리 많은 군사라도 장수의 지휘를 따르지 않으면 오합지졸에 불과하네. 사람의 학문도 체계와 계통이 잘 서 있어야 비로소 학문이라 할 수 있는 것이네." 무조건 이것저것 많이만 알고 있어 봐야 아무 쓸모가 없다는 말이었다.

임운은 조식의 이야기를 다소곳이 들었다. 그리고 깨달은 바가 있어 이후

---

[19] 『초사(楚辭)』: 전국시대 초(楚)나라의 시인 굴원(屈原; 기원전343-기원전278, 추정)을 비롯하여, 굴원의 문인인 송옥(宋玉), 경차(景差) 등의 작품을 모은 책이다.

학문에 임하는 태도를 크게 고쳤다.

　이날 임훈의 집에 모인 선비들에게는 심(心)과 성(性)과 정(情)에 대해 강론했다. 성(性)이란 사람이 태어날 때 타고난 마음의 본래 모습이고, 정(情)이란 이 성이 외부의 자극을 받아 감응하는 것이다. 그래서 성은 정적(靜的)이다. 또 심(心)에는 지(志)가 있는데, 지란 어떤 곳으로 향하는 마음이니 결국은 결심(決心)이란 말과 같다고 볼 수 있다. 심(心)이란 이 성과 정과 지를 포괄하는 전체이다. 이 심은 이(理)를 위주로 하는가, 아니면 기(氣)를 위주로 하는가? 사단칠정(四端七情)은 이가 발한 것인가, 기가 발한 것인가? 이러한 문제는 이미 수백 년 동안 논란이 되어 온 문제였다. 그러나 학자들마다 조금씩 다른 내용을, 조금씩 다른 방법으로 설명하고 있어 혼란스러운 부분이 아주 많았다. 조식은 성리학에 대해서도 누구 못지않게 잘 알고 있었지만, 이를 글로 남긴 것은 많지 않다. 공허한 이론에 빠진 당시의 학문 경향을 바로잡기 위해서 실천이 중요하다고 여겼기 때문이다. 그러나 이날은 다만 젊은 선비들이 성리학의 개념 정립에 있어 혼동을 일으키지 않도록 간명하게 설명해 주었다.

　다음날부터 조식은 임훈과 함께 인근의 화림동천(花林洞天), 심진동천(尋眞洞天), 원학동천(猿鶴洞天)의 세 골짜기를 두루 구경했다. 화림동천은 맑은 시냇물이 새파랗게 돋아난 봄풀 사이를 흘러가는 모습이 더없이 한가로워 보였다. 천지조화의 질서가 눈앞에 나타난 것이었다. 조식은 흥에 겨워 시 몇 수를 지었다. 그 중 한 수는 다음과 같았다.

푸른 봉우리 하늘 찌를 듯하고 물은 쪽빛인데,　　　碧峯高挿水如藍,
좋은 경치 많이 감추었어도 탐내는 것 되지 않는다네.　多取多藏不是貪.
내 마음에 맞게 살 것이지 세상 일 말할 것 있으랴?　押盍何須談世事,
산 이야기 물 이야기만으로도 이야기 많고 많은데.[20]　談山談水亦多談.

---

[20] 『남명집(南冥集)』 권1, 「안음현 화림동천을 유람하다가(遊女陰玉山洞)」.

1566년 봄에는 성주목(星州牧)의 선비 정구(鄭逑)가 찾아와 제자의 예를 갖추었다. 조식은 이 젊은 선비의 빼어난 재주를 기특하게 여겨 정성을 다해 가르쳤다.

이에 앞서 조식의 제자인 오건(吳健)이 성주향교의 훈도(訓導)로 있을 때 정구는 열세 살**❷**의 소년으로 향교에 나아가『주역』을 배웠다.『주역』64괘 가운데 처음 두 괘인 건괘(乾卦)와 곤괘(坤卦)를 배우자, 나머지 괘는 혼자 유추하여 막힘이 없이 이해했다. 이해에 정구가 조식의 문하로 들어온 것은 오건의 소개를 통해서였다.

정구는 스물한 살 때 예안현 도산(陶山)으로 이황을 찾아가 배웠다. 정구는 이황의 문하에서 처음 강의를 듣고 그 학문과 인품에 감화돼 한 평생 스승으로 모시기로 마음먹었다. 이후 계속 문하를 출입하며 배웠는데, 특히 『심경(心經)』에 관한 토론을 많이 했다. 그리하여 나중에 이황의 심학(心學)을 계승하여『심경발휘(心經發揮)』라는 책을 썼다.

정구는 조식처럼 과거에 응시하지 않고 은거하면서 학문에 전념했는데, 그 학행이 알려져 나중에 천거를 받아 벼슬길에 나갔다. 1580년 창녕현감(昌寧縣監)을 제수받아 선조에게 숙배(肅拜)하고 도성을 떠나려 할 때 선조가 "너의 스승 이황(李滉)과 조식(曺植)의 학문이 어떠한가?"라고 물었다. 정구는 이렇게 대답했다. "이황은 온화하고 독실하게 실천합니다. 공부가 무르익었으며 단계가 분명하여 배우는 사람이 쉽게 찾아 들어갈 수 있었습니다. 조식은 우뚝하고 단정합니다. 재주와 기상이 높고 초연합니다. 스스로 깨달아 세상에 구애받지 않고 홀로 지조를 지키고 있습니다. 그러므로 배우는 사람이 요령을 얻기가 어려웠습니다." 선조가 또 "부임해서 가장 먼저 하고자 하는 일이 무엇인가?"라고 물었다. 정구는 "먼저 학교를 세워 사

---

❷ 정구의 『한강집(寒岡集)』에 이 내용이 나온다. 정구가 13세 때, 오건이 성주향교(星州鄕校)에서 학생들을 가르쳤는데 정구가 『역전(易傳)』을 배웠다는 것이다. 그런데 이 내용은 오건의 『덕계집(德溪集)』에 나오는 내용과 그 시기가 어긋난다. 『덕계집(德溪集)』에 따르면 오건이 성주향교로 가서 정구를 가르친 것은 오건이 39세 때였다. 정구가 13세 일 때는 1555년이었고, 오건이 39세일 때는 1559년이었다.

조선시대 후기에 그려진 계회도(모임 그림)이다.
크고 작은 산봉우리 아래의 계곡에 여남은 명의
사람들이 모여 있다. 사람들 사이에 종이와 벼루가
놓여 있는 것으로 보아 글짓기 모임인 듯하다.
조식은 제자들과 함께 계곡이나 산으로 자주 유람을
다녔는데, 아마도 이와 같은 모습이었을 것이다.

람들을 교화해 나가겠습니다"라고 대답했다.

그리고 많은 책을 썼다. 일흔네 살 때 집에서 불이 나는 바람에 많이 없어지고 말았지만 『주자서절요강목(朱子書節要綱目)』, 『심경발휘(心經發揮)』, 『오선생예설(五先生禮說)』, 『갱장록(羹墻錄)』, 『경현속록(景賢續錄)』, 『의안집방(醫眼集方)』, 『고금인물지(古今人物志)』, 『관의(冠儀)』등 40여 권에 이르는 책이 남아 있다. 정구는 함안군수로 있던 1587년, 오운(吳澐)과 함께 『함주지(咸州誌)』를 편찬했다. 이후에도 고을 수령으로 부임할 때마다 해당 고을의 읍지(邑誌)를 만들었다. 그는 각 고을의 역사와 인물, 산천과 지리, 풍속과 인정을 아는 일이 고을 사람들에게 좋은 영향을 미칠 것이라고 생각했다.

조식과 이황에게서 배운 정구의 학문은 제자 허목(許穆)에게로 이어졌다. 허목은 성리학을 중심으로 한 당대의 학문적 분위기와는 달리 원시유학의 육경(六經)을 중시했다. 이러한 학풍은 이후 이익(李瀷), 정약용(丁若鏞) 등에게 깊은 영향을 미쳤다.

서울로 올라가
명종 임금을 만나다

이 무렵 제자들 가운데는 조정도 이제 깨끗해졌으니 조정에 나아가라고 권하는 이가 적지 않았다. 문정왕후가 죽고 진정한 친정(親政) 체제를 확립한 명종도 조식을 불러내 함께 정치를 하고 싶었다. 이에 명종은 1566년 7월 다음과 같은 전지(傳旨)를 내려 조식을 불렀다.

"내가 민첩하지 못해 어진 이를 좋아하는 정성이 결여된 것 같소. 전날 비록 품계를 뛰어넘어 벼슬을 제수한 적이 있긴 하지만 취임하지 않으려 했으니 내 마음이 매우 부끄럽소. 지금도 초야에 묻힌 선비들을 내가 간절히 구하고 있소. 그러니 날씨가 시원해지기를 기다려 역마(驛馬)를 타고 올라오도록 하시오."❷ 그러나 조식은 몸이 아파 올라갈 수 없다며 사양했다. 그러나 명종은 조식이 사양한다 하여 포기하지 않고 이해 8월에 다시 상서원판관(尙瑞院判官)❸을 제수하여 불렀다.

이번에도 명종의 간곡한 전지가 있었다. "요사이 경상도관찰사 강사상

---

❷ 『명종실록(明宗實錄)』 1566년 7월.

(姜士尙)이 장계한 것을 보고서, 병으로 올라올 수 없음을 알았소. 내 마음은 무척 서운하오. 내가 민첩하지 못하고 어진 이를 좋아하는 정성이 부족하여 이런 일이 있게 되었나 생각하니, 또한 부끄럽소. 곧 약을 내릴 터이니 병을 잘 조리해서 편리할 때 올라오도록 하시오. 그리고 경상도관찰사에게 '먹을 만한 것(食物)'을 갖추어 지급하게 하였으니, 그런 줄 아시오."❷❹

명종은 곧이어 내의원(內醫院)으로 하여금 약을 지어 보내도록 했다. 경상도관찰사의 장계를 보면, 이때 조식은 실제로 어지럼증과 구토증이 있었다고 한다.

이 무렵 조정은 오랜만에 활기를 띠고 있었다. 윤원형 일파의 간신들은 모두 쫓겨났고, 그동안 귀양을 갔거나 벼슬을 버렸던 이들이 다시 돌아왔다. 조정은 은거하며 지내던 유일(儒逸)의 선비들에게도 벼슬을 내려 불러들이고자 하고 있었다. 조식보다 먼저, 조식의 벗들인 성운(成運), 임훈(林薰), 이항(李恒)❷❺ 등이 벼슬을 받았고 이황의 제자들인 한수(韓修), 남언경(南彦經), 김범한(金範韓) 등도 벼슬을 받았다. 이들은 당시 모두 학문과 인격이 높은 것으로 세상에 알려져 있던 이들이었다.

조식은 이전에 이미 여러 차례 불렀는데도 출사하지 않았기 때문에 이 명단에 들지 않았다. 이에 어떤 사람이 말했다. "지금 산림(山林)에 묻힌 선비로 조식만한 인물이 없으니 조식을 빠뜨려서는 안됩니다." 그래서 조식에게도 벼슬을 제수했던 것이다.

---

❷❸ 상서원판관(尙瑞院判官) : 상서원은 옥새와 옥보, 절월(節鉞) 등을 관장하는 관청이다. 옥새와 옥보는 임금의 도장이다. 절월은 관찰사, 병마절도사(兵使), 수군절도사(水使), 첨절제사(僉節制使) 등이 지방으로 부임할 때 임금이 내려주던 것으로, 군령을 어긴 자에 대한 생사여탈권을 상징하는 것이었다. 판관은 종5품직이다.

❷❹ 『명종실록(明宗實錄)』 1566년 8월.

❷❺ 이항(李恒) 1499~1576 : 중종, 명종 때의 유학자이다. 『대학』을 읽은 이후 일생 동안 이 책을 공부의 바탕으로 삼았다. 심성(心性)의 문제에 대해 당대의 성리학자들과 활발하게 토론함으로써 성리학 발전에 기여했다. 조식, 기대승, 김인후 등과 교유했다. 말년에 천거되어 임천군수(林川郡守), 사헌부장령, 장악원정(掌樂院正) 등을 지냈다. 자는 항지(恒之), 호는 일재(一齋), 본관은 성주(星州)이다.

임금이 여러 번 불렀는데도 가만히 있는 것이 송구스러웠고, 또 새로 친정을 펼치려 하고 있는 명종에게 어느 정도 기대를 걸고 있었으므로, 조식은 드디어 서울로 올라가 숙배(肅拜)할 결심을 했다. 지리산 덕산동을 출발해 함양군, 남원부(南原府), 전주부(全州府), 공주목(公州牧)을 거쳐 서울 도성으로 향했다. 이때 역마(驛馬)를 타지 않고 자신의 말을 타고 갔다. 그리고 미리 사람을 보내 조정에서 벼슬하는 제자 오건(吳健), 정탁(鄭琢) 등에게 자신이 도성으로 가고 있다는 사실을 알렸다.

1566년 10월 1일 아침나절에 한강에 이르렀다. 제자 오건과 정탁이 마중나와 함께 배를 타고 건넜다. 오후에 생질 이준민(李俊民) 집에 가서 조문했다. 이준민은 평안도 강계부사(江界府使)로 나가 있다가, 이때 상을 당해 집으로 돌아와 있었다. 3일, 조식은 베옷(布衣)을 입은 채 명종에게 숙배했다. 이때 오건과 정탁이 가림막을 치고 곁에 모시고 앉았다. 베옷을 입고 임금을 대한 것은 아직 벼슬을 받아들이지 않는다는 뜻이었다.

10월 7일, 드디어 편전(便殿)❷에서 명종을 만났다. 전라도 옥과현(玉果縣)❷ 현감을 제수받은 김범(金範)이 조식과 함께 들어왔다. 김범도 조식처럼 여러 번 불러도 벼슬에 나오지 않다가 이번에 처음으로 올라왔다. 명종이 옛날부터 지금에 이르기까지 세상이 잘 다스려졌던 일과 그 까닭, 풍속을 바로잡는 도리의 옳고 그름, 학문하는 법, 본받을 만한 좋은 말 등에 대해 숨김없이 말해달라고 청했다. 조식이 이렇게 아뢰었다.

옛날부터 지금까지 잘 다스려졌던 일이나 어지러워졌던 일에 대해서는 책에다 실려 있습니다. 신이 비록 아뢰지 않더라도 어찌 모르겠습니까? 다만 신이생각건대 임금과 신하 사이에는 의리가 서로 조금의 틈도 없어야 합니다. 그래

---

❷ 편전(便殿) : 사정전(思政殿)을 말한다. 임금이 평상시에 거처하면서 신하들과 함께 국정을 의논하는 곳이다.
❷ 전라도 옥과현(玉果縣) : 현재의 전라남도 곡성군 옥과면 · 입면 · 겸면 · 오산면 일대에 있었던 작은 고을 이름이다.

야 서로 참된 마음으로 믿으며 더불어 무슨 일을 할 수 있습니다. 옛 제왕들은 신하들을 친구처럼 대하여 그들과 나라를 다스릴 방법을 강구했습니다.

임금께서 신하들을 거울처럼 밝게 살펴 이 사람이 현명한 자인지 그렇지 못한 자인지를 알고 있어야 합니다. 신하들마다, 이 사람은 조심성이 있고 묵직하니 반드시 이런 사람이 되겠다거나, 이 사람은 재주가 많고 민첩하니 훗날 이런 사람이 되겠다거나, 이 사람은 곧고 굳세니 귀에 거슬리는 말도 서슴지 않을 사람이라거나, 이 사람은 줏대가 물렁하니 듣기 좋은 말로 아첨이나 늘어놓을 사람이라거나 하는 점을 잘 파악하고 있어야 합니다. 그래야 정치를 잘할 수 있습니다. 신하들 또한 임금이 생각하는 바를 잘 헤아려야 합니다. 임금의 이런 생각은 좋은 것이니 마땅히 계도(啓導)해야겠다거나, 이런 생각은 좋지 못한 것이니 더 확대하지 못하도록 해야겠다거나 하는 점을 판단하고 있어야 합니다. 이렇게 해서 임금과 신하가 서로 따뜻한 마음으로 참된 뜻을 주고 받는다면 여기에서 나라를 다스리는 기본 원칙이 나올 것입니다.

저는 먼 시골에 엎드려 있어 세상에서 지금 일어나고 있는 일을 잘 모릅니다. 그러나 수십 년 동안의 일을 살펴보건대 백성들의 마음이 떠나고 군사들은 지휘를 따르지 않는 것이 마치 물이 제멋대로 흘러가 버리는 것과도 같습니다. 이로써 마을마다 텅텅 비어 폐허로 변하고 말았습니다. 그러므로 지금 당장 불이 난 집에서 불을 끄듯 백성들을 구제해야 할 터인데도, 손길이 미치지 못하고 있습니다. 임금께서는 늘 백성들을 걱정하고 있을 것이나, 폐단은 옛날과 다를 바가 없습니다. 신하들이 임금의 뜻을 받들어 일을 처리하지 못해서 그런지, 아니면 임금이 신하들의 건의를 받아들이지 않아서 그런지 모르겠습니다.

임금의 학문이 바로 정치를 잘할 수 있는 근원입니다. 학문은 스스로 체득(體得)하는 것이 중요하지, 다만 강의를 듣기만 해서는 유익할 것이 아무 것도 없습니다. 편안히 계실 때나 책이나 역사를 볼 때도 반드시 스스로 체득하도록 해야 합니다. ㉘

㉘ 『명종실록(明宗實錄)』 1566년 10월. • 원문은 책 끝에 덧붙임.

백성들이 유랑을 떠나면서 마을이 텅텅 비었다는 대목에 이르자 명종은 새삼스럽게 놀라는 표정을 지었다. "백성들의 실상이 그렇게도 처참한가?" 하고 생각하는 듯했다. 조식이 말을 마치자, 함께 편전에 들어온 김범이 신중한 태도로 "선을 본받고 악을 경계해야 한다"는 취지의 말을 했다. 이어서 명종은 임금과 신하가 함께 토론하며 선정(善政)을 펼쳤던 일에 대해 물었다. 잠시 숨을 돌렸던 조식이 계속 아뢰었다.

옛날 하(夏)나라, 은(殷)나라, 주(周)나라 때는 임금과 신하 사이에 격의 없이 의논했으므로 세상이 태평했습니다. 이후로는 대부분의 시기에 임금은 어리석어 생각이 어두웠으며 신하는 아첨하기를 좋아했습니다. 임금이 현명하면 신하가 정직하고 임금이 어두우면 신하가 아첨합니다. 이는 자연스러운 이치입니다. 옛 임금들은 신하를 친구처럼 대했고 그와 더불어 나라를 잘 다스릴 방법을 강구했습니다. 지금 임금께서는 비록 이렇게는 못하시더라도 임금과 신하 사이에 서로 믿고 뜻이 통하도록 해야 합니다. 임금께서 이런 정치를 하고 싶은 마음이 있다면, 이런 뜻을 확충해 나가십시오. 이런 일은 왕비와 후궁, 내시들과 의논해서는 안되고, 곁에서 모시는 올바른 신하들과 함께 의논해야 합니다.㉙

조식의 이야기를 다 들은 명종이 물었다. "옛날 촉한(蜀漢)의 제갈량(諸葛亮)㉚은 유비(劉備)㉛가 오두막집을 세 번이나 찾아간 뒤에야 세상에 나왔소. 그런데 제갈량은 어찌하여 한 번 불렀을 때 나오지 않고, 세 번 불러서야 나

㉙ 『명종실록(明宗實錄)』 1566년 10월. • 원문은 책 끝에 덧붙임.

㉚ 제갈량(諸葛亮) 181-234 : 탁월한 책사의 대명사와도 같은 인물이다. 삼국시대 촉(蜀)나라의 전략가이다. 유비(劉備)의 군사(軍師)로서 조조(曹操)의 위나라 대군을 적벽(赤壁)에서 격파했다. 후한(後漢)이 망하고 유비가 촉한(蜀漢)의 제위에 오른 후 승상(丞相)이 되었다. 유비가 죽은 후 유비의 아들 유선(劉禪)을 끝까지 보좌했다. 유비의 유지에 따라 위나라를 치러 가면서 「출사표(出師表)」를 썼다. 와룡선생(臥龍先生)으로 일컬어진다. 자는 공명(孔明)이다.

왔던 것이오?" 조식은 이렇게 대답했다. "당시 세상은 어지러웠습니다. 그러므로 유비는 반드시 제갈량 같은 영웅을 얻은 후라야 자기의 포부를 이룰 수 있었습니다. 그래서 세 번이나 찾아갔던 것입니다. 제갈량이 한 번에 나오지 않았던 것은 틀림없이 당시의 시세(時勢)를 보고서였을 것입니다. 다만 유비와 제갈량은 한(漢)나라 부흥을 도모하고 30여 년이 지날 때까지 천하를 회복하지 못했습니다. 그렇다면 그가 세상에 나와서 도대체 무엇을 했는지 알지 못하겠습니다."㉜

명종은 유비가 삼고초려(三顧草廬)한 일을 들어 조식의 마음을 알아보고, 지금까지 여러 차례 벼슬을 주어 불러도 나오지 않은 일에 대해 은근히 섭섭한 마음을 드러냈다. 조식은 마땅한 때가 아니면 벼슬에 나와서는 안되고, 마땅한 때가 아닌데도 벼슬에 나와서는 아무 일도 이룰 수 없다는 점을 또한 제갈량의 사례를 통해 말하고 있다.

조식은 명종과의 대화에서 아주 날카롭게 잘못을 지적하고자 했다. 명종은 조식이 이전에 「을묘사직소(乙卯辭職疏)」를 올렸을 때는 단단히 화가 나서 벌을 주려고까지 했다. 그러나 이번에는 매우 포용하는 태도로 조식의 말을 받아들였다. 그러나 조식은 명종이 능동적으로 정치를 펼 임금은 아니라고 판단했다. 이에 함께 일할 마음을 접고 지리산 덕산동으로 돌아가기로 결심했다.

조식이 명종을 만나고 숙소로 물러나자, 서울의 많은 선비들이 몰려왔다. 평소 조식의 학문에 대해서 익히 들었지만 벼슬자리에 매여 있어 만나지 못했거나, 혹은 거리가 멀어 찾지 못했던 이들이었다. 이들은 사림의 종장(宗

---

❸ 유비(劉備) 161-223 : 삼국시대 촉(蜀)나라의 황제이다. 후한(後漢) 때 황건적의 난이 일어나자 토벌군에 참가해 전공을 세웠다. 관우, 장비와 같은 장수를 휘하에 두었으며 삼고초려(三顧草廬)로 제갈량을 얻어 군사(君師)로 삼았다. 조조의 위나라 대군을 적벽(赤壁)에서 격파했다. 221년 스스로 황제를 칭하고 나라를 세웠다. 한나라를 계승한다는 명분을 앞세워 나라 이름을 촉한(蜀漢)이라고 했다. 자는 현덕(玄德)이다.

㉜ 『명종실록(明宗實錄)』 1566년 10월.

조식을 만난 명종은
제갈량의 일을 물었다.
이로써 이전까지
여러 번 불렀는데도
벼슬에 나오지 않았던
조식에게 섭섭한 마음을
드러냈다. 그러나 조식은
삼고초려에 응해 벼슬에
나온 제갈량이 끝내
한나라 부흥을 이루지
못한 점에 대해 말했다.
마땅한 때가 아니면
또한 벼슬에 나와서는
안된다는 뜻이었다.
그림은 조선시대에
그려진 제갈량의 초상이다.

匠)을 만나볼 수 있는 좋은 기회를 놓치고 싶지 않았던 것이다. 그러나 조식은 제자 오건에게 가능하면 이들의 방문을 사양하도록 지시했다.

10월 8일, 조식은 또한 명종의 부름으로 서울로 올라온 이항(李恒)을 만났다. 이항이 묵고 있는 곳으로 찾아가 만난 것인데, 이항과는 미리 만나기로 약속을 해놓은 터였다. 이항은 조식의 젊은 시절 친구로 전라도 태인현(泰仁縣)❸에 은거하면서 학문을 연구하고 있었다. 그는 서른 살 전까지는 활과 칼을 잡고 무예를 익히다가 서른 살이 넘어서야 성리학에 전념했다.

조식이 이항을 만나러 갔을 때 이항이 묵고 있는 곳은 이미 많은 선비들로 가득 차 있었다. 선비들은 이항에게 학문상의 의문점을 질문했고, 이항은 스승으로 자처하면서 답변을 해주었다. 조식은 이항의 이러한 태도가 마음에 들지 않았다. 이(理)와 기(氣)가 일물(一物)이라는 그의 이기론(理氣論)도 납득하기 힘들었다. 조식은 자신을 만나러 온 이들을 사양했고, 혹 남아서 학문에 대한 질문을 하면 농담으로 응수하여 이들의 스승으로 자처하려 하지 않았다. 나중에 지리산으로 돌아온 조식은 오건에게 이런 편지를 썼다. "내 평생 다른 기술은 없고 다만 책 보는 일만 했네. 입으로 성리학에 대해서 이야기한다면 어찌 다른 사람들보다 못하겠는가? 그러나 오히려 말하고 싶지 않았을 뿐이라네."❹

공허한 이론만 입으로 지껄이며 학자연(學者然)하는 일을 조식은 매우 싫어했다. 조식은 이항에게, "그대는 큰 무리의 도적이고 나는 결국 거기에 연루되어 끌려 나온 사람이네"라고 했다. 추천된 사람 가운데서 이항이 맨 먼저 추천을 받았고, 조식은 추가로 추천받았기 때문에 이렇게 농담을 했던 것이다.

당시 조식의 어릴 적 벗인 이준경(李浚慶)이 영의정으로 있었다. 조식이 서울로 왔다는 소식을 듣고도, 편지만 전할 뿐 초청을 하거나 방문을 하지

---

❸ 전라도 태인현(泰仁縣) : 현재의 전라북도 정읍시 태인면·신태인읍·감곡면·산내면·산외면·옹동면·칠보면 일대에 있었던 고을이다.
❹ 『남명집(南冥集)』 권2, 「오건에게 보내는 글(與吳御史書)」, •원문은 책 끝에 덧붙임.

않았다. 조식은 지리산으로 돌아오기 직전에 일부러 찾아가 작별을 고하며 서운한 마음을 토로했다. "그대가 정승의 지위에 있다고 스스로 높은 체하여 끝내 한번 찾아주지도 않는단 말인가?" 이준경이 대답했다. "난들 왜 자네를 만나고 싶지 않았겠나? 조정의 체통이 있기 때문에 내가 감히 그것을 손상시킬 수가 없었다네." 그는 착한 일을 좋아하고 선비들을 장려하기는 해도, 벗과의 개인적인 정분(情分)으로 처신하지는 않았다. 선비들이 떼를 지어 다니며 스승이라고 하고 제자라 하면 반드시 시기하는 무리가 있을 것이니 조심하라는 뜻이었다.

10월 12일 조식은 지리산 덕산동으로 돌아가기 위해 서울을 떠났다. 이때 같이 불려왔던 이항(李恒)과 임훈(林薰)은 모두 병을 핑계로 사직하고 돌아갔는데, 조식은 사직도 하지 않고 돌아갔으므로 사람들이 말이 많았다. 조식이 떠날 때 허엽(許曄)을 비롯한 많은 선비들이 한강을 건너와 전별연을 베풀었다. 한강을 건너는 선비들의 수가 너무 많아 배 두 척에 가득 나누어 타야 했다. 아침에 집을 나온 이들은 해가 다 저물 무렵에야 정릉(靖陵)❸ 앞에서 작별했다.

조식이 지리산으로 돌아오니, 노진(盧禛)이 편지를 보내어 이처럼 빨리 돌아온 까닭을 물었다. 조식이 답장하는 편지에서 이렇게 말했다. "내가 임금의 명을 여러 차례 받았으니 예의상 한번은 대궐에 나아가 숙배하는 것이 마땅하다네. 다시 서울에 더 머물러 무엇 하겠는가? 그대도 조정에 들어가 도(道)를 행하지도 못하면서 오래도록 벼슬자리에 머물러 물러나지 않는다면 또한 구차하게 녹을 받는 것을 면치 못할 것이네." 이처럼 조식은 도를 행하지도 못하면서 벼슬에 머물러 있는 것을 경계했다.

조식이 사직하고 지리산으로 돌아온 것은 마지못해서였다. 훌륭한 임금을 만나 그를 도와 나라를 잘 다스려 나가는 것이 조식의 젊은 시절 포부였지만, 임금이 임금답지 못하였기에 같이 일할 수가 없다고 생각한 것이다. 조식은 「서경덕 시의 운자를 따라(次徐花潭韻)」라는 시에서 이렇게 읊었다.

---

❸ 정릉(靖陵) : 중종의 왕릉이다. 현재의 행정구역으로 서울시 강남구 삼성동이다.

"붉은 마음으로 이 세상을 되살리고자 하는데, 누가 밝은 해로 이 몸을 비춰 줄 것인가?"❸ 여기서 '붉은 마음'은 곧 조정의 잘못을 바로잡아 민생의 어려움을 되살리고자 하는 마음을 말하며, '밝은 해'는 함께 이러한 일을 이루어 나갈 임금을 가리키는 것이라 할 수 있다. 백성을 걱정하고 세상을 구제하고자 하는 조식의 간절한 마음을 엿볼 수 있다.

훗날의 유학자 조임도(趙任道)는 이 시에 발문(跋文)을 붙여 자기의 견해를 밝혔다. "원통한 마음으로 세상을 걱정하는 뜻이 말 밖에 넘쳐흐른다. 훌륭한 자질을 품고서 세상에서 숨었다가 바위굴에서 일생을 마친 것이 어찌 선생의 본래 뜻이었겠는가? 어떤 사람들은 선생이 벼슬하지 않은 것을 선생의 병통으로 여겨 절조(節操) 한 가지만 일컫는데, 또한 이상하지 않은가?"❸

이황은 김우굉(金宇宏)에게 보내는 편지에서, 조식의 출처에 대해 이렇게 칭송했다. "이제 그가 일어나 임금의 부름에 응했으니, 군자가 때에 맞추어 출처(出處)의 의리에 합당하게 처신한 것이네. 나처럼 늙고 병든 몸으로 한 곳에 눌러 앉아 장차 죄를 얻게 될 사람과 비교한다면, 그 차이가 얼마나 크겠는가?"❸ 조식의 출처에는 목숨을 바쳐 지키고자 하는 신념이 있었다는 것이다.

이로부터 얼마 후에는 합천군의 제자 정인홍이 찾아와 보름 정도 머물다 갔다. 조식은 그에게 명종과 만나고 온 이야기를 했다. 조식은 특히 무너질 대로 무너진 조정의 기풍과 백성들의 고통에 대해 안타까워했다.

정인홍은 1556년 무렵, 삼가현 토동의 계부당으로 조식을 찾아와 배우기 시작했다. 이때 그는 약관의 청년 선비였다. 그런데 1566년 조식이 명종을 만나고 온 때에는 씩씩한 기개를 갖춘 30대의 장년이었다. 조식의 이야기를 듣던 정인홍은 조식보다 더한 분노와 울화를 터뜨렸다.

❸ 『남명집(南冥集)』 권1, 「서경덕 시의 운자를 따라(次徐花潭韻)」. • 원문은 책 끝에 덧붙임.
❸ 조임도(趙任道), 『간송집(澗松集)』 권3, 「조식이 서경덕 시의 운자를 따라 지은 시를 보고(書南冥先生次花潭詩後)」.
❸ 이황, 『도산전서(陶山全書)』 권19, 「김우굉에게 답하는 글(答金敬夫)」.

1572년 조식이 죽은 후 정인홍은 스승의 행장(行狀)을 썼다. 이 행장에서 정인홍은 1566년 조식이 명종을 만나고 와서 들려준 이야기를 요약해서 적었다. 임금과 신하는 흉금을 터놓을 수 있어야 한다는 것, 임금은 스스로 터득해야 한다는 것이 그것이었다. 그리고 스승의 출처에 대해 이렇게 칭송했다. "선생은 구차하게 남을 따르지도 않았고 구차하게 침묵하고 있지도 않았다. 선생을 아는 사람들은 이를 좋아했지만 알지 못하는 사람들은 이를 무척 미워했다. 숨는 것과 세상에 나아가는 것을 반드시 때를 보고 하려고 했으며 자신을 지켜 다른 사람을 따르려고 하지 않았다. 초야의 선비로 문을 단단히 닫고 지내며 죽어도 후회하지 않았기 때문에 선생을 일러 '천 길을 날아오르는 봉황'이라고 할 수 있을 것이다." 이후 정인홍은 자신 또한 출처에 대해 분명한 태도를 가지고자 했다.

조식은 정인홍을 자신의 분신처럼 아꼈는데, "정인홍이 있으면 내가 죽지 않을 것"이라고 말할 정도였다. 그리고 평소 차고 다니던 패검인 경의검(敬義劍)을 물려주었다. 정인홍은 스승의 문집인 『남명집』 간행을 주관하면서 서문(序文)을 썼다.

정인홍은 1580년 마흔다섯 살의 나이에 이르러 사헌부장령(司憲府掌令)[39]을 지냈다. 그가 사헌부장령으로서 벼슬하는 동안 조정의 기강이 바로 섰다. 도성 안의 길거리에서 장사하는 사람들까지도 그를 두려워해 금지 물품을 밖에 내놓고 팔지 못했다. 강직한 성품의 정인홍은 자신이 맡은 바 직분을 어김없이 실행에 옮겼다. 이로써 스승 조식에게서 받았던 가르침을 조금도 게을리하지 않고 실천했다. 이이(李珥)는 당시의 정인홍에 대해 이렇게 평했다. "정인홍은 초야(草野)에서 일어난 고독한 이로서 충성을 다하고 공의(公義)를 받들고 있었다. 그가 논한 바에는 지나친 것이 있는 듯하나 이것은 실로 공론인데 어째서 옳지 않다 하겠는가."[40]

---

[39] 사헌부장령(司憲府掌令) : 사헌부는 관원들의 비위와 불법을 조사하고 규탄하며 각종 금령(禁令)의 집행을 담당하는 관청이고, 장령은 이 사헌부의 정4품 관직이다.

[40] 이이(李珥), 『석담일기(石潭日記)』, 만력구년(1581년) 3월조. • 원문은 책 끝에 덧붙임.

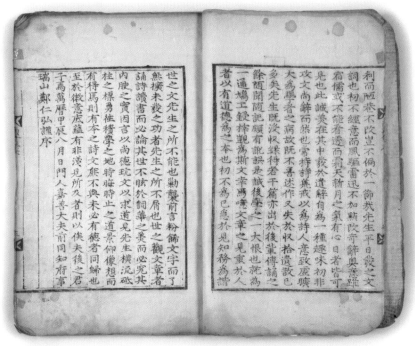

조식은 제자 정인홍을 자신의 분신처럼 아꼈다. "정인홍이 있으면 내가 죽지 않을 것"이라고 말할 정도였다. 평소 차고 다니던 패검인 경의검을 물려주기까지 했다.
정인홍은 임진왜란 때 의병장으로 활약했으며 광해군 즉위 후에는 북인의 영수로서
정국을 주도했다. 그리고 스승의 문집인 『남명집』 간행을 주도했다.
사진은 정인홍이 쓴 『남명집』 서문의 끝 부분과 『남명집』 표지이다.

정인홍은 임진왜란 때 이미 쉰여덟 살이라는 적지 않은 나이에도 불구하고 의병을 일으켰다. 그리고 조식의 문인들은 물론 자신의 제자들을 대거 의병에 참여하도록 하여 충의(忠義)를 실천했다. 그리고 왜군과의 휴전이 이루어진 1593년, 선조가 의병장 벼슬을 내리자 장문의 사직 상소를 올려 전란이 일어난 원인, 전란 이후의 대책에 대한 의견을 피력했다. 그는 백성을 고통스럽게 하는 일에 대해 분개했다. 조정에서 "노인과 어린이에게 부역 대신으로 가포(價布 ; 베)를 징수하고 도망간 자는 그 친족과 이웃에게 독촉해 징수하라"고 한 일에 대해, 그는 이렇게 말했다. "수령은 위엄있는 조정의 명령에 겁을 먹고 죄수들은 옥에 가득하며 유랑민은 길에 가득합니다. 겨우 보존된 마을도 집집마다 텅 비었습니다. 그런데 분탕질하는 것으로 낙토(樂土)를 삼고, 유랑민을 보고서도 근심하지 않습니다. 백성의 원망과 고통이 이 지경에 이르렀습니다."❹

붕당 정치의 흐름 속에서 정인홍은 북인의 중심인물로서 정국을 주도했다. 그는 한 치 앞을 내다볼 수 없었던 선조 말기의 안개 정국에서 끝까지 광해군과의 의리를 지켰다. 이로써 1608년 광해군 즉위 후에는 광해군으로부터 절대적인 신임을 받았다. 광해군은 정인홍에게 여러 차례에 걸쳐 자신을 옆에서 보좌해 줄 것을 요청했다. 그러나 광해군이 즉위했을 때 정인홍의 나이는 이미 일흔세 살이었다. 정인홍은 나이와 병을 이유로 광해군이 벼슬을 내릴 때마다 사직을 청했고 다만 산림에서 돕겠다고 했다. 그러나 중앙 조정에 나아가지 않았다고 해서 정인홍의 영향력이 줄어든 것은 아니었다. 광해군은 조정에서 중요한 일을 결정할 때는 반드시 그에게 사람을 보내 자문을 구했다.

조정에서는 또한 광해군의 적합함을 주장했던 이이첨(李爾瞻)❷이 정인홍과 빈번하게 연락하며 영향력을 발휘했다. 1614년 선조의 적자인 영창대군(永昌大君)이 죽자 영창대군을 낳은 어머니인 인목대비(仁穆大妃)를 폐위시

---

❹ 정인홍, 『내암집(來庵集)』 2권, 「의병장을 사직하는 봉사(辭義將封事)」. • 원문은 책 끝에 덧붙임.

키자는 말이 조금씩 나오기 시작했다. 그러나 인목대비는 선조의 계비로서 곧 광해군에게도 어머니였으므로, 인목대비를 폐위시키자는 것은 곧 폐모(廢母)시키자는 것이기도 했다. 그런데 1618년에 인목대비를 폐위시키자는 폐모론이 크게 번졌다. 그리고 이를 주도한 인물은 이이첨이었다.

이후 1623년 서인(西人)이 인조반정을 일으켜 광해군을 몰아내고 인조를 옹립했다. 그리고 북인 일파에 대해 대대적인 숙청을 단행했다. 북인 정권의 영수였던 정인홍은 비록 합천군에 머물러 있었지만 중앙 조정에 큰 영향을 미친 인물이었다. 서인들로서는 자신들의 정변을 정당화하기 위해서라도 북인의 정신적 지주인 정인홍을 처형하지 않을 수 없었다. 본래 대신은 죽을죄를 지었더라도 자결하도록 했지 처형하지는 않았다. 또 일흔 살 이상의 죄인에게는 형벌을 가하지 않는다는 법 조항이 있었다. 그러나 서인들은 영창대군 살해와 인목대비 폐위를 주도했다는 죄목으로 정인홍을 처형했다. 사실 이이첨이 영창대군을 죽이려 할 때나 인목대비를 폐위하려 할 때, 정인홍은 여기에 반대하는 입장이었다. 그러나 서인들에게 이는 그리 중요한 문제가 아니었다.

정인홍이 사형 당함으로써 조식의 문인들은 쇠퇴의 길로 들어선다. 정인홍은 평소 성격이 강직해 다른 사람의 잘못을 추호도 용납하지 못해 생전에 많은 적을 만들었다. 이 때문에 정인홍의 공격을 받았던 후손들은, 조식이나 그 문인들까지 공격했다. 급기야는 조식의 학문까지 부당하게 폄하하는 일이 적지 않았다.

1567년에 유대수(俞大修)❹가 와서 배웠다. 그는 서울 사람인데 조식의 명성을 듣고 오래도록 사모해 오다가, 마침 경상도도사(慶尙道都事)❹로 부

---

❷ 이이첨(李爾瞻) 1560-1623 : 선조, 광해군 때의 북인을 이끌던 핵심 인물이다. 선조 말기 선조가 영창대군(永昌大君)을 후계로 삼으려 하자, 정인홍과 함께 광해군의 적합함을 주장했다. 선조가 갑자기 죽고 광해군이 즉위하자, 영창대군 지지 세력을 숙청했다. 영창대군이 죽자 인목대비 폐모론을 발의해 1618년 인목대비를 유폐시켰다. 1623년 인조반정 때 아들 삼형제와 함께 처형당했다. 이조정랑, 대사간, 예조판서, 대제학 등을 지냈다. 본관은 광주(廣州), 자는 득여(得輿), 호는 관송(觀松) · 쌍리(雙里)이다.

임하너서 소식을 찾아왔다. 조식은 그를 한번 보고서 그 사람됨을 인정하고 의리(義理)의 학문을 조리 있게 가르쳐 주었다. 그는 조식의 가르침에 심복하여 떠날 때는 눈물을 흘리기까지 했다.

유대수는 조식에 대해 이렇게 말했다. "선생은 도가 크고 덕이 높고 의리를 행하여 한 세상에 이름이 남고 재주와 지혜는 온갖 변화에도 두루 통했다. 세상을 경륜할 뜻을 가지고 있었고 성리학에 정통했으니, 나라에서 남명을 썼더라면 요순(堯舜) 시절과 같은 태평성세를 돌이킬 수 있었을 것이다."**㊺**

㊸ 유대수(俞大修) 1546~1586 : 명종, 선조 때의 관료이다. 형조좌랑, 경상도도사, 사간원 정언, 충주목사, 안동부사 등을 지냈다. 조식에게서 의리(義理)에 대해 배웠다. 본관은 한양(漢陽)이며 서울에 살았다. 자는 사영(思永)이다.

㊹ 경상도도사(慶尙道都事) : 경상도관찰사를 보좌하는 종5품 관직이다.

㊺ 『덕천사우연원록(德川師友淵源錄)』유대수조(俞大修條).

선조에게 '구급(救急)' 두 글자를 올리다

1567년 6월 명종이 죽었다. 6월 28일 별안간 쓰러진 후 다시 의식을 회복하지 못했다. 어머니인 문정왕후가 죽고 윤원형 일파를 쫓아낸 명종은 인재를 고르게 등용하는 등 나름대로 새로운 정치를 해보려고 노력했다. 그러나 어머니가 죽은 지 2년 만에 자신 또한 불과 서른넷이라는 젊은 나이로 임금다운 임금 노릇 한번 해보지 못하고 세상을 떠나고 말았다.

명종은 인순왕후(仁順王后)와의 사이에서 순회세자(順懷世子)를 낳았으나 명종이 죽기 전에 열세 살의 어린 나이로 죽었다. 왕위는 명종이 평소 기특하게 여겼고 인순왕후 또한 총애했던 하성군(河城君)이 계승했다. 하성군은 명종의 이복동생인 덕흥대원군(德興大院君)의 셋째 아들이었다. 1567년 7월 3일, 명종의 뒤를 이어 임금의 자리에 오른 이 하성군이 곧 선조(宣祖)였다.

선조는 즉위한 지 얼마 지나지 않아 특별히 교지를 내려 조식을 불렀다. 교지에는 다음과 같은 내용이 들어 있었다. "시내를 건너려면 반드시 배와 노가 있어야 하고, 큰 집을 지으려면 반드시 기둥과 대들보감이 있어야 하오. 예로부터 천하의 모든 국가 가운데 훌륭한 인재를 등용하고 큰 인물에게 일을 맡기지 않고서도 능히 다스려진 나라는 없었소. 우리 돌아가신 임금님 말년에 교화를 다시 펴려고 노력하여 어진 이를 정성을 다해 좋아했고, 예로써 선비들을 대접하였소. 그때 그대가 특별히 부름에 응하여 베옷을 입는 신분으로 임금을 만나 뵈었소. 내 어린 나이에 왕위를 이어 여러 가지로 어려운 일이 많으니, 경은 한번 나와서 나로 하여금 도(道)를 듣도록 해주시오."**❹**

선조는 이처럼 간곡한 내용의 교서를 구봉령(具鳳齡)**❹**으로 하여금 직접 조식에게 전달하도록 했다. 그러나 조식은 사양하면서 이렇게 말했다. "신은 매우 늙었고 병이 깊고 죄도 깊습니다. 이제 전하의 부름에 감히 나아가지 못하겠습니다. 정승의 직책은 사람을 쓰는 일이 가장 중요합니다. 지금 정승은 선악을 말하지도 못하고 옳고 그름을 구분하지도 못하고 있습니다."**❹**

선조는 어진 인재를 구해 나라를 잘 다스려 보겠다는 의지가 지극했다. 교지를 내려 조식을 만나고자 한 것이 1567년 11월이었는데, 그 다음달인 12월에 다시 조식을 부르는 유지(有旨)**❹**를 내렸다. 그 내용은 다음과 같았다. "과인이 어진 이를 만나보고 싶은 마음이 날로 간절해 가오. 다만 공은 나이 많은 노인으로서 이런 큰 추위에 몸을 상할 것이라 길을 나설 수 없을 것이오. 그러니 시일이 늦거나 빠르거나 구애받지 말고 날씨가 따스해지기를 기다려 천천히 올라오도록 하시오."**❺**

조식은 다시 한번 사양하는 의사를 담은 「정묘년에 사직하면서 승정원에 올리는 상소문(丁卯辭職呈承政院狀)」을 써서 선조에게 보냈다. 그 내용은 다음과 같다.

---

❹ 『남명선생편년(南冥先生編年)』67세조.
❹ 구봉령(具鳳齡) 1526-1586 : 명종, 선조 때의 관료이다. 이조좌랑, 대사헌, 병조참판, 형조참판 등을 지냈다. 이황의 문인이다. 시문에 뛰어났고 천문에 대한 조예도 깊었다. 본관은 능성(綾城), 자는 경서(景瑞), 호는 백담(柏潭)이다.
❹ 『남명선생편년』67세조.
❹ 유지(有旨) : 승정원이 왕명을 받아 그 내용을 직접 작성하여 전달하는 왕의 명령서를 말한다.
❺ 『남명선생편년』67세조.

이제 신은 벼슬을 그만두고 물러나야 할 나이입니다. 늙고 병든 데다 죄 또한 가볍지 않습니다. 전하의 명을 듣고 급히 달려가지 않았는데도 전하께서 너그러이 용서하여 벌주지 않으니 만 번 죽을 각오로 벌을 기다립니다. 엎드려 생각건대, 전하께서 이 늙은 백성을 부르는 뜻은 이 보잘것없는 늙은이의 몸뚱이를 보려는 것이 아니고, 한마디 말을 들어 전하의 다스림에 만 가지 중에 한 가지라도 도움을 얻고자 하는 까닭일 것입니다. 그래서 신은 '구급(救急)❸'이라는 두 글자를 바치고자 합니다. 이 두 글자로써 전하께서 나라를 일으키는 말로 삼았으면 합니다. 이 두 글자로써 보잘것없는 제 몸뚱이를 드러내는 일을 대신하고자 합니다.

신이 엎드려 보건대, 나라의 근본이 무너져 물이 끓는 듯하고 불이 타는 듯합니다. 그런데도 여러 벼슬아치들은 일을 하지 않고 놀고 있는 것이 마치 아무 말도 하지 않고 앉아 있는 시동(尸童) 같기도 하고 허수아비 같기도 합니다. 나라의 기강은 씻어버린 듯 없어졌고 원기는 피폐해졌습니다. 예의는 쓸어버린 듯 사라졌고, 법과 형벌에는 아무 원칙이 없습니다. 선비들의 기풍은 온통 무너져 버렸고, 공정한 도덕은 모두 허물어졌습니다. 사람을 쓰는 인사는 혼란할 대로 혼란해졌습니다. 해마다 흉년이 들어 온 나라의 창고가 텅텅 비었습니다. 여러 가지 제사의 법도는 문란해졌습니다. 나라의 방비는 허술할 대로 허술해졌습니다. 벼슬아치들이 뇌물을 주고받는 일이 극한에 이르렀습니다. 또한 온갖 수탈을 자행해 백성들은 억울하기 짝이 없는 실정입니다. 낭비와 사치는 극에 달했고 호화로운 음식도 극에 달했습니다. 바른 건의가 받아들여지지 않고 있으며, 오랑캐들이 우리를 업신여기고 있습니다.

나라가 지금 온갖 위태로운 병통에 시달리고 있습니다. 병에 들어 있는 상황인데, 하늘이 사람의 일을 어떻게 하려 하는지 예측할 수가 없습니다. 이런 위급한 일은 팽개쳐 두고 구제하지도 않으면서 헛된 이름만을 구해 번지르르한 말을 꾸며대려고 하고 있습니다. 산야에 버려진 신을 구함으로써

---

❸ 구급(救急) : 위급한 일을 구제하라는 뜻이다.

어진 이를 구한다는 명분을 얻고자 하십니까? 이를 위한 들러리로 쓰려고 하십니까? 명분만으로는 실제로 위급한 일을 구제할 수 없습니다. 이는 그림의 떡으로 굶주린 배를 채울 수 없는 것과 같은 이치입니다.

청컨대 전하께서는 무슨 일이 급하고 무슨 일이 급하지 않은지, 무엇이 사실이고 무엇이 사실이 아닌지를 잘 분간해서 처리하십시오. 옛날부터 비록 태평성세일지라도 옳은 일과 옳지 못한 일, 가당한 일과 가당치 않은 일이 없을 수 없었기에 궁중의 아녀자라도 글을 올려 비판할 수 있었습니다. 그런데 지금 높은 자리에 있는 이들이 이리저리 형세만 둘러보고서 일을 구제하지 않고 있으니 나중에는 반드시 손을 쓸 수 없는 지경에까지 이를 것입니다.

시류의 변화를 알지 못하는, 무지한 늙은이가 제 분수도 모르고 관리들이 해야 할 말까지 침범하면서 전하께 죽음을 무릅쓰고 아룁니다. 벼슬에 있지 않은 선비이면서 나라의 일을 멋대로 논한 죄는 신이 마땅히 받겠습니다.㉒

조식은 선조에게 나라의 폐단에 대해 날카롭게 지적했다. 마치 천둥이 치는 듯했고 큰바람이 일어나는 듯했다. 나라가 이토록 피폐한 상황인 줄 아직 상세히 알지 못했던 선조는 조식의 글을 읽고 새삼 놀라지 않을 수 없었다.

1567년 얼마 동안, 김해부의 산해정(山海亭)에 머물렀다. 조식은 처음 김해부로 와 서재를 짓고 산해정이라고 이름 붙였던 때를 떠올렸다. "높은 산에 올라 바다를 바라본다"는 그때의 포부를 생각하며 지금 자신은 어디에 도달해 있는지 돌이켜 보았다. 또한 오랜만에 조씨부인을 만나 지난 일들을 이야기하며 한동안 함께 기거했다. 성성한 백발에 몸도 예전 같지 않은 모습을 보고는 쓸쓸한 마음이 들었다.

㉒ 『남명집(南冥集)』 권2, 「정묘년에 사직하면서 승정원에 올리는 상소문(丁卯辭職呈承政院狀)」. • 원문은 책 끝에 덧붙임.

이때 정구(鄭逑)가 산해정으로 찾아와 한 달 남짓 머물다 갔다. 정구는 그 동안 공부하면서 의문을 품었던 내용을 잔뜩 가지고 와서 끊임없이 질문했다. 조식은 정성껏 대답해 주었는데 정구가 열의를 가지고 질문하므로, 조식도 피로한 느낌이 들지 않았다. 고금(古今) 인물들의 현명함과 어리석음, 나라가 다스려지는 일과 어지러워지는 일, 세상을 바로잡는 도리, 시대의 변화, 사사로움과 올바름, 옳고 그름 등에 대해 폭넓게 문답을 주고받았다.

특히 벼슬에 나아가는 일과 물러나는 일, 나서서 말을 해야 할 때와 물러나서 침묵해야 할 때에 대해서 되풀이해 설명했다. 정구도 조식과 마찬가지로 과거에 나아가지 않고 학문 연구에 전념하고 있었다. 조식은 명성이나 이익에 초연한 정구를 대견하게 여겨 다음과 같이 칭찬했다. "자네는 벼슬에 나아갈 때와 물러날 때에 대해서 조금 알고 있으니, 내가 마음으로 인정하네. 군자의 큰 절개는 벼슬에 나아갈 때와 물러날 때를 아는 것이라네." 조식은 인물들의 현명함과 어리석음을 판단할 때 반드시 먼저 벼슬에 나아가고 물러나는 일을 따져본 후에 그다음의 잘잘못을 살폈다.

어떤 사람이 조식에게 물었다. "가령 선생께서 세상에 나아가 뜻을 펼칠 수 있었다면 큰일을 이루었겠습니까?" 조식은 이렇게 대답했다. "나는 재주와 덕이 없으니 어찌 일을 감당할 수 있었겠소? 다만 덕 있는 원로를 존중하고 후배들을 장려하고 어진 인재를 등용해서 각각 그 능력을 발휘하도록 할 수는 있었을 것이요."

또 다른 사람이 물었다. "선생을 후한(後漢) 광무제(光武帝)의 친구이면서 숨어 산 엄광(嚴光)❸과 비교한다면 어떻습니까?" 조식은 이번에는 이렇게 대답했다. "오! 그 무슨 말이오? 엄광의 절조를 어찌 따라갈 수 있겠소? 그러나 엄광과 나는 도(道)를 달리하는 사람이오. 나는 은거하면서도 세상

---

❸ 엄광(嚴光) 기원전39-기원후41 : 후한(後漢) 때의 은자(隱者)이다. 광무제(光武帝)가 아직 황제로 즉위하기 전, 함께 공부하고 함께 군사를 일으켜 신(新)나라 왕망(王莽)의 군대를 격파했다. 그러나 광무제가 황제로 즉위하자 엄광은 이름을 바꾸고 은거했다. 광무제가 함께 나라를 다스리고자 여러 번 불렀으나 끝내 나아가지 않았다. 자는 자릉(子陵)이다.

을 잊은 적이 없지만, 엄광은 은거하기 시작한 이후 세상을 완전히 잊은 사람이오. 나는 공자처럼 자기의 학문을 통해서 세상을 구제하기를 원하는 사람이오."

이이(李珥)는 『동호문답(東湖問答)』[54]에서 은거하는 사람을 천민(天民), 학자, 은자의 세 부류로 나누었다. 그리고 이 세 부류에 대해 이렇게 설명했다. "천민은 세상을 구제할 경륜을 갖추고서 도를 즐기며 세상에 쓰이기를 기다리는 사람이다. 학자는 그 학문과 재주가 부족하다는 것을 스스로 알고서 자신을 수양하며 경박하게 나서지 않는 사람이다. 은자는 천하의 일을 탐탁하게 여기지 않고서 세상과 완전히 인연을 끊은 사람이다."

이이의 분류 기준에 의하면, 엄광은 은자에 속하지만 조식은 천민(天民)에 가깝다고 할 수 있다. 흔히 조식을 세상을 등지고 숨어 산 사람으로 생각하는 경우가 많다. 그러나 조식이 위대한 부분은 다른 은자들과 달리 나라와 백성에 대한 관심을 잠시도 놓은 적이 없다는 점이다.

군자다운 선비가 출사하여 좋은 일을 하려다가 뜻을 이루지 못하고 오히려 그 자신이 죽임을 당하는 것은 물론 사림 전체에까지 화를 미치는 일에 대해, 조식은 늘 원통하게 생각했다. 그리고 이처럼 원통한 일은 그 시대의 기미를 살피지 못한 당사자에게도 책임이 있다고 생각했다. 김종직(金宗直), 김굉필(金宏弼), 조광조(趙光祖) 등이 사화로 비참한 최후를 마쳤고, 이들과 뜻을 함께했던 많은 선비들이 죽임을 당하거나 귀양 간 것은 간신들의 탓이 근본적인 원인이었다. 그러나 조식은 이들 명현들이 시대의 기미를 보고 나아가고 물러나는 출처를 바로 하지 못한 데도 그 원인이 없지 않다고 본 것이다.

선비는 한 시대의 기풍을 조성하는 사명을 가지고 있다. 그러므로 그의 처신은 세상 사람들에게 많은 영향을 미친다. 송나라 유학자인 허형(許衡)

---

[54] 『동호문답(東湖問答)』: 이이(李珥)가 자신의 정치적 견해를 문답 형식으로 정리해 선조에게 올린 글이다. 왕도 정치의 이상을 밝히고 이에 따른 개혁 정책을 제안하고 있다. 이이가 홍문관교리로 사가독서(賜暇讀書)하면서 지었다.

이나 유인(劉因)❺ 같은 이가 오랑캐의 나라인 원나라에서 벼슬한 일에 대해 조식은 매우 못마땅하게 생각했다. 이들이 원나라에서 벼슬하지 않았다면 중국의 사대부들이 보고 느낀 바가 있어 송나라를 회복하려는 마음을 잊지 않았을 텐데, 이들이 원나라에서 벼슬함으로써 천하의 명분과 교화를 잃고 말았다는 것이다. 또한 이로써 이후의 간신들이 거리낌없이 오랑캐를 섬길 수 있었다는 것이다.

---

❺ 유인(劉因) 1249-1293 : 송나라와 원나라 교체기의 유학자이다. 원나라 때, 학문과 덕행으로 천거되어 승덕랑(承德郎)과 우찬선대부(右贊善大夫)를 지냈다. 호는 정수(靜修), 자는 몽기(夢驥)·몽길(夢吉)이다. 본래 이름은 인(駰)이다.

백성은 귀중하고
임금은 가벼우니

조식은 늘 구체적인 현실 문제를 강조했다. 그리고 이 현실이란 곧 혹독한 세금과 과도한 부역에 시달려 몰락해가는 백성들의 삶과 맞닿아 있었다. 밤이면 홀로 앉아 통곡하곤 했던 까닭은 이러한 백성들의 처지가 억울하고 분했기 때문이다. 조식의 간곡한 상소에도 불구하고 조정의 벼슬아치들은 정치를 개혁하겠다는 의지를 보여주지 않았다. 이들에게는 백성을 두려워하는 마음도 없었고 백성을 위한 정치를 하겠다는 마음도 없었다. 백성을 괴롭히는 벼슬아치들의 행태는 변할 기미를 보이지 않았다.

『서경』에서는 "백성이 나라의 근본이니 근본이 튼튼해야 나라가 평안하다"❺❻고 했고, 『맹자』에서는 "백성은 귀중하고 임금은 가볍다"❺❼고 했다. 조식

---

❺❻ 『서경(書經)』「하서.오자지가(夏書.五子之歌)」에 다음과 같은 구절이 나온다. "백성은 가깝게 지낼 수 있으나 얕잡아 볼 수는 없다. 백성은 나라의 근본이니 근본이 튼튼해야 나라가 평안하다.(民可近 不可下 民惟邦本 本固邦寧)"

❺❼ 『맹자』「진심.하(盡心.下)」에 다음과 같은 구절이 나온다. "백성이 가장 귀하고 사직이 그 다음으로 귀하고 임금은 가볍다. 이런 이유로 농사짓는 백성의 마음을 얻어야 천자가 된다.(民爲貴 社稷次之 君爲輕 是故 得乎丘民而爲天子)"

또한 백성이 곧 나라의 근본이라고 생각했다. 조식은 일찍이 「민암부(民巖賦)」❸를 지어 이와 같은 자신의 생각을 나타낸 바 있었다. 이로써 조정의 벼슬아치들에게 백성이 얼마나 무서운 존재인가를 알리고자 했다. 「민암부」의 내용은 다음과 같다.

유월 어름 홍수의 계절,	六月之交,
염예퇴(灩澦堆)❺의 물살은 성난 말처럼 빨라,	灩澦如馬,
배가 위로 올라갈 수도 없고	不可上也,
아래로 내려올 수도 없다네.	不可下也.
아아! 이보다 더 험난한 곳은 없으리니,	吁嘻哉險莫過焉.
배는 물 덕분에 가기도 하지만	舟以是行,
물 때문에 뒤집히기도 한다네.	亦以是覆.
백성이 물과 같다는 말은	民猶水也,
옛날부터 있어 왔다네.❻	古有說也.
백성들은 임금을 떠받들기도 하지만	民則戴君,
백성들은 나라를 뒤집기도 한다네.	民則覆國.
나는 진실로 알고 있다네.	吾固知.
물은 눈으로 볼 수 있는 것이니	可見者水也,

❸ 「민암부(民巖賦)」: '민암(民巖)'은 "백성이 바위와도 같이 위험하다"는 뜻이다. 곧 백성은 나라도 뒤집어엎을 만큼 큰 힘을 가지고 있다는 것이다. 부(賦)는, 산문의 서술 기법, 운문의 성률과 리듬을 결합한 문체 형식이다. 산문에 비해 구체적인 사물에 대한 묘사를 강조하고, 운문에 비해서는 사상 표현을 강조한다.

❺ 염예퇴(灩澦堆): 중국 사천성(泗川省)을 흐르는 양자강의 구당협(瞿塘峽) 어귀에 있는 큰 바위인데, 모양이 말처럼 생긴 것이었다. 이 바위 주변은 맹렬한 소용돌이 물결 때문에, 옛날부터 물길이 험난한 곳으로 유명했다. (참고로 이 바위는 선박 왕래에 장애가 된다는 이유로 공산당 정부가 들어선 후 폭파해 버렸다.)

❻ 『순자(荀子)』 「왕제(王制)」편에 다음과 같은 구절이 나온다. "임금은 배이고 백성은 물이다. 물은 배를 띄우기도 하지만 배를 뒤집기도 한다.(君者舟也 庶人者水也 水則載舟 水則覆舟)"

험난함이 밖에 드러나 있어 업신여기기 어렵다네.　險在外者難狎,

그러나 마음은 눈으로 볼 수 없는 것이니　所不可見者心也,

험난함이 안에 감추어져 있어 만만하게 본다네.　驗在內者易褻.

걷기에는 평지보다 더 쉬운 곳이 없지만　履莫夷於平地,

조심성 없이 맨발로 다니다간 발을 다치고 만다네.　跣不視而傷足.

눕기에는 이부자리보다 더 편안한 곳이 없지만　處莫安於衽席,

뾰족한 것을 겁내지 않다간 눈을 찔리고 만다네.　尖不畏而觸目.

재앙은 소홀하게 대하는 곳에서 생기는 법,　禍實由於所忽,

산골짜기 물살만 험한 건 아니라네.　巖不作於谿谷.

원한에 사무친 독기(毒氣)도 마음속에 있을 적엔　怨毒在中,

한 사람의 생각이라 몹시 미세하다네.　一念甚銳.

억울한 일을 당한 효부(孝婦)❻가 하늘에 호소해도　匹婦呼天,

한 사람일 적엔 매우 보잘것없다네.　一人甚細.

그러나 저 하늘의 감응(感應)은 다른 데 있지 않나니,　然昭格之無他,

하늘의 보고 들음은 바로 이 백성에게 있다네.❷　天視聽之在此.

하늘은 백성들이 원하는 것을 반드시 따르나니　民所欲而必從,

실로 부모가 자식을 돌보는 것과 같다네.　寔父母之於子.

하나의 원한과 하나의 원통함은 처음에는 하찮지만,　始雖微於一念一婦,

끝내 거룩한 천제(天帝)께 책임을 전한다네.　終責報於皇皇上帝.

---

❻ 효부(孝婦): 한(漢)나라 때의 동해효부(東海孝婦) 주청(周靑)을 말한다. 주청은 시어머니를 죽였다는 억울한 누명을 쓰고 참수당했는데, 죽기 전에 "6월에 눈이 날리도록 하고, 3년 동안 큰 가뭄이 들도록(六月飛雪 大旱三年)" 해달라고 소원을 빌었다. 과연 이후 3년 동안 큰 가뭄이 들었다. 동해태수가 소를 잡아 주청의 묘에 제사 지낸 후에야 비가 내렸다. 『한서(漢書)』「우정국전(于定國傳)」에 이 내용이 나온다.

❷ 『맹자(孟子)』「만장, 상(萬章, 上)」에 다음과 같은 구절이 나온다. "하늘이 보는 것은 우리 백성이 보는 것을 통해서이고, 하늘이 듣는 것은 우리 백성이 듣는 것을 통해서이다.(天視自我民視 天聽自我民聽)" 곧 백성의 눈과 귀가 하늘의 눈과 귀이고, 백성의 생각이 하늘의 생각이라는 말이다.

| 그 누가 감히 우리 천제를 대적할 것인가? | 其誰敢敵我上帝, |
| 실로 하늘이 내린 험난함은 뛰어넘기 어렵다네. | 實天險之難濟. |

만고에 걸쳐 험난함을 설치해 두었는데도,	亘萬古而設險,
얼마나 많은 임금들이 이를 예사로 보아 넘겼던가?	幾帝王之泄泄.
걸주(桀紂)❸는 탕무(湯武)❹에게 망한 것이 아니라	桀紂非亡於湯武,
농사짓는 백성의 마음을 얻지 못했기에 망한 거라네.	乃不得於丘民.
한(漢)나라 유방(劉邦)❺은 보잘것없는 백성이었고	漢劉季爲小民,
진(秦)나라 호해(胡亥)❻는 진시황의 아들이었는데도,	秦二世爲大君.
유방이 천자의 자리를 차지했다네.	以匹夫而易萬乘,
이 큰 권한은 원래 어디에 있었던 것인가?	是大權之何在.
단지 우리 백성들의 손에 달려 있나니	只在乎吾民之手兮,
백성은 만만한 듯해도 매우 겁내야 할 존재라네.	不可畏者甚可畏也.

---

❸ 걸주(桀紂) : 중국 하(夏)나라 최후의 왕인 걸왕(桀王)과 은(殷)나라 최후의 왕인 주왕(紂王)을 아울러 이르는 말이다. 걸왕은 현신(賢臣)의 간언을 듣지 않았으며 부도덕하고 포악한 정치를 펼치다 은나라의 탕왕(湯王)에게 패해 죽었다. 주왕은 또한 궁정을 호화롭게 장식하고 조세와 형벌을 가혹하게 하여 포악한 정치를 펼치다, 주나라의 무왕(武王)에게 패했다. 걸주라는 말은 이로써 무도한 폭군의 대명사로 쓰인다.

❹ 탕무(湯武) : 중국 은(殷)나라를 세운 탕왕(湯王)과 주(周)나라를 세운 무왕(武王)을 아울러 이르는 말이다. 각각 자신들이 섬기던 군주였으나 포악무도한 정치를 펼치던 걸왕과 주왕을 내쫓고 천하를 얻었다. 맹자(孟子)는 천자가 무도한 폭군일 경우 백성들을 위해 덕 있는 제후왕이 이들을 쫓아내도 좋다고 보았다.

❺ 한나라 유방(劉邦) ?-기원전195 : 가난한 서민 출신으로서 한나라를 세운 인물이다. 진시황(秦始皇)이 죽은 후 항우(項羽)와 합세해 진(秦)나라를 멸망시켰다. 이후 해하(垓下)의 싸움에서 항우를 대파하고 중국을 통일하며 황제의 자리를 차지했다. '인재를 쓸 줄 아는 사람'이라는 평가를 받는데, 책략가 장량(張良), 행정가 소하(蕭何), 무장 한신(韓信)을 제대로 기용한 것으로 유명하다. 그가 세운 한(漢)나라는 이후, 유학을 중심으로 한 중국 문명의 기틀을 확립한 제국으로 자리잡았다.

❻ 호해(胡亥) 기원전230-기원전207 : 진(秦)나라 2대 황제로서, 진이세(秦二世) 또는 이세황제(二世皇帝)라고 한다. 성은 영(嬴), 이름은 호해(胡亥)이다. 진시황이 죽은 후, 승상(丞相) 이사(李斯)와 환관 조고(趙高)가 맏아들 부소(扶蘇)를 죽이고 막내아들 호해를 황제로 옹립했다. 즉위 후 대규모 토목 사업을 벌이고 환관 조고의 전횡을 방임하면서 민심을 잃었고 진나라를 멸망의 길로 몰아넣었다.

조식은 부지런히 일하는데도 곤궁한 생활을 면치 못하는 백성들의 처지를 늘 가여워
했다. 이런 이유로 달 밝은 밤이면 홀로 앉아 괴로워하다가 끝내 눈물을 흘린 적이
한두 번이 아니었다. 그림은 조선시대 「경직도(耕織圖 : 농사짓고 누에치는 그림)」의
일부이다. 일하는 농민들의 마음이 풍년의 꿈으로 부풀어 오른다.

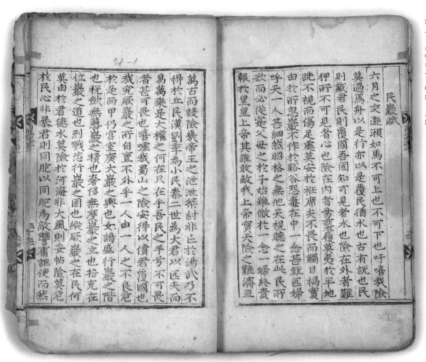

民巖賦

六月之交　瀼瀼如馬　不可上也　不可下也　吁嗟我險
莫過焉舟　以是行亦　以是覆國　吾固知是　水也古有　說也我民
則戴君民　則覆國吾　固見者矣　民播水也　險在外者
狎所不可　見者心也　險在內首　莫其蔡領　莫夷於平地
跳不視而　傷足處莫　安於衽席　失不畏而　觸目禍實
由於所忽　巖在中一　念甚銳匹
呼天一人　甚細然昭　格之無他　天視聽之　在此民所
欲而必從　延父女之　於子始難　微於一念　一婦終貴
報於皇皇　上帝其誰　敢敬我上　帝寶天險　之難濟亘

萬古而設　險幾帝王　之池池緤　紲非已於　湯武乃不
得於五民　漢劉李為　小民恭二　世為大君　以匹夫而
易萬乘是　大權之何　在只在乎　吾民之手　乎不可民
者甚可畏　也嘻噓我　蜀山之險　安得以僨　國覆國也
戎究厥嚴　之所自置　不外乎一　人一由一　人由之不良危
於是而甲　乙宮室廣　大巖之興　也女謁盛　行巖之階
也税歛無　藝巖之積　也刑戮恣　行巖之固　也
位巖之道　也誓之峻　嚴之立也　峻巖之不　克危
莫由於君　德水莫險　於河海非　大風則安　帖險莫危
於民心非　暴君則同　肥以同肥　為敵誰誰　使而然

조식은 백성이 곧 나라의 근본이라고 생각했다. 이에 「민암부(民巖賦)」를 지어 이러한 생각을 나타냈다. 사진은 『남명집』에 실려 있는 「민암부」의 첫 부분이다.

아아! 촉산(蜀山)❻의 험준함인들,　嘻噓哉蜀山之險,

어찌 임금을 넘어뜨리고　安得以僨君

나라를 뒤엎을 수 있을 것인가?　覆國也哉?

그 험난함의 근원을 찾아본다면,　究厥巖之所自,

진실로 임금 한 사람에게서 벗어나지 않는다네.　亶不外乎一人.

임금 한 사람의 어질지 못함으로 말미암아　由一人之不良,

위태로움이 가장 크게 일어난다네.　危於是而甲仍.

궁궐을 넓고 크게 짓는 일은　宮室廣大,

백성들의 노여움을 불러일으키는 것이고,　巖之興也.

여자들이 들락날락 임금을 자주 만나는 일은　女謁盛行,

백성들의 노여움을 점점 더 키우는 것이고,　巖之階也.

세금을 가혹하게 거두어들이는 일은　稅斂無藝,

백성들의 노여움을 크게 쌓는 것이라네.　巖之積也.

도에 지나칠 정도로 사치하는 일은　奢侈無度,

백성들의 노여움을 굳게 세우는 것이고,　巖之立也.

탐관오리가 자리를 차지하고 있는 일은　掊克在位,

백성들을 노여움을 밖으로 촉발시키는 것이고,　巖之道也.

형벌을 멋대로 쓰는 일은　刑戮恣行,

백성들의 노여움을 돌이킬 수 없도록 하는 것이라네.　巖之固也.

비록 그 위험함이 백성에게 있지만　縱厥巖之在民,

어찌 임금의 부덕(不德)에서 말미암은 것이 아니겠는가?　何莫由於君德.

강이나 바다보다 더 험난한 물은 없지만　水莫險於河海,

큰 바람이 없으면 고요하다네.　非大風則妥帖.

---

❻ 촉산(蜀山) : 중국 사천성(泗川省)에 있는, 험준하기로 유명한 산 이름이다.

백성들의 마음보다 더 위태로운 것은 없지만	險莫危於民心,
폭군(暴君)만 아니라면 다 같은 동포인 것을.	非暴君則同胞.
동포를 원수로 만드는 건	以同胞爲敵讐,
누가 그렇게 하는 것인가?	庸誰使而然乎.

남산(南山)이 저렇게 솟아 있는데	南山節節,
거기에 돌이 험난하게 붙어 있고,⑱	唯石巖巖.
태산(泰山)이 저렇게 깎아지른 듯하지만	泰山巖巖,
노(魯)나라 사람들이 우러러 본다네.⑲	魯邦所瞻.
그 험준함은 한 가지라 하지만	其巖一也,
편안하게 하고 위태롭게 하는 것은 다르다네.	安危則異.
임금 자신으로 말미암아 편안하게도 하고	自我安之,
임금 자신으로 말미암아 위태롭게도 하나니,	自我危爾.
백성들의 마음 위험하다 말하지 마소.	莫曰民巖,
백성들의 마음은 위험하지 않다네.⑳	民不巖矣.

백성은 당장이야 묵묵히 벼슬아치들의 말에 순종하는 듯하지만, 그 정도가 지나치면 언젠가는 맞서서 저항하기 시작하고 더 나아가서는 나라를 뒤엎어버린다. 조식은 자신이 평소에 갖고 있던 백성과 임금의 관계를 물과

---

⑱ 『시경(詩經)』 「소아(小雅)」 절남산(節南山)에 다음과 같은 구절이 나온다. "깎아지른 저 남산(南山)이여, 돌이 높고 높구나. 혁혁(赫赫)한 태사(太師) 윤씨(尹氏)여, 백성들이 모두 너를 쳐다본다.(節彼南山 維石巖巖 赫赫師尹 民具爾瞻)" 이는 주(周)나라 태사 윤씨의 험난한 정치를 모든 백성이 항상 지켜보고 있다는 사실을 강조한 것이다. 곧 임금과 권신들의 탐욕스럽고 포악한 정치는 백성들의 눈을 절대 피할 수 없다는 점을 말한다.

⑲ 이 문장은 『시경(詩經)』 「노송(魯頌)」 비궁(閟宮)에 나온다. 노(魯)나라 임금이 주공(周公)의 아름다운 덕에 힘입어 나라를 잘 다스렸으므로, 백성들이 임금을 태산처럼 우러러본다는 뜻을 나타낸 것이다. 참고로 주공은 형 무왕(武王)의 책사로 주나라를 세운 후 주나라의 국가 제도를 마련한 명재상이며, 노나라를 분봉받았던 인물이다.

⑳ 『남명집(南冥集)』 권1, 「민암부(民巖賦)」. •「민암부」 원문에는 단락 구분이 없으나, 여기 서는 편집자가 내용을 고려하여 단락을 구분함.

그 위에 떠 있는 배에 비유했다. 이로써 임금이나 위정자의 폐부(肺腑)를 찌르는 풍자성이 강한 작품을 지은 것이다.

배가 항해할 수 있도록 해주는 잔잔한 물도 때로는 성난 파도로 일어나 배를 뒤엎어 버리듯, 평상시에 세금과 부역을 부담하고 국방의 의무를 담당하며 나라를 유지하는 바탕을 이루던 백성들도 때로는 임금을 쫓아내고 나라를 뒤엎는 힘을 발휘할 수 있는 것이다. 백성들을 가혹하게 대하다가 쫓겨난 임금은 이미 한둘이 아니었다. 그러나 그 원인은 임금이 어떻게 정치를 하느냐에 달려 있는 것이었지 백성들에게 달려 있는 것이 아니었다. 조식은 늘 현실을 잊지 않고 현실에 대한 강한 비판 정신을 가지고 있었다. 그는 현실을 외면한 고담준론(高談峻論)이 아니라 현실과 정면으로 맞서는 실천 위주의 학문에 뜻을 두었다. 이런 이유로 당시 체재에 순응하는 평범한 성리학자들로서는 감히 입 밖에 내지 못할, "백성들이 나라를 뒤엎을 수도 있다"라는 말을 과감하게 하고 있는 것이다.

이 「민암부(民巖賦)」는 화려한 수식이나 섬세한 조탁(雕琢)을 하지 않았는데, 차분하면서도 힘 있는 필치로 짜임새 있게 구성함으로써 오히려 장중하고 엄격한 느낌이 있다.

1567년 의령현(宜寧縣)에 사는 열여섯 살 선비 곽재우(郭再祐)가 배우러 왔다. 곽재우는 조상이 본래 경상도 현풍현(玄風縣)❼에 살았는데, 그 아버지 곽월(郭越)이 처가가 있는 의령현으로 옮겨와 살았다.

곽재우는 글을 읽는 선비였지만 활쏘기와 말타기에 뛰어났다. 소년 시절 아버지 곽월(郭越)이 중국에 사신으로 갈 때 함께 따라갔다. 관상을 보는 사람이 곽재우를 보고 예언했다. "뒷날 반드시 대인이 되어 이름이 천하에 가득할 것이다."

과연 곽재우는 임진왜란이 일어나자 가장 먼저 의병을 일으켜 나라를 누

---

❼ 현풍현(玄風縣) : 현재의 대구시 달성군 논공읍 · 현풍읍 · 유가읍 · 구지면, 경상북도 고령군 개진면 일부, 우곡면 일부에 있었던 고을 이름이다.

란(累卵)의 위기에서 구했다. 경상도관찰사 김수(金晬)를 비롯한 여러 고을의 수령들은 왜적의 침입 소문만 듣고도 달아나기에 바빴다. 그러나 곽재우는 자신의 전 재산을 쏟아붓고 큰 부호인 매부 허언심(許彦深)❼❷의 재산까지 희사받아 이를 기반으로 의병을 불러모았다. 곽재우는 또 의령현 신번창(新繁倉)❼❸의 곡식을 군량미로 확보하고, 삼가현, 초계군, 의령현, 합천군 등지의 무기를 가져와 무장을 갖추었다.

곽재우는 붉은 옷을 입고 군사를 지휘하며 '홍의장군(紅衣將軍)'이라는 별칭으로 불렸다. 그리고 의령현을 중심으로 한 낙동강 일대 전투에서 패배를 모르는, 놀라운 전쟁 수행 능력을 보여주었다. 의병장으로서 그가 내린 전략적 판단은 관군의 무장(武將)조차 따라올 수 없는 것이었다. 왜군을 막지 못하고 달아나기 바빴던 김수(金晬)는 곽재우로부터 맹비난을 받았다. 그러나 이런 김수조차 곽재우의 전략적 능력을 높이 평가했다. 삼도도체찰사(三道都體察使)로서 전쟁을 총괄했던 유성룡도 곽재우의 판단이 옳았음을 인정했다.

이처럼 탁월한 곽재우의 전쟁 능력은 조식의 가르침에 힘입은 바 크다. 곽재우는 이미 열여섯 살 때부터 조식의 문하로 들어가 공부했다. 조식은 곽재우로 하여금 유학자로서 읽어야 할 경서와 함께 병법에 관한 책도 두루 읽게 했다. 이로써 유학자로서 대의(大義)를 실천해야 한다는 자세와 함께, 무장으로서의 판단력을 쌓을 수 있도록 했다.

곽재우는 조식에게 배우러 왔던 해에 조식의 외손녀인 상산김씨(商山金氏) 김행(金行)의 딸에게 장가들었다. 조식의 사위인 김행에게는 두 딸이 있었는데, 심성이 올바르고 행실이 반듯했다. 그러나 성격이 괄괄한 왈패에 가까웠고 외모와 솜씨 또한 보잘것없었다. 몇 해 전에 김우옹이 이 두 딸 중

---

❷ 허언심(許彦深) 1542-? : 임진왜란 때의 의병이다. 곽재우가 의병을 일으키자 군량미 수천 석과 종 수백 명을 보내 적극적으로 지원했을 뿐만 아니라 곽재우의 휘하로 참전하여 전공을 세웠다. 본관은 김해(金海), 호는 압호정(壓湖亭)이다.
❸ 신번창(新繁倉) : 경상남도 의령군 부림면 신반리에 있던 조선시대의 창고이다. 고려시대에는 신번현(新繁縣)이었는데 조선시대에는 의령현에 속했다.

첫째 딸과 결혼했는데, 이해에 곽재우가 둘째 딸과 결혼한 것이다.

조식은 큰외손녀가 혼기에 이르자 김우옹의 아버지 김희삼(金希參)에게 혼기 찬 외손녀가 있다는 사실을 은근히 알렸다. 젊은 제자 김우옹을 큰외손녀의 배필감으로 평소에 마음에 두고 있었기 때문이다. 김희삼이 큰외손녀에 대해 좀더 자세히 묻자, 조식은 "족히 군자의 배필이 될 만하오"라고 대답했다. 이 말을 듣고 김희삼이 혼사를 결정해 조식의 큰외손녀가 김우옹에게 시집갔다. 둘째 외손녀가 혼기에 이르렀을 때도 조식은 마음속으로 곽재우를 둘째 외손녀의 배필감으로 정해두고 있었다. 곽재우 집안에서 둘째 외손녀에 대해 물어오자 이번에도 조식은 "족히 군자의 배필이 될 만하오"라고 대답했고 곧 혼사가 이루어졌다.

곽재우는 본래 성격이 우락부락했는데, 김씨부인마저 괄괄했으므로 결혼 초부터 두 사람 사이에는 마찰이 적지 않았다. 날이 갈수록 마찰의 정도가 심해지자 곽재우는 점점 참을 수가 없었다. 그런 외손녀를 "족히 군자의 배필이 될 만하오"라고 소개한 조식이 야속하게 여겨지기까지 했다.

곽재우는 참다못해 스승이자 처외조부인 조식에게 항의하러 가기로 마음먹었다. 조식이 있는 덕산동(德山洞)으로 급히 가다가 중도에서 손위 동서인 김우옹을 만났다. "어디로, 무엇 때문에 가느냐"고 물었더니 사정이 자신과 같았다. 두 사람은 조식이 한 번도 아니고 두 번이나 이런 식으로 외손녀를 시집보냈다는 사실을 깨닫고, 스승에 대해 크게 실망하는 마음이 들었다. 이처럼 학문과 인격이 훌륭한 분도 거짓말을 한다고 생각하니 환멸(幻滅)이 느껴질 정도였다. 김우옹도 사실 이런 마음이었으나 그래도 스승이라 망설이는 마음이 없지 않았는데, 동지를 얻고 보니 항의하고자 하는 마음이 아주 확고해졌다.

조식을 만나 인사를 올리자 마자, 성미 급한 곽재우가 먼저 김씨부인의 결점을 말했다. 그리고 거친 태도로 항의했다. "이런 여인을 '족히 군자의 배필이 될 만하다'고 추천해 제 앞날을 그르치려고 하셨습니까?" 김우옹도 비슷한 항의를 했다. 잠자코 듣고 난 조식이 느긋하게 입을 열었다. "그러니까 내가 '족히 군자의 배필이 될 만하다'고 말하지 않았는가? 그렇게 거친 여자는 군자다운 사람이라야 데리고 살 수 있지, 군자답지 못한 사람이야 하루인들 같이 살 수 있겠느냐? 내가 자네 둘을 다 군자다운 사람으로 인정했기 때문에 혼사가 이루어지도록 했지, 자네들을 군자답지 못한 사람으로 보았다면 당연히 혼사를 말렸을 걸세."

조식 같은 대단한 인물이 자신들을 군자다운 사람으로 인정해 주는 것만으로도 두 사람은 이미 기분이 좋았다. 조식이 평소에 사람을 쉽게 인정해 주지 않았기 때문이다. 그래서 두 사람은 언제 항의할 마음이 있었냐는 듯이 스승 곁에서 며칠 지내다가 돌아갔다. 그래서 경상우도 일대에 전해 오는 속담 가운데는, "중매를 할 때는 조식도 거짓말을 한다"라는 말이 있다.

조식의 형 조납(曺拉)은 딸 하나를 남기고 일찍 죽었다. 그런데 이 딸은 진사 하종악(河宗岳)에게 시집갔다가 또한 일찍 죽었다. 하종악은 정씨(鄭氏) 집안에 장가들어 후취를 맞이했다가 얼마 지나지 않아 죽었다. 그런데 1568년에 이 하종악의 후취부인에게 음란한 행실이 있다는 소문이 났다. 하종악의 서(庶)여동생은 조식과도 친분이 있는 이정(李楨)의 첩실이었다.

그런데 이 무렵 조식의 절친한 벗이었던 이희안(李希顔)의 후취 이씨부인에게도 좋지 못한 일이 있다는 소문이 돌았다. 이희안이 죽은 후 이씨부인의 행실이 올바르지 않다는 것이었다. 이정이 경상도관찰사 박계현(朴啓賢)❷에게 이를 조사해 볼 것을 넌지시 종용했다. 관찰사는 이정의 말을 믿고, 김해부사로 있던 양희(梁喜)에게 이 일을 부탁했다. 양희는 정인홍의 장인이었는데, 사위가 합천군에 살고 있었으므로 인접한 초계군에서 들리는 이희안 후취부인의 소문에 대해 알아보도록 했다.

정인홍은 스승인 조식에게 가서 이 사실의 진위 여부를 물었다. 조식은

---

❷ 박계현(朴啓賢) 1524-1580 : 명종, 선조 때의 관료이다. 이조정랑, 대사헌, 경상도관찰사, 호조판서 등을 지냈다. 이조정랑으로 있을 때 척신(戚臣)들의 인사 추천을 들어주지 않았고 권간(權奸) 윤원형의 청혼을 거절했다. 동인과 서인의 동서분당을 제지하려 했으나 실패했다. 본관은 밀양(密陽), 자는 군옥(君沃), 호는 관원(灌園)이다.

이희안의 벗이었으므로 이희안 집안의 일을 잘 알고 있을 것으로 여긴 것이다. 그러나 조식은 크게 화를 내며 이렇게 말했다. "이정은 자신과 관계있는 집안의 추잡한 일은 그 사실 관계가 분명한데도 계속 덮어두면서, 이희안 집안의 분명하지 않은 일을 들추어내어 재앙을 덮어씌우려고 하는가?" 그리고 정인홍에게 하종악 후취부인의 음란한 행실에 대해 소상하게 이야기했다.

이 일이 있고 얼마 후 조식은 제자들을 데리고 가서 행실이 음란한 하종악 후취부인의 집을 헐어 버렸다. 그리고 이정과 절교를 선언하기까지 했다. 하종악 후취부인의 종형제인 정몽상(鄭夢祥) 등이 조정의 요직에 있었는데, 이정이 이들에게 붙어서 이 음부의 일을 해결해 주고 있다고 여겼기 때문이다.

그런데 조식의 제자들이 하종악 후취부인의 집을 헐어 버린 일이 조정에까지 알려지자 이때 조정에서 벼슬하고 있던 기대승(奇大升)이 이를 처벌해야 한다고 강력하게 주장해 조식과 조식의 제자들을 곤경에 빠뜨렸다. 남의 집을 헌 이들의 소행은 다만 무뢰배의 짓일 뿐이라는 것이었다. 그러나 이 일은 당시 조정에서 벼슬하고 있던 오건(吳健)과 정탁(鄭琢)의 주선으로 큰 탈 없이 넘어갔다.

아전의 폐해를 지적한 상소, 무진봉사(戊辰封事)

1568년 5월, 선조가 다시 조식을 불렀다. 조식은 이번에도 벼슬을 사양했다. 그리고 장문의 봉사(封事)를 올렸다. 봉사는 다른 사람들이 중간에서 보지 못하도록 주머니에 넣어 봉한 상소문을 말한다. 이때가 무진년(戊辰年)이었기 때문에 이 상소를 '무진봉사(戊辰封事)'라 한다. 조식이 이때 올린 무진봉사의 내용은 다음과 같다.

경상도 진주목에 사는 백성 조식(曺植)은 진실로 두려운 마음으로 삼가 절하고 머리 조아리며 주상전하께 아룁니다. 엎드려 생각하건대 보잘것없는 신(臣)은 더욱 노쇠하고 병이 깊어 입으로는 밥을 먹고 싶은 생각이 없고 몸은 자리에서 일어나지 못합니다. 임금의 명이 거듭 내려와도 곧바로 달려갈 수가 없고, 해바라기가 해를 바라보듯 임금을 향한 생각이 간절해도 길을 떠날 수가 없습니다. 신이 죽을 날이 얼마 남지 않아 성상의 은혜를 갚을 길이 없겠기에 감히 속마음을 다 쏟아 임금님께 말씀을 올립니다.

주상전하께서는 상등(上等) 가는 지혜를 타고 나셨고 또 나라를 잘 다스리겠다는 마음을 가지고 있습니다. 이것은 진실로 백성과 국가의 복입니다.

나라를 잘 다스리는 방법은 다른 데서 구할 것이 없고, 요점은 다만 임금이 선(善)을 밝히고 몸을 정성스럽게 하는 것으로 족합니다.

이른바 선을 밝힌다는 것은 이치를 궁구하는 일을 말하는 것이고, 몸을 정성스럽게 한다는 것은 몸을 닦는 일을 말하는 것입니다. 사람의 본성 안에 온갖 이치가 다 갖추어져 있으니 인의예지(仁義禮智)가 곧 그 본체입니다. 온갖 선이 여기로부터 나오니, 마음이란 곧 이치가 모여 있는 주체이고 몸은 마음을 담는 그릇입니다. 이치를 궁구하는 것은 장차 쓰기 위해서이고, 몸을 닦는 것은 장차 도(道)를 행하기 위해서입니다. 이치를 궁구하는 방법은 글을 읽어 이치를 밝히고 사물에 응함에 있어 그 당연한 길을 구하는 데 있습니다. 몸을 닦는 방법은 예(禮)가 아니면 보지도 듣지도 말하지도 움직이지도 않는 것입니다.

안으로 마음을 간직하여 홀로 있을 때를 삼가는 것은 큰 덕(大德)이고, 밖으로 살펴서 그 행동에 힘쓰는 것은 왕의 도리(王道)입니다. 그 이치를 궁구하고 몸을 닦으며, 본래의 마음을 간직하고 자신의 행동을 살피는 큰 공부는 반드시 경(敬)을 위주로 해야 합니다. 이른바 경(敬)이란, 가지런히 하고 엄숙하게 하여 항상 마음을 깨우쳐서 어둡지 않게 하는 것입니다. 한마음의 주인이 되어 만사에 응하는 것은 안은 곧게, 밖은 방정하게 하는 것입니다. 공자가 "자신을 닦는 데 경(敬)으로써 한다"라고 말한 것이 바로 이것입니다. 그러므로 경을 위주로 하지 않으면 마음을 간직할 수가 없고, 마음을 간직하지 못하면 천하의 이치를 궁구할 수가 없으며, 천하의 이치를 궁구하지 못하면 사물의 변화를 통제할 수 없습니다. 이는 마치 부부 사이에서 다스림의 실마리가 싹터서 가정, 국가, 천하를 다스리는 데로 확장되어 가는 것과 같습니다. 이런 이치도 단지 선악을 구분하여 내 몸을 정성스럽게 만드는 데 있을 따름입니다.

아래로 인간의 일을 배워 위로 하늘의 이치에 통달하는 것이 또한 학문으로 나아가는 차례입니다. 사람의 일을 내버려 두고서 하늘의 이치를 이야기하는 것은 입에 발린 이치일 뿐입니다. 자신에게서 돌이켜 보지 않고 들어서 아는 것만 많은 것은 귀 언저리의 학문일 따름입니다. 하늘의 꽃[75]이 어

산천재 내부의 벽에 그려져 있는 「이윤경작도(伊尹耕作圖 : 이윤이 밭 가는 그림)」는
조식의 출처관을 보여준다. 이윤은 농사를 짓던 중, 탕(湯)임금의 부름에 응하여
은(殷)나라의 기틀을 잡는 데 공을 세운 인물이다. 이후 벼슬에 나아가는 출사의
본보기와도 같은 인물로 여겨졌다. 조식은 자신을, "학문을 통해서 세상을 구제하기를
원하는 사람"이라고 말한 바 있다.

사진 · 최호훈

산천재 내부의 벽에 그려져 있는 「허유세이도(許由洗耳圖 : 허유가 귀를 씻는 그림)」이다.
요(堯)임금으로부터 황제의 자리를 맡아달라는 말을 들은 은자(隱者) 허유가 귀가
더럽혀졌다 하여 냇물에 귀를 씻는 모습을 묘사하고 있다. 가관인 것은, 이를 본 허유의
친구 소부(巢父)가 귀를 씻어 더럽혀진 물을 소에게 먹일 수 없다며 상류로 올라가는
모습이다. 이 그림은 또한 거짓말과 탐욕으로 물든 세상으로 나아가지 않고 은둔한
조식의 삶을 보여주는 것이다. 그러나 조식은 다만 마땅한 때를 얻지 못한 것이었을 뿐이다.
조식은 자신에 대해 "은거하면서도 세상을 잊은 적이 없다"고 말한 바 있다.

지러이 떨어진다고 말하지 마십시오. 이런 것에는 몸을 닦는 이치가 전혀 없습니다. 전하께서 과연 능히 경(敬)으로써 자신을 닦아 하늘의 덕에 통달하여 왕도정치(王道政治)를 행할 수 있다면 반드시 지극히 선한 경지에 이르러 그곳에 머물 것입니다. 이렇게 하면 선한 것을 밝히고 몸을 정성스럽게 하는 일이 모두 진전이 있어 자신을 닦고 남을 다스리는 일이 아울러 극진해집니다. 이것을 바탕으로 백성을 다스리고 가르치는 것은 바람이 일어나자 구름이 몰려가는 것과 같아 효과가 바로 나타날 것입니다. 아래의 백성들이 본받는 것이 반드시 이보다 더 열성적인 바가 있을 것입니다.

왕의 학문이 평범한 선비의 학문과 다른 점이 있는 것은, 행동하고 처신하는 것이 '구경(九經)'❼❻에 더욱 비중을 두기 때문입니다. 『주역(周易)』은 때에 따라 옳게 행하는 시의(時宜)의 뜻이 가장 잘 나타나 있는 책입니다. 지금의 시대를 가지고 시의를 말하면 이렇습니다. 임금의 위엄이 나타나지 않고 정치에는 사사로운 은혜가 많습니다. 명령이 나오면 오직 거꾸로 행하여 기강이 서지 않은 지가 몇 대가 되었습니다. 대단한 위엄으로 떨쳐 일으키지 않으면 갈래갈래 풀어 흐트러진 형세를 수습할 수가 없습니다. 큰비로 적셔 주지 않으면 7년 가뭄에 말라비틀어진 풀을 소생시킬 수 없습니다. 반드시 훌륭한 대신을 얻어 윗사람과 아랫사람이 한마음으로 힘을 합치고 서로 한배를 탄 사람과 같이 해야 합니다. 이렇게 한 후라야 이 어지럽고 다급한 현실을 구제할 수가 있을 것입니다.

그러나 사람을 등용하는 일은 임금이 누군가의 손을 빌려서 할 수 있는

---

❼❺ 하늘의 꽃 : 원문에는 '천화(天花)'로 나온다. 천화는 불교 용어로서 승려가 설법을 잘할 때 하늘에서 떨어져 내린다고 한다.

❼❻ 구경(九經) : 『중용(中庸)』에서 말하는 '아홉 가지 상도(常道)'을 말한다. 『중용(中庸)』「애공문정(哀公問政)」 장에 다음과 같은 구절이 나온다. "천하와 국가를 다스리는 일에는 아홉 가지 상도(九經)가 있다. 몸을 닦는 것, 현자를 높이는 것, 가까운 사람과 친하게 지내는 것, 대신(大臣)을 공경하는 것, 여러 신하들을 내 몸처럼 아끼는 것, 평범한 백성들을 자식처럼 사랑하는 것, 온갖 기술자를 우대하는 것, 먼 곳 사람들을 부드럽게 대하는 것, 제후들을 포용하는 것 등이 그것이다.(凡爲天下國家 有九經 曰 修身也 尊賢也 親親也 敬大臣也 體群臣也 子庶民也 來百工也 柔遠人也 懷諸侯也)"

일이 아닙니다. 반드시 임금 자신이 직접 해야 합니다. 임금이 자신을 닦는 수양이 부족하면 자신만의 저울도 있을 수 없고 거울도 있을 수 없습니다. 이런 상황에서는 선한 인재와 악한 인재를 구분하지 못해 등용하고 파직하는 데 실수를 할 수밖에 없습니다.

좋은 인재를 쓰지 않는다면 임금은 누구와 함께 다스림의 도를 이루겠습니까? 옛날에 나라의 형편을 잘 파악하는 사람은 그 나라의 세력이 강한가 약한가를 보지 않고 그 나라가 인재를 잘 쓰는가 잘 쓰지 못하는가를 보았습니다. 천하의 혼란스러움과 평화스러움이 모두 사람의 손에 달려 있을 뿐 다른 곳에 달려 있는 것이 아닙니다. 그러므로 자신의 몸을 닦는 것은 나라를 다스리는 근본이고 현자를 등용하는 것은 다스림을 이루는 근본입니다. 또한 몸을 닦는 것은 인재를 취하는 근본입니다. 온갖 훌륭한 말이, 자신의 몸을 닦고 인재를 등용하는 것에서 벗어나는 것은 없습니다. 옳은 인재를 쓰지 않으면 군자다운 사람이 초야에 머물러 있고 소인이 나라를 마음대로 하는 일이 벌어지고 맙니다.

옛날부터 권신(權臣)이나 외척으로서 나라를 전횡(專橫)하는 일은 언제나 있어 왔습니다. 여인이나 내시가 나라를 쥐고 흔들었던 일도 종종 있어 왔습니다. 그러나 지금처럼 서리(胥吏)❼가 나라를 제멋대로 했던 경우는 아직 듣지 못했습니다. 정치가 대신에게서 나와도 오히려 옳지 못한 것인데 하물며 아전(衙前)에게서 나오는 것이 마땅할 리가 있겠습니까? 당당한 힘을 갖춘 독립 국가로서 2백 년 동안 지속해 온 왕업을 많은 공경대부(公卿大夫)❽가 앞서거니 뒤서거니 해서 아전들에게 넘겨준단 말입니까? 이처럼 수치스러운 일은 소의 귀에도 들리도록 해서는 안될 것입니다.

---

❼ 서리(胥吏) : 관청에서 말단 행정 업무에 종사하던 하급 관원을 말한다. 아전(衙前), 소리(小吏)라고도 한다.

❽ 공경대부(公卿大夫) : 삼공(三公), 구경(九卿), 대부(大夫)를 함께 일컫는 말이다. 조선시대에 삼공은 삼정승인 영의정, 좌의정, 우의정을 말한다. 구경은 삼정승 다음 가는 아홉 관직의 고위 관료를 말한다. 곧 의정부의 좌찬성(左贊成)과 우찬성(右贊成), 육조(六曹)의 판서, 한성부판윤(漢城府判尹)이다. 대부는 정1품에서 종4품까지의 문신 관료를 말한다.

군역과 민역(民役)의 사정이나 형편, 나라의 중요한 기무(機務)가 모두 아전들의 손에서 나옵니다. 세금으로 바치는 베나 곡식도 우수리를 더 얹지 않으면 통하지가 않습니다. 대궐로는 재물이 모여들지 몰라도 팔도에서는 민심이 흩어질 대로 흩어져 열에 한 사람도 남아 있지 않습니다. 심지어 아전들은 각자가 맡고 있는 고을을 자신의 소유물처럼 생각해 권리 문서로 만들어 자손들에게 물려주기까지 합니다. 지금까지 공물(貢物)❼⁹을 바쳐 왔던 사람들은 온 가족이 가산을 팔아 아전들에게 뇌물을 바치는데 백 배 정도로 많이 바치지 않으면 아전들이 받지를 않습니다. 한 번은 그렇게 바칠 수 있지만, 계속 그렇게 바칠 수 없어 도망가는 사람들이 속출합니다. 공물을 바치는 제도는 이미 여러 왕조를 거쳐 지속되어온 것인데, 어찌 지금에 이르러 날다람쥐 같은 아전들이 백성들이 바친 특산물을 나누어 가지게 되었는지요? 전하가 다스리는 한 나라의 재산이 도리어 방납(防納)❽⁰ 제도를 악용하는 아전들의 도둑질에 쓰여서야 되겠습니까?

비록 옛날에 나라를 가로챈 왕망(王莽)❽¹이나 동탁(董卓)❽² 같은 간신들도 이런 짓을 한 적은 없습니다. 망한 나라도 이런 적이 없었습니다. 아전들은

---

❼⁹ 공물(貢物) : 중앙 조정과 궁중의 수요를 충당하기 위해 각 고을에 부과하여 바치도록 한 특산물을 말한다. 1500년대에 이르러 하급 관원들의 부정으로 이 공물을 바치는 제도가 문란해졌다. 이에 광해군 때, 이 공물을 쌀로 통일하여 바치도록 한 대동법(大同法)이 실시되기 시작했다.

❽⁰ 방납(防納) : 아전이나 상인들이 백성들로부터 대가를 받고 공물(貢物)을 대신 납부해 주던 제도이다. 그러나 방납의 대가를 터무니없이 비싸게 징수하는 등 매우 큰 폐단을 낳았다. 심지어는 아전과 상인들이 더 많은 이익을 챙기기 위해 백성들의 정상적인 공물 납부를 막는 일까지 벌어졌다.

❽¹ 왕망(王莽) 기원전45~기원후23 : 신(新)나라의 건국 황제이다. 한(漢)나라 말의 대신으로서 자신이 옹립한 황제인 평제(平帝)를 죽이고 왕조를 빼앗았다. 유가(儒家)의 책을 애독했고 여론을 다루는 데 탁월했다. 지방 호족의 대토지 소유 제한과 자영 농민 빈민화를 막기 위한 토지 개혁을 비롯해 각종 개혁 정책을 펼쳤으나 실패했다. 남양(南陽)의 호족 유수(劉秀 ; 광무제)가 일으킨 군대에 패한 후, 죽었다. 자는 거군(巨君)이다.

❽² 동탁(董卓) 139~192 : 후한(後漢) 말의 무장(武將)이다. 십상시(十常侍)의 난 때 환관들에게 연행된 소제(少帝)와 진류왕(陳留王)의 신변을 보호하면서 권력을 장악했다. 이후 소제를 폐위하고 진류왕을 헌제로 옹립했다. 그러나 폭정을 일삼아 반동탁 연합군의 공격을 받았고, 여포(呂布)에게 죽임을 당했다. 자는 중영(仲穎)이다.

이런 짓을 하고서도 만족하지 않고 장차 임금님의 내탕고(內帑庫)❸마저도 훔칠 것입니다. 나라에 비축이 조금도 없다면 그 나라는 나라가 아닙니다. 임금 바로 아래에 도적이 가득 차 있고 나라는 텅텅 비어 껍데기만 끌어안고 있습니다. 온 조정의 관리들이 목욕재계하고서 멋대로 날뛰는 이런 아전들을 쳐 없애야 할 것입니다. 혹 힘이 부족하다면 사방에 호소해 잠시 자고 먹고 할 겨를도 없이 임금을 위한 군사를 동원해야 할 것입니다.

만약 사람들이 모여 사는 곳에 어떤 좀도둑이 있다면 잡아 죽이는데 하루도 걸리지 않을 것입니다. 그런데 지금은 아전들이 도적이고 여러 관원들이 무리를 이루어 나라의 심장부를 차지하고 나라의 혈맥을 망치고 있습니다. 이런 형편인데도 나라의 법을 맡은 관원들은 감히 묻지도 못하고 따지지도 못하고 있습니다. 혹 어떤 관리가 규찰하려고 하면 아전들의 농간에 의해 견책을 받거나 파면당하고 맙니다. 뭇 관리들은 팔짱을 끼고 녹이나 받아먹으며 아전들의 비위나 맞출 뿐입니다.

아전들이 믿는 데가 없다면 어찌 이렇게 기탄없이 멋대로 날뛸 수 있겠습니까? 초(楚)나라 왕이 "도둑이 영예를 가지고 있어서 제거할 수 없다"❹고 말했는데, 바로 이런 것을 두고 한 말이 아니겠습니까? 교활한 토끼가 도망칠 굴을 세 개나 준비한 것❺과 같고 냇가의 조개가 껍데기 속에 몸을 감춘 것과 같습니다. 이런 이유로 아전들이 남을 해치고 온갖 일을 꾸며내고 있

---

❸ 내탕고(內帑庫) : 왕실의 재물을 넣어 두던 창고이다. 천재지변이 발생했을 때 이 재물로 백성을 구제했고, 관리에 대한 포상에도 썼다.

❹ 춘추시대 초(楚)나라 영왕(靈王 ; 재위 기원전540−기원전529)은 영윤(令尹 ; 재상)의 자리에 있다가 조카로부터 왕위를 빼앗았다. 무우(無宇)라는 자가 도둑을 처벌해야 나라를 유지할 수 있는데 영왕 또한 왕위를 훔친 도둑이라는 취지의 말을 했다. 이에 영왕은, "여기에 있는 도적은 영예를 가지고 있어서 잡아갈 수 없다(盜有寵 未可得也)"라고 말했다. 『춘추좌씨전(春秋左氏傳)』 「노소공(魯昭公)」 7년조에 이 내용이 나온다.

❺ 『전국책(戰國策)』 「제책(齊策)」에 다음과 같은 내용이 나온다. "교활한 토끼는 세 개의 굴을 가지고 있습니다. 이에 겨우 그 죽음을 면할 수 있습니다. 그런데 지금 임금께서는 하나의 굴만을 가지고 있으니 베개를 높이 베고 누워서 잘 수 없는 것입니다. 임금을 위해 다시 두 개의 굴을 뚫기를 청합니다.(狡兔有三窟 僅得免其死耳 今君有一窟 未得高枕而臥也 請爲君復鑿二窟)" 전국책은 전국시대 전략가들의 책략을 모아 놓은 책이다.

는데도 다스리지 못하고 있습니다. 아전들과 한통속이 되어 뒤를 봐주고 있는 관원들은 과연 어떤 사람입니까? 전하께서 크게 성을 내시고 하늘의 기강을 떨쳐 재상들을 불러 그 원인을 따져 물어야 할 것입니다. 이로써 임금의 뜻으로 결단하여 나쁜 무리들을 완전히 제거하여 백성들의 뜻을 존중해야 할 것입니다.

만약 선악(善惡)이 어디에 있고 시비(是非)를 어떻게 구분하는지를 임금이 파악하지 못해 언관(言官)들이 처벌을 간(諫)한 후에야 마지못해 처벌한다면, 결국은 임금의 도리를 잃고 말 것입니다. 임금이 임금의 도리를 잃고 어떻게 백성을 다스릴 수 있겠습니까? 임금의 덕이 밝아진다면 사물을 보는 눈이 거울과도 같아 비추지 않는 물건이 없습니다. 이후 임금다운 덕과 위엄으로 다스리면 풀과 나무들도 모두 임금을 향해 기울어질 것이니 하물며 사람이겠습니까? 임금이 바르게 다스리면 백성들은 임금의 명령을 열심히 받들기에 겨를이 없을 것입니다. 이런 때에 어찌 간사한 자가 하나라도 받아들여질 수 있겠습니까?

정치를 어지럽히는 벼슬아치에게는 일정한 형벌이 있습니다. 저 윤원형(尹元衡) 같은 권간(權奸)의 죄도 옳게 처벌했는데, 이따위 여우나 쥐새끼 같은 아전들이야 형틀에 그 피를 묻힐 것도 없습니다. 뇌성과 비바람이 한번 몰아치듯 임금의 위엄을 한번 펴시면, 모든 문제가 다 해결될 것입니다. 임금이 위에서 몸을 닦으면 아래에서는 나라가 잘 다스려집니다. 지금 우리나라에서 벼슬하는 사람 가운데 훌륭한 재상감도, 부지런히 일하는 인재들도 많이 있습니다. 간신들은 자기들의 뜻을 거스르는 사람들을 제거하면서도 간사한 아전들이 나라를 좀먹고 있는 것은 용납하니, 자기 일신을 위해서 일하는 것이지 나라를 위해서 일하는 것은 아닙니다.

신은 깊은 산골에서 쓸쓸하게 살고 있으면서 아래로 위로 나라의 형세를 살펴보고 나서 탄식하다가 눈물을 흘린 적이 한두 번이 아닙니다. 신은 전하와 군신(君臣)의 관계를 맺은 적이 한번도 없습니다. 그런데도 임금의 은혜에 감격하여 탄식하다가 눈물을 스스로 주체하지 못하는 것은 무슨 이유에서이겠습니까? 관계는 얕으면서 깊은 관계의 말을 하는 것은 실로 신에게 죄가 있다 할 수 있습니다. 그러나 생각해 봅니다. 이 몸은 이 땅에서 나는 곡식을 먹으며 살고 있고, 여러 대를 이 땅에 사는 백성입니다. 게다가 삼대에 걸쳐서 임금이 벼슬하러 나오라고 부른 징사(徵士)❽입니다. 주상전하께서 부르시는데 한마디 말을 하지 않을 수가 있겠습니까? 옛날 주(周)나라의 어떤 과부는 베를 짜다가 베틀에 씨줄이 떨어진 것은 걱정하지 않고 나랏일을 걱정한 일❼이 있었습니다.

신은 전날의 상소에서 '구급(救急)'이라는 두 글자를 강조하여 급한 일을 구제해야 한다고 말씀드렸습니다. 그러나 아직도 임금께서 불에 타는 사람을 꺼내듯이 하고 물에 빠진 사람을 건지듯이 하여 급하게 서두른다는 말을 듣지 못했습니다. 임금께서는 다만 "늙은 선비가 강직한 체하려고 해 보는 소리일 뿐이니, 생각을 움직여 볼 것도 없다"라고 생각하고 계신 듯합니다. 더욱이 제가 이번에 아뢰는 '임금의 덕(君德)'에 관한 말은 옛사람들이 이미 아뢴 말의 궤도를 벗어나지 않습니다. 그러나 이 길을 거치지 않으면 나아갈 길이 없는 법입니다. 임금의 덕을 밝히지 않고서 나라를 다스리려고 하는 것은, 마치 배도 없이 바다를 건너려고 하는 것과 같습니다. 배도 없이 바다를 건너려고 하면 물에 빠질 뿐입니다. 지금 나라의 사정은 신이 전날 상소하던 때보다 훨씬 더 급박합니다.

전하께서 만약 신의 말을 버리지 않고 관대하게 받아들인다면 신은 전하의 용상(龍床) 아래 있는 것과 같습니다. 어찌 꼭 신의 늙고 추한 모습을 만나 본 후에라야 신을 썼다고 말할 수 있겠습니까? 또한 들건대, 임금을 섬기는 사람은 형편을 살펴 본 후에 벼슬하러 들어간다고 하는데, 전하는 과연 어떤 임금인지 알지 못하겠습니다. 전하께서 만약 신이 한 말을 좋아하지 않으면서 신을 만나려고만 한다면, 헛일을 하는 것입니다. 오늘 임금의 사

---

❽ 징사(徵士) : 학문과 덕행이 뛰어나 임금이 벼슬을 주어 부르는 선비를 말한다.

❼ 『춘추좌씨전(春秋左氏傳)』「노소공(魯昭公)」 24년에 다음과 같은 내용이 나온다. "사람들은 또한 이렇게 말한다. 과부가 씨줄이 모자라는 것은 걱정하지 않고 주(周)나라 왕실이 쇠락하는 것은 걱정하는데, 이는 그 화가 장차 자신에게 미치지 않을까 두려워해서이다.(人亦有言曰 嫠不恤其緯 而憂宗周之隕 爲將及焉)"

람 알아보는 눈이 밝은지 어두운지에 따라 앞날의 정치가 성공할지 실패할지 점칠 수 있습니다. 엎드려 바라건대, 임금께서 굽어살펴 주시옵소서. 삼가 상소하는 바입니다.⑧

　이 장문의 상소가 올라가자 새로 임금에 즉위한 선조는 흠칫 놀랐다. 국정을 농단하는 아전들의 폐해가 이토록 심할 줄을, 선조는 이 무렵까지 알지 못했다. 당시 아전들은 방납(防納)의 권한을 사고팔고, 각 궁방(宮房)에 딸린 농장, 어장(漁場), 염전 등을 관리하면서 백성의 피를 빨아먹고 있었다.

　선조는 조식의 상소에 대한 다음과 같은 비답(批答)⑧을 내렸다. "요즈음 그대의 상소를 내가 곁에 두고 보면서 반성할 때마다 그대의 재주와 덕이 높다는 것을 더욱 확실히 알았소. 내 비록 민첩하지 못하지만 마땅히 유념할 것이니 그대는 그리 알라."⑩ 이는 그저 이전의 임금과 다를 바 없는 의례적인 비답일 뿐이었다. 어디에서도 구체적인 가부(可否)의 뜻을 나타내지도 않았고 현실적인 정책을 제시하지도 않았다. 이때까지도 조식은 아주 큰 것은 아니었지만 그래도 새 임금에게 거는 기대가 없지 않았다. 그래서 이런 비답을 내린 선조에 대한 실망감이 아주 컸다.

　조식의 이 상소는 아전들의 간악하고 교활한 행위를 구체적으로 지적한 글로서 후대의 관원들에게 큰 경각심을 심어주었다. 이이는 선조에게 아전들의 폐단을 이야기할 때면 종종 이 상소를 예로 들었다. 조선시대에는 관원들을 선발할 때 경전과 시문(詩文)으로써 했기 때문에, 과거에 합격하여 관청에 나오는 이들은 애초에 실무를 몰랐다. 게다가 관리들의 인사이동을 사흘이 멀다 하고 자주 하니 관원들이 일을 파악할 시간이 없었다. 이런 이유로 모든 행정이 저절로 아전들의 손아귀로 떨어지지 않을 수가 없었다.

---

⑧ 『남명집(南冥集)』 권2, 「무진봉사(戊辰封事)」. ・원문은 책 끝에 덧붙임
⑧ 비답(批答) : 임금이 신하들의 상소문 말미에 적는 가부의 답을 말한다.
⑩ 『남명선생편년』 68세조.

조선시대의 백성들은 과도한 공물과 부역에 시달려야 했는데, 아전들의 농간으로
백성들의 부담은 가혹할 만큼 늘어났다. 조식은 1568년 선조에게 올린 「무진봉사」를 통해
이와 같은 아전의 농간에 대해 절절하게 지적했다. 그림은 조선시대에 그려진 「태평성시도
(太平城市圖)」의 일부이다. 토목공사에 징발돼 일하는 이들의 모습을 볼 수 있다.

1568년 7월 29일, 김해부에서 지내고 있던 부인 남평조씨(南平曺氏)가 세상을 떠났다. 남평조씨는 창녕조씨와 같은 시조라는 설도 있고, 또 그 시조가 당(唐)나라에서 건너왔다는 설도 있다. 조씨부인 집안은 대대로 김해부(金海府)에서 살아왔다. 조씨부인은 1500년에 태어났으니 조식보다는 한 살 위였는데, 스물세 살 때 조식에게 시집왔다.

정성을 다해 시부모를 섬겼고, 분별없이 말하거나 함부로 웃지 않았다. 쉰 살 이후로는 부실 송씨부인이 집안 살림을 맡아보았고, 조식의 음식과 의복 수발을 들었기 때문에 자신은 김해부에서 비교적 편안한 생활을 했다. 조식이 삼가현으로 거처를 옮길 때 따라오지 않고 김해부에 남았다. 그리고 김해부에서 약 20년 동안 혼자 살다가 이해에 예순아홉 살을 일기로 세상을 떠났다. 조식은 부실 송씨부인이 낳은 큰아들 조차석(曺次石)을 보내 상주 노릇을 하도록 했다.

본래 비석이 있어 그 행적을 기록해 두었는데, 임진왜란 때 왜인들이 뽑아 버렸다. 3백여 년 동안 비석을 다시 세우지 못하다가, 일제강점기에 조씨부인의 행적이 전하지 않는 것을 안타깝게 여긴 후손 조용상(曺庸相)이 다시 세웠다. 조용상은 조씨부인의 자료를 수집한 후 이를 바탕으로 당대의 문장가 김택영(金澤榮)❾❶에게 청해 비문을 얻었다.

1568년 10월, 진주목 금산동(琴山洞)❾❷에 사는 성여신(成汝信)이 찾아왔다. 성여신은 이해 가을부터 단성현 단속사(斷俗寺)에서 인근 지역의 유생들과 함께 공부하고 있었다. 그는 단속사에서 불판(佛板)과 불상을 훼손하고 조식을 만나러 왔다.

---

❾❶ 김택영(金澤榮) 1850-1927 : 조선 말, 대한제국, 일제강점기 때의 학자이다. 대한제국 때 문헌비고속찬위원(文獻備考續撰委員), 학부(學部) 편집위원을 지냈다. 을사늑약이 체결되자 국가의 장래를 통탄하던 중 1908년 중국으로 망명했다. 중국 문인들로부터 양계초(梁啓超)에 필적하는 대가로 인정받았다. 본관은 화개(花開), 자는 우림(于霖), 호는 창강(滄江), 당호는 소호당주인(韶濩堂主人)이다.
❾❷ 진주목 금산동(琴山洞) : 현재의 진주시 금산면에 있었던 마을 이름이다.

이 무렵 단속사에서는 승려 휴정(休靜)이 지은 『삼가귀감(三家龜鑑)』이라는 책의 목판을 보관하고 있었다. 『삼가귀감』은 유불선(儒佛仙) 삼교의 교리를 해설한 책이었는데 이 책의 편집 순서에 유가(儒家)가 맨 마지막에 있었다. 우연히 이 사실을 알게 된 성여신은 크게 분노해 스물세 살의 젊은 혈기를 억누르지 못하고 행동에 나섰다. 몹시 괴이하고 거대한 불상을 만들어 놓고 이를 사천왕이라고 부른 일도 성여신의 분노를 걷잡을 수 없도록 만들었다. 그는 "우리의 도를 헐뜯었다"며 목판을 없애고 사천왕상을 철거하라고 승려에게 요구했다. 승려들이 이 요구를 듣지 않자, 급기야는 직접 나서 목판을 불사르고 사천왕상의 목을 잘라 버렸다. 조식은 이 일을 전해 듣고는 "목판을 태워버린 일에는 아쉬움이 있다"고 말했다.

성여신은 이 일을 벌인 후, 곧바로 덕산동으로 찾아와 조식에게 인사했다. 조식은 "자네 선대와는 도의(道義)로 사귀며 아주 사이가 좋았지"라고 말하며 다정하게 맞아 주었다. 이때 성여신은 내친걸음으로 조식에게 『서경(書經)』을 배웠다. 성여신이 『서경』의 미묘한 대목을 실타래 풀 듯 하는 것을 본 조식은 "이미 독실한 경지로 나아갔다"며 격려했다.

성여신은 초야에 묻혀 살면서 의병장 김덕령(金德齡)❸이 모함을 받았을 때 이에 항의하는 상소를 올렸다. 조식의 제자인 최영경이 억울하게 죽었을 때나, 정구의 제자인 정온(鄭蘊)이 광해군에게 죄를 얻었을 때도 가만히 있지 않았다. 그는 남전여씨향약(藍田呂氏鄕約)과 이황의 향약을 본받아 금산동약(琴山洞約)을 실시해 자신이 살던 금산동의 풍속을 바로잡았다. 성여신은 또한 진주목의 지방지인 『진양지(晉陽誌)』를 편찬하는 일에도 참가해 큰 역할을 했다.

---

❸ 김덕령(金德齡) 1567-1596 : 선조 때의 무장(武將)이다. 임진왜란 때 의병을 일으켜 권율, 곽재우 장군과 협력해 많은 공을 세웠다. 체구가 작지만 날래고, '사람으로서는 생각할 수조차 없는 용기(神勇)'가 있었다고 한다. 성혼(成渾)의 제자이다. 1596년 일어난 '이몽학(李夢鶴)의 난'에 연루되어 옥사했다. 자는 경수(景樹)이다.

1572년, 처사로서의 삶을 마치다

八章

─

왜적을 막아낼 방책이
없겠는가?

조식은 평소 남해안에 출몰하는 왜구에 대해 깊은 우려를 가지고 있었다. 이에 조식은 1569년 「대책 문제(策問題)」라는 제목으로 왜구의 침탈에 대한 글을 써서 제자들에게 제시했다. 그리고 제자들 또한 이 문제에 대해 생각해 보고 글을 지어 제출하도록 했다. 이로써 나라를 지키는 일에 대한 제자들의 식견을 알아보고, 또한 제자들의 국방 의식을 고취해 만일의 사태에 대비하는 자세를 갖추도록 한 것이다. 이때 조식이 제시한 글은 대략 다음과 같다.

    지금은 훌륭한 임금이 위에 계시고 다스리는 체제가 다 갖추어져 있는 때이다. 그런데도 섬 오랑캐들이 난을 일으키고 있다. 품어 주고 길러 주는 은혜는 날로 더해 가는데도 멋대로 날뛰어 비할 수 없는 재난을 일으킨다. 아무 까닭 없이 우리 장수를 죽이고 간사한 생각을 품고서 우리 임금의 위엄을 떨어뜨린다.

    웅천현(熊川縣) 제포(薺浦)❶를 돌려달라고 청한 일은 다만 조정의 뜻을 시험해 본 것이고, 대장경(大藏經) 30부를 인쇄해 달라고 요구한 일❷은 반드시 받을 수 있을 것이라고 생각하지 않으면서도 우리를 우롱해 본 것이다. 그들은 손바닥을 치고 이를 악물고 몽둥이를 어루만지며 눈을 부릅뜨고서 "너희들 목을 반드시 베겠다"고 하니, 비록 삼척동자라도 오히려 두려워서 떨 줄을 안다. 우리 조정에서 현명한 재상과 훌륭한 장수들이 밥도 제때에 먹지 못하고 전전긍긍하면서 계획을 세우지만 어떻게 할 방안을 찾지 못하고, "단지 상중(喪中)이라 정사를 논하지 못한다"고 거짓으로 핑계만 대고 있다. 이런 때를 당하여 적을 미리 막아낼 계책이 어찌 없겠는가?

옛날 송(宋)나라의 한기(韓琦)❸는 반란을 일으킨 서하(西夏)❹의 조원호(趙元昊)❺가 사신을 보내오자 사신의 목을 베어야 한다고 주장했다. 비록 이렇게는 하지 못하더라도 나라를 어지럽히는 왜적에게 예물(禮物)을 내리라는 명이 어찌 마땅한 일이겠는가? 또한 제압하기 어려운 적의 기세 앞에 우물쭈물 움츠리고만 있으니 진실로 그 옛날 우왕(禹王)처럼 간우(干羽)의 춤❻만으로는 적과의 싸움에 대비할 수 없다는 말인가? 지금의 형세를 보더라도 한쪽 변방이 와해된 것은 아니고, 옛날과 견주어 보더라도 송나라의 두 황제가 금(金)나라에 끌려가던 때❼와 같지 않은데도, 무엇이 두려워 저

---

❶ 웅천현(熊川縣) 제포(薺浦) : 현재의 창원시 진해구 웅천동에 있었던 항구이다. 조선이 일본과의 무역을 허가한 삼포(三浦) 중 최대 규모였다.

❷ 『조선왕조실록』의 1517년 8월, 1537년 1월, 1556년 11월 기사에 일본이 대장경을 인쇄해 달라고 요구한 일에 대한 내용이 있다.

❸ 한기(韓琦) 1008-1075 : 송(宋)나라 때의 재상이다. 서하(西夏)의 침입을 격퇴하여 변경 방비에 역량을 과시하고 사천성의 굶주린 백성 1백90만 명을 구제했다. 추밀부사(樞密副使)에 이어 삼사사(三司使)를 거쳐 재상의 자리에까지 올랐다. 왕안석(王安石)이 실시한, 저리의 신용 대부 제도인 청묘법(靑苗法)을 맹렬히 비난하며 재상의 자리에서 물러났다. 자는 치규(稚圭)이다.

❹ 서하(西夏): 1038년 송(宋)나라 서북부 변방의 감숙성(甘肅省) 지역에서 탕구트족이 세운 나라이다. 1227년 칭기즈칸의 공격을 받아 멸망했다.

❺ 조원호(趙元昊) 1003-1048 : 서하(西夏)의 건국 황제이다. 송나라 서북부 변방의 감숙성(甘肅省) 지역에서 서하를 건국하고 송나라 변경을 침략했다.

❻ 간우(干羽)의 춤 : 하(夏)나라의 우왕(禹王)이 시작한 춤이다. 방패를 쥐고 추는 간무(干舞)와 깃털을 쥐고 추는 우무(羽舞)로 이루어져 있다. 우왕은 남방의 유묘(有苗)를 토벌하다가 항복을 받지 못하고 돌아왔으나 궁중 뜰에서 이 춤을 추니 유묘가 70일 만에 와서 항복했다고 한다.

들 도적으로부터 아녀자 취급을 받는 치욕을 당해야만 하는가?

역관(譯官)은 나라의 사명을 전하는 사람이니 옛날 사신의 임무와 같다. 왜인들이 우리나라의 실정을 염탐하고자 하여 금은보화로 역관들에게 뇌물을 주었고, 역관들은 이 뇌물을 받아 임금의 명을 전하는 내시들에게 주어, 국가의 계책이 임금 앞에서 논의되고 있을 때 그 사실이 이미 오랑캐의 귀에 전해지고 있다.❽ 대궐 안에서 첩자 노릇 하는 내시 하나 잡지 못하면서 어찌 교활하기 그지없는 왜적을 잡을 수 있겠는가? 우리나라에는 결국 사람이 없는 셈이고, 왜적들은 사람 없는 곳을 들어오는 것이나 마찬가지다. 우리나라가 업신여김을 당하고 곤욕을 치르는 것이 당연하지 않겠는가? 임금께서 이에 노여워 위엄을 떨쳐서, 왜적이 변방을 도발하여 일을 일으킨다면 역관의 목을 베어 기밀을 엄밀히 지켜야 할 것이다.

왜적을 막아낼 방책이 없겠는가? 제군들의 의견을 듣고 싶다.❾

세종 때 조정은 왜구에 대한 교린 정책으로 제포(薺浦), 부산포(釜山浦), 염포(鹽浦) 등의 삼포(三浦)를 개항했다. 이를 통해 왜인의 무역과 통신을 허용하고, 각 항구별로 왜관을 설치해 60호의 범위 내에서 왜인이 체류하는 일도 가능하도록 했다. 그런데 불법적으로 거주하는 왜인이 늘어나면서 왜인과 조선인의 충돌이 잦아지는 등 많은 문제점이 나타났다. 심지어 대마도주(對馬島主)는 삼포에 자신들의 자치 조직을 만들고 이들을 통해 공물을 받기까지 했다.

중종반정으로 분위기를 일신한 조정은 왜인들의 불법 행위를 더 이상 용납하지 않았다. 불법 체류 인원의 퇴거를 요구하고 세금과 부역을 부과하는

---

❼ 1126년 여진족이 세운 금(金)나라는 송나라의 수도인 개봉을 함락하고 황제 흠종(欽宗)과 상황제 휘종(徽宗)을 끌고 가 죽였다. 이를 '정강의 변(靖康之變)'이라고 한다.

❽ 『명종실록』 1553년 3월 기사에 "왜역관(倭譯官)들이 전혀 법을 두려워하지 않고 국가의 크고 작은 일들을 모두 왜인(倭人)에게 누설하기 때문에 왜인들이 우리의 허실(虛實)을 알고 있다"는 기록이 있다.

❾ 『남명집(南冥集)』 권2, 「대책 문제(策問題)」. • 원문은 책 끝에 덧붙임.

남해안 왜구의 행태를 지켜본 조식은, 장차 큰 전란이 일어날 가능성이 높다고 생각했다.
이에 제자들에게 왜구에 대한 경각심을 가져야 한다고 강조했다. 훗날 임진왜란이
일어났을 때 조식의 제자들 대부분이 의병으로 나선 것은 우연이 아니었던 것이다.
그림은 조선 후기에 그려진 「임진수전도(壬辰水戰圖)」의 일부이다.

등 엄격하게 통제하기 시작했다. 이에 삼포의 왜인들은 1510년 4월 대마도의 군사적 지원을 받아 삼포왜란(三浦倭亂)을 일으켰다. 무장한 왜인 약 5천명이 성을 포위하고 민가를 불질렀다. 이 과정에서 부산포첨사 이우증(李友曾)을 살해하고 제포첨사 김세균(金世鈞)을 납치했다. 이 삼포왜란을 진압한 조정은 삼포의 왜인을 전부 추방했다. 이후 1512년 대마도주가 삼포왜란의 주모자를 처형하고 포로로 끌고 간 조선인을 송환하며 화친을 청했다. 이에 조선 조정은 제포를 다시 열어 제한적이나마 교류를 재개했다.

그러나 이것이 끝이 아니었다. 1544년 왜구는 사량진왜변(蛇梁鎭倭變)을 일으켜 우리 수군과 접전을 벌였다. 왜선 20여 척을 끌고 온 왜구는 사람을 해치고 말을 약탈해 갔다. 1555년에는 또 달량포왜변(達梁浦倭變)을 일으켰다. 왜선 약 70척으로 전라도 남해안 일대에 침입해 20여 일 동안 노략질을 일삼았다. 달량포왜변 이후 조정은 또다시 왜인을 엄격하게 통제하고 이들의 요구를 전혀 들어주지 않았다.

조식은 이와 같은 왜구의 표리부동한 행태를 오랫동안 지켜봐 왔다. 그리고 조정의 미온적인 태도와 남해안 방비의 허술함에 대해 크게 우려했다. 조식은 장차 임진왜란과 같은 전란이 발발할 가능성이 높다고 예측하고 있었다. 이에 조식은 제자들에게 왜구의 침탈 문제를 고민해 보고 이 문제에 대한 경각심을 갖도록 했던 것이다.

훗날 실제로 임진왜란이 일어나자 조식의 제자들은 대부분 의병으로 나섰다. 곽재우(郭再祐), 정인홍(鄭仁弘), 오운(吳澐), 김면(金沔)❿, 조종도(趙宗道), 이로(李魯) 등은 의병장으로서 큰 공을 세웠다. 정탁(鄭琢), 정곤수(鄭崑壽)⓫ 등은 조정에서 결정적인 공헌을 했다. 조식이 제자들을 가르친 효과가 이렇게 나라를 위해 나타났던 것이다.

---

❿ 김면(金沔) 1541~1593 : 선조 때의 유학자이다. 임진왜란 때 현재의 고령군 개진면에서 의병을 일으켰다. 조식의 제자이다. 『이정전서(二程全書)』 읽기를 좋아했고 정구(鄭逑)와 우의가 좋았다. 성품이 강직하고 정의로웠으며 효심이 지극했다. 효행으로 천거되어 공조좌랑을 지냈으나 곧 그만두었다. 자는 지해(志海), 호는 송암(松菴), 본관은 고령(高靈)이다.

1570년, 세월이 흘러 어느덧 조식도 일흔 살의 노인이 되었다. 당나라 시인 두보(杜甫)는 「곡강(曲江)」이라는 시에서 '인생칠십고래희(人生七十古來稀)'라고 읊었다. 실제로 "사람이 일흔 살까지 사는 일은 예로부터 매우 드문 일"이었기 때문이다. 그래서 일흔 살에 되면 치사(致仕)라 하여 벼슬을 사양하고 물러났고, 혹 벼슬을 하는 경우라도 조정에서 지팡이를 짚고 다니는 일을 허락해 주었다.

즉위한 지 얼마 지나지 않은 선조는 훌륭한 정치를 해보겠다는 의욕을 가지고 있었다. 일흔 살이 넘은 조식에게 또다시 두 번이나 벼슬을 내려 불렀다. 조식은 이때까지 벼슬할 때가 아니라고 생각해 응하지 않았을 뿐, 자기 한 몸을 깨끗하게 하기 위해서 벼슬길에 나아가지 않은 것은 아니었다. 그러나 이때는 이미 치사할 나이에 이르렀으므로 더 이상 벼슬에 나갈 수 없어 이를 사양했다.

이 무렵 조식은 「덕산동에서 문득(德山偶吟)」이라는 시를 지었다.

우연히 사륜동(絲綸洞) 골짜기에 살았는데,   偶然居住絲綸洞
조물주마저 속이는 줄 오늘 비로소 알았다네.   今日方知造物紿
괜히 공연한 부름으로 숫자나 채우는 은자로 만들어,   故遣空緘充隱去
임금의 사자가 나를 부르러 일곱 번[12]이나 왔다네.[13]   爲成麻到七番來

---

❶ 정곤수(鄭崐壽) 1538-1602 : 선조 때의 관료이다. 황해도관찰사, 대사헌, 예조판서, 좌찬성 등을 지냈다. 임진왜란 때 선조를 의주까지 호종했다. 진주사(陳奏使)로서 대명 외교에서 큰 역할을 했다. 이황의 문인이자 조식의 문인이다.

❷ 1561년 조식이 지리산 덕산동으로 들어와 산천재를 짓고 머물기 시작한 이후 1570년에 이르기까지, 조정에서 조식에게 벼슬을 내리거나 임금의 교지를 전하기 위해 여덟 번 드나들었다. 1566년 7월 전지 전달, 1566년 8월 상서원판관 제수, 1567년 11월 교서 전달, 1567년 12월 유지(有旨) 전달, 1568년 5월 전지 전달, 1569년 종친부전첨 제수, 1570년 전지 전달(2회) 등이 그것이다. 이 시는 1570년, 조정으로부터 일곱 번째 연락을 받은 이후 지은 것으로 보인다.

❸ 『남명집(南冥集)』 권1, 「덕산동에서 문득(德山偶吟)」.

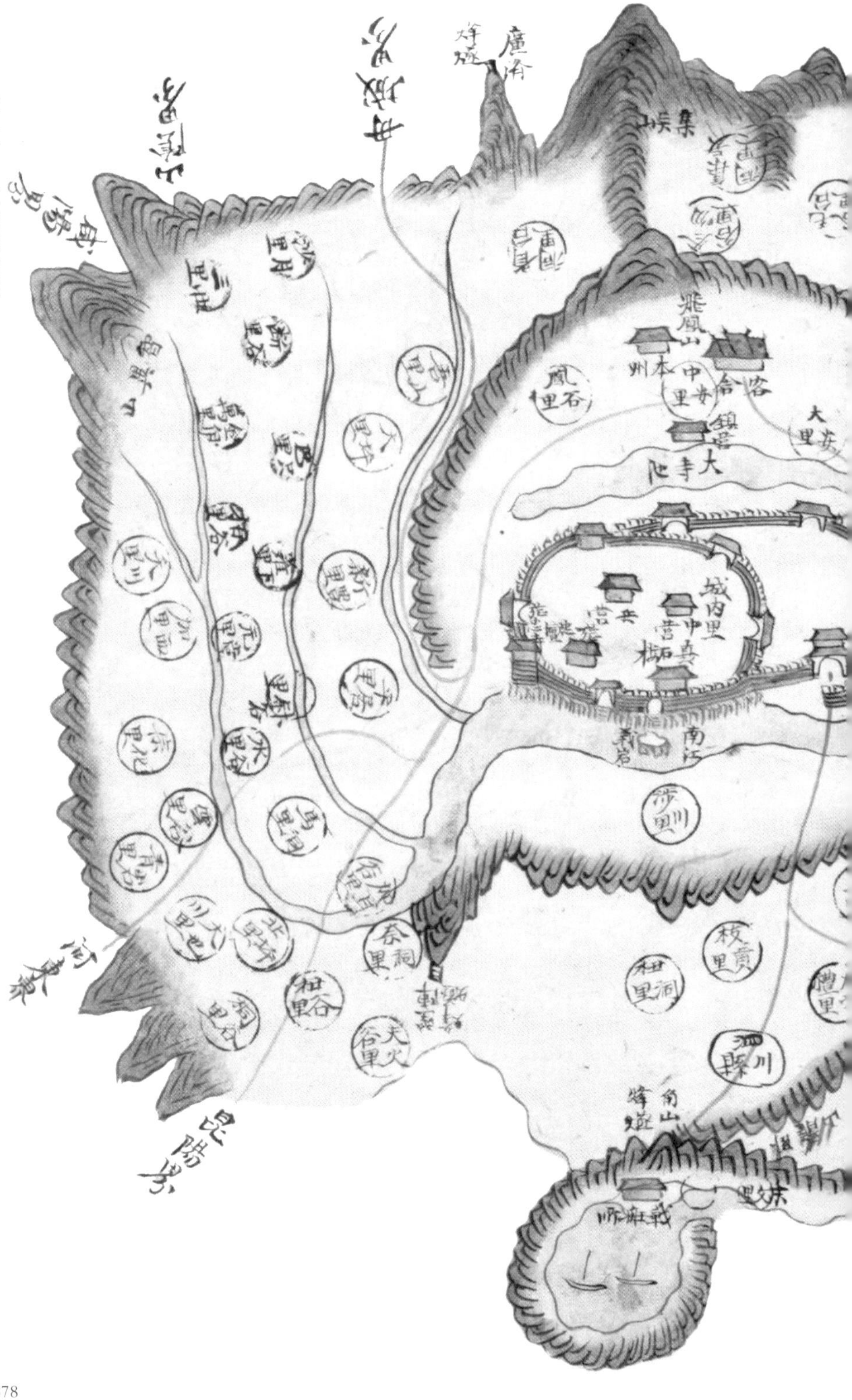

지도 · 서울대학교규장각한국학연구원

조식이 인생의 마지막을 보낸 덕산동은 궁벽한 곳이었다. 행정적으로는 진주목에 속했으나 실제로는 단성현과 산음현 쪽에 더 가까운 지리산 기슭에 자리잡고 있었다. 그렇지만 조정에서는 이 궁벽한 곳으로 여덟 번이나 사자를 보내, 조식에게 벼슬을 내리거나 교지를 전하고자 했다. 지도는 『해동지도』 진주목 면이다. 지도의 좌상단 쪽에 '단성계(丹城界)', '산음계(山陰界)', '지리산(智異山)' 등의 표시가 보인다. '덕산(德山)'이라는 이름은 찾을 수 없다.

조식은 자신의 도를 굽혀 세상을 따르거나 벼슬에 나아가고자 하지 않았다. 자신을 등용해 달라고 바라는 일은 구걸 행위나 다름없다고 보았다. 가볍게 처신하지 않았기에 사림은 물론 임금으로부터도 자신의 존재와 가치를 인정받을 수 있었다. 나아가 조식의 이러한 처신 덕분에 사림 전체의 위상이 높아질 수 있었다. 그러나 임금과 권력자들의 잘못으로 나랏일이 제대로 되어가지 않을 때는, 이처럼 불의한 세상을 피해 달아나려고만 하지 않았다. 적절한 때를 기다려 추상같은 목소리로 그 잘못을 지적하고 해결책을 제시하고자 했다.

세상의 많은 이들에게 벼슬자리 하나 차지하는 것은 인생의 목표였고 자랑이었다. 그 자리에 있으면서 자신이 나라와 백성을 위해, 공의(公義)의 확대를 위해 무슨 일을 했는가는 그리 중요한 것이 아니었다. 그러다 보니 높은 벼슬을 내려도 출사하지 않는 조식은 세상 사람들에게 이해할 수 없는 존재였다.

조식은 「덕산동에서 문득(德山偶吟)」을 지어 이를 탄식한 것이다. 중요한 것은 벼슬자리가 아니었다. 올바른 정치를 위해 임금이 스스로 자신을 닦고 이를 바탕으로 군의(君義)를 실천하는 것이 우선이었다. 이런 여건도 만들어 놓지 않고 자신에게 벼슬을 내리는 것은 '공연한 부름'일 뿐이고 '조물주마저 속이는' 일이다.

1570년 8월 이조좌랑으로 있던 제자 오건이 재해를 살피는 경차관(敬差官)으로 호남으로 내려갔다. 그리고 전라도 진산군(珍山郡)❶ 백성들의 비참한 상황을 살피고 이를 조정에 알렸다. 문제는 백성들이 줄어들 경우에도 줄어들지 않는, 불합리한 조세와 부역이었다. "도망간 사람의 토지는 아직 떠나지 않은 이에게 주고서 그 세금을 받아내고," 또 버려진 황무지에 농사를 짓는 자가 있으면 "여러 해 내지 않은 세금을 그에게 덤터기를 씌운다"는 것이었다. 이런 까닭에 한번 사람이 줄어들기 시작하면, 도망가는 사람이

---

❶ 전라도 진산군(珍山郡) : 현재의 충청남도 금산군 진산면·복수면·추부면에 걸쳐 있던 고을이다.

줄을 이어 마을의 백성 수는 날마다 줄어들고 달마다 흩어지며, 논밭은 순식간에 황무지로 변하고 만다는 것이 오건의 보고였다.

조식은 오건에게 편지를 보내 이렇게 칭찬했다. "승정원에서 나오는 조보(朝報)⑮를 보고 그대가 건의해 밝힌 바가 많았음을 알았다네. 나라의 큰일은 국방을 튼튼하게 하고 식량을 넉넉하게 하는데 지나지 않네. 도망간 세대가 미납한 조세 문제와 군역을 피해 달아난 자들의 문제는 백 년 동안이나 막혀 있었는데 이번에 이를 터놓은 것이네. 그대와 같은 사람은 배운 바를 저버리지 않았다고 할 만하네."

조식은 이와 같은 편지를 보내면서 건강 상태가 그리 좋지 않다는 말도 덧붙였다. 조식은 이미 1566년 무렵부터 어지럼증으로 고생했는데, 이때 조식은 이 증상이 심해져 정상적인 생활이 힘겨울 정도였다. 오건에게 보낸 편지에서는 "죽지 않고 살아 있지만 병증이 날이 갈수록 점점 고통스러워져 회복할 가망이 없이 하루하루를 보내고 있다"고 말하고 있다.

---

⑮ 조보(朝報): 조선시대 승정원에서 왕의 재결 사항 등을 기록하고 이를 베껴 반포하던 관보를 말한다.

김굉필의 그림
병풍이 전해진 내력

1571년 1월, 이황의 부고를 들었다. 이황은 그 전해 11월에 감기가 들었는데 가문에서 지내는 동지 제사에 참석했다가 병세가 급격히 나빠져 결국 12월 8일 세상을 떠났다.

　이황은 죽음에 임박해 경상도 봉화현감(奉化縣監)으로 있던 아들 이준(李寯)**⑯**을 불러 유언을 남겼다. 우선 비석을 세우지 말라고 했다. 다만 작은 돌을 골라 앞면에 '퇴도만은, 진성이공지묘(退陶晩隱, 眞城李公之墓)'**⑰**라 쓰고 뒷면에 세계(世系), 생졸(生卒), 지행(志行), 출처(出處) 등을 간단히 적으라고 했다. 이황은 자신이 죽은 후 친구나 제자가 묘비명을 지으면 장황하게 행적을 늘어놓으며 과장하여 말할까 걱정하여 스스로 묘비명을 쓴 것이다.

---

⑯ 이준(李寯) 1523-1583 : 선조 때의 관료이다. 봉화현감(奉化縣監), 의흥현감(義興縣監), 군기시첨정(軍器寺僉正) 등을 지냈다. 이황의 아들이다.

⑰ 퇴도만은, 진성이공지묘(退陶晩隱, 眞城李公之墓) : '만년에 도산으로 물러나 숨은 이공의 묘'라는 뜻이다. '퇴도(退陶)'는 도산으로 물러났다는 뜻으로 이황이 즐겨 쓰던 아호의 하나이며, '만은(晩隱)' 또한 늦은 나이에 은거했다는 의미로 이황 자신을 가리킨다. 진성(眞城)은 이황의 본관인 진보(眞寶)를 말한다.

아울러 나라에서 내려주는 예장(禮葬)을 사양하라고 했다. 예장은 종1품 이상을 지낸 관료나 나라에 큰 공이 있는 인물에게 내리는 것인데, 이황은 이를 사양함으로써 세속의 명예를 좋아하지 않는다는 뜻을 나타내고자 했다. 그리고 이황은 친구나 제자들이 부탁한 글을 빠짐없이 지어 주었다. 또한 다른 이들에게 빌려온 책들은 잃어버리지 말고 돌려주라는 말까지 남겼다.

선조는 이황의 부음이 전해지자, 3일 동안 정사를 폐하며 애도했다. 그리고 이황을 영의정에 추증했다. 장례는 예장을 사양하라는 유언에도 불구하고 영의정의 예에 따라 집행하도록 했다. 그러나 묘비는 이황의 유언대로 그리 크지 않은 돌을 골라 세웠다.

덕산동은 예안현 도산(陶山)과는 5백 리 이상 떨어져 있었으므로 조식은 해를 넘겨서야 부고를 들을 수 있었다. 부고를 들은 조식은 슬픔을 이기지 못하고 눈물을 흘리며 말했다. "나기도 같은 해에 났고 살기도 같은 도(道)에 살면서 70년을 두고 서로 만나보지 못했으니 어찌 명(命)이 아니겠는가? 이 사람이 가버렸다 하니 나도 아마 가게 될 것이다."[18] 그리고 선비의 장례에 필요한 요점을 뽑은 『사상례절요』를 제자들에게 주면서 자신이 죽으면 이 책에 따라 장례를 치르도록 당부했다. 이때 하응도, 손천우(孫天祐)[19], 유종지 등이 함께 스승으로부터 이 책을 받았다.

조식은 출처의 절조를 중요시하여 임금이 아무리 불러도 벼슬에 나아가지 않았다. 또한 제자들에게도 출처가 중요하고 한 인물의 평생 공적이 출처를 잘못함으로써 하루아침에 무너진다고 경계했다. 그래서 조식의 문하에는 벼슬에 뜻을 두지 않고 학문에만 전념한 제자가 적지 않았다.

이황 또한 선비가 과거에만 매달리는 것은 좋지 않다고 생각했다. 그러나 학문을 하면서 과거에 합격해 부모를 기쁘게 하고 자신의 포부를 펴는 것은

---

[18] 이익(李瀷), 『성호사설(星湖僿說)』 9권, 「이황과 조식(退溪南冥)」. •원문은 책 끝에 덧붙임.

[19] 손천우(孫天祐) 1533~1594 : 명종, 선조 때의 유학자이다. 조식의 문인이다. "깊은 학문의 경지에 나아가기 위해서는 가까운 일부터 착실하게 배워야 한다"는 말을 자주 했다. 자는 군필(君弼), 호는 무송(撫松), 본관은 밀양(密陽)이다.

조식과 이황은 1501년 같은 해에 태어나 약 70년 동안 같은 시대를 살았던
동갑내기였다. 그러나 두 사람은 죽을 때까지 단 한번도 만난 적이 없다. 사진은
이황의 묘비명 탁본이다. '만년에 도산으로 물러나 숨은 이공의 묘'라는 뜻이다.

괜찮다고 보았다. 학문을 한다는 명분만 가지고 일찌감치 과거를 포기하여 부모의 기대를 저버린 제자들에게 이황은 이렇게 말했다. "정자(程子)나 주자(朱子) 같은 분들도 다 과거를 보아 벼슬에 나갔으니, 과거를 나쁘게만 보아 포기할 것은 없다. 학문만 하겠다고 하여 부형의 뜻을 저버리는 것은 좋지 못하다."

이해에 이지함(李之菡)❷⓿이 덕산동으로 조식을 찾아왔다. 이지함은 『토정비결(土亭秘訣)』을 지은 사람으로 세상에 잘 알려져 있을 뿐만 아니라 전해오는 일화도 많은 인물이다. 이지함은 오래전부터 조식을 꼭 한번 방문해야겠다는 결심을 하고 있었다. 그런데 마침 제주도에 다녀오다가 전라도 광주목(光州牧)을 거쳐 덕산동(德山洞)으로 조식을 찾아온 것이다.

그는 패랭이를 쓰고 다 떨어진 베옷을 입은 초라한 모습을 하고 있었다. 시중드는 사람이 들어가 이지함이라는 사람이 찾아왔다고 알리자, 조식은 신도 제대로 신지 않고 달려 나와 그를 맞았다. 이지함이 놀라는 듯한 말투로 물었다. "제가 산골 땔나무꾼 같은 행색인데, 어찌 저를 이다지도 극진하게 맞이해 주십니까?" 조식은 이렇게 대답했다. "속에 감추어진 그대의 선풍도골(仙風道骨)❷❶을 내 어찌 몰라보겠소? 어서 안으로 들어갑시다."

두 사람은 산천재(山天齋)에 마주 앉아 이야기를 나누었다. 이지함이 먼저 말을 건넸다. "저는 천성이 춥고 배고픈 것을 잘 참습니다." 그러자 조식이 되물었다. "타고난 자질이 그러한데 어찌 신선술을 배우지 않소?" 다시 이지함이 응수했다. "사람을 이렇게도 낮추어 보십니까?" 조식이 껄껄 웃으며 분위기를 부드럽게 만들었다. "그저 해본 소리일 뿐이오." 두 사람은 밤

---

❷⓿ 이지함(李之菡) 1517-1578 : 선조 때의 유학자이다. 유학 경전과 역사서뿐만 아니라, 역학, 의학, 수학, 천문, 지리에 해박한 지식을 가지고 있었다. 농업과 상업의 상호 보완 관계를 강조했다. 서경덕의 문인이다. 『토정비결(土亭秘訣)』을 지었다고 알려져 있으나 확실한 것은 아니다. 관료로서 포천현감, 아산현감을 지냈다. 본관은 한산(韓山), 자는 형백(馨伯)·형중(馨仲), 호는 수산(水山)·토정(土亭)이다.

❷❶ 선풍도골(仙風道骨) : 신선의 풍채와 도인의 골격이라는 말이다. 곧 남달리 품격이 높고 고상하다는 뜻이다.

늦게까지 학문에 대한 토론, 나랏일에 대한 걱정 등으로 대화를 계속했다. 이지함은 유학자로서 조식 못지않은 지식을 가지고 있었다. 그리고 천문, 지리, 의학, 복서(卜筮)❷, 산술, 음악, 관상 등에까지 두루 통달했다. 게다가 일생을 사방으로 돌아다니며 보냈기 때문에 각 지역의 산천(山川), 풍속, 인물, 설화, 전설 등에 대해 널리 알고 있었다. 그래서 두 사람의 이야기에는 막힘이 없었다.

이지함은 어려서부터 기이한 행동을 많이 했다. 젊은 시절 그는 종실(宗室)인 모산수(毛山守)의 딸에게 장가들었다. 장가든 다음 날 그가 밖에 나갔다가 돌아오는데, 새로 지어 입은 도포를 입고 있지 않았다. 처가 사람들이 이를 보고 물으니 이렇게 대답했다. "홍제교(弘濟橋)를 지나다가 거지 아이들이 추위에 떨고 있는 것을 보고, 도포를 잘라서 세 아이에게 나누어 주었습니다." 처가 사람들은 그의 이러한 행동을 보고 그가 보통 인물이 아니라는 것을 알았다.

평생 베옷을 입고 짚신을 신고, 등에는 주머니 하나를 메고 다녔다. 머리에는 늘 쇠로 만든 모자를 쓰고 다녔으며 때로는 그것을 벗어 솥으로 사용하기도 했다. 조각배를 타고 제주도에 세 번 들어갔는데, 거친 풍랑에 조각배가 뒤집히지 않도록 조각배 네 모퉁이에 큰 박을 달아맸다고 한다.

1578년 충청도 아산현감(牙山縣監)으로 부임했을 때는 걸인청(乞人廳)을 만들었다. 유랑민들이 해진 옷을 입고 걸식하는 것을 가엾게 여겨 큰 집을 지어 수용했던 것이다. 이지함은 이들을 단순히 구휼하는 데 그치지 않았다. 농업, 수공업, 상업 중 적절한 분야를 찾아 생산 활동에 종사할 수 있도록 했는데, 경우에 따라서는 직접 나서 생계를 이을 만한 재주를 가르치기까지 했다. 이들 가운데 가장 재주가 없는 자에게는 볏짚으로 짚신을 삼도록 하여 시장에 내다 팔았다. 이렇게 몇 달 짚신을 삼으면 어느새 생계에 여유가 생겼다. 그러나 고된 것을 참지 못해 도망가는 이들도 있었다. 이지함

---

❷ 복서(卜筮) : 팔괘(八卦), 육효(六爻), 오행(五行) 등을 살펴 앞날의 운수와 길흉을 점치는 일을 말한다.

은 백성들이 굶주리는 것은 게으름 때문이라고 생각했다.

이지함은 조식을 만난 후 지리산에 올랐다. 이지함은 서경덕(徐敬德)의 제자로서 일찍이 스승과 함께 지리산을 유람한 적이 있었기 때문에 이번이 두 번째 지리산 유람이었다. 그러나 조식은 현기증 증세와 왼쪽 다리 마비 증세가 있어 함께 산에 오를 수 없었다. 다만 젊은 제자 두 명으로 하여금 이지함의 길잡이를 해주도록 했다. 며칠 동안 지리산 골짜기와 봉우리를 둘러본 이지함은 조식과 작별 인사를 했다.

1571년 봄에 경상도와 전라도에 큰 기근이 들었다. 선조는 궁벽한 산골에서 가난하게 지내는 조식이 걱정스러웠다. 이에 특별히 경상도관찰사에게 명해 음식을 보내도록 했다. 조식이 사양하는 뜻을 담은 상소문을 올렸다.

신 조식(曺植)은 머리를 조아려 주상전하의 은혜에 감사드립니다. 지난 4월 신에게 음식을 하사한다는 하교(下敎)를 받았습니다. 신 같이 늙고 어리석은 사람이 어떻게 전하의 이런 총애를 받을 수 있는지 모르겠습니다. 엎드려 생각건대 하늘의 해와 같은 전하는 구중궁궐에 있고 백성이 사는 초야는 천리 밖에 있습니다. 그런데도 불쌍히 여기는 그 은혜는 아무리 멀어도 미치지 않는 곳이 없습니다. 그리고 그 은혜가 이 늙은 신하에게 먼저 이르렀습니다. 신이 비록 결초보은(結草報恩)하고자 하더라도 갚기가 어렵습니다.

혼자 생각해 봅니다. 선비가 길에 버려져 있는 것은 나라를 다스리는 사람의 수치입니다. 전하께서는 그 근심을 자신의 일이라 생각했을 것이나 신으로서는 또한 고마운 마음을 이루 감당하지 못하겠습니다. 비유하자면 한 포기의 풀이 빗물과 이슬을 받아먹고 살지만 하늘의 재주에 감사할 길이 없는 것과 같습니다. 그런데도 오히려 구구하게 작은 성의를 말씀드리며 우러러 감사드리는 일을 그만두지 못하는 것은 전하께서 이미 이 외로운 사람에게 은혜를 내려주었기 때문입니다. 보잘것없는 신이 어찌 조그마한 정성이라도 바치지 않을 수 있겠습니까? 옛말에 "대답하지 않아도 되는 말은 없고 보답하지 않아도 되는 덕은 없다"❷라고 했습니다. 삼가 한마디 말씀을 아뢰어 전하께 은혜를 갚고자 합니다.

엎드려 살펴보건대 전하의 나랏일은 이미 망가져 한 곳이라도 손을 쓸 수 있는 곳이 없습니다. 그런데도 신하와 벼슬아치들은 둘러서서 바라보기만 할 뿐 구제할 생각을 하지 않고 있습니다. 이미 어찌할 수 없음을 알고서 어떻게 해야 할지 대책을 강구하지 않은 것이 이미 오래입니다. 만약 전하께서 이를 보고도 알지 못한다면 전하의 눈이 가려진 것이며, 알면서도 유념하지 않는다면 나라에 주인이 없는 것입니다. 일찍이 신은 이런 상소를 올린 적이 있습니다. "대단한 위엄으로 떨쳐 일으키지 않으면 갈래갈래 풀어 흐트러진 형세를 수습할 수가 없으며, 큰비로 적셔 주지 않으면 7년 가뭄에 말라비틀어진 풀을 소생시킬 수 없습니다."❷ 그러나 이렇게 말하고 이미 많은 시간이 흘렀으나 전하께서 은혜와 위엄을 내려 기강을 세웠다는 말은 아직 듣지 못했습니다. 위엄을 세우고 복을 내릴 권한이 임금에게 있는 것인데도 단단히 통괄하지 못하면서 오히려 "신하들이 강성하다"라는 교서(教書)를 내리고만 있습니다. 이에 신하들은 더 이상 과감하게 말을 못하고 있습니다. 그러므로 여러 신하들은 마음이 느슨해져 어정쩡하게 지내고 있고 나라의 근본은 완전히 없어졌습니다.

이제 이 늙은 신하는 다만 마른 풀을 적시는 빗물과도 같은 전하의 은혜에 감사할 뿐입니다. 그러나 하늘에 구멍이 뚫려 물이 줄줄 새는 일은 보좌할 수 없습니다. 이에 삼가 "임금이 옳아야 한다"는 뜻을 '군의(君義)' 두 글자에 담아 바칩니다. 전하께서는 이로써 몸을 닦고 나라를 바로잡는 근본으로 삼기 바랍니다. 엎드려 생각합니다. 굽어살피옵소서. 신 조식은 두 손을 땅에 짚고 머리를 조아려 죽음을 무릅쓰고 아룁니다.❷

---

❷ 『시경(詩經)』「대아(大雅)」. "無言不讎 無德不報"
❷ 조식은 1568년 선조에게 올린 「무진봉사」에서 "큰비로 적셔 주지 않으면 7년 가뭄에 말라비틀어진 풀을 소생시킬 수 없다"고 말한 바 있다. 7년 동안 가뭄이 들었다는 이야기는 은나라 탕임금 때 7년 동안 큰 가뭄이 들어, 아들을 파는 이까지 생겼다는 고사에서 가져온 말이다.
❷ 『남명집(南冥集)』권2,「음식을 내려준 은혜에 감사드리는 상소문(謝宣賜食物疏)」. ·원문은 책 끝에 덧붙임

조식은 일흔 살이 넘은 늙은 몸으로도 나랏일을 잊지 못해 어린 선조에게 올바른 정치를 해야 한다고 간절히 요청하였다. 거듭, 뼛속까지 스며들 날카로운 말로 나라를 바로 다스릴 것을 요청했다. 그러나 조식의 상소에 대해 선조는 다만 다음과 같은 비답(批答)을 내렸다. "상소장을 살펴보니, 나라를 걱정하는 정성을 볼 수 있다. 비록 초야(草野)에 숨어 살고 있지만, 일찍이 나랏일을 조금도 잊은 적이 없으니 매우 가상(嘉賞)하게 여길 만하다. 내린 물품은 미미한 것인데 감사할 것이 무엇이겠는가?"

비록 비답은 내렸지만 상투적인 인사말에 지나지 않는 내용이었다. 어떻게 정책에 반영해 나가겠다는, 본질적인 내용과 관련해서는 어떤 언급도 없었다.

1571년 7월, 김굉필(金宏弼)의 손자인 김립(金立)이 찾아왔다. 김립은 음서로 초계군수를 지낸 바 있고 이때 이미 나이가 여든 살에 가까운 노인이었다. 그는 세종 때의 화가 안견(安堅)❷❻이 그린 산수화로 만든 열 폭 병풍을 가지고 왔다. 이 병풍은 그의 할아버지였던 김굉필이 소장했던 것이다.

병풍은 이미 1백 년 정도 지난 것이었으나 채색이 아련한 빛을 머금은 것이 '마치 어제 표구한' 것과 같았다. 각각의 병풍 폭에는, 울창한 전나무와 늙은 소나무, 푸른 수양버들, 고목과 꽉 들어찬 대숲, 거문고 타는 사람과 학, 소와 양, 낚싯대를 드리우고 달을 구경하는 사람, 구름 자욱한 산속 초가, 길게 뻗어 있는 강, 달아 맨 듯한 천 길 폭포 등과 같은 그림이 있었다.

이 병풍을 소장했던 김굉필은 1498년의 무오사화 때 김종직의 문인이라 하여 끌려가 국문(鞫問)을 받았다. 그리고 평안도 희천군(熙川郡)으로 유배되었다가 다시 전라도 순천부(順天府)로 옮겨졌고, 1504년의 갑자사화 때

---

❷❻ 안견(安堅) : 세종, 세조 때의 화가이다. 몽유도원도(夢遊桃源圖)를 그린 화가로 유명하다. 산수화에 특히 뛰어났고, 초상화, 사군자, 의장도 등에도 능했다. 조선 중기에 이르기까지 조선의 화가들에게 절대적인 영향을 미쳤다. 일본에까지 화풍이 전해졌다. 세종의 셋째 아들인 안평대군(安平大君)의 후원을 받았다. 본관은 지곡(池谷)이다.

죽임을 당했다. 이때 집안의 재산까지 몰수당해 낡은 빗자루 하나 남은 것이 없었다. 이 병풍 또한 몰수당했는데 다행히 도화서가 갈무리해 소장했다. 그런데 도화서에 있던 이 병풍은 어느 때인지 정확히 알 수 없지만 다시 민간으로 흘러나갔고 아무도 누가 가져갔는지 알지 못했다.

1570년 선조는 신하들을 만나는 자리에서 문득 김굉필의 흔적이 남아 있는지 물었다. 이때 승지 이충작(李忠綽)이 대답했다. "신이 어떤 민가에서 김굉필이 소장하고 있던 그림 병풍을 보았습니다." 이 이야기를 들은 김굉필의 손자 김립이 나서 병풍의 소재를 탐문했다. 그리고 조식의 제자이기도 한 오운(吳澐)의 집안에서 이 병풍을 가지고 있다는 사실을 확인했다. 오운은 의령현 가례마을에 있는 처가 김해허씨 집안에서 이 병풍을 얻었다. 그리고 이전까지 김해허씨 집안에서는 오운의 처증조부인 허원보(許元輔)가 이 병풍을 소장하고 있었다. 허원보는 의령현 가례마을의 산수를 사랑해 이곳에 백암정사(白巖精舍)를 짓고 김굉필(金宏弼) 등과 어울려 풍유를 즐겼다. 그러다가 김굉필이 화를 당한 후 김굉필이 가지고 있던 그림이 떠돌아다니는 것을 보고는 거두어 보관했다. 그래서 이것이 오운의 손에까지 넘어온 것이다. 오운은 이 진귀한 병풍을 아까워하지 않고 다시 잘 표구해 김굉필의 손자인 김립에게 돌려주었다.

이에 김립은 이 병풍을 들고 덕산동으로 조식을 찾아왔던 것이다. 김립은 조식에게 이 병풍의 내력에 대한 글을 써달라고 부탁했다. 조식은 마음속으로 존경해 온 유학자 김굉필의 유품이 이렇게 남아 있는 것을 아주 다행으로 여겼다. 이에 「김굉필의 그림 병풍이 전해진 내력(寒暄堂畵屛跋)」이라는 글을 지어 주었다. 이 글 가운데 다음과 같은 구절이 있다.

"김굉필의 유물로 남아 있는 것이 없는데 이 병풍을 다시 찾아 소장하게 된 것은 실로 우연 같으면서도 거기에는 무슨 조화가 있는 것 같다. 임금께서 신하들에게 물은 것도 그렇고, 적몰(籍沒)되어 다 없어졌던 재산 가운데 이 병풍만이 우연히 남아 그것도 그와 평소 교분이 깊었던 허원보(許元輔)의 손에 들어간 것도 그렇고, 처가에서 기증받은 병풍을 아까워하지 않고 선뜻 후손에게 돌려준 오운(吳澐)의 태도 등 모두가 무슨 운명의 도움이 있는 듯

하다."❷

　조식은 이 병풍을 바라보았을 선배 유학자 김굉필의 마음을 헤아려 보았다. 그때는 어느 시대였을까? 그곳은 어느 장소였을까? 온갖 생각을 펼쳤다가 말았다가 하다 보니 어렴풋이 상쾌한 바람 같은 김굉필의 영혼이 그림 속에서 이야기를 건네는 듯했다. 조식은 김굉필에 대한 그리움을 이 병풍을 보며 조금이라도 달랠 수 있었다.

---

❷ 『남명집(南冥集)』 권2, 「김굉필의 그림 병풍이 전해진 내력(寒暄堂畫屛跋)」. • 원문은 책 끝에 덧붙임

죽고 사는 일은
평범한 이치이니

1571년 조식은 등창이 나서 고생했다. 환부에 약을 붙이고 탕약을 달여 먹어도 효험이 없고, 침을 맞고 뜸을 떠도 효험이 없었다. 그러다가 온몸의 기력이 점점 떨어져, 12월 21일 마침내 자리에 눕고 말았다. 설날까지도 일어나지 못해 차례도 올리지 못했다.

설날이 지나자 조식의 환후가 위중하다는 소식이 사방으로 전해졌다. 김우옹(金宇顒), 노진(盧禛), 정구(鄭逑) 등이 차례로 덕산동으로 달려와 앓고 있는 스승의 병시중을 들었다. 병세에도 그 기상은 맑고 말투는 또렷해 평소와 별반 다르지 않았다. 조정의 정치에 이야기가 미치면 평소와 다름없이 비분강개하여 주먹을 불끈 쥘 정도였다. 그러나 조식의 병세는 차도를 보이지 않고 점점 더 깊어지기만 했다.

병세가 나아질 기미가 보이지 않자 제자들은 조식에게 마지막 가르침을 청했다. 조식은 정신을 가다듬어 천천히 입을 열었다. "모든 의리는 이미 그대들이 다 알고 있다네. 그것을 독실하게 믿는 것이 귀중할 뿐이지." 김우옹이 앞으로 나서 장차의 일을 물었다. "만일 어쩔 수 없이 선생께서 돌아가신다면 무슨 칭호를 써야 하겠습니까?" 조식은 이렇게 대답했다. "나를 처사

(處士)라고 일컫는 것이 옳다. 이것이 내 평생 뜻이었으니까. 만약 처사라고 쓰지 않고 관작(官爵)을 쓴다면 이는 나를 버리는 짓이다."

1572년 1월 15일 아침, 조식은 정인홍과 김우옹을 불러 놓고 말했다. "오늘은 내 정신이 전날과 좀 다른 것 같으니, 아마도 죽을 것 같다. 다시 약을 들이지 말거라. 미음도 끊어라." 이때 부실 송씨부인과 어린 딸이 와서 울며, 한번 뵙기를 청했다. 그러나 조식은 "장부가 아녀자들의 손에 죽을 수 없다"라고 말하며 거절했다.

조식은 또 창문을 열라고 말한 후 "하늘의 해가 저렇게도 청명하구나!"라고 말했다. 조식은 평생 자신의 마음을 맑은 하늘처럼 유지하려고 애썼다. 밝고 환한 해와 같이 하여 한 오라기의 사심조차 없으려고 노력했다. 그러므로 청명한 해를 보고서 자신의 마음과 비교해 마지막 경탄의 말을 한 것이다. 조식은 벽에 붙여 두었던 경(敬)과 의(義) 두 글자를 가리키며 말했다. "이 두 글자는 매우 절실하고 중요한 것이니, 배우는 사람들이 힘써 여기에 공력(功力)을 들여야 할 것이다. 공력을 많이 들여 익숙하게 되면 가슴 속에 한 가지도 가리는 것이 없게 될 것이다. 나는 그런 경지에 이르지 못하고서 죽게 되는구나."❷⑧

그러자 김우옹이 "머리를 동쪽으로 가도록 누워 생기(生氣)를 받으십시오"라고 권했다. 동쪽은 계절로는 봄, 오행(五行)으로는 목(木), 천덕(天德)으로는 원(元)에 해당한다. 그래서 이때 사람들은 동쪽을 생명이 자라는 방향으로 보았다. 사람들이 잠을 잘 때 머리를 동쪽으로 가도록 하고 자는 것은 이런 이유에서이다. 그러나 조식은 "머리를 동쪽으로 둔다고 해서 생기를 받겠는가?"라고 대답하며 제자의 권유를 듣지 않았다. 김우옹은 "바른 방향으로 누워서 숨을 거두는 것이 옛날의 예입니다"라고 다시 간청했다. 그러자 조식은 "군자다운 사람은 예로써 사람을 사랑한다더니…"라고 말하며 청을 들어주었다.

---

❷⑧ 『남명선생편년(南冥先生編年)』 72세조. •원문은 책 끝에 덧붙임

다시 여러 제자들이 거듭 간청했다. "약을 들이지 말라는 말씀은 따르겠습니다만, 미음마저 끊으라는 것은 자연스런 도리가 아닌 듯합니다." 여러 제자들이 간청하기에 조식은 미음을 조금 입에 넣었다. 그리고 잠시 생기를 되찾았다. 그러나 2월 6일부터 병세가 더욱 심해졌다. 죽음이 임박했음을 안 조식은 하응도(河應圖), 손천우(孫天祐), 유종지(柳宗智) 등에게 장례 절차에 대해 다시 한번 일러 주었다. 한동안 혼수상태에 빠져 있다가, 2월 8일 잠시 깨어났다. 안팎 사람들에게 조용히 하도록 했다. 그리고 누운 자리를 바르게 정돈했다. "죽고 사는 것은 평범한 이치이니라." 제자들에게 이 마지막 말을 남긴 채 편안한 모습으로 눈을 감았다.

향년 일흔두 살이었다. 바깥 하늘이 한동안 깜깜했다. 그리고 갑자기 세찬 바람이 불다가 폭설이 내렸다. 위대한 인물이 태어났다가 세상을 떠나는 일이 결코 천지와 무관하지 않다는 것을 보여주기라도 하는 듯했다.

이에 앞서 1월 초에 경상도관찰사가 선조에게 조식이 앓고 있다고 아뢰었다. 선조는 즉시 어의(御醫)를 보내 조식의 병을 돌보도록 했다. 그러나 어의가 도착하기 전에 조식은 숨을 거두었다.

이전 겨울 지리산의 나무에는 서리가 엉겨 붙어 갑옷처럼 달리는 현상이 나타났다. 무슨 이유인지 덕산동의 산천재(山天齋) 뒷산이 무너져 내리는 일도 있었다. 옛날부터 나무에 서리가 엉겨 갑옷 같은 모양이 생기면❷❾ 크게 이름난 사람에게 해롭다는 말이 전해 온다. 또 그 얼마 전에 사신이 명(明)나라에 갔는데 그곳 성관(星官)❸⓿이 우리나라 사신을 보고, "당신 나라의 높으신 분에게 장차 좋지 않은 일이 있겠소"라고 말했다. 과연 얼마 지나지 않아 조식이 세상을 떠났다.

이 무렵 천기를 잘 살피는 남사고(南師古)❸❶가 하늘을 보았더니, 현자의

---

❷❾ 상고대를 말하는 것으로 보인다. 상고대는 영하의 상태에서 수증기가 나뭇가지에 얼어 붙어 생긴다.

❸⓿ 성관(星官) : 하늘의 별을 보고 인간 세상의 길흉화복을 점치는 관원을 말한다.

운명을 관장하는 자미성(紫微星)이 빛을 잃었다. 그래서 자신의 운명이 다한 것이라고 여겨 벼슬을 버리고 고향으로 향했다. 고향으로 돌아가 죽어야겠다는 마음에서였는데, 고향으로 가는 도중에 조식이 죽었다는 소식을 들었다. 그리고 "어진 사람이 따로 있었구나"라고 말하며 감탄했다고 한다.

조식이 세상을 떠났다는 소식은 곧 팔도에 알려졌다. 인근 고을은 물론 각지에서 선비들이 조문(弔問)을 위해 모여들었다.

조식의 부고(訃告)를 접한 선조는 정3품 품계의 대사간(大司諫)을 추증(追贈)했다. 대사간은 선조가 평소에 조식에게 맡기고 싶었던 관직이었다. 조식과도 잘 맞는 자리였다. 곡식으로 부의(賻儀)를 내리고 예조좌랑 김찬(金瓚)❸❷을 보내 조식의 영전에 치제(致祭)❸❸했다. 선조는 또한 장문의 사제문에서 가슴속에서 우러나온 슬픔과 아쉬움을 표현했다. 한 나라가 본보기로 삼을 만한 큰선비를 잃었으니 나라가 텅 빈 듯하다고 했다. 그리고 조식의 학문과 덕을 현실 정치에 활용하지 못한 스스로를 자책했다. 이때 파견된 예조좌랑 김찬은 나중에 조식의 신도비(神道碑)❸❹를 지은 조경(趙絅)❸❺의 장인이었으니, 그 인연은 보통 인연이 아니다.

조선시대에는 학문과 인격이 높았던 인물이 죽으면 사관(史官)이 고인에

---

❸❶ 남사고(南師古) 1509-1571 : 명종, 선조 때의 예언가이다. 역학(易學), 참위(讖緯), 천문(天文), 관상(觀相), 복서(卜筮) 등의 학문에 두루 통달했다. 비술을 익혀 앞일을 정확하게 예측했다고 한다. 본관은 영양(英陽), 자는 경초(景初), 호는 격암(格庵)이다.

❸❷ 김찬(金瓚) 1543-1599 : 선조 때의 관료이다. 이조판서, 우참찬, 대사헌 등을 지냈다. 임진왜란 때 일본과의 강화 회담에서 공을 세웠다. 경제 문제에 밝고 외교적 수완이 뛰어났다. 문장가로도 이름이 높았다. 본관은 안동(安東), 자는 숙진(叔珍), 호는 눌암(訥菴)이다.

❸❸ 치제(致祭) : 임금이 제물과 제문을 보내 죽은 신하를 제사지내는 일을 말한다.

❸❹ 신도비(神道碑) : 왕, 또는 정2품 이상을 지낸 관원의 무덤 앞에 세웠던, 큰 석비(石碑)를 말한다. 죽은 사람의 공업(功業)과 학문 등을 기록해 후세의 사표(師表)로 삼고자 한 것이다. 보통 무덤의 동남쪽 큰길가에 세웠다.

❸❺ 조경(趙絅) 1586-1669 : 광해군, 인조, 현종 때의 관료이다. 이조정랑, 대사간, 대사헌, 도승지, 이조판서 등을 지냈다. 1636년 병자호란 때 척화론을 주장했다. 1645년 대사간으로서 상소를 올려 당시의 폐단을 지적하는 등 정치적 사안마다 인조의 처사를 비판했다. 그러나 원칙과 소신의 정치로 인조의 신임을 받았다. 자는 일장(日章), 호는 용주(龍洲), 본관은 한양이다.

1572년 2월, 조식이 세상을 떠나던 날
덕산동의 하늘이 한동안 깜깜해졌다.
그리고 천왕봉 높은 곳으로부터
눈이 내려 푹푹 쌓였다. 사진은 천왕봉
일대에 눈이 내린 풍경이다.

조식은 산천재 뒷산, 덕천강이 내려다보이는 자리에 묻혔다. 1572년 4월 6일의 장례식 날 이 산은 각지에서 모인 사람들로 하얗게 변했다. 사진은 조식의 묘소이다.

대한 세간의 평가를 종합하여 짧은 전기를 쓴다. 이 짧은 전기를 졸기(卒記)라 하는데, 조식의 죽음에 대해 『선조실록(宣祖實錄)』의 사관(史官)이 적은 졸기는 다음과 같다.

처사(處士) 조식(曺植)이 죽었다. 조식의 자는 건중(楗仲)으로 승문원판교를 지낸 조언형(曺彦亨)의 아들이다. 어려서부터 용모가 단정하고 어른처럼 정중했다. 장성해서는 통달하지 않은 책이 없었는데 특히 『춘추좌씨전』과 유종원의 글을 좋아했다. 저술에 있어서는 기발하고 고상한 것을 좋아하고 형식에 구애받지 않았다. 국학(國學) 성균관에서 책문(策問)❸❻할 때에 담당 관원에게 올린 글이 여러 번 높은 성적으로 뽑혀 이름이 사림(士林)에 크게 알려졌다.

하루는 책을 보다가 유학자 허형(許衡)이 쓴 "이윤(伊尹)이 뜻했던 바를 뜻으로 삼고 안연(顔淵)이 배웠던 바를 배운다"라는 말을 보고서 비로소 자신이 전에 배운 것이 잘못되었음을 깨달았다. 이후 성현의 학문에 뜻을 두고 과감하게 실천하여 다시는 세속의 학문에 굴복하지 않았다. '경(敬)'과 '의(義)' 두 글자를 벽 위에 크게 써서 붙여놓고 이렇게 말했다. "우리 집에 이 두 글자가 있는 것은, 하늘의 해와 달이 만고(萬古)를 밝혀 변하지 않는 것과 같다. 성현의 천만 가지 말이 그 마지막 뜻을 요약하면 이 두 글자를 벗어나지 않는다." 일찍이 문인들에게 다음과 같이 가르쳤다. "학문을 한다는 것은 어버이를 섬기고 형을 공경하는 예(禮)에서 벗어나지 않는다. 만일 여기에 힘쓰지 않고 갑자기 성리(性理)의 오묘함을 궁리하려 한다면 이는 사람의 일에서 천리(天理)를 구하는 것이 아니다. 결국 마음에는 아무런 실제적인 터득이 없을 것이니 깊이 경계해야 한다."

천성적으로 부모에 대한 효도와 형제에 대한 우애가 돈독했다. 아버지와 어머니 상을 당했을 때는 상복을 벗지 않고 시묘살이 오두막을 떠나지 않았

---

❸❻ 책문(策問) : 정책 사안에 대한 방안을 물어서 답하도록 한 과거 과목을 말한다.

다. 아우 조환(曺桓)과 숙식을 같이하며 우애 있게 지냈다. 지식이 높고 밝았으며, 나아가고 물러나는 진퇴(進退)의 도리에 철저했다. 세상의 도리가 쇠퇴하여 현자(賢者)가 나아갈 길이 험해지자 도를 바로잡아 회복해 보려는 뜻을 가졌다. 그러나 끝내 때를 만나지 못했음을 알고 산야(山野)로 돌아갔다. 만년에는 지리산 아래에 터전을 닦고 별도로 정사를 지어 산천재(山天齋)라는 이름을 붙이고 여생을 보냈다.

중종 때에 천거로 헌릉참봉 벼슬을 받았으나 출사하지 않았고, 명종 때에 이르러 유일(遺逸)로 천거되어 여러 번 6품 관직에 올랐으나 모두 출사하지 않았다. 다시 상서원판관으로 불러들여 대전(大殿)에서 주상을 대했는데, 주상이 치란(治亂)의 도와 학문하는 방법을 물으니, 다음과 같이 응대했다. "임금과 신하는 서로 참된 마음으로 의사를 통해 믿은 연후에야 정치를 잘 할 수 있습니다. 임금의 학문은 반드시 스스로 터득해야 하는 것입니다. 남의 말만 들어서는 유익함이 없습니다." 그리고 곧 고향으로 돌아갔다.

지금의 임금(선조)이 왕위를 이음에 교서(教書)로 불렀으나 늙고 병들었다는 이유를 들어 사양했다. 계속하여 부르는 명을 내리자 상소로 사양하면서 '구급(救急)'이라는 두 글자를 올려 자신의 몸을 대신할 것을 청했다. 그리고 당시의 폐단 열 가지를 낱낱이 열거하여 아뢰었다. 그 뒤 또 교지를 내려 불렀으나 사양하고 봉사(封事)를 올렸다. 다시 종친부전첨❸을 제수했으나 끝내 출사하지 않았다. 신미년(1571년)에 기근이 크게 들어 임금이 곡식을 하사하자 사례하고 상소를 했는데 언사가 매우 간절했다. 임신년(1572년)에 병이 심해지자 주상이 전의를 보내어 치료하도록 했으나 도착하기도 전에 죽으니 향년 일흔두 살이었다. 부음이 알려지자 임금이 크게 슬퍼하여 신하를 보내 사제(賜祭)하고 곡식을 내려 부의했다. 그리고 사간원 대사간을 추증했다. 친구들과 제자 수백 명이 사방에서 찾아와 조문하고 사림 전체의 큰 슬픔으로 여기며 서럽게 울었다.

---

❸ 종친부전첨(宗親府典籤) : 종친부는 역대 왕의 계보와 초상화를 보관하고, 왕과 왕비의 의목을 관리하는 관청이다. 전첨은 종친부의 정4품 관직이다.

조식은 도량이 푸르고 높았으며 두 눈에서는 빛이 났다. 그를 바라보면 세속 사람이 아님을 알 수 있었다. 언론(言論)은 재기(才氣)가 번뜩여 천둥이 치고 바람이 일어나듯 하여 다른 사람으로 하여금 자기도 모르게 이기적인 욕심이 사라지도록 했다. 평상시에는 종일토록 단정히 앉아 게으른 용모를 하지 않았는데 나이가 일흔이 넘도록 언제나 한결같았다. 배우는 자들이 남명(南冥)선생이라고 불렀으며 문집 3권을 세상에 남겼다.**❸**

　　조식의 일생을 비교적 상세하게 요약했다. 그러나 1623년의 인조반정 이후, 『선조실록(宣祖實錄)』이 북인들의 집권 시기인 광해군 때 편찬되었다 하여 수정실록(修正實錄)을 만들었다. 그런데 이때는 서인(西人)이 집권하고 있던 시기였으므로 조식을 모범적인 유학자의 모습과는 좀 맞지 않는 괴벽(怪僻)한 인물로 묘사하고, 또 도가(道家)의 수련서를 좋아한다고 서술했다. 이로써 조식을 폄하하려는 의도를 역력하게 드러낸다.

　　『선조수정실록』에 실려 있는 졸기에는 다음과 같은 내용이 들어 있다. "시비를 강론하거나 변론하는 것을 좋아하지 않아 학도(學徒)를 위하여 경서를 풀이해 준 것은 없다. 다만 자신에게서 돌이켜 구하여 스스로 터득하도록 했다. 그 정신과 기풍이 사람을 격려하고 움직이는 점이 있기 때문에 그를 따라 배우는 자들은 공부가 열리는 일이 많았다. 『참동계(參同契)』**❸**를 꽤나 즐겨 보면서, 좋은 곳이 매우 많아 학문을 하는데 도움이 있다고 했고, 또 불가(佛家)의 최고 경지는 우리 유가와 일반이라고도 했다."**❹**

　　조식이 숨을 거둔 지 얼마 후인 1572년 4월 6일, 산천재(山天齋) 뒷산에 장사지냈다. 앞으로 덕천강(德川江)이 쉬지 않고 흘러가고 있고, 뒤로는 천

---

❸ 『선조실록(宣祖實錄)』 1572년 2월. • 원문은 책 끝에 덧붙임
❸ 『참동계(參同契)』: 후한(後漢) 위백양(魏伯陽)이 『주역』의 효상(爻象)을 빌려 몸 수련하는 법을 설명한 책이다. 위백양(魏伯陽)은 불로장생의 영약을 만들었다는 도인이다.
❹ 『선조수정실록(宣祖修正實錄)』 1572년 2월.

왕봉에서 흘러내려온 여러 봉우리들이 겹겹이 자리잡고 있다. 이 자리는 조식 자신이 생전에 잡아 둔 곳으로, 앞으로 급한 절벽을 이루어 우뚝 솟아오른 것이 그 자신의 기상과 흡사했다. 장례식 날 장례에 참석하기 위해 각지에서 모인 사람은 종유(從遊), 제자, 사림, 조정의 관원 등 수백 명이 넘었다.

장례 절차는 조식이 생전에 제자 하응도, 손천우, 유종지에게 준 『사상례절요』에 따라 진행되었다. 다만 제주(題主)❹를 누가 하느냐는 문제로 약간의 논란이 있었다. 조식의 제자 가운데는, 조정 관직을 지닌 이도 있고, 학문적으로 상당한 비중을 가진 이도 있고, 연령이 많거나 스승과 특별히 밀접한 관계를 유지한 사람도 있었다. 그런데 현재 남아 있는 기록으로는 제주를 누가 했는지는 알 수 없다. 장례식 때 제자들이 서는 차례도 문제가 되었는데, 이 문제는 동쪽 첫머리에 오건이 서는 것으로 정리했다. 그다음으로 최영경이 섰고 그 밖의 제자들이 차례로 섰다.

조식의 제자나 친구들이 쓴 만사(輓詞), 제문이 수백 편에 이르렀다. 모두 조식의 죽음은 나라의 손실이고 사림의 불행이며, 이제 선비들은 누구를 의지하고 살아가겠느냐는 내용을 담고 있었다. 곧 나라의 정신적인 기둥이 쓰러진 것을 애통해하는 것이었다.

---

❹ 제주(題主) : 죽은 사람의 위패인 신주(神主)에 글자를 쓰는 일을 말한다.

31절

부침을 겪은
후인들의 추존 활동

장례를 치르고 얼마 후, 조식을 누구보다도 잘 아는 성운(成運)이 묘갈명(墓碣銘)을 썼다. 조식의 절친한 벗이었던 성운은 또한 조식처럼 한평생 벼슬하지 않고 충청도 보은현의 속리산 자락에 은거해 살았다.

비문을 비롯한 전기문(傳記文) 종류의 글은 당사자와 같은 시대에 살면서 가까운 곳에서 지켜본 사람이 지은 것이 가장 신빙성이 높다. 이런 점에서 조식의 묘갈명을 짓기에 성운보다 더 적합한 사람은 없었다. 어린 시절 서울 장의동에서 처음 만나 일생을 교유해 온 데다, 학문에 대한 태도나 기질, 생활 방식까지도 비슷했다. 그래서 조식의 세계(世系), 어릴 때의 생활, 학문을 이룬 과정, 학문의 방향과 핵심 사상, 평소의 생활과 마음가짐, 친구와 교유하는 태도, 제자를 교육하는 방법, 세상을 떠날 때의 상황, 남명이 남긴 의미 있는 말 등을 빠짐없이 서술했다.

비록 묘갈명이라 했지만, 2천2백7자에 이르는 대작(大作)으로 신도비보다도 규모가 크고 내용 또한 풍부했다. 성운은 묘갈명의 결론에서 조식의 학덕과 은택(恩澤)이 널리 펴지지 못하고 말았는데, 이는 바로 우리나라 백성들이 복이 없어서 그랬다고 보았다. 정구(鄭逑)는 이 묘갈명에 대해 다음과 같이 말했다. "대현(大賢)의 기상을 잘 형용했으므로 사람마다 자리 옆에 걸어 두고 보았으면 한다. 다만 탁본을 많이 해내면 비가 상할까 걱정스러울 뿐이다." 그리고 이후 안동부사(安東府使)❷로 부임해서는 아예 이 묘갈명을 목판에 새겨 덕천서원(德川書院)으로 보냈다. 이로써 많은 사람들이 이 묘갈명을 떠내 가지고 가서 곁에 두고 볼 수 있도록 했다.

조식의 행장(行狀)❸은 임종 전에 가장 가까이서 모신 제자이자 외손서인 김우옹(金宇顒)이 지었다. 같은 시기에 제자인 정인홍(鄭仁弘)이 지은 것도 있다. 일반적으로 행장은 한 사람이 짓지만 스승의 행장을 두 사람이 동시에 지은 까닭은 알 수 없다. 김우옹이 지은 행장은 조식의 학문과 사상을 좀 더 상세하게 적었고, 정인홍이 지은 행장은 조식의 출처대절(出處大節)을 좀 더 부각시켰다. 성운은 묘갈명을 지으면서, 조식에 대해 자신이 직접 보고 들은 것은 물론이고 이 두 종류의 행장도 참고했을 것이다.

김우옹은 행장 외에 26조로 이루어진『남명선생행록(南冥先生行錄)』도 지었다. 제자이자 외손서로서 가장 가까운 거리에서 직접 보고 들은 언행을 기록한 것이다. 묘갈명이나 행장과 같이 형식을 갖춘 글에는 들어가기 어려운, 친근하고 일상적인 내용을 담고 있다.

제자들은 1576년 덕천강 가에 덕천서원(德川書院)을 세워, 조식의 학문과 인격을 추모하여 제사지낼 수 있는 곳을 마련했다. "덕산동은 선생(조식)이 만년에 도를 강론하던 곳이니 서원이 없을 수 없다"는 의견이 힘을 얻어, 산천재로부터 세 마장쯤 떨어진 곳에 서원을 지었다. 서원 부지는 하응도가 내놓았다. 덕천서원은 처음 세워질 때는 '덕산서원(德山書院)'이었는데, 당시 이언적을 모신 옥산서원(玉山書院), 이황을 모신 도산서원(陶山書院)과 더불어 '삼산(三山)'으로 불릴 정도로 위상이 높았다. 덕산서원이라는 이름

---

❷ 정구(鄭逑)는 임진왜란 후인 1607년 1월 안동부사를 제수받는다.

❸ 행장(行狀) : 사관(史官)의 역사 편찬이나 고인의 전기(傳記) 기록에 필요한 자료를 제공하기 위해, 죽은 사람이 일생 살아온 일을 적은 글이다. 보통 죽은 사람의 세계(世系), 호, 관향(貫鄕), 벼슬, 생졸연월, 후손, 평생의 행적 등을 적는다.

의 덕천서원은 임진왜란 때 불탔다가 1602년 중건됐고, 광해군 때인 1609년 덕천서원(德川書院)이라는 이름으로 사액(賜額)❹을 받았다.

1576년에는 또 노흠을 비롯한 삼가현과 합천군의 선비들이 삼가현 회현(晦峴)에 회산서원(晦山書院)을 세웠다. 이 회산서원은 임진왜란 때 불탄 후 삼가현 향천(香川)❺ 쪽으로 옮겨져 중건됐고 또한 1609년 용암서원(龍巖書院)이라는 이름으로 사액을 받았다. 1578년에는 조식이 20여 년간 머물며 학문을 연구했던 김해부에서 김해부사 등이 주도하여 신산서원(新山書院)을 세웠다. 신산서원도 임진왜란 때 불탔다가 1608년 중건됐고 1609년 사액을 받았다.

그러나 이 서원들은 1868년을 전후한 시기에 내려진 대원군(大院君)의 서원철폐령에 의해 모두 훼철되었다. 대원군은 문묘에 배향되었거나 나라에 큰 공이 있는 인물의 서원이나 사당 47개소를 제외한, 나머지 서원을 모두 없애 버렸다. 이때 덕천서원까지도 헐린 일은 크게 억울한 것이다. 경상우도 유림의 분열과 갈등으로 그 힘이 한곳에 모이지 못해 조정으로부터 경시를 당한 것이 원인일 듯하다. 다행히 덕천서원은 1920년부터 복원 사업이 시작되어 1926년에 다시 향사(享祀)를 치르기 시작했다.❻

조식의 제자들과 지역 유림은 서원을 세운 후, 조식이 남긴 시문(詩文)을 수집해 문집을 편찬하는 일에 착수했다. 조식은 본래 실천 위주의 학문을 주로 했다. 또 평소에 지은 글을 모으지 않았고 그나마 일부 남아 있던 글마저도 임진왜란 때 불타 없어져 버렸다. 그래서 문집 편찬 작업은 여간 어려운 것이 아니었다. 제자들이 간직하고 있거나 외우고 있는 글들을 어렵게

---

❹ 사액(賜額) : 왕이 이름을 지어서 새긴 편액(扁額)을 서원에 내린다는 뜻이다. 이때 편액과 함께 서적, 토지, 노비 등을 함께 하사한다.

❺ 삼가현 향천(香川) : 현재의 합천군 용주면 죽죽리 일대이다. 서원 터는 합천호가 생기면서 물에 잠겼다.

❻ 신산서원은, 김해시 일대 유림들을 중심으로 인근 유림들이 힘을 합쳐 1999년에 복원되었다. 용암서원도 2007년 조식의 생가터가 있는 삼가면 외토리로 옮겨져 복원되었다. 원래 서원이 있던 터는 합천호 공사로 물에 잠겼기 때문이다.

모아 1604년 『남명집(南冥集)』 초간본을 냈다. 조식의 제자로서 조야(朝野)에서 영향력이 적지 않았던 정인홍이 편찬 책임을 맡아 서문을 썼다.

그런데 문집 편찬 책임을 맡았던 정인홍이 인조반정 이후 서인들에게 역적으로 몰려 처형당했다. 이로 인해『남명집』도 교정(校正)이라는 미명 아래 헤아릴 수 없을 만큼 많은 개변(改變)을 거쳐야 했다. 이 과정에서 조식 문장의 진면목 또한 상당 부분 훼손당할 수밖에 없었다.

1615년 광해군은 조식에게 대광보국숭록대부(大匡輔國崇祿大夫)❹ 의정부(議政府) 영의정(領議政) 겸(兼) 영경연홍문관예문관춘추관관상감사(領經筵弘文館藝文館春秋館觀象監事)❹ 세자사(世子師)❹를 추증했다. 그리고 문정(文貞)이라는 시호를 내렸다. 시호(諡號)란 나라에서 2품 이상 벼슬아치의 행적을 평가해 내리는 것이다. 조식에게 문정이라는 시호를 내린 것은 '도덕이 있고 견문이 넓기' 때문에 '문(文)'이라 했고, '도를 곧게 지켜 꺾이지 않았기' 때문에 '정(貞)'이라고 한 것이다.

조식에게 영의정이 추증되자, 그 격에 맞게 신도비를 세울 필요가 생겼다. 그래서 광해군 즉위 이후 조야의 중망(重望)을 받던 정인홍이 '신도비명(神道碑銘)'을 지었다. 그리고 정인홍의 제자인 배대유(裴大維)❺가 글씨를 써서 세웠다. 이미 묘갈명이 무덤 앞에 세워져 있으므로, 정인홍은 세세한

---

❹ 대광보국숭록대부(大匡輔國崇祿大夫) : 정1품 관료에게 주던 최고 품계이다. 정1품의 상계(上階)로서 보국숭록대부의 위이다.

❹ 영경연홍문관예문관춘추관관상감사(領經筵弘文館藝文館春秋館觀象監事) : 영경연사(領經筵事)는 왕과 경전을 공부하던 경연관(經筵官) 중 최고 관직으로 정1품이며, 보통 영의정 좌의정 우의정이 겸직했다. 영홍문관사(領弘文館事), 영예문관사(領藝文館事), 영춘추관사(領春秋館事), 영관상감사(領觀象監事)는 각각 홍문관, 예문관, 춘추관, 관상감의 최고 관직으로 보통 영의정이 겸직했다.

❹ 세자사(世子師) : 세자시강원(世子侍講院)의 최고 관직으로 보통 영의정이 겸직했다. 세자에게 경서와 역사서를 가르쳤다.

❺ 배대유(裴大維) 1563-1632 : 임진왜란 때 곽재우를 도와 창녕의 화왕산성(火旺山城)에서 싸웠다. 광해군 때의 관료이다. 사간원정언, 사헌부장령, 동부승지 등을 지냈다. 문장과 글씨에 능했다. 본관은 김해(金海), 자는 자장(子張), 호는 모정(慕亭)이다.

산청군 시천면 남명기념관 경내에 자리잡고 있는 조식의 신도비이다. 훗날의 대학자
송시열이 쓴 비문으로 세운 것이다. 송시열은 "해와 달과 그 빛을 다툴 만한 선생의 기상을
상상해보니, 지금까지도 흠칫 두려운 마음이 생긴다"고 썼다.

조식이 세상을 떠난 후,
제자들은 조식의 학문과 인격을
기릴 덕천서원(德川書院)을 세웠다.
그리고 지금도 덕천서원에서는
매년 조식을 기리는 남명제가 열린다.
사진은 2021년 남명제에서 집사가
분정(分定) 인명록을 쓰는 모습이다.

사진·전경신

사실은 다 생략하고 남명의 학문, 사상, 정신을 천명(闡明)하는 데 중점을 두어 지었다. 정인홍은 비문을 지으면서 세상 사람들이 조식을 두고 '고상하고 뻣뻣하다'며 비판하는 점을 의식했다. 그래서 조식의 출처를 변호하는 일에 신경을 많이 기울였다. 그러나 1623년 인조반정이 일어나자 정인홍은 서인 반정 세력들에 의해 역적으로 몰려 처형당했다. 그러자 역적으로 몰린 사람이 지은 비석을 그대로 세워둘 수 없었고, 곧바로 비문 글자를 지운 후 비석을 없애버렸다.

다시 다른 명망 있는 인사에게 조식의 신도비명을 지어달라고 부탁해야 했다. 얼마간의 세월이 흐른 후인 1647년, 조식의 손자 조진명(曺晉明)이 남인 계열의 대표적인 학자인 하홍도(河弘度)(51), 서인 계열의 원로인 김상헌(金尙憲)(52)에게 차례로 부탁했으나 모두 감히 지을 수 없다고 사양했다. 이에 조진명은 여러 선비들과 뜻을 모은 후 근기남인(近畿南人) 계열의 학자인 조경(趙絅)에게 부탁했는데 조경은 시간이 상당히 지나도록 비문을 지어 보내지 않았다. 그래서 다시 남인의 영수인 허목(許穆)에게 부탁해 비문을 받아 1685년에 신도비를 세웠다.

비슷한 시기에 조식의 후손들은 노론(老論)의 영수인 송시열(宋時烈)(53)에게도 비문을 청했다. 그러나 허목의 비문으로 만든 신도비가 세워졌으므로 송시열의 비문은 쓰이지 못했다. 그런데 1879년 무렵부터 조식의 후손들이 허목의 비문에 자손록이 없다는 점, 역적으로 처형당한 정인홍의 이름이 남

---

(51) 하홍도(河弘度) 1593-1666 : 광해군, 인조 때의 유학자이다. 성균관 유생으로 있을 때, 광해군의 실정을 개탄하며 벼슬을 단념하고 낙향해 학문에 전념했다. 고현(古賢)과 같이 되겠다는 뜻을 품고 벽에『주역』겸괘(謙卦)의 단상도(彖象圖)를 그려 놓고 스스로 '겸재(謙齋)'라 했다. 본관은 진주(晉州), 자는 중원(重遠), 호는 겸재이다.『겸재집(謙齋集)』을 지었다.

(52) 김상헌(金尙憲) 1570-1652 : 절개와 지조의 상징과도 같은 인물이다. 병자호란 때 끝까지 싸울 것을 주장했다. 포로로 청나라에 끌려가 고초를 당했다. 효종이 북벌을 추진할 때 '대로(大老)'라 불리며 존경을 받았다. 광해군, 인조, 효종 때 이조참의, 도승지, 부제학, 대사헌, 예조판서 등을 지냈다. 광해군 때 정인홍을 강력하게 비판했다. 본관은 안동, 자는 숙도(叔度), 호는 청음(淸陰) · 석실산인(石室山人) · 서간노인(西磵老人)이다.

아있다는 점 등을 문제 삼기 시작했다. 허목의 문집인 『미수기언(眉叟記言)』에 실린 「배우는 자들에게 답하는 글(答學者書)」의 내용이 널리 알려지면서 문제가 크게 불거졌다. 이 글에 허목이 조식을 존경하지 않는 느낌을 주는 내용이 실려 있었던 것이다. 이에 1903년 무렵부터 송시열의 비문으로 신도비를 만들 계획을 추진했고 얼마 후 신도비가 세워졌다.❸ 그리고 허목의 비문으로 만든 신도비는 1926년에 이르러 조식의 후손들이 쓰러뜨려 땅에 묻어버렸다.

한편 송시열의 비문은 1812년 무렵 자손록(子孫錄)을 삭제한 형태로 삼가현 용암서원의 묘정비(廟庭碑)로 세워졌다. 이 용암서원 묘정비는 대원군의 서원철폐령으로 서원이 훼철된 뒤에도 서원 터에 남아 있었다.❺ 그리고 현재는 2007년 복원된 용암서원 경내로 옮겨져 있다.

조선시대 유학자로서 받는 가장 큰 명예는 바로 문묘(文廟)에 종사(從祀)❻되는 일이었다. 말할 것도 없이 조정에서는 문묘종사(文廟從祀)를 쉽사리 허가해 주지 않았다. 그래서 학문과 인격이 훌륭한 인물의 제자나 후학이 계속해서 이 인물의 문묘종사를 건의해도 문묘에 종사되는 일은 매우 어려웠다. 우리나라 성균관 문묘에 종사된 유학자는 삼국시대부터 조선시대에 이르기까지 열여덟 명에 불과했다.

---

❸ 송시열(宋時烈) 1607-1689 : 조선을 유학의 나라로 만든 인물이라는 평가를 받는다. 주자(朱子)를 신앙으로 삼을 정도의 '주자제일주의자'였으며, 조광조, 이율곡으로 이어지는 기호학파의 학통을 이었다. "정의를 모아(集義) 기상을 기르는 일(養氣)"을 강조했다. 효종, 숙종 때의 관료로서 이조판서, 좌의정 등을 지냈다. 노론(老論)의 영수였다. 임금의 덕을 함양하는 일이 정치의 최우선 과제라고 생각했다. "한번 임금을 바르게 하면 나라가 바르게 된다(一正君而國正)"는 말을 지표로 삼았다. 효종에게 북벌을 당부했다. 본관은 은진(恩津), 자는 영보(英甫), 호는 우암(尤菴)·우재(尤齋)이다.

❺ 이 송시열의 비문으로 만든 신도비를, 언제 세웠는지는 정확하게 밝혀져 있지 않다. 이 신도비는 현재 산청군 시천면의, 조식의 묘소 아래 위치한 남명기념관 경내에 세워져 있다.

❺ 용암서원 묘정비는 1984년 합천호 공사가 시작되면서 인근 용주면 죽죽리의 산 위로 옮겨졌다가, 2007년 용암서원이 삼가면 외토리에 복원되면서 용암서원 경내로 또다시 옮겨졌다.

❻ 종사(從祀) : 학문과 인격이 훌륭한 사람의 신주를 문묘나 사당에 모시는 일을 말한다.

1616년 진주목의 생원 하인상(河仁尙) 등이 상소를 올려 조식의 문묘종사를 건의했다. 이후 각 지역의 유림은 물론 관청의 벼슬아치까지 나서 여러 차례 조식의 문묘종사를 건의했다. 경상도의 선비들이 일곱 번, 충청도의 선비들이 여덟 번, 전라도의 선비들이 네 번, 성균관과 사학(四學)에서 열두 번, 개성부(開城府)에서 한 번, 홍문관(弘文館)에서 한 번, 사간원(司諫院)과 사헌부에서 한 번 등이었다. 그러나 조선시대가 끝날 때까지 조식의 문묘종사는 이루어지지 않았다.

　　사실 조식은 이미 당대에 '부자(夫子)'로 일컬어질 만큼 대단한 추앙을 받았다. 부자란 덕행이 높아 모든 이들의 스승이 될 만한 인물을 높이는, 유가 사회 최고의 경칭이다. 그러나 1623년의 인조반정으로 조식의 수제자인 정인홍이 처형당하면서 조식의 위상 또한 부침을 거듭했다. 신도비문을 둘러싼 논란이나 문묘 종사 문제는 이러한 굴절을 반영한 것이었을 터이다.

　　이와 같은 부침은 조식의 학문과 인격을 생각하면 몹시 안타까운 일이다. 그러나 일찍이 조식은 산속 바위에 이름을 새기는 일보다 "만고의 역사를 바위로 삼는 것이 차라리 낫다"고 말한 바 있다. 비문이 훌륭하고 비석이 큰 것, 문묘에 종사되는 것은 중요하다. 그러나 좀더 중요한 것은 조식의 학문과 인격이 사람들의 '입에서 입으로 전해지는 것'이다. 마음속에 새겨지는 일이다.

성운(成運)이 쓴,
남명선생묘갈(南溟先生墓碣)

조씨(曺氏)는 옛날부터 이름난 성이며, 대대로 인물이 나왔습니다. 그 시조는 고려 태조(太祖) 때 벼슬하여 형부원외랑(刑部員外郎)을 지낸 조서(曺瑞)입니다. 고려 태조의 따님인 덕궁공주(德宮公主)가 그 어머니입니다. 그 뒤계속해서 유명한 사람들이 많았습니다. 조은(曺殷)이란 분은 중랑장(中郎將)을 지냈는데, 공(公 ; 조식)의 고조부입니다. 이분이 조안습(曺安習)을 낳았는데 성균관생원(成均館生員)이었고 그 아들은 조영(曺永)인데 벼슬하지 않았습니다. 그 아들 조언형(曺彦亨)은 과거에 합격해 이조정랑(吏曹正郎)을 지냈습니다. 뜻이 굳세고 지조가 있어 남들과 잘 어울리지 않았습니다. 벼슬이 승문원판교(承文院判校)에 이르렀습니다. 배위(配位)❶는 이씨인데 충순위(忠順衛)를 지낸 이국(李菊)의 따님으로 현숙한 법도가 있어 군자를 섬김에 어긋남이 없었습니다.

공(公)은 조언형의 둘째 아들로서, 이름은 조식(曺植)이고 자는 건중(楗仲)입니다. 태어나면서부터 지혜롭고 덕이 있었으며 용모가 순후(醇厚)하고 꾸밈이 없었습니다. 아이 때 벌써 조용하고 무게가 있어 어른과 같았습니다. 또래 아이들과 어울려 장난치며 놀지 않았고, 장난감 같은 것도 손에 잡고 가까이하려고 하지 않았습니다. 아버지 판교공(判校公)은 공을 사랑해 말을 하기 시작할 때부터 무릎 위에 끌어 앉히고서 시서(詩書)를 가르쳤는

---

❶ 배위(配位) : 남편과 아내가 모두 죽었을 때 그 아내를 높여 이르는 말이다.

데, 아버지가 말하는 것은 모조리 암송해 잊지 않았습니다.

여덟아홉 살 때 때 심한 병으로 자리에 누웠는데, 어머니의 얼굴빛이 어두워졌습니다. 그러자 공은 몸을 일으켜 세우고 짐짓 기운 있는 모습을 보이며 어머니에게 이렇게 말했습니다. "하늘이 사람을 낼 때 공연히 내지는 않았을 겁니다, 이제 제가 다행히 남자로 태어났으니, 하늘이 반드시 부여한 임무가 있을 것입니다. 하늘이 뜻이 저에게 있다면 제가 지금 갑자기 요절할까 걱정할 까닭이 없습니다." 이에 이 말을 들은 사람들이 모두 기특하게 여겼습니다.

조금 자라서는 널리 통하지 않은 책이 없었는데, 특히 『춘추좌씨전』과 유종원(柳宗元)의 글을 더욱 좋아했습니다. 이런 까닭에 공의 문장은 기이하면서도 우뚝하여 기력(氣力)이 있었습니다. 사물을 읊거나 기록할 때 별 신경을 쓰지 않은 것 같으면서도 말은 엄정(嚴正)하고 뜻은 치밀하여 법도가 있었습니다. 나라에서 과거를 보아 선비들을 뽑을 때, 공이 문장을 지어서 바치면 시관(試官)들이 그 글을 보고서 크게 놀라 1등이나 2등으로 뽑은 것이 세 번이나 되었습니다. 고문(古文)을 배우는 사람들이 입에서 입으로 전하여 가며 외워서 모범으로 삼았습니다. 1526년 아버지 판교공이 돌아가시자, 공은 판교공의 체백(體魄)❷을 서울에서 고향으로 운구(運柩)하여 선영에 장사지냈습니다. 그리고는 어머니를 모시고 고향으로 돌아와 살았습니다.

하루는 공이 글을 읽다가 원나라 유학자 허형(許衡)의 말 가운데 "이윤(伊尹)의 뜻을 뜻으로 삼고, 안연(顔淵)의 학문을 학문으로 삼는다"라는 말을 보고 흠칫 깨닫는 바가 있었습니다. 이에 마음을 떨쳐 일으켜 뜻을 굳게 세운 후, 육경(六經)과 사서(四書)를 읽고 주렴계(周濂溪), 정자(程子), 장횡거(張橫渠), 주자(朱子) 등의 책을 외웠습니다. 낮 동안 힘을 다해 공부하고 또 밤늦도록 정력을 쏟아 이치를 탐구했습니다.

스스로 생각하기를, "학문은 경(敬)을 유지하는 것이 가장 중요하다"라고

---

❷ 체백(體魄) : 땅속에 묻은 시신, 또는 죽은 지 오래 된 시신을 말한다.

하여 마음을 흩뜨리지 않고 한 가지 일에 집중했습니다. 마음은 늘 밝게 깨어 있도록 하여 몸과 마음을 잘 단속했습니다. 스스로 "학문은 욕심을 적게 하는 것보다 앞서는 것이 없다"라고 여겨 자신의 사욕을 이기는 일에 힘을 쏟았습니다. 찌꺼기를 싹 씻어내고 하늘의 이치를 함양하였습니다. 남이 보지 않고 듣지 않는 곳에서 늘 조심하고 두려워했으며 혼자 있을 때 자신을 더욱 성찰했습니다. 아는 것이 이미 정묘(精妙)한 곳에 이르렀으면서도 더욱 정묘해지기를 구했고, 힘써 실천했으면서도 더욱더 실천하기에 힘을 쏟았습니다. 그리하여 자신을 성찰하고 체험하여 실제의 일에 바탕을 두어 깊고 깊은 경지에 반드시 도달하고자 노력했습니다.

1545년에 어머니의 상을 당해 아버지 묘소 왼쪽의 동쪽 언덕에 안장했습니다.

공은 지혜가 밝고 식견이 높아 벼슬에 나아가고 물러나는 기미를 잘 살폈습니다. 세상의 도의(道義)가 희미해지고 사라져 사람들의 마음은 이미 그릇되었고, 풍속은 각박해져 성현의 가르침이 쇠퇴해 느슨해짐을 보았습니다. 또한 하물며 어진 이가 처신하기 어렵고, 사화(士禍)가 느닷없이 일어나는 때인 까닭에 더 말할 것이 없었습니다. 이런 시대에 비록 세상을 교화하여 바로잡을 뜻이 있었더라도 이러한 도가 때를 만나지 못했으므로 자신이 배운 바를 끝내 실행할 수 없을 것을 알았습니다. 이런 이유로 과거에 응시하지도 않았고 벼슬을 구하지도 않은 채, 자신을 숨겨 산야(山野)에 물러나 살았습니다. 스스로 남명(南冥)이라 칭했고, 자신이 지은 정자는 산해정(山海亭)이라 했으며, 거처하는 집은 뇌룡사(雷龍舍)라 했습니다. 맨 나중에는 지리산으로 들어가 물 흐르고 구름 낀 골짜기에 터를 잡았습니다. 그리고 조그마한 집을 지어 산천재(山天齋)라는 이름을 달고서 깊이 숨어서 수양하기를 여러 해 동안 했습니다.

중종(中宗) 임금 때 천거되어 헌릉참봉(獻陵叅奉)으로 임명되었지만 나아가지 않았습니다. 명종(明宗) 임금 때 또다시 유일(遺逸)로 천거되어 전생서주부(典牲署主簿)를 제수받은 데 이어 종부시주부(宗簿寺主簿)를 제수받았으나 또한 나아가지 않았습니다. 그리고 곧바로 단성현감(丹城縣監) 벼슬을 받았지만 또한 취임하지 않았습니다. 이때 상소를 올려 국가의 병폐를 지적하면서 이렇게 아뢰었습니다. "나라의 일은 날로 그릇되어 가고 민심은 날로 이반(離反)되어 가고 있습니다. 이를 전환시킬 기회는 자질구레한 정사나 형벌에 있지 않고 오직 전하의 마음속에 있습니다." 이후 조지서사지(造紙署司紙)를 제수받았으나 또다시 병으로 사양했습니다.

공을 상서원판관(尙瑞院判官)으로 임명했을 때는 대궐로 들어가 명종을 만났습니다. 명종이 세상을 다스리는 방법을 묻자, 공은 이렇게 대답했습니다. "고금에 다스리는 방법은 책에 다 실려 있으므로 신의 말이 필요하지 않습니다. 다만 신이 생각건대, 임금과 신하 사이는 의리가 서로 들어맞아 아무런 틈이 없어야 정치를 할 수가 있습니다. 옛날의 훌륭한 제왕들은 신하를 마치 친구처럼 대하여 그와 정치의 방법을 강구했으므로 임금과 신하 사이에 의견 교환이 활발했습니다. 지금 백성들은 곤경에 빠져 물이 빠져나아가듯 다 흩어졌으니, 집에 불난 것 끄듯 해야 합니다." 또 학문하는 방법에 대해서 묻자, 공은 또 이렇게 대답했습니다. "임금의 학문은 정치를 하는 근본인 바, 그 학문은 마음으로 터득하는 것을 귀하게 여깁니다. 마음으로 터득해야 천하의 이치를 궁구(窮究)하여 사물의 변화에 대응할 수 있습니다." 또 명종이 유비(劉備)가 제갈량(諸葛亮)의 움막으로 세 번 찾아가 그를 초빙한 일에 대해서 물었습니다. 이에 공은 "반드시 영웅을 얻어야만 한(漢)나라 왕실을 회복할 수 있기 때문에 세 번까지 찾아갔습니다"라고 대답했습니다. 그러나 명종을 만나고 곧바로 산속으로 돌아왔습니다.

1567년 지금 임금(선조)께서 즉위해 전지(傳旨)를 내려 불렀지만 사양했습니다. 곧 다시 부르는 명이 있었으나, 또 사양했습니다. 상소하여 아뢰기를, "구급(救急) 두 글자를 바쳐 제가 벼슬에 나아가는 것을 대신하겠습니다"라고 했습니다. 또 당시의 정치적 폐단 열 가지를 지적했습니다. 그 다음 해 또 부름을 받았지만 사양하고 봉사(封事)를 올려 이렇게 말했습니다. "나라를 다스리는 방법은 임금이 착함을 밝히고 몸을 정성스럽게 가지는 데 있습니다. 착함을 밝히고 몸을 정성스럽게 하는 일은 반드시 경(敬)을 위주로 삼습니다." 그리고는 아전들이 간악하게 이익을 차지하는 일을 논했습니다.

얼마 후 종친부전첨(宗親府典籤)을 제수받았지만 또 사양했습니다. 1571년 크게 기근이 들자 임금께서 공에게 곡식을 내렸는데, 공은 글을 올려 사은(謝恩)하면서 이렇게 아뢰었습니다. "여러 번 건의하는 말을 올렸는데도 시행되는 말이 없습니다." 이 말이 매우 간절하고 곧았습니다.

1572년에 병이 위독하자, 임금이 전의(典醫)를 보내 치료하도록 했으나 전의가 도착하기 전인 2월 8일에 세상을 마쳤으니, 향년 일흔두 살이었습니다. 산천재(山天齋) 뒷산에 자리를 잡고 4월 6일에 장례를 치렀습니다.

공은 타고난 자질이 영특하고 그릇이 컸습니다. 단정하고 근엄하고 곧고 발랐습니다. 굳세면서도 정밀했으며 지조가 매우 강했습니다. 실천을 확실히 했으며, 처신하는 것은 모두 법도에 맞게 했습니다. 눈으로는 음란한 것을 보지 않았고, 귀로는 삐뚤어진 소리를 듣지 않았습니다. 장엄하고 공경스런 마음을 늘 마음속에 간직하고 있었고 게으른 모습을 밖으로 보인 적이 없었습니다. 늘 그윽한 방에 푹 잠겨 거처하면서 발은 담장 밖을 밟은 적이 없었습니다. 비록 바로 붙은 이웃집에 사는 사람일지라도 그 얼굴을 보기가 어려웠습니다.

새벽에 닭이 울면 일어나 갓을 쓰고 옷띠를 매고서 자리를 바로 하여 곧게 앉아 있으면 어깨와 등이 꼿꼿한 것이, 마치 초상화나 조각상 같았습니다. 책상을 닦고 책을 펼쳐서는 마음과 눈이 모두 책에 집중했습니다. 묵묵히 읽으면서 푹 잠기어 생각했지, 입으로 글 읽는 소리를 내지 않았습니다. 서재 안은 고요하여 마치 사람이 없는 것 같았습니다. 풍채와 용모는 느긋하면서도 고상하여 절로 법도가 있었고, 비록 성나고 다급하고 놀라고 시끄러울 때일지라도 늘 지켜 온 자세를 잃지 않아 매우 훌륭했습니다. 사람들은, 얼굴빛이 엄격하고 핵심적인 사항만을 간략하게 말하며, 조심스럽게 무릎을 굽히고 앉아 무엇인가를 두려워하는 것처럼 삼가는 공의 모습을 볼 수 있었습니다. 공은 또한 감히 함부로 말하거나 떠들썩하게 웃는 일도 없었습니다.

집안에서는 근엄하게 여러 사람들을 대했으므로 집안 안팎이 엄숙하게 잘 정돈되어 있었습니다. 가까이서 모시는 여종도 머리를 잘 빗고 단정히

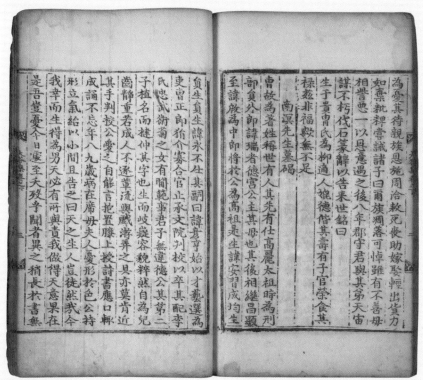

為憂其待親族恩施周洽救死憂愛助嫁娶輕出貨力
如棄批秤舜譽誠諸子曰雨族獨鮮可悼雖有不善母
相譽惡一以恩意遇之後八年郡宇君與其弟天宙
謀不朽伐石篆辭以告來世銘曰
生于賣舅氏為柳適人娣德偕其壽有子官榮食其
禄荄非福歟無不足
南溟先生墓碣
曹故為著姓稱世有人其先有仕高麗太祖時為刑
部負公卽諱瑞者德言公是其母也其後相繼昌顯
至諱啟為中卽將校公為高祖是生諱安習成均生

生負公諱永不仕嗣曰諱彥亨始以才藝選為
更曾正卽猇介寮合官止承文院判校以卒其配李
氏忠武衛菌之女有間範事君子無違德公其第二
子植名而捷仲其字也生而岐嶷姿貌粹然自為妃
齒誦不忘年八九歲病在席毋夫人憂形於色公持
其靜重若成人不逐輩流與戲弄之見亦莫肯近
手判校公愛之自能言抱置膝上授詩書應口輒
我辛而生得為男天必有所與責我做得天意果在
是吾豈憂今日憂至天殘辛聞者異之稍長於書無

조식의 묘갈문은 조식의 가장 절친한 벗이었던 성운(成運)이 썼다. 성운이 쓴 이 묘갈문은
조식에 대한 전기 기록물 중 조식에 대해 가장 잘 묘사했다는 평가를 받아 왔다. 조식의
제자인 정구(鄭逑)는 이 묘갈문에 대해 "대현(大賢)의 기상을 가장 잘 형용하였으므로
각자 자리 옆에 걸어두고 보았으면 한다"고 칭송했다. 사진은 성운의 『청송집』에 실려 있는
조식 묘갈문 첫 부분이다.

하지 않고서는 감히 가까이 가지 못했습니다. 그 부인도 역시 그렇게 해야만 했습니다. 남의 선한 일을 들으면 얼굴에 기쁜 표정이 나타나는 것이 스스로 그것을 가지기라도 한 것과 같이 했습니다. 남의 악한 일을 들으면 혹시 한번이라도 그것이 자신에게 나타날까 두려워하며 그것을 원수라도 된 것인양 피했습니다.

벗을 사귀는 일도 반드시 신중히 했습니다. 그 사람이 벗으로 삼을 만한 사람이면 비록 평범한 사람이라도 왕처럼 높여 예의를 차려 존경했고, 그 사람이 벗으로 삼을 만한 사람이 못될 경우에는 비록 벼슬이 높을지라도 마치 흙먼지나 지푸라기처럼 보아 그들과 같이 남아 있는 것을 부끄럽게 여겼습니다. 이런 까닭으로 교유가 넓지 못했습니다. 그러나 공이 사귀어 아는 사람들은 모두 학행(學行)과 문예가 있는, 시대의 이름난 선비들이었습니다.

공이 사람을 알아보는 눈이 매우 밝아 사람들이 능히 속이지 못했습니다. 젊은 신진(新進) 가운데서 남들이 부러워하는 중요한 직책에 앉아 있는 사람이 있었는데, 당시 사람들의 칭찬을 한 몸에 받고 있었습니다. 공이 한번 보고서 다른 사람에게 말하기를, "그 재주를 믿고 스스로 자랑하고 기세를 부려서 남에게 군림하려는 것을 보니, 뒷날 반드시 어진 사람을 해치고 능력 있는 사람을 못살게 만들 것이다"라고 했습니다. 그 뒤 그 사람은 과연 높은 자리에 올라 흉악한 무리들과 결탁하여 법을 멋대로 주무르면서 위엄을 부려 사람들을 많이 죽였습니다.

또 글재주 있는 선비로서 아직 과거에 오르지 못한 사람이 있었는데, 그 사람됨이 몰래 남을 시기하고 질투하고, 또 어진 사람을 원수처럼 여겼습니다. 공이 여러 사람이 모인 자리에서 그 사람을 보고 물러나와 벗에게 이렇게 말했습니다. "내가 그 얼굴을 살펴보니 그 사람의 용모는 점잖은 것 같지만 속으로 남을 해칠 마음을 가지고 있다. 그 사람이 만약 벼슬자리를 얻어 자기 뜻을 펴게 된다면, 어진 사람이 아마도 위태로울 것이다." 이에 이 벗이 그의 밝은 눈에 감복했습니다.

매양 임금의 제삿날을 만나면 풍악을 듣거나 고기를 먹는 일을 하지 않았습니다. 하루는 서너 명의 벼슬아치들이 공에게 절간에서 놀이를 벌이고 한 잔 마시자고 청했습니다. 공은 천천히 말하기를, "오늘이 어느 대왕의 제삿날인데, 자네들은 혹 잊었는가?"라고 했습니다. 좌우에서 아연실색(啞然失色)하며 놀라 사과하고 빨리 고기를 치우게 하고 술만 몇 잔 하다가 마쳤습니다.

천성적으로 부모에게는 효성스럽고 형제간에는 우애가 깊었습니다. 어버이 곁에 있을 때는 반드시 부드러운 얼굴빛으로 착한 일을 함으로써 어버이를 봉양하여 그 마음을 즐겁게 해드렸습니다. 부드러운 감촉의 옷과 맛난 음식을 빠짐없이 갖추어 드렸습니다. 상복을 입고 있을 때는 피눈물을 흘리면서 슬피 사모하여 상복을 벗지 않고 이른 아침부터 밤 늦게까지 신주 곁에 있었습니다. 비록 병이 있어도 떠나려고 하지 않았습니다. 제사 때는 제수를 고루 갖추었는데, 음식 장만하는 일이나 그릇 씻는 일을 종복들에게만 맡겨 두지 않고 반드시 직접 살폈습니다. 조문하는 사람이 있으면 엎드려 곡하고 답례로 절만 할 뿐 더불어 앉아 말하지 않았습니다. 곁에서 시중드는 이들에게도 상이 끝나기 전에는 여러 가지 집안일 등을 가지고 와서 묻지 말라고 경계했습니다.

동생 조환(曺桓)과 우애가 매우 돈독하여, "형제는 한 몸으로 떨어질 수 없다"고 생각했습니다. 동생과 한 울타리 안에 살면서 한 밥상에서 밥 먹고 한 이불을 덮고 자면서 마음이 서로 통하도록 했습니다. 집안의 재산을 내어 형제 가운데 가난한 사람들에게 다 나누어주고 자기는 조금도 갖지 않았습니다. 다른 사람들이 죽거나 초상을 만났다는 말을 들으면 마치 자기가 슬픈 일을 당한 듯 있는 힘을 다해 구제해 주었습니다. 세상사를 잊지 못했고 나랏일을 근심하고 백성들을 불쌍히 여겼습니다. 매양 달 밝은 밤이면 혼자 앉아 슬피 노래하다가 노래가 끝나면 눈물을 흘렸지만 곁에 있는 사람들은 그 뜻을 알지 못했습니다.

공은 만년에 학문에 더욱 힘써 학문의 경지가 정밀하고 깊어졌습니다. 공이 사람을 가르칠 때, 배우는 사람의 재주에 따라서 정성을 다했습니다. 질문이 있으면 그 의심스런 뜻을 자세하게 분석해 듣는 사람들로 하여금 훤히 깨닫게 한 후에 그만두었습니다.

또 배우는 사람을 경계하여 이렇게 말했습니다. "지금의 배우는 사람은 절실한 것은 버려두고 고원(高遠)한 것을 추구하니 작은 병통이 아니다. 학문이란 본디 부모를 섬기고 형을 높이고 어른을 공경하고 어린이를 보살피는 것에서 벗어나지 않는 것이다. 만약 이런 일에 힘쓰지 않으면서 곧장 성리학의 오묘한 이치를 구하려고 한다면 이는 인간의 일에서 하늘의 이치를 구하는 것이 아니니 끝내 실제 얻는 것이 없을 것이다.” 옛 성현들의 초상화를 그려 병풍을 만들어 펼쳐 두고서 매일 아침 엄숙하게 경의를 표했는데, 마치 그분들을 직접 그 자리에서 모시고서 가르침을 듣는 것처럼 했습니다. 공은 일찍이 말하기를, “배우는 사람은 잠을 많이 자서는 안 된다. 사색하는 공부는 밤에 더욱 오로지 할 수 있다”라고 했습니다. 이로써 항상 방울을 옷깃에 달고 성성자(惺惺子)라 부르며 때때로 이것을 흔들어 깨어 있는 정신을 불러오려고 했습니다.

매양 책을 읽다가 긴요한 곳이 나오면 반드시 세 번 반복하여 읽은 뒤 적어 두었는데, 이를 이름하여 『학기(學記)』라 했습니다. 손수 「신명사도(神明舍圖)」를 그리고 거기에다 「신명사명(神明舍銘)」을 지어 붙였습니다. 또 「천도도(天道圖)」 등을 그렸는데, 그 종류가 한 가지만이 아니었습니다. 또 창문과 벽 사이에 '경(敬)'과 '의(義)' 두 글자를 써서 붙여 놓고 배우는 사람들에게 보이면서 스스로 경계했습니다. 병이 아주 위독할 때도 오히려 경의에 대한 이야기를 간절히 하면서 제자들을 가르쳤습니다. 죽을 때 부녀자들을 물리쳐 가까이 오지 못하게 했습니다.

죽는 것을 편안히 받아들여 조금도 마음이 흔들리지 않았고, 잠이라도 든 것과 같이 고요하게 죽었습니다. 임금이 치제문(致祭文)을 지어 내리고 곡식으로 부조(賻助)를 하고, 대사간에 증직(贈職)했습니다. 오랜 벗들과 제자들, 종친과 인척 등이 통곡하며 장례 행렬에 참여했는데 그 인원이 수백 명이 넘었습니다.

부인은 남평조씨이고 충순위 조수(曺琇)의 따님이었는데 공보다 먼저 죽었습니다. 아들 하나, 딸 하나를 낳았습니다. 아들은 일찍 죽었고, 딸은 만호 김행(金行)에게 시집가 두 딸을 낳았습니다. 딸의 첫째 사위는 김우옹(金宇顒)이고 승문원정자(承文院正字)로 있으며, 둘째 사위는 곽재우(郭再祐)

이고 지금 공부하고 있습니다. 부실부인은 아들 셋과 딸 하나를 낳았습니다. 첫아들은 조차석(曺次石)이고 둘째아들은 조차마(曺次磨)이며, 셋째아들은 조차정(曺次矴)이고 막내딸은 아직 어립니다.

오오, 공은 독실하게 배우고 힘써 실천하여 도를 닦고 덕에 나아가 조예가 정밀하고 견문이 넓어 비교할 만한 사람이 없었습니다. 옛날 선현들과 대등하여 후세의 학자들이 으뜸 되는 스승으로 여겼습니다. 혹 모르는 사람들은 논의를 달리했지만, 어찌 꼭 모르는 사람에게 알려지기를 구하겠습니까? 다만 어찌 꼭 지금 사람들에게만 알기를 구하겠습니까? 백세(百世)를 기다려 아는 사람은 알 것입니다.

내(성운)가 친구인지라 어울려 지낸 지가 오래입니다. 젊어서부터 노년에 이르기까지 그 덕행을 보고 들어, 사람들이 알지 못하는 바를 아는 것이 있습니다. 모두 눈으로 본 것이지, 귀로 들은 것은 아니므로 신용이 있을 것입니다.

명(銘)은 이러합니다.

하늘이 이분에게 덕을 부여하여,
어질고 또한 곧았다네.
그 덕 몸에 간직하여,
스스로 쓰기에 풍부했다네.
은택(恩澤)이 널리 미치지 못했으니,
시대가 이러했던가? 운명이었던가?
우리 백성들 복이 없도다.❸

---

❸ 성운(成運), 『대곡집(大谷集)』 하권, 「남명선생묘갈(南溟先生墓碣)」. 성운의 『대곡집(大谷集)』에는 남명의 한자가 명(溟)자로 나와 있다. ・원문은 책 끝에 덧붙임.

덕천서원 수업재 뒤편.

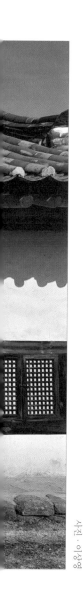

오늘날 학문의 폐단은 고상한 것만
추구하고 실천에 힘쓰지 않는다는
점이다. 근본적인 공부는 버려두고서
갑자기 성리학의 심오한 이치를
공부한다고 이해를 할 수가 있는 것이
아니다. 비유하자면 하루 종일
큰 시장거리를 오르락내리락하면서
진귀한 보물을 구경하다가 그 값만
물어보고 돌아오는 것과 같다.
값을 물어보고 온다고 해서 그 보물이
자신의 소유가 되는 것은 아니다.
차라리 생선 한 마리라도 사서 일찍
돌아가 끓여 먹는 것만 못하다.

─「언행총록」에 나오는, 조식의 말 중에서

장별 원문 주(註)

〈1장〉 1501년, 삼가현 토동에서 태어나다

㉘ 『성리대전(性理大全)』 권50.
"魯齋許氏曰 志伊尹之所志 學顔子之所學 出則有爲處則有守 丈夫當汝此 出無所爲處無所守 所志所學將何爲"

㊳ 『남명집(南冥集)』 권4, 김우옹 「남명선생행장(南冥先生行狀)」.
"終日端坐 夜以達朝者累年 旣已博博求經傳 旁通百家 然後斂繁就簡 反躬造約 而自成一家之學"

㊺ 『남명집(南冥集)』 권2, 「승문원판교를 지낸 조언형의 묘갈명(通訓大夫承文院判校曺公墓碣銘)」.
"事君臨民之際 有德可述 則太史有紀 齊民有言 張憑宜不作誄 使無德可言 則諛言也。欺吾父也 誣行也 愧吾父也 欺且使愧 孤亦不忍 祿仕二十年 死無以爲禮 家無以爲食 則所遺子孫者 安而已 歷事兩君 賢勞獨勤 而位不過三品 則其不苟阿世取榮者 可知矣 雖不見大列 而朝右倚顧 不敢無公於一日 則其爲國重輕於一時者 亦可知矣 吁 若孤 殆免夫欺矣 若考 庶不愧於德矣 天胡不秘懿德 而獨嗇其壽 而只於五十八而止 則我呼天之慟 詎不在天乎 運與厄會 方有濟牧之命 而疾已病 不克就位遂構以辭疾避難 盡削其官 旣斂之逾月 訴寃于上 命復判校以下 嗚呼 此豈明世事乎"

〈2장〉 1530년, 김해부 탄동에 산해정을 짓다

❷ 『남명선생편년(南冥先生編年)』 29세조.
"終日寂然無聲 每夜深 但時聞以手指微打書案 因知其尙讀書也"

❸ 『남명별집(南冥別集)』 권2, 「언행총록(言行總錄)」.
"學者無多著睡 其思索工夫 於夜尤專"

⓱ 『남명집(南冥集)』 권2, 「이준경이 선물한 '심경' 끝에(書李君原吉所贈心經後)」.
"友人廣陵李原吉 以是書遺之 其自言曰 吾雖不善 而與人爲善之意 則誠不淺也 推是心也 分國 錙銖庸細事矣 子初得之 悚然 惕然 如負丘山 常自警云 庸信庸謹 閑邪存誠 岳立淵沖 燁燁春榮 雖寫揭壁中 而心常楚越者 多矣 心喪而肉行 非禽獸而何 然則非負李君 則負是書 非負是書 卽負吾心 哀莫大於心死 求不死之樂 惟食爲急 是書者 其惟不死之藥乎 必食而知其味 好而知其樂 可久 可安 朝夕日用而不自已也 努力無怠 希顔在是"

㉑ 『남명집(南冥集)』 권2, 「송인수가 선물한 '대학'의 책가위 안에(書圭菴所贈大學冊衣下)」.
"方知爲善爲惡 皆必有基本 如今日下種 明日更生也 人多以困窮爲憫 於余則困是爲通
屢屈科第 因困求之 而尋得路 向這邊去 見得本地風光 聞得父兄聲咳 飢而食 憂而樂 吾窮
有可以換做世人之通乎 吾不換也 但恐脚力痿退 有不能勇往力行焉已 善反之具 都在是書
吾友 以是勖之 與人爲善之意 奚啻斷金耶 若力之緩猛 則在吾而已 當不以黃卷視之 可也"

㉘ 이익(李瀷), 『성호사설(星湖僿說)』 「동방인문(東方人文)」.
"退溪生於小白之下 南冥生於頭流之東 皆嶺南之地 上道尙仁 下道主義 儒化氣節
如海闊山高 於是乎 文明之極矣"

㊽ 『남명속집(南冥續集)』, 「이언적에게 답하는 글(答李晦齋)」.
"寧有呈身擧子乎 獨念古人歷仕四朝 立朝僅四十日 吾知相公解歸田里之日 不久
當角巾相尋於安康里第 尙未晩也"

(53) 『남명집(南冥集)』 권2, 「이림이 선물한 '심경' 끝에(題李君所贈心經後)」.
"吾友李君霖仲望 仁悌人也 其爲內也氷壺 其爲外也玉色 口未嘗有訕詈疾遽之言
心未嘗有忤逆忮害之萌 貪於古而悅乎朋 望之者恚消忿釋 知其爲忠信人也
斯人詎能一一致察 流自涵養中然乎 蓋其天性然也 所稟於天者 已得六七分 加之以學問
鷺之白 烏之黔 日不能黑 雨不能浴 雖欲自汚 寧可得耶 嘗以謂天下無棄材 推是心
不以余無似而棄之 以心經一篇寄之 與人爲善之義 庸可量哉 人無是心 雖使言滿天下
不過爲猩猩生而死矣 倀倀然遭大喪而不知哀 寧不爲一世痛哭流涕也哉 非但遭喪而不知哀
反指服喪爲異物 又從戮辱之 是書也 正似白晝大市中平天冠也 非但無人買之 或加諸頭上
則以僭誅矣 用是 人惡此書 視之爲殺身之具 不啻平天冠也 萬古如長夜 人倫爲禽獸
只應默默送了一世而已 惜乎! 仲望無嗣 篤學拳拳之像 無以記之於羹墻間 余亦喪兒
麗澤相益之義 無以遺之於黃卷中 是書也 不過爲他日惡少窓壁塗已 俱可嘆也"

(68) 『남명집(南冥集)』 권2, 「제자 노흠에게 주는 글(與盧公信書)」,
"君不見撐上水船乎 放寸則退下十丈"

〈3장〉 1548년, 계부당과 뇌룡사를 짓다

㉝ 『남명속집(南冥續集)』 권1, 「이기에게 답한 글(答李芑)」.
"相公 以植棄擧業入山林 意或積學有見 不知被欺已多矣 此身多病 仍投閒靜
只爲保得餘生 義理之學 非所講也"

(51) 『남명집(南冥集)』 권2, 「성수침의 편지에 대한 답으로(答成聽松書)」.
"是歲十一月 邑人宋瑊 傳公八月玉札并與諸公所詠 二十年前 不通消息
於今始達 摠是滿掬明珠 受賜無量 每聞大夫人康寧 旋祝萬壽 植亦尙保性命
霜雪滿頂 盜取盛名 以累尊公之雅 非但自誣而已 益自罪愧 更歎健叔之藏修不露
曾未見保於人 而愚獨自衒於世 厚誣君子 吾無以見此人矣 所索四言詩和上
嘗以哦詩 非但玩物喪志之尤物 於植每增無限驕傲之罪 用是廢閣諷詠 近出數十載
今幸蒙有遠命 雖分肝肺 在所不惜 矧此片紙尺字乎 只恨公不以自詠見及 若以辭拙爲嫌
則公不是矜於工詩者也 此後消息 漠如霄漢 只增挑出相忘舊懷 誠不堪自裁"

❸ 이황(李滉), 『퇴계문집(退溪文集)』 권10, 「조식에게 보내는 글(與曹楗仲)」.

"滉再拜 頃者, 銓曹薦用遺逸之士 聖上樂得賢材而任用之, 特命超敍六品之官
此實吾東方古所罕有之盛擧也 滉私竊以爲不仕無義 君臣大倫 烏可廢也 而士或難於進用者
徒以科擧溷人雜進之路 則又其每下者 此欲潔其身之士 所以不得不藏蹤晦迹
逃遯而不屑就也 今也擧於山林 非科目之溷 超授六品 非雜進之污 故同時之擧
有若成君守琛 已赴兔山 有若李君希顔 亦赴高靈 是二君者 皆昔之辭官高臥
若將終身之人 向也不起 而今也起 是豈其志之有變歟 其必曰今吾之出 上可以成聖朝之美
下可以展一己之蘊而然耳 繼而吾子有牲簿之除 人皆謂曹君之志 卽二君之志 今二君旣出
曹君宜無不至者矣 而吾子則竟不至焉 何耶 以爲人不知也 則拔尤於幽隱 不可謂不知
以爲時不可也 則主聖而渴賢 不可謂非時 杜門端居 修身養志之日久 則其得之之鉅
而積之之厚 施之於世 將無往而不利 又安有吾斯之未信如漆雕開之不願仕乎
此滉所以不能豁然於吾子之所爲也 雖然 滉豈深疑於吾子哉 吾子之所處 其必有說矣
滉生長嶺南 家於禮安 而往來南中 亦嘗聞高棲之所或在三嘉 或在金海 兩地皆滉所嘗經由
而未嘗一造衡門 幸接英昢 此實滉自無躬修之志 怠於向德之罪 追而思之 甚愧無狀也
滉資稟朴陋 又無師友之導 自少徒有慕古之心 身多疾病 親舊或勸以放意遨適則庶可以已疾
復緣家貧親老 强使之由科第取利祿 滉當彼時 實無見識 輒爲人言所動 一向措身於誕妄之地
偶名薦書 汩沒塵埃 日有不暇 他尙何說哉 其後 病益深 又自度無所猷爲於世
然後始乃回頭住脚 益取古聖賢書而讀之 則向也凡吾之學問趨向 處身行事
奉皆大謬於古之人 於是 惕然覺悟 欲追而改塗易轍 以收之桑楡之景 則志慮衰晚 精神頹敝
疾病又從而纏繞 將無以用其力矣 而不可以遂已也 則乞身避位 抱負墳典 而來投於故山之中
將以益求其所未至 庶幾賴天之靈 萬有一得於銖累寸積之餘 斬不至虛過一生
此滉十年以來之志願 而聖恩含垢 虛名迫人 自癸卯至壬子 凡三退歸而三召還 以老病之精力
加不專之工程 如是而欲望其有成 不亦難乎 是以 或出或處 或遠或近 而自循吾學之所至
則猶夫人也 以是 愈不自快 憊臥都中 日月逾邁 思歸一念 如水滔滔 於是而遽聞高義
嚮風起懦 不自禁也 夫榮利之途 世所同馳 得之則以爲快樂 不得則以爲戚嗟者
衆皆然也 不知賢者之於山林 何有事可以自樹於此 而能忘於彼者耶 其必有所事者矣
其必有所得者矣 其必有所守而安之者矣 其必有所樂於胸中而人不能與知者矣
然則如滉之有意於此 而悢悢然無所歸者 安得不跋渴而思一言之辱及耶 千里神交
古人所尙 亦何必傾蓋而後若舊耶 夫輕於自進 而屢躓於末路者 鄙人之昧行也 重於一出
而可全於素節者 賢者之遠識也 二者之相去 何止百千萬里乎哉 惟吾子舍其前過 而哀其晚懇
不至於斥而外之 則又鄙人之所大幸也 滉拜"

❼ 『남명집(南冥集)』 권2, 「이황에게 답하는 글(答退溪書)」.

"平生景仰 有同星斗于天, 曠世難逢 長似卷中人 忽蒙賜喻勤懇 撥藥弘多
曾是朝暮之遇也 植之愚蒙 寧有所斬也 只以橫取虛名 厚誣一世 以誤聖明. 盜人之物
猶謂之盜 況盜天之物乎 用是 跼蹐無地 日俟天誅 天譴果至 忽於去年冬 腰脊刺痛
月餘 右脚輒蹇 已不得齒行人列 雖欲踏履平地上 寧可得耶 於是 人皆知吾之所短
而僕亦不能藏吾之短於人矣 堪可笑嘆 第念 公有燃犀之明 而植有戴盆之嘆
猶無路承教於燾文之地 更有眸病 眯不能視物者 有年 明公寧有撥雲散 以開眼耶 伏惟鑒察

遙借紙面 詎能稍展蕉葉乎. 謹拜"

㉑ 『남명집(南冥集)』 권2, 「을묘사직소(乙卯辭職疏)」.

"宣務郎新授丹城縣監臣曹植 誠惶誠恐 頓首頓首 上疏于主上殿下 伏念 先王不知臣之無似
始除爲參奉 及殿下嗣服 除爲主簿者再 今者, 又除爲縣監 慄慄危惧 如負丘山
猶不敢一就黃琮一尺之地 以謝天日之恩者 以爲 人主之取人 猶匠之取木 深山大澤
靡有遺材 以成大厦之功 大匠取之 而木不自與焉 殿下之取人者 有土之責也 臣不任爲慮
用是不敢私其大恩 而踧踖難進之意 則終不敢不達於側席之下矣 抑臣難進之意 則有二焉
今臣年近六十 學術疎昧 文未足以取內科之列 行不足以備洒掃之任 求擧十餘年
至於三刖而退 初非不事科擧之人也 就使人有不屑科目之爲者 亦不過悻悻一段之凡民
非大有爲之全才也 況爲人之善惡 決不在於求擧與不求擧也 微臣盜名而謬執事
執事聞名而誤殿下 殿下果以臣爲如何人耶 以爲有道乎 以爲能文乎 能文者 未必有道.
有道者 未必如臣 非但殿下不知 宰相亦不能知也 不知其人而用之 爲他日國家之恥
則何但罪在於微臣乎 與其納虛名而賣身 孰若納實穀而買官乎 臣寧負一身 不忍負殿下
此所以難進者一也 抑殿下之國事已非 邦本已亡 天意已去 人心已離 比如大木 百年虫心
膏液已枯 茫然不知飄風暴雨何時而至者 久矣 在廷之人 非無忠志之臣夙夜之士也
已知其勢極而不可支 四顧無下手之地 小官嬉嬉於下 姑酒色是樂 大官泛泛於上
唯貨賂是殖 河魚腹痛 莫肯尸之 而且內臣樹授 龍拏于淵 外臣剝民 狼恣于野
亦不知皮盡而毛無所施也 臣所以長想永息 晝以仰觀天者 數矣 嘘唏掩抑 夜以仰看屋者
久矣 慈殿塞淵 不過深宮之一寡婦 殿下幼沖 只是先王之一孤嗣 天災之百千 人心之億萬
何以當之 何以收之耶 川竭雨粟 其兆伊何 音哀服素 形象已著 當此之時 雖有才兼周召
位居鈞軸 亦末如之何矣 況一微身材如草芥者乎 上不能持危於萬一 下不能庇民於絲毫
爲殿下之臣 不亦難乎 若賣斗筲之名 而賭殿下之爵 食其食而不爲其事 則亦非臣之所願也
此所以難進者二也 且臣近見邊鄙有事 諸大夫旰食 臣則不自爲駭者 嘗以爲
此事發在二十年之前 而賴殿下神武 於今始發 非出於一夕之故也 平日 朝廷以貨用人
聚財而散民 畢竟將無其人 而城無軍卒 賊入無人之境 豈非怪事耶 此亦對馬倭奴
陰結向導 作爲萬古無窮之辱 而王靈不振 若崩厥角 是何待舊臣之義 或嚴於周典
而寵仇賊之恩 反加於亡宋耶 視以世宗之南征 成廟之北伐 則孰如今日之事乎 然若此者
不過爲膚草之疾 未足爲心腹之痛也 心腹之痛 痞結衝塞 上下不通 此乃卿大夫乾喉焦唇
而車馳人走者也 號召勤王 整頓國事 非在於區區之政刑 唯在於殿下之一心
汗馬於方寸之間 而收功於萬牛之地 其機在我而已 獨不知殿下之所從事者何事耶
好學問乎 好聲色乎 好弓馬乎 好君子乎 好小人乎 所好在是 而存亡繫焉
苟能一日惕然警悟 奮然致力於學問之上 忽然有得於明新之內 則明新之內 萬善具在
百化由出 擧而措之 國可使均也 民可使和也 危可使安也 約而存之 鑑無不空 衡無不
平思無邪焉 佛氏所謂眞定者 只在存此心而已 其爲上達天理 則儒釋一也 但施之於人事者
無脚踏地 故吾家不學之矣 殿下旣好佛矣 若移之學問 則此是吾家事也 豈非弱喪而得其家
得見父母親戚兄弟故舊者乎 況爲政在人 取人以身 修身以道 殿下若取人以身 則帷幄之內
無非社稷之衛也 容何有如昧昧之微臣乎 若取人以目 則袵席之外 盡是欺負之徒也
亦何有如硜硜之小臣乎 他日殿下致化於王道之域 則臣當執鞭於厮臺之末 竭其心膂
以盡臣職 寧無事君之日乎 伏願殿下 必以正心爲新民之主 修身爲取人之本 而建其有極
極不極 則國不國矣 伏惟睿察 臣植 不勝隕越屛營之至 昧死以聞"

㉘ 『명종실록(明宗實錄)』1555년 11월.

"今觀曺植之疏 雖似切直 有不恭之辭於慈殿 似不識君臣之義 至爲寒心 院見如此之疏
於臣子之心 所當痛憤請罪 而安心披見 無一言啓之 尤爲寒心 此人可謂知君臣名分而擧薦乎
君雖不賢 以臣子 豈忍發辱言哉 是乃賢人君子愛君敬上之事乎 納粟補官 雖非美事
古亦有之 必重民命也 今者徒尙高名 坐視百萬生靈 盡塡溝壑 而莫之救乎 且以子爲好佛
子·學識不明 縱不能爲明新之功夫 豈至於好尙佛敎哉 雖然 如此等語 猶可嘉哉 不恭之言
涉於慈殿 極爲痛憤 欲治不敬君上之罪 而名之曰逸士 故置而不問 其令吏曹 速爲改差
不量子之否德 欲屈大賢於小縣 是子不敏之過 政院知悉"

㉙ 『명종실록(明宗實錄)』1555년 11월.

"植以逸士而在畎畝 雖視爵祿如浮雲 而猶不忘君 惓惓有憂國之心 發於言辭 切直不避
可謂名不虛得者矣 其賢矣哉"

"世衰矣 道微矣 廉恥頓喪 氣節掃如 托名遺逸 擬趨功名者 固多其人矣 賢哉 植也 持身修潔
韜光草野 蘭香自聞 名達朝廷 旣差參奉 又除主簿者 至再至三 旣皆掉頭 而且今五馬之職
可謂榮矣 特授之恩 可謂稀矣 而安貧自樂 終不肯就 其志可尙也 然非果於忘世 陳疏抗義
極論時弊 辭懇義直 傷時憂亂 欲納吾君於明新之地 冀致風化於王道之域 其憂國之誠至矣
嗚呼 畢達所志於紫宸之上 而以終天年於衡門之下 其心則忠 而其節則高矣 當今之時
有如此恬退之士 而不之尊尙褒用 而反責之以不恭不敬 宜乎世道之日卑 而名節之板蕩矣
危亡之漸 蓋已成矣"

"曺植之疏 非但不爲答之 反下嚴辭 以責政院之不請罪 言路之塞 自此尤甚 而盛德之累
由玆益大 一國之士 知好惡之所在 而將爲諂諛承順之歸 他日雖有危亡之禍 而誰肯言之哉
王言一出 四方傳之 機關豈不重且大乎 傳敎如是 是乃杜一國之口 而使之莫敢言也 惜哉"

"植 方今遺逸之最賢者也 才高行潔 又有學識 窮居草野 不慕榮利 累徵不就 高尙其志
雖不赴五馬之榮 而猶懷憂國之心 抗疏直語 正中時弊 則是豈不識君臣之義者乎 以
慈殿爲深宮之一寡婦之語 非植之造作 乃用先賢之言 而措辭 則是豈不恭之語乎 褒獎不擧
而譴責甚嚴 是由輔導之無其人 而學問之不博而然也 在台鼎之任者 又不能匡救而解釋之
有賢如植 虛棄草澤而莫用焉 進言之路塞矣 招賢之事廢矣 致治之道滅矣 世道之澆薄
何足怪哉"

㉚ 『명종실록(明宗實錄)』1555년 11월.

"自上見曺植之疏 而有傳敎之語 臣等不見其疏 未知其言之何如 苟語過於慈殿 則雖治罪可矣
但此人 遺逸之士 其性疎野 不知禮貌而然也 古之帝王 待林壑退藏之士 與介冑之士異矣
夫不責疎野之態 而貴其恬退之志 然後與古帝王 崇尙恬退淸節之士 同矣"

"責曺植之疏 外方之士 不知以其疏辭之不恭 而以爲自上待士之道 不如古之帝王云
則士氣摧折矣"

㉛ 『명종실록(明宗實錄)』1555년 11월.

"自上開直言之路 獎遺逸之士 如此之事 在祖宗朝 亦罕矣"

"夫進言之道 內外有異 在廷之臣 則其辭優游不迫矣 若植者 以疎野之士 但知古人之書
故其言讜直而少文采也 自少讀古人之書者 豈不知君臣之義乎 自上以慈殿塞淵
不過深宮之一寡婦之言 爲不恭 昔(歐陽脩) 以皇太后 爲一婦人 而太后不之罪也
且植見時事日非 而恐主上孤立于上 不得聞下情 故其意以爲 雖曰于仕 不能有所爲也

故曰 爲殿下之臣 不亦難乎 此非侮殿下之言也 若此之言 常加惕念 則亦國家之福也
滿朝之臣 誰不被國恩乎 生於國恩 死於國恩 而猶不肯盡言 彼植 一草野之士 雖折首不悔
而發此言 傳敎深責其不恭之罪 政院居喉舌之地 出納惟允 非但供職於恭承傳旨之事也
承傳敎之後 所當啓其可以嘉納之意 而徒歸罪於監司 自此監司 必不受上疏 而下情之不達
自政院塞之也 一言可以興邦 可以喪邦 宗社之興喪 在是焉 政院一有所誤 而書之史策
垂諸後世而不美 可謂不察其任矣"

⑦ 『덕천사우연원록(德川師友淵源錄)』김우굉조.
"先生深戒學者曰 爲學不出事親從兄 若不務此 是不於人事上求天理 終無實得 又聞
此道理全在日用處熟 動靜語默之間 存心省察 習於其事"

⑱ 이황(李滉), 『퇴계문집(退溪文集)』 권15, 「김우굉에게 답하는 글(答金敬夫書)」.
"古云 流丸止於甌臾 流言止於智者 若流言之可疑者 固止於智者 今此語者 無所可疑
何待智者而後止耶 頃者 賢胤之來 已聞其語 但付之一笑而已 想南冥之經由彼中 與之款晤
其聞此 亦必曠然不以爲意也"

〈5장〉 1558년, 벗들과 함께 지리산을 유람하다

㊷ 허목(許穆), 『미수기언(眉叟記言)』 권28, 「지리산 청학동기(智異山靑鶴洞記)」.
"南方之山 惟智異最深邃杳冥 號爲神山 其幽巖絶境 殆不可數記 而獨稱靑鶴洞尤奇
自古記之 蓋在霍溪石門上 過玉簫東壑 皆深水大石 人跡不通 從霍溪北崖 隨山曲而上
攀傳巖壁 至佛日前臺石壁上 南向立 乃俯臨靑鶴洞 石洞嶄巖 巖石上 多松多竹多楓
西南石峯。舊有鶴巢 山中老人相傳 鶴玄翅丹頂紫脛 日色下見翅羽皆靑 朝則盤回而上
入於杳冥 夕則歸巢 今不至者幾百年云 故峯曰靑鶴峯 洞曰靑鶴洞 南對香爐峯
其東列爲三石峯 其東壑皆層石奇巖 前夕大雨 瀑布滿壑 其臺上石刻曰玩瀑臺 其下潭水"

㊹ 『남명집(南冥集)』 권2, 「유두류록(遊頭流錄)」.
"大丈夫名字 當如靑天白日 太史書諸冊 廣土銘諸口 區區入石於林莽之間 猶狸之居
求欲不朽 邈不如飛鳥之影 後世果烏知何如鳥耶"

㊾ 『남명집(南冥集)』 권2, 「유두류록(遊頭流錄)」.
"看來高山大川 非無所得 而比韓鄭趙三君子於高山大川 更於十層峯頭冠一玉也
千頃水面生一月也 海山三百里 獲見三君子之跡於一日之間 看水看山 看人看世
山中十日好懷 翻成一日不好懷 後之秉鈞者 來此一路 不知何以爲心耶
且看山中題名於石者多 三君子不曾入石 而將必名流萬古 曷若以萬古爲石乎"

㊿ 이황, 『퇴계문집(退溪文集)』 권43, 「조식의 '유두류록'을 읽은 후에(書曹南冥遊頭流錄後)」.
"曹南冥遊頭流錄 觀其遊歷探討之外 隨事寓意 多感憤激昂之辭 使人凜凜猶可想見其爲人
其曰一曝之無益 日向上趨下只在一擧足之間 皆至論也 而所謂明哲之幸不幸等語
眞可以發千古英雄之歎 而泣鬼神於冥冥中矣 或以其尙奇好異 難要以中道爲疑者 噫
自古山林之士 類多如此。不如此 不足以爲南冥矣 若其節拍氣味所從來 有些子不可知處
斯則後之人必有能辨之者 嘉靖庚申孟春 眞城後人景浩 書于溪上書舍"

❿ 『남명별집(南冥別集)』 권2, 「언행총록(言行總錄)」.
"先生特提敬義字 大書窓壁間 嘗曰 吾家有此二字 如天之有日月 洞萬古而不易
聖賢千言萬語 要其歸 都不出二字外也 先生曰 學而欠主敬工夫 其爲學僞矣 孟子曰
學問之道無他 收其放心而已 此是主敬工夫也"

❸ 『남명집(南冥集)』 권2, 「영모당을 지은 내력(永慕堂記)」.
"素不喜崖異之行 口未嘗談人之惡 心無有害物之萌 其愛人好善 疏宕不撿"

❹ 『남명집(南冥集)』 권4, 김우옹(金宇顒) 「남명선생행록(南冥先生行錄)」.
"先生出所佩囊中鈴子以贈曰 此物淸響解警省人 佩之覺甚佳 吾以重寶與汝 汝其堪保此否
又曰 此物在汝衣帶間 凡有動作 規警誚責 甚可敬畏 汝其戒懼 無得罪於此子也"

❽ 『남명집(南冥集)』 권4, 김우옹(金宇顒) 「남명선생행록(南冥先生行錄)」.
"先生擧古語誨之曰 行己之初 當如金玉 不受微塵之汚 又曰 丈夫動止 重如山岳 壁立萬仞
時至而伸 方做出許多事業 譬之 千鈞之弩一發 能碎萬重堅壁 固不爲鼷鼠發也"

❻ 정구(鄭逑), 『한강집(寒岡集)』 卷1, 「김우옹의 죽음을 애도하여(挽金東岡)」.
"退陶正脈終天慕 山海高風特地欽"

❼ 『남명집(南冥集)』 권2, 「이황에게 주는 글(與退溪書)」.
"百年神交 直今違面 從今住世 應無幾矣 竟作神道交耶 人間無限不好事 不足介懷
獨此第一含恨事也 每念先生 一向宜春 猶有解蘊之日 尙今未焉 斯亦幷付之命物者處分矣
近見學者 手不知洒掃之節 而口談天理 計欲盜名 而用以欺人 反爲人所中傷 害及他人
豈先生長老無有以呵止之故耶 如僕則所存荒廢 罕有來見者 若先生則身到上面 固多瞻仰
十分抑規之如何 伏惟量察"

❻ 이황(李滉), 『퇴계문집(退溪文集)』 권10, 「조식에게 답하는 글(答曹楗仲書)」.
"示諭學者盜名欺世之論 此非獨高明憂之 拙者亦憂之 然而欲訶抑者 亦非易事
何者 彼其設心 本欲欺世而盜名者 姑置不言 獨念夫降衷秉彝 人同好善
天下英材其誠心願學者何限 若以犯世患之故而一切訶止之 是違帝命錫類之意
絶天下向道之路"

❷ 『명종실록(明宗實錄)』 1566년 10월.
"古今治亂 俱在方策 臣雖不言 豈不知之 臣所欲啓者 別有他意 君臣之際 上下之情無間
然後誠意相孚矣 自上開心聽約 無有蘊奧 有如洞開中門 則群下盡心竭力 得展其股肱心膂
上亦照察賢否 如鑑之明 能辨別人材 以爲此人謹厚 他日必爲某樣人也 此人才敏
他日必爲某樣人也 此人勁直 當進逆耳之言 此人軟熟 必爲諂諛之徒 群下亦知聖念所發
以爲此善念也 所當十分開導以擴充之 此不善之念也 所當遏絶 不使滋蔓 上下講明
情意相通 則此乃出治之本也 臣伏在遐方 未諳時事 然目見數十年內 軍民離散 如水之流

閭里空虛 爲今之計 當如失火之家 雖衆人汲汲共救 猶或不及 自上雖常軫念 弊猶如舊
臣不敢知 群下不能奉承而然耶 自上或不能聽納而然耶 同寅協恭之道 未知何如
而如此乎 人主之學 出治之本也 貴於自得 若徒聽講而已 則無益矣 燕居之時 觀覽書史
必須自得可也"

❷⑨ 『명종실록(明宗實錄)』1566년 10월.
"都兪吁咈 三代之時也 君暗臣諂 歷代皆然 大抵君明則臣直 君暗則臣諂 此自然之理也
古之人君 親遇臣隣 有若朋友 與之講明治道 今雖不能如此 必情意相通 上下交孚
然後可也 自上苟有是心 則亦宜擴而充之 如此之事 不可於衽席之間 與宦官宮妾而行之
須與侍從正士 而爲之也"

❸④ 『남명집(南冥集)』권2, 「오건에게 보내는 글(與吳御史書)」.
"僕平生不執他技 只自觀書而已 口欲談理 豈下於衆人乎 猶不肯屑有辭焉"

❸⑥ 『남명집(南冥集)』권1, 「서경덕 시의 운자를 따라(次徐花潭韻)」.
"要把丹心蘇此世 誰回白日照吾身"

❹⓪ 이이(李珥), 『석담일기(石潭日記)』, 만력구년(1581년) 3월조.
"鄭德遠以草野孤蹤 盡忠奉公 所論雖似過中 實是公論 豈可非之乎"

❹① 정인홍, 『내암집(來庵集)』2권, 「의병장을 사직하는 봉사(辭義將封事)」.
"守令怯於威令 囚徒滿獄 而流民塞路 僅存閭里 所在空虛 以焚蕩爲樂土 視流民爲無憂
生民之怨苦 至於此極"

❺② 『남명집(南冥集)』권2, 「정묘년에 사직하면서 승정원에 올리는
상소문(丁卯辭職呈承政院狀)」.
"今臣年及時制 老病罪重 奔命不得 上恩寬宥 不卽治罪 萬死待罪 伏念 主上微召老民之意
非欲見微末殘敗之身 固欲聞一言 以補聖化之萬一 請以救急二字 獻爲興邦一言
以代微臣之獻身 伏見 邦本分崩 沸如焚如, 群工荒廢 如尸如偶 紀綱蕩盡 元氣蕭盡
禮義掃盡 刑政亂盡 士習毀盡 公道喪盡 用捨混盡 飢饉荐盡 府庫竭盡 饗祀瀆盡 徵貢橫盡
邊圉虛盡 賄賂極盡 掊克極盡 冤痛極盡 奢侈極盡 飮食極盡 貢獻不通 夷狄凌加 百疾所急
天意人事 亦不可測也 舍置不救 徒事虛名 論篤是與 竝求山野賤物 以助求賢美名
名不足以救實 猶畫餅之不足以救飢 都無補於救急 請以緩急虛實 加分揀分置 自古
雖大平之世 不得無是非可否 宮中女子 皆得上書論列 今也 國勢顚危 無可奈何
身居鈞軸者 左右環視而莫救 必有下手不得之勢 不曉時變 無知老民 出位侵官 昧死以聞
處士橫議之罪 臣固當受"

❽❽ 『남명집(南冥集)』권2, 「무진봉사(戊辰封事)」.
"慶尙道晉州居民曹植 誠惶誠恐 拜手稽首 上疏于主上殿下 伏念 微臣衰病轉加, 口不思食
身不離席 召命申疊 侯駕猶後 葵心向日 望道難進 固知死亡無日 無以報天恩 敢竭心腹
以進冕旒 伏見 主上稟上智之資 有願治之心. 此固民社之福也 爲治之道 不在他求
要在人主明善誠身而已 所謂明善者 窮理之謂也 誠身者 修身之謂也 性分之內 萬理備具
仁義禮智 乃其體也 萬善皆從此出 心者 是理所會之主也 身者 是心所盛之器也 窮其理
將以致用也 修其身 將以行道也 其所以爲窮理之地 則讀書講明義理 應事求其當否
其所以爲修身之要 則非禮勿視聽言動 存心於內 而謹其獨者 天德也 省察於外

而力其行者 王道也 其所以爲窮修存省之極功 則必以敬爲主 所謂敬者 整齊嚴肅
惺惺不昧 主一心而應萬事 所以直內而方外 孔子所謂修已以敬者 是也 故非主敬
無以存此心 非存心 無以窮天下之理 非窮理 無以制事物之變 不過造端乎夫婦
以及於家國天下 只在明善惡之分 歸之於身誠而已 由下學人事 上達天理
又其進學之序也 捨人事而談天理 乃口上之理也 不反諸已而多聞識 乃耳底之學也
休說天花亂落 萬無修身之理也 殿下果能修已以敬 達天德行王道 必至於至善而後止
則明誠竝進 物我兼盡 施之於政敎者 如風動而雲驅 下必有甚焉者矣 獨王者之學
或異於儒者 以其行處尤重於九經也 易之爲書 隨時之義最大 由今言之 王靈不擧
政多恩貸 令出惟反 紀綱不立者 數世矣 非振之以不測之威 無以聚百散靡粥之勢
非潤之以大霖之雨 無以澤七年枯旱之草 必得命世之佐 上下同寅協恭 如同舟之人
然後稍可以濟積靡燋渴之勢矣 然取人者 不以手而以身 身不修則無在己之衡鑑 不知善惡
而用舍皆失之 人且不爲我用 誰與共成治道哉 古之善視人國者 不觀其國勢之强弱
觀其用人之善惡 是知天下之事 雖艱亂極治 皆人所做 不由乎他也 然則修身者 出治之本
用賢者 爲治之本 而修身又爲取人之本也 千言萬語 豈有出此修已用人之外者乎 用非其人
則君子在野 小人專國 自古 權臣專國者 或有之 戚里專國者 或有之 婦寺專國者
或有之 未聞有胥吏專國 如今之時者也 政在大夫 猶不可 況在胥吏乎 堂堂千乘之國
籍祖宗二百年之業 公卿大夫濟濟先後 相率而歸政於僕隸乎 此不可聞於牛耳也 軍民庶政
邦國機務 皆由刀筆之手 絲粟以上 非回俸不行 財聚於內 而民散於外 什不存一
至於各分州縣 作爲已物 以成文券 許傅其子孫 方土所獻 一切沮却 無一物上納
賣持土貢者 合其九族 轉實家業 不於官司而納諸私室 非百倍則不受 後無以繼之
逋亡相屬 豈意祖宗州縣 臣民貢獻 奄爲鼯鼠私分之有乎? 豈意殿下享大有之富
而反資於僕隸防納之物乎 雖莽卓之奸 未嘗有此也 雖亡國之世 亦未嘗有此也
此而不厭 加以偸盡帑藏之物 靡有尋尺斗升之儲 國非其國 盜賊滿車下矣 國家徒擁虛器
楬然骨立 滿朝之人 所當沐浴共討 力或不足 則號召四方 奔走勤王而不遑寢食者也
今人之相聚者 有草竊則命將誅捕 不俟終日 小吏爲盜 百司爲群 入據心胸
賊盡國脈 則不啻攘竊神祇之犧牷牲 法官莫敢 司寇莫之詰 或有一介司員 稍欲糾察
則譴罷在其掌握 衆官束手 僅喫饋廩 唯唯而退 斯豈無所恃 而跳梁橫恣 若是其無忌耶
楚王所謂盜有寵不可得去者 此也 各存狡兔之三窟 以備川蚌之介甲 潛懷蠱毒 萋斐百端
人不能治 法不能加 作爲城社之鼠 已不能燻灌 抑爲三窟者 果何人耶 作爲介甲
其無罰乎 殿下赫然斯怒 一振乾綱 面稽辛執 以究其故 斷自宸衷 如大舜之去四兇
孔子之誅少正卯 則能盡惡惡之極 而大畏民志矣 若言官論執不已 迫於不得已而後
罷勉苟從 則不知善惡之所在 是非之所分 失其爲君之道矣 爲有君失其道而能治人者乎
故我之明德旣明 則如鑑在此 物無不照 德威所加 草木皆靡 況於人乎 群下股慄兢惕
奔走承命之不暇 庸有一寸容奸之計乎 亂政大夫 猶有常刑 夫以尹元衡之勢 而朝廷克正之
況此狐狸鼠雛腰領 未足以喜齊斧乎 雷雨一發 天地作解 此之謂身修於上而國治於下者也
布列王國者 誰非命世之佐 誰非夙夜之賢耶 臣軋已則去之 奸吏蠱國則容之 謀身而不謀國
靡哲不愚 以樂居憂 斯豈人謀之不競耶 若有天之所命 人不能勝天而然耶 臣索居深山
俯察仰觀 噓唏掩抑 繼之以淚者 數矣 臣之於殿下 無一寸君臣之分 何所感於君恩
齎咨涕洟 自不能已耶 交淺言深 實有罪焉 獨計身爲食土之毛 尙爲累世之舊民
添作三朝之微士 猶可自比於周蓥 可無一言於宣召之日乎 臣之前日所陳救急之事

尙未聞天意急急如救焚拯溺 應以爲老儒賣直之說也 未足以動念也 況此開陳君德者
不過古人已陳之塗轍 然不由塗轍 則更無可適之路矣 不明君德而求制治 猶無舟而渡海
祇自淪喪而已 其機益急於前所陳者 萬萬矣 殿下若不棄臣言 休休焉有容焉
則臣雖在千里之外 猶在机筵之下矣 何必面對老醜而後日用臣乎 抑又聞事君者
量而後入 實未知殿下爲何如主也 若不好臣言 徒欲見臣而已 則恐爲葉公之龍也
請以今日睿鑑之明暗 卜爲來日治道之成敗 伏惟上察 謹狀"

〈8장〉 1572년, 처사로서의 삶을 마치다

---

❾ 『남명집(南冥集)』 권2, 「대책 문제(策問題)」.
"方今聖明在上 治具畢張 而島夷爲亂 卵育之恩有加 而跳梁之禍無比 無故而殺元帥
懷詐而干主威. 請還薺浦者 知其不可 而歷試朝意也 請要三十印去者 非欲必得
而愚弄國家也 鼓掌彈頰 撫杖而瞋目 日必拔爾之項 雖三尺童子 猶知其恐動也
堂堂大朝 賢相良將 旰食籌畵 而惴惴焉莫知所對 假以喪不議政 當此時 獨無折衝之辭
亦無備禦之策乎 雖不若韓琦請斬元昊之使於都門之外 豈宜玉帛之命 旋加於亂賊耶
抑有縮縮亂制之勢 固不以干羽之舞而備其衝突者歟 由今觀之 無一邊瓦解之事
以古方之 非二帝金巡之厄 顧何所畏 而暗受巾幗之辱乎 譯官傳命 古之專對之任也
倭人欲探國家微意 賂以物貨 金銀犀珠 磊落委積 譯士分其所賂於承傳內侍
廟筭方劇於龍床 而漏說已屬於蠻耳 內不能禁一介竪走 而外能制百狄兜逆乎
於是 國無人矣 賊入無人之境 抑已晚矣 侵凌困辱 固其宜矣 然王赫斯怒 稍加威靈
則日挑邊生事 斬一譯史 以厲機事 則日莫若卑辭順對 若是則果無以對之之辭
亦無禦之之策歟 願聞其畵"

⓲ 이익(李瀷), 『성호사설(星湖僿說)』 9권, 「이황과 조식(退溪南冥)」.
"南冥聞退溪之卒 悲悼流涕日 生同年居同道 七十年未相見 豈非命也 斯人云亾吾其逝矣"

㉕ 『남명집(南冥集)』 권2, 「음식을 내려준 은혜에 감사드리는 상소문(謝宣賜食物疏)」.
"隆慶五年五月十五日 朝奉大夫前守宗親府典籤臣曹植, 誠惶誠恐 頓首頓首
謝恩于主上殿下 伏蒙去四月敎賜臣以食料者 如臣愚老 顧何以承天寵乎 伏惟
天日隔於九重 草澤遙於千里 如傷之恩 無遠不屆 先及於老民 老民雖欲結草而難報
獨念士橫道而偃 有土之羞也 殿下自任其憂 臣不任私謝 比猶一草添濡 無以仰謝天工
猶且區區小誠仰謝不已者 聖上旣下惠鮮之恩 微臣敢無芹曝之獻乎 無言不酬 無德不報
古有說矣 恭陳一辭 進爲殊恩之報 伏見 殿下之國事已去 無一線下手處 諸臣百工
環視而莫救 已知無可柰何 不日如之何者 久矣 若殿下視而不知 則明有所蔽矣
知而罔念 則國無主矣 往年 臣嘗再陳荒疏 以爲非振之以不測之威 無以濟百散糜粥之勢
非潤之以大霖之雨 無以澤七年枯旱之草 于今有年月矣 未聞殿下亟下恩威 以立紀綱
威福在己 而不自摠攬 向下匹强之敎 使不得敢言 群下解體 泛泛悠悠 邦逐喪越 至于今
老臣徒謝雨露之恩 而無以補天之漏 謹以君義二字 獻爲修身整國之本 伏惟睿鑑 臣植
拜手稽首 昧死以謝"

㉗ 『남명집(南冥集)』권2, 「김굉필의 그림 병풍이 전해진 내력(寒暄堂畵屛跋)」.
"皆非人力所及 主上之問 初發於自然之偶 他人之傳 曾出於自然之幸 家孫之得
終歸於自然之會 是知付之以理之自然者"

㉘ 『남명선생편년(南冥先生編年)』72세조.
"敬義二字極切要 學者要在用功熟 熟則無一物在胸中 吾未到這境界以死矣"

㊳ 『선조실록(宣祖實錄)』1572년 2월.
"處士曹植卒 植字楗仲 承文院判校彦亨之子也 自爲兒齒 容貌粹然 靜重若成人 及長
於書無不通 尤好左柳文字 製作有奇高 不拘程式 因國學策士 獻藝有司 屢被高選
名動士林 一日讀書 得許曾蔡志伊尹之志 學顏淵之學等語 始悟舊學不是 刻意聖賢之學
勇猛直前 不復爲俗學所撓 大書敬義二字於窓壁間曰 吾家有此兩箇字 如天之有日月
洞萬古而不易 聖賢千言萬語 要其歸 都不出二字外也 嘗語門人曰 爲學 禮不出事親
敬兄之間 如或不勉於此 而遽欲窮探性理之奧 是不於人事上求天理 終無實得於心
宜深戒之 天性篤於孝友 執親之喪 身不脫衰 足不出廬 與弟桓 合食共被 未嘗異居
智識高明 審於進退 一自世道衰喪 賢路崎嶇 雖有志於挽回 知終不遇 卷懷山野
晚卜頭流山下 別搆精舍 扁曰山天齋 以終老焉 在中廟朝 以薦獻陵參奉不起 至明廟朝
又以遺逸 屢遷六品官 皆不就 復以尙瑞院判官徵入 引對前殿 上問治亂之道 爲學之方
對曰 君臣情義相孚 然後可以爲治 人主之學 必須自得 徒聽人言無益 遂歸故山 今上嗣服
以敎書召之 辭以老病 繼有徵命 又辭奏疏 請獻救急二字 以代獻身 因歷擧時弊十事
其後又下旨趣召 辭上封事 轉受宗親府典籤 終不赴 辛未大饑 上賜之粟 因陳謝獻疏
辭甚剴切 壬申病甚 上遺醫治疾 未至而終 年七十有二 訃聞 上震悼 賜祭賻粟
贈爵司諫院大司諫 故友諸生 自四方來弔者 幾數百人 爲斯文慟也 植氣宇淸高 兩目炯耀
望之 知非塵世間人 言論英發 雷厲風起 使人不自覺其潛消利慾之心也 燕居 終日危坐
未嘗有惰容 年踰七旬 常如一日 學者稱爲南溟先生 有文集三卷 行于世"

성운(成運)이 쓴, 「남명선생묘갈」

❸ 성운(成運), 『대곡집(大谷集)』하권, 「남명선생묘갈(南溟先生墓碣)」.
"曹故爲著姓 稱世有人 其先有仕高麗太祖時 爲刑部員外郞諱瑞者 德宮公主, 其母也.
其後相繼昌顯 至諱殷 爲中郞將 於公爲高祖 是生諱安習 成均生員 生員生諱永 不仕
其嗣曰諱彦亨 始以才藝 選爲吏曹正郞 狷介寡合 官至承文院判校以卒 其配李氏
忠武衛菊之女 有閨範 事君子無違德 公其第二子 植名而楗仲其字也 生而岐嶷
容貌粹然 自爲兒齒 靜重若成人 不逐輩流與戲 游弄之具 亦莫肯近其手 判校公愛之
自能言抱置膝上 授詩書 應口輒成誦不忘 年八九歲 病在席 母夫人憂形於色 公持形立氣
紿以小間 且告之曰 天之生人 豈徒然哉 今我幸而生得爲男 天必有所與 責我做得
天意果在 是吾豈憂今日遽至夭歿乎 聞者異之 稍長 於書無不博通 尤好左柳傳文 以故
爲文崎峭有氣力 詠物記事 初不似經意 而辭嚴義密 森然有律度 因國學策士 獻藝有司
有司得對語大驚 擢置第二第三者 凡三焉 學古文者 爭相傳誦以爲式 嘉靖五年 判校公捐館
公自京師 奉裳帷安措于鄕山 迎歸母夫人 侍養焉 公一日 讀書得魯齋許氏之言曰
志伊尹之志 學顏淵之學 惕然覺悟 發憤勵志 講誦六經四書及周程張朱遺籍 旣窮日力

又繼以夜 苦力弊精 研窮探索 以爲學莫要於持敬 故用工於主一 惺惺不昧 收斂身心
以爲學莫善於寡欲 故致力於克己 滌淨查滓 涵養天理 戒愼乎不覩不聞 省察乎隱微幽獨
知之已精而益求其精 行之已力而益致其力 以反躬體驗 脚踏實地爲務 求必蹈夫閫域
二十四年 丁 母夫人憂 祔葬于先大夫墓左 公智明識高 審於進退之機 嘗自見世道衰喪
人心已訛 風漓俗薄 大敎廢弛 又况賢路崎嶇 禍機潛發 當是時 雖有志於挽回陶化
然道不遇時 終未必行吾所學 是故 不就試 不求仕 卷懷退居山野 名其所築亭曰山海
舍曰雷龍 最後 得頭流山入水窟雲洞 架得八九椽 扁曰山天齋 深藏自修 年紀積矣
在中廟朝 以薦拜獻陵參奉 不起 明廟朝 又以遺逸 再除爲典牲, 宗簿主簿 尋遷丹城縣監
皆不起 因上章曰 國事日非 民心已離 其轉移之機 非在於區區之政刑 惟在於殿下之一心
其後 拜司紙 以疾辭 又以尙瑞判官徵入 引對前殿 上問治亂之道 對曰 君臣情義相孚
可以爲治 問爲學之方 對曰 人主之學 出治之源 而其學貴於心得 又問三顧草廬事 對曰
必得英雄 可以圖復漢室 故至於三顧 上稱善 翌日 還山 隆慶元年 今上嗣服 有旨召
辭 繼有徵命 又辭 奏疏請獻救急二字 以代獻身 陳時弊十事 二年 被召辭 又上封事言
爲治之道 在人主明善誠身 明善誠身 必以敬爲主 因陳胥吏姦利事 久之 授宗親府典籤
又辭 辛未 大饑 上賜之粟 以書陳謝 因言累章獻言 言不施用 辭甚切直 壬申 病甚
上遣醫治疾 未至 以其年二月八日終 享年七十有二 卜宅于山天齋後山 葬用四月六日
公天資英達 器宇高疑 端嚴直方 剛毅精敏 操履果確 動循繩墨 目無淫視 耳無側聽
莊敬之心 恒存乎中 惰慢之容 不形于外 常潛居幽室 足不躡門墻之外 雖連棟而居者
罕得見其面 聽鷄晨興 冠頂帶腰 正席尸坐 肩背竦直 望之若圖形刻像 拂床開卷
心眼俱到 默觀而潛思 口不作吾伊之聲 齋房之內 寂然若無人 威儀容止 舒遲閑雅
自有準則 雖在悤卒驚擾之際 不失常度 甚可觀也 賓侶之就省者 見公神色峻勵 簡默少言
必斂容曲膝 悚然敬畏 終莫敢與之闌語譁笑 其於家 莊以莅衆 閨庭之間 內外肅正
其室婢之備近侍者 不斂髮正髻不敢進 雖其配偶之尊 亦然 聞人之善 喜動於色 若己有之
聞人之惡 恐或一見 避之如仇 取友必端 其人可友 雖在布褐 尊若王公 必加禮敬
不可友 官雖崇貴 視如土梗 恥與之坐 以此 交遊不廣 然其所與知者 有學行文藝
皆當世名儒之擇也 藻鑑洞燭 人無能庾匿 有新進少年 踐淸班 擅盛譽 公一見告人曰
觀其挾才自恃 乘氣加人 異日賊賢害能 未必不由此人 其後 果登崇位 陰結兇魁 弄法行威
士類殲焉 又有士子 有文藝未第 其人陰猜媢嫉 仇視賢人 公偶見於群會中 退而語友人曰
吾察於眉宇之間 而得其爲人 貌若坦蕩 中藏禍心 如使得位逞志 善人其殆乎 友人服其明
每値國諱 不聆樂啖肉 一日 有三名宦 請公會佛寺張飮 公徐言曰 某大王諱辰 今日是也
諸公豈偶忘之耶 左右失色驚謝 亟命退樂去肉 酒一再行 乃罷 天性篤於孝友 居親之側
必有婉容 以善爲養 悅其心志 衣柔膳甘 亦莫不具 其在服 哀慕泣血 不脫絰帶 晨夜
身未嘗不在几筵之側 雖遘疾 亦莫肯退就服舍 祭必備物 烹調之宜 滌拭之潔 不以獨任廚奴
必躬親視之 有吊慰者 必伏哭答拜而已 未嘗坐與之語 戒僮僕 喪未終 勿以家事冗雜者來諗
與弟桓友愛甚篤 以爲支體不可解也 同居一垣之內 出入無異門 合食共被 怡怡如也 捐家藏
分與兄弟之貧乏者 一毫不自取 聞人遭死喪之威 痛若在己 狂奔盡氣 如救水火 轉出貨力
猶棄粃稗 不能忘世 憂國傷民 每値淸宵皓月 獨坐悲歌 歌竟涕下 傍人殊不能知之也
公晩歲 學力益盡 造詣精深 其敎人 各因其才而篤焉 有所質問 則必爲之剖析疑義
其言細入秋毫 使聽者洞然暢達而後已 嘗語學者曰 今之學者 捨切近趨高遠 爲學
初不出事親敬兄悌長慈幼之間 如或不勉於此 而遽欲窮探性理之奧 是不於人事上求天理

終無實得於心 宜深戒之 畫古聖賢遺像 張在左右 目存而心思 肅然起敬 如在函丈間
耳受面命之誨 嘗曰 學者無多着睡 其思索工夫 於夜尤專 以此 常自佩金鈴 號曰惺惺子
時振以喚醒 每讀書 得緊要語言 必三復已 乃取筆書之 名曰學記 手自圖神明舍 因爲之銘
又圖天道天命理氣性情與夫造道入德堂室科級者 其類非一 又於窓壁間 大書敬義二字
以示學者 且自警焉 病且亟 復舉敬義字 懇懇爲門生申戒 其歿也 斥婦人令不得近 安於死
心不爲動 怡然如就寢 上賜祭賻粟 贈司諫院大司諫 故友諸生 宗人外姻 號慟會送者
幾數百人 夫人南平曹氏 忠順衛琇之女 先公歿 生男女二人 男早夭 女歸于萬戶金行
生二女 其壻之長曰金宇顯 今爲承文院正字 次曰郭再祐 方學文 旁室生三男一女
男曰次石, 次磨, 次矴 女最後生 幼 嗚呼 公篤學力行 修道進德 精識博聞 鮮與倫比
亦可追配前賢 爲來世學者宗師 而或者之不知 其論有異焉 然何必求知於今之人
直百世以竢知者知耳 運忝在交朋之列 從游最久 觀德行於前後 亦有人所不及知者
此皆得於目而非得於耳 可以傳信 其辭曰 天與之德 旣仁且直 斂之在身 自用則足
不施于人 澤靡普及 時耶命耶 悼民無祿"

- **강익(姜翼)** 1523-1567 : 중종, 명종 때의 유학자이다. 조식의 문인이다. 홀로 있을 때 삼가는 신독(愼獨)을 바탕으로 말보다는 실천 위주의 학문을 강조했다. 학문과 덕행으로 천거되었으나 출사하지 않았다. 함양군 효우촌(孝友村 ; 현재의 수동면 우명리 효리마을)에서 출생했다. 본관은 진양(晉陽), 자는 중보(仲輔), 호는 개암(介庵)·송암(松庵)이다. 『개암집(介庵集)』을 남겼다.

- **강혼(姜渾)** 1464-1519 : 성종, 연산군, 중종 때의 관료이다. 연산군의 총애를 받던 궁인이 죽자 궁인애사(宮人哀詞)와 제문을 지어 바치며 연산군에게 아첨했다. 그러나 연산군을 몰아내는 중종반정에 가담했고, 이후 대제학, 경상도관찰사, 공조판서, 우찬성 등을 지냈다. 김종직(金宗直)의 문인이며, 명문장가로 이름을 날렸다. 본관은 진주(晉州), 자는 사호(士浩), 호는 목계(木溪)·동고(東皐)이다.

- **강회백(姜淮伯)** 1357-1402 : 고려 우왕, 조선 태종 때의 관료이다. 고려 때 정당문학(政堂文學) 겸 사헌부대사헌(司憲府大司憲)을 지냈다. 조선이 개국한 후에는 동북면도순문사(東北面都巡問使)를 지냈다. 본관은 진주(晉州), 자는 백부(伯父), 호는 통정(通亭)이다.

- **걸주(桀紂)** : 중국 하(夏)나라 최후의 왕인 걸왕(桀王)과 은(殷)나라 최후의 왕인 주왕(紂王)을 아울러 이르는 말이다. 걸왕은 현신(賢臣)의 간언을 듣지 않았으며 부도덕하고 포악한 정치를 펼치다 은나라의 탕왕(湯王)에게 패해 죽었다. 주왕은 또한 궁정을 호화롭게 장식하고 조세와 형벌을 가혹하게 하여 포악한 정치를 펼치다. 주나라의 무왕(武王)에게 패했다. 걸주라는 말은 이로써 무도한 폭군의 대명사로 쓰인다.

- **곽순(郭珣)** 1502-1545 : 중종 때 문과에 합격해 홍문관교리, 사간원사간 등을 지냈다. 1545년의 을사사화 때 옥중에서 형신을 당하다 죽었다. 김대유, 박하담, 조식 등과 교유했다. 본관은 현풍(玄風), 자는 백유(伯瑜), 호는 경재(警齋)이다.

- **곽재우(郭再祐)** 1552-1617 : 임진왜란 때의 대표적 의병장이다. 의령현에서 의병을 일으켰는데, 여러 의병 중에서도 가장 먼저 기의(起義)한 것이었다. 전투에 나아가 붉은 옷을 입고 군사를 지휘했기 때문에 '홍의장군(紅衣將軍)'으로 불렸다. 정유재란 때도 의병장으로 싸웠고, 이후 진주목사, 함경도관찰사 등을 지냈다. 조식으로부터 『논어』를 배웠다. 조식의 외손녀와 결혼했는데, 조식이 직접 곽재우를 외손서(外孫婿)로 골랐다고 한다. 자는 계수(季綏), 호는 망우당(忘憂堂)이다.

- **구변(具忭)** 1529-1578 : 명종, 선조 때의 관료이다. 사간원정언(司諫院正言), 이조좌랑, 진주목사를 지냈다. 진주목사를 지낼 때 덕천서원 창건에 힘썼다. 본관은 능성(綾城), 자는 시중(時仲)이다.

- **구봉령(具鳳齡)** 1526-1586 : 명종, 선조 때의 관료이다. 이조좌랑, 대사헌, 병조참판, 형조참판 등을 지냈다. 이황의 문인이다. 시문에 뛰어났고 천문에 대한 조예도 깊었다.

본관은 능성(綾城), 자는 경서(景瑞), 호는 백담(柏潭)이다.

- **구사맹(具思孟)** 1531-1604 : 명종, 선조 때 전라도관찰사, 좌부승지, 이조판서, 좌찬성 등을 지낸 관료이다. 왕실의 인척이었으나 더욱 근신해 자제들이 함부로 행동하지 못하도록 했다. 청렴결백했다. 자는 경시(景時), 호는 팔곡(八谷)이다.

- **권규(權逵)** 1496-1548 : 중종, 명종 때의 유학자이다. 학문과 덕성을 갖춘 선비로서 참봉 벼슬을 받았으나 출사하지 않았다. 조식, 이황, 이원 등과 교유했다. 자는 자유(子由), 호는 안분당(安分堂)이다.

- **권문임(權文任)** 1528-1580 : 조식의 문인으로 경(敬)과 의(義)를 실천했다는 평가를 받았다. 문과에 합격해 김해부학교수(金海府學教授), 검열(檢閱) 등의 벼슬을 받았으나 나아가지 않았다. 『화산세기(花山世紀)』를 남겼다. 본관은 안동(安東), 자는 흥숙(興叔), 호는 원당(源塘)이다.

- **권질(權礩)** 1483-1545 : 중종 때의 관료이다. 이황(李滉)의 장인이다. 1521년의 신사무옥(辛巳誣獄)으로 사림파가 쫓겨날 때 아우 권전(權磌)이 죽임을 당하면서 예안현(禮安縣)으로 유배되었다. 1538년 유배를 마친 후 안음현으로 거처를 옮겼다.

- **기대승(奇大升)** 1527-1572 : 조선 유학사에 큰 영향을 미친 유학자이다. 이황의 문인이면서, 이황과 8년 동안 사단칠정(四端七情) 논쟁을 벌였다. 명종, 선조 때의 관료이다. 이조정랑, 홍문관교리, 사헌부헌납, 성균관대사성, 대사간, 공조참의 등을 지냈다. 세상을 다스리면서 민인에게 혜택을 베푸는 경세택민(經世澤民)의 열정을 가지고 있었다. 자는 명언(明彦), 호는 고봉(高峯)·존재(存齋)이다. 『고봉집(高峰集)』, 『주자문록(朱子文錄)』, 『논사록(論思錄)』 등의 책이 있다.

- **길삼봉(吉三峯)** : 선조 때의 도적이다. 정여립 사건 때, 정여립의 모사(謀士)로서 역모를 주도한 인물로 알려졌다. 신출귀몰한 재주가 있어 끝내 관군에 잡히지 않았다. 가공의 인물이라는 설도 있다.

- **김굉필(金宏弼)** 1454-1504 : 김종직(金宗直)의 학맥을 이었다는 평가를 받는 유학자이다. 김종직의 문하에서 공부했고, 스스로를 '소학동자'라 부를 만큼 『소학(小學)』에 심취했다. 조광조(趙光祖)에게 학문을 전수했다. 1494년 천거로 벼슬길에 나섰고 사헌부감찰, 형조좌랑 등을 지냈다. 1498년의 무오사화(戊午士禍) 때 유배되었다가 1504년 갑자사화(甲子士禍) 때 죽임을 당했다. 자는 대유(大猷), 호는 한훤당(寒暄堂)·사옹(簑翁)이다.

- **김대유(金大有)** 1479-1552 : 중종 때 현량과에 합격해 칠원현감을 지냈다. 김대유는 나이가 조식보다 스물두 살이나 많았지만 두 사람은 서로의 나이 차이를 생각하지 않고 망년우(忘年友)로 교유했다. 『삼족당일고(三足堂逸稿)』를 남겼다. 본관은 김해(金海), 자는 천우(天祐), 호는 삼족당(三足堂)이다.

- **김덕령(金德齡)** 1567-1596 : 선조 때의 무장(武將)이다. 임진왜란 때 의병을 일으켜 권율, 곽재우 장군과 협력해 많은 공을 세웠다. 체구가 작지만 날래고, '사람으로서는 생각할 수조차 없는 용기(神勇)'가 있었다고 한다. 성혼(成渾)의 제자이다. 1596년 일어난 '이몽학(李夢鶴)의 난'에 연루되어 옥사했다. 자는 경수(景樹)이다.

- **김면(金沔)** 1541-1593 : 선조 때의 유학자이다. 임진왜란 때 현재의 고령군 개진면에서 의병을 일으켰다. 조식의 제자이다. 『이정전서(二程全書)』 읽기를 좋아했고 정구(鄭逑)와 우의가 좋았다. 성품이 강직하고 정의로웠으며 효심이 지극했다. 효행으로 천거되어

공조좌랑을 지냈으나 곧 그만두었다. 자는 지해(志海), 호는 송암(松菴), 본관은 고령(高靈)이다.

- **김상헌(金尙憲)** 1570-1652 : 절개와 지조의 상징과도 같은 인물이다. 병자호란 때 끝까지 싸울 것을 주장했다. 포로로 청나라에 끌려가 고초를 당했다. 효종이 북벌을 추진할 때 '대로(大老)'라 불리며 존경을 받았다. 광해군, 인조, 효종 때 이조참의, 도승지, 부제학, 대사헌, 예조판서 등을 지냈다. 광해군 때 정인홍을 강력하게 비판했다. 본관은 안동, 자는 숙도(叔度), 호는 청음(淸陰)·석실산인(石室山人)·서간노인(西磵老人)이다.

- **김우굉(金宇宏)** 1524-1590 : 명종, 선조 때의 관료이다. 예문관검열, 사간원정언, 대사간, 대사성, 충청도관찰사, 광주목사 등을 지냈다. 대사간으로 있을 때 옥송(獄訟)을 사사롭게 결정한 형조판서를 탄핵해 주위를 놀라게 했다. 조식과 이황의 문인이다. 본관은 의성(義城), 자는 경부(敬夫), 호는 개암(開岩)이다.

- **김우옹(金宇顒)** 1540-1603 : 선조 때의 관료이다. 홍문관직제학, 대사헌, 대사간, 안동부사(安東府使), 병조참판, 이조참판 등을 지냈다. 조식의 문인이자 외손서(外孫壻)였다. 조식으로부터 성성자(惺惺子)를 받았다. 『동강집(東岡集)』을 남겼다. 본관은 의성(義城), 자는 숙부(肅夫), 호는 동강(東岡)이다. 경상도 성주목(星州牧) 사월곡리(沙月谷里)에 살았다.

- **김일손(金馹孫)** 1464-1498 : 성종, 연산군 때의 유학자이다. 김종직(金宗直)의 문인이다. 1487년 문과에 합격했고 홍문관부교리, 사간원헌납, 이조정랑 등을 지냈다. 훈구파 간신들의 불의에 맞섰고 사림파의 정계 진출에 힘썼다. 1498년 무오사화(戊午士禍) 때 능지처참을 당했다. 자는 계운(季雲), 호는 탁영(濯纓)·소미산인(少微山人), 본관은 김해(金海)이다. 『탁영집(濯纓集)』을 남겼다.

- **김종직(金宗直)** 1431-1492 : 단종, 성종 때의 유학자이다. 정몽주, 길재의 학통을 계승했고 김굉필(金宏弼), 정여창(鄭汝昌), 김일손(金馹孫), 남효온(南孝溫) 등의 학문에 큰 영향을 미쳤다. '영남 사림의 영수'로 불린다. 세조의 왕위 찬탈을 비난하는 내용을 담은 「조의제문(弔義帝文)」을 지어 절의를 중요시하는 유학자의 면모를 보여주었다. 관료로서 공조참판, 형조판서 등을 지냈다. 문장에도 뛰어나 많은 시문과 일기를 남겼다. 『점필재집(佔畢齋集)』, 『유두류록(遊頭流錄)』, 『청구풍아(靑丘風雅)』 등의 책이 있다. 자는 계온(季昷), 호는 점필재(佔畢齋)이다.

- **김찬(金瓚)** 1543-1599 : 선조 때의 관료이다. 이조판서, 우참찬, 대사헌 등을 지냈다. 임진왜란 때 일본과의 강화 회담에서 공을 세웠다. 경제 문제에 밝고 외교적 수완이 뛰어났다. 문장가로도 이름이 높았다. 본관은 안동(安東), 자는 숙진(叔珍), 호는 눌암(訥菴)이다.

- **김택영(金澤榮)** 1850-1927 : 조선 말, 대한제국, 일제강점기 때의 학자이다. 대한제국 때 문헌비고속찬위원(文獻備考續撰委員), 학부(學部) 편집위원을 지냈다. 을사늑약이 체결되자 국가의 장래를 통탄하던 중 1908년 중국으로 망명했다. 중국 문인들로부터 양계초(梁啓超)에 필적하는 대가로 인정받았다. 본관은 화개(花開), 자는 우림(于霖), 호는 창강(滄江), 당호는 소호당주인(韶護堂主人)이다.

- **김행(金行)** : 조식의 사위이다. 두 딸을 두었는데 조식의 제자인 김우옹(金宇顒)과 곽재우(郭再祐)에게 시집갔다. 본관은 상산(商山)이다.

- **김홍(金泓)** : 중종, 명종 때의 관료이다. 내자시부정(內資寺副正), 진주목사 등을 지냈다.

자는 홍지(泓之), 본관은 경주(慶州)이다.

- **김효원(金孝元)** 1542-1590 : 명종, 선조 때의 관료이다. 선조 즉위 초기 진출한 신진 사림파를 대표하는 인물이다. 이조전랑(吏曹銓郎)의 추천과 임명을 둘러싸고 심의겸(沈義謙)과 반목하면서 사림이 동인(東人)과 서인(西人)으로 분열하는 계기를 만들었다. 이조정랑, 경흥부사(慶興府使), 삼척부사 등을 지냈다. 이황, 조식에게 배웠다. 본관은 선산(善山), 자는 인백(仁伯), 호는 성암(省庵)이다.

- **김희삼(金希參)** 1507-1560 : 중종, 명종 때의 관료이다. 이조좌랑(吏曹佐郎), 삼척부사(三陟府使) 등을 지냈다. 항상 밤중에 일어나 성현의 말을 외웠는데 늙도록 그만두지 않았다고 한다. 김우옹(金宇顒)의 아버지이다. 조식, 이황, 김인후(金麟厚) 등과 교유했다. 본관은 의성(義城), 자는 사로(師魯), 호는 칠봉(七峰)이다.

- **남곤(南袞)** 1471-1527 : 연산군, 중종 때의 권간(權奸)이다. 조광조(趙光祖) 등 신진 사림파를 숙청한 1519년의 기묘사화를 주도했다. 기묘사화 후 정권을 장악했으며 1523년 영의정에까지 올랐다. 문장이 뛰어나고 글씨에도 능했으나 기묘사화를 일으킨 일로 후대 사림으로부터 지탄을 받았다. 자는 사화(士華), 호는 지정(止亭)·지족당(知足堂)이다.

- **남곽자기(南郭子綦)** : 『장자(莊子)』에 등장하는 가상의 철학자이다. 남곽(南郭)은 '하층민들이 주로 사는 성곽 밖의 남쪽 지역'을 뜻하고, 자기(子綦)는 '사물의 근본 원리를 깨우친 사람'을 뜻한다. 『장자(莊子)』「제물론(齊物論)」에 다음과 같은 구절이 나온다. "남곽자기가 팔뚝을 안석에 기대고 앉아서, 하늘을 우러러보며 길게 한숨을 내쉬는데, 멍한 모습이 자신의 몸이라도 잃어버린 듯했다.(南郭子綦 隱机而坐 仰天而噓 荅焉似喪其耦)" 남곽자기를, 실존 인물인 춘추시대(春秋時代) 초(楚)나라 소왕(昭王)의 서출 형제로 보기도 한다.

- **남사고(南師古)** 1509-1571 : 명종, 선조 때의 예언가이다. 역학(易學), 참위(讖緯), 천문(天文), 관상(觀相), 복서(卜筮) 등의 학문에 두루 통달했다. 비술을 익혀 앞일을 정확하게 예측했다고 한다. 본관은 영양(英陽), 자는 경초(景初), 호는 격암(格庵)이다.

- **남치근(南致勤)** ?-1570 : 중종, 선조 때의 무장이다. 전라도에 출몰한 왜구를 여러 차례 토벌했다. 경기도, 황해도, 평안도의 삼도토포사(三道討捕使)를 지내면서 황해도 재령군(載寧郡)에서 암약하던 임꺽정을 잡아 처형했다. 자는 근지(勤之)이다.

- **노관(盧祼)** 1522-1574 : 명종, 선조 때의 관료이다. 동몽교관(童蒙敎官), 제원찰방(濟原察訪) 등을 지냈다. 노진의 동생으로 함양군(咸陽郡)에 살았다. 조식의 문인이다. 자는 자장(子將), 호는 사암(徙庵)·상재(尙齋)·중사(仲思), 본관은 풍천(豐川)이다.

- **노진(盧禛)** 1518-1578 : 명종, 선조(宣祖) 때의 관료이다. 지례현감, 진주목사, 전주부윤, 경상도관찰사, 대사간, 대사헌, 예조판서 등을 지냈다. 외직으로 나가 지방관으로 있는 동안 선정을 베풀었고 청백리(淸白吏)로 뽑히기도 했다. 성리학과 예악에 밝았다. 조식, 기대승(奇大升), 노수신(盧守愼) 등과 교유했다. 자는 자응(子膺), 호는 즉암(則菴)·옥계(玉溪), 본관은 풍천(豐川)이다.

- **노흠(盧欽)** 1527-1601 : 명종, 선조 때의 유학자이다. 조식의 문인이다. 임진왜란 때 의병을 일으켜 싸운 공로로 별제(別提), 찰방(察訪) 등에 임명되었으나 출사하지 않았다. 본관은 광주(光州), 자는 공신(公愼), 호는 입재(立齋)·만세(晩歲)·죽천(竹泉)이다.

- **도연명(陶淵明)** 365-427 : 남북조시대 동진(東晉)의 시인이다. 따뜻한 인간미가 깃든 시풍으로 유명하다. 중국 문학사상 최고의 시인으로 손꼽힌다. 「도화원기(桃花源記)」, 「귀거래사(歸去來辭)」 등과 같은 불멸의 작품을 남겼다. 이름은 잠(潛), 호는 오류선생(五柳先生)이다. 연명(淵明)은 자이다.
- **도희령(都希齡)** 1539-1566 : 명종 때의 관료로 홍문관저작(弘文館著作)을 지냈다. 정희보(鄭希輔), 조식의 문인이다. 자는 자수(子壽), 호는 양성헌(養性軒)이다.
- **동탁(董卓)** 139-192 : 후한(後漢) 말의 무장(武將)이다. 십상시(十常侍)의 난 때 환관들에게 연행된 소제(少帝)와 진류왕(陳留王)의 신변을 보호하면서 권력을 장악했다. 이후 소제를 폐위하고 진류왕을 헌제로 옹립했다. 그러나 폭정을 일삼아 반동탁 연합군의 공격을 받았고, 여포(呂布)에게 죽임을 당했다. 자는 중영(仲穎)이다.

- **문익성(文益成)** 1526-1584 : 명종, 선조 때의 관료이다. 양양부사, 나주목사, 사간원헌납(司諫院獻納)을 지냈다. 조식과 주세붕의 문인이며 이황에게서 『대학』을 배웠다. 본관은 남평(南平), 자는 숙재(叔栽), 호는 옥동(玉洞)이다. 『옥동집(玉洞集)』을 남겼다.

- **박계현(朴啓賢)** 1524-1580 : 명종, 선조 때의 관료이다. 이조정랑, 대사헌, 경상도 관찰사, 호조판서 등을 지냈다. 이조정랑으로 있을 때 척신(戚臣)들의 인사 추천을 들어주지 않았고 권간(權奸) 윤원형의 청혼을 거절했다. 동인과 서인의 동서분당을 제지하려 했으나 실패했다. 본관은 밀양(密陽), 자는 군옥(君沃), 호는 관원(灌園)이다.
- **박순(朴淳)** 1523-1589 : 명종, 선조 때의 관료이다. 이조참의, 대사헌, 예조판서, 좌의정, 영의정 등을 지냈다. 서경덕의 문인이다. 성리학자로서, 특히 『주역(周易)』에 대한 연구가 깊었다. 이황, 이이, 성혼(成渾)과 교유했다. 문장과 시에도 능했다. 자는 화숙(和叔), 호는 사암(思菴)·은산군사(殷山郡事)이다.
- **박원종(朴元宗)** 1467-1510 : 연산군, 중종 때의 관료이다. 중종반정을 이끌었으며 우의정을 지냈다. 본관은 순천(順天), 자는 백윤(伯胤)이다.
- **박제인(朴齊仁)** 1536-1618 : 선조, 광해군 때의 관료이다. 형조좌랑 군위현감(軍威縣監)을 지냈다. 조식의 문인으로, 최영경, 하항, 김면 등과 함께 공부했다. 임진왜란 때 함안군에서 의병을 일으켰다. 본관은 경주(慶州), 자는 중사(仲思), 호는 황암(簒巖)이다. 『황암집(簒巖集)』이 있다.
- **박제현(朴齊賢)** 1521-1575 : 명종, 선조 때의 유학자이다. 조식의 문인이다. 마흔 살에 부동심(不動心)이라는 세 글자를 써서 벽에 붙였다고 한다. 자는 맹사(孟思), 호는 송암(松嵒), 본관은 경주(慶州)이다.
- **박하담(朴河淡)** 1479-1560 : 1500년대에 학문과 덕행으로 청도군 일대에서 이름이 높았다. 『소요당일고(逍遙堂逸稿)』를 남겼다. 김대유, 조식 등과 교유했다. 본관은 밀양(密陽), 자는 응천(應千), 호는 소요당(逍遙堂)이다.
- **배대유(裵大維)** 1563-1632 : 임진왜란 때 곽재우를 도와 창녕의 화왕산성(火旺山城)에서 싸웠다. 광해군 때의 관료이다. 사간원정언, 사헌부장령, 동부승지 등을 지냈다. 문장과 글씨에 능했다. 본관은 김해(金海), 자는 자장(子張), 호는 모정(慕亭)이다.
- **백이정(白頤正)** 1247-1323 : 고려 충선왕 때의 관료이자 유학자이다. 1298년 충선왕을

따라 원나라 연경(燕京)으로 가 10년 동안 머물렀다. 이때 성리학을 연구했고 귀국할 때 성리학 서적을 가지고 돌아왔다. 자는 약헌(若軒), 호는 이재(彝齋)이다.

- **보우(普雨)** 1509-1565 : 명종 때의 승려이다. 문정왕후의 신임을 얻어 승과(僧科)를 부활시키는 등 불교의 교세를 다시 일으켜 세우고자 했다. 봉은사와 봉선사를 각각 선종과 교정의 본사로 정했다. 문정왕후가 죽은 후 사간원과 사헌부의 탄핵을 받았다. 호는 허응(虛應) · 나암(懶庵)이다.

- **서경덕(徐敬德)** 1489-1546 : 중종 때의 유학자이다. 이기론(理氣論)의 본질을 연구하여 체계화했다. 수학과 역학도 깊이 연구했다. 벼슬길에 나아가지 않고 초야에 묻혀 은둔해 학문에 전념하는 처사로서의 삶을 살았다. 자는 가구(可久), 호는 복재(復齋) · 화담(花潭)이다. 저서에『화담집』이 있다.

- **성수침(成守琛)** 1493-1564 : 중종, 명종 때의 유학자이다. '목숨을 걸고 바른 도를 지킬 수 있는 사람(守死善道)'이라는 평을 들었다. 1519년의 기묘사화 이후 벼슬을 버리고 은거하여 학문 연구에 전념했다. 조식에게도 큰 영향을 미쳤다. 자는 중옥(仲玉), 호는 청송(聽松), 본관은 창녕(昌寧)이다. 문집으로『청송집(聽松集)』이 있다.

- **성우(成遇)** 1495-1546 : 조식의 절친한 벗이었던 성운(成運)의 형으로 또한 조식과 벗으로 지냈다. 조식은 성우에 대해 "청빈하기가 물과 같아서 일찍이 나와 단금지교(斷金之交)를 맺었다"고 말했다. 제릉참봉(齊陵參奉)을 지내다가 1545년의 을사사화에 연루되어 1546년 8월 옥에서 죽었다. 자는 중려(仲慮)이다.

- **성운(成運)** 1497-1579 : 중종, 명종, 선조 때의 유학자이다. 처사형 사림(士林)을 대표하는 인물이다. 충청도 보은현의 속리산 자락에 은거해 학문에 전념했다. 백성들의 신망을 받는 유학자로서 여러 차례 유일(儒逸)로 천거되었으나 한번도 출사하지 않았다. 조식과 가장 절친했던 벗이다. 10대 후반 처음 조식을 만났고, 일생 동안 한결같은 마음으로 교유했다. 자는 건숙(健叔), 호는 대곡(大谷)이다. 문집으로『대곡집(大谷集)』이 있다.

- **성제원(成悌元)** 1506-1559 : 중종, 명종 때의 유학자이다. 성리학 외에 지리, 의학, 복술 등에 두루 능통했다. 학문과 덕행으로 천거되어 보은현감을 지냈다. 성운, 조식, 신계성, 이희안 등과 교유했다. 본관은 창녕(昌寧), 자는 자경(子敬), 호는 동주(東洲) · 소선(笑仙)이다.

- **성혼(成渾)** 1535-1598 : 조선시대를 대표하는 성리학자이다. 이황을 사숙했다. 같은 파주목에 살던 이이(李珥)와 교유했다. 붕당 정국에서 이이, 정철 등 서인과 노선을 함께 했다. 서인의 학문적 원류를 형성했다는 평가를 받았다. 이이와 사단칠정(四端七情) 논쟁을 벌였다. 경(敬) 공부를 강조했다. 이이의 권유로 사헌부장령, 내섬시첨정(內贍寺僉正), 사헌부집의, 병조참지, 이조참판 등의 벼슬을 제수받았다. 그러나 대부분 출사하지 않았고, 출사한 경우에도 줄곧 사직을 청했다. 본관은 창녕(昌寧), 자는 호원(浩原), 호는 묵암(默庵) · 우계(牛溪)이다.『우계집』, 『주문지결(朱門旨訣)』,『위학지방(爲學之方)』 등의 책이 있다.

- **성희안(成希顔)** 1461-1513 : 연산군, 중종 때의 관료이다. 연산군 때에 이조참판으로 왕의 횡포를 풍자하는 시를 지어 좌천되었다. 중종반정을 성공시켰다. 이후 좌의정, 영의정까지 지냈다. 자는 우옹(愚翁), 호는 인재(仁齋)이다.

- **소강절(邵康節)** 1011-1077 : 송나라의 유학자이다. 도가(道家) 사상의 영향을
  받아 유가의 역(易)철학을 독특하게 발전시켰다. 음(陰)·양(陽)·강(剛)·유(柔)의
  4원(四元)을 바탕으로 우주 만물을 설명하고자 했다. 강절(康節)은 시호이고, 이름은
  옹(雍)이다. 자는 요부(堯夫), 호는 안락선생(安樂先生)이다.
- **소공(召公)** : 기원전 1046년 세워진 주(周)나라의 재상으로, 능력 있는 재상의
  대명사와도 같은 인물이다. 주나라 문왕의 아들로, 형인 무왕과 주공을 도와
  은(殷)나라를 멸망시키고 주나라를 세웠으며, 조카인 성왕을 도와 주나라의 기반을
  닦았다. 주나라의 서쪽을 다스렸다. 성(姓)은 희(姬), 이름은 석(奭)이다.
- **손천우(孫天祐)** 1533-1594 : 명종, 선조 때의 유학자이다. 조식의 문인이다. "깊은
  학문의 경지에 나아가기 위해서는 가까운 일부터 착실하게 배워야 한다"는 말을 자주
  했다. 자는 군필(君弼), 호는 무송(撫松), 본관은 밀양(密陽)이다.
- **송린(宋璘)** 1509-1573 : 삼가현 대병에 살았던 선비로 조식과 교유했다. 본관은
  은진(恩津), 자는 숙옥(叔玉)이다.
- **송시열(宋時烈)** 1607-1689 : 조선을 유학의 나라로 만든 인물이라는 평가를 받는다.
  주자(朱子)를 신앙으로 삼을 정도의 '주자제일주의자'였으며, 조광조, 이율곡으로
  이어지는 기호학파의 학통을 이었다. "정의를 모아(集義) 기상을 기르는 일(養氣)"을
  강조했다. 효종, 숙종 때의 관료로서 이조판서, 좌의정 등을 지냈다. 노론(老論)의
  영수였다. 임금의 덕을 함양하는 일이 정치의 최우선 과제라고 생각했다. "한번 임금을
  바르게 하면 나라가 바르게 된다(一正君而國正)"는 말을 지표로 삼았다. 효종에게 북벌을
  당부했다. 본관은 은진(恩津), 자는 영보(英甫), 호는 우암(尤菴)·우재(尤齋)이다.
- **송인수(宋麟壽)** 1499-1547 : 중종, 인종 때의 문신 관료이다. 사간원정언, 홍문관교리,
  의정부사인, 대사헌, 전라도관찰사 등을 지냈다. 성리학에 밝고 성리학을 보급하기
  위해 힘썼다. 조식의 절친한 벗이었다. 조식의 부탁을 받고 조식의 어머니인 이씨부인의
  묘갈명을 썼다. 1545년의 을사사화 때 파직당한 후 1547년의 양재역벽서사건 때 죽임을
  당했다. 본관은 은진(恩津), 자는 미수(眉叟)·태수(台叟), 호는 규암(圭菴)이다.
- **신계성(申季誠)** 1499-1562 : 중종, 명종 때의 유학자이다. 조식, 이희안 등과 교유했다.
  학문과 덕행이 높아 조식, 이희안과 더불어 '삼고(三高)'로 불렸다. 여러 번 유일(儒逸)로
  천거되었으나 벼슬길에 나아가지 않았다. 자(字)는 자함(子諴), 호는 송계(松溪), 본관은
  평산(平山)이다.
- **신수근(愼守勤)** 1450-1506 : 연산군 때의 권신이다. 연산군의 처남이자 중종의
  장인이었고 중종반정 때 좌의정을 지냈다. 반정을 반대하다가 살해당했다. 자는
  근중(勤仲)·경지(敬之), 호는 소한당(所閑堂)이다.
- **심의겸(沈義謙)** 1535-1587 : 명종, 선조 때의 관료이다. 대사간, 이조참의, 이조정랑,
  전주부윤 등을 지냈다. 이조전랑(吏曹銓郞)의 추천과 임명을 둘러싸고 김효원(金孝元)과
  반목하면서 사림파가 동인(東人)과 서인(西人)으로 분열하는 계기를 만들었다.
  이황의 문인이다. 명종의 비인 인순왕후(仁順王后)의 동생이다. 외척이면서도 권세를
  함부로 휘두르지 않았다. 효성이 지극했다. 본관은 청송(靑松), 자는 방숙(方叔), 호는
  손암(巽菴)·간암(艮菴)·황재(黃齋)이다.
- **심정(沈貞)** 1471-1531 : 연산군, 중종 때의 권간(權奸)이다. 1506년 중종반정에
  가담했다. 1518년 한성부판윤, 형조판서에 올랐다가 조광조 등 사림파의 탄핵으로

파직당했다. 1519년 기묘사화를 주도하여 정권을 장악하고 조광조 등을 숙청했다. 자는 정지(貞之), 호는 소요정(逍遙亭)이다.

- **안견(安堅)** : 세종, 세조 때의 화가이다. 몽유도원도(夢遊桃源圖)를 그린 화가로 유명하다. 산수화에 특히 뛰어났고, 초상화, 사군자, 의장도 등에도 능했다. 조선 중기에 이르기까지 조선의 화가들에게 절대적인 영향을 미쳤다. 일본에까지 화풍이 전해졌다. 세종의 셋째 아들인 안평대군(安平大君)의 후원을 받았다. 본관은 지곡(池谷)이다.

- **안연(顔淵)** : 춘추시대 공자의 제자이다. 공자가 가장 아꼈던 제자였으나 젊은 나이에 요절했다. 안회(顔回), 안자(顔子) 또는 '아성(亞聖)'이라고도 부른다. 자는 자연(子淵)이다.

- **엄광(嚴光)** 기원전39-기원후41 : 후한(後漢) 때의 은자(隱者)이다. 광무제(光武帝)가 아직 황제로 즉위하기 전, 함께 공부하고 함께 군사를 일으켜 신(新)나라 왕망(王莽)의 군대를 격파했다. 그러나 광무제가 황제로 즉위하자 엄광은 이름을 바꾸고 은거했다. 광무제가 함께 나라를 다스리고자 여러 번 불렀으나 끝내 나아가지 않았다. 자는 자릉(子陵)이다.

- **오건(吳健)** 1521-1574 : 명종, 선조 때의 관료이다. 1558년 문과에 합격해 성주향교 훈도(訓導), 사간원헌납, 사헌부지평, 이조정랑 등을 지냈다. 일 처리에 거리낌이 없었으므로 "옛날의 훌륭한 사람과 다르지 않다"는 평을 들었다. 현실 개혁에 있어 강경한 입장을 취했다. 조식의 문인이다. 조식을 장사지낼 때 조식의 문인 중 첫 자리에 섰다. 김인후(金麟厚), 이황(李滉)에게서도 배웠다. 본관은 함양(咸陽), 자는 자강(子强), 호는 덕계(德溪)이다. 저서로『덕계집(德溪集)』,『역년일기(歷年日記)』등이 있다.

- **오운(吳澐)** 1540-1617 : 명종, 광해군 때의 관료이다. 성균관직강(成均館直講), 북도조전장(北道助戰將), 성균관사성, 접반사(接伴使), 광주목사(光州牧使), 청송부사(靑松府使) 등을 지냈다. 임진왜란(壬辰倭亂) 때 의병장 곽재우(郭再祐)의 휘하에서 병사와 군량미를 모았다. 조식, 이황의 문인이다. 본관은 고창(高敞), 자는 태원(太源), 호는 죽유(竹牖)·죽계(竹溪)·백암(白巖)이다.

- **왕망(王莽)** 기원전45-기원후23 : 신(新)나라의 건국 황제이다. 한(漢)나라 말의 대신으로서 자신이 옹립한 황제인 평제(平帝)를 죽이고 왕조를 빼앗았다. 유가(儒家)의 책을 애독했고 여론을 다루는 데 탁월했다. 지방 호족의 대토지 소유 제한과 자영 농민 빈민화를 막기 위한 토지 개혁을 비롯해 각종 개혁 정책을 펼쳤으나 실패했다. 남양(南陽)의 호족 유수(劉秀 ; 광무제)가 일으킨 군대에 패한 후, 죽었다. 자는 거군(巨君)이다.

- **우탁(禹倬)** 1262-1342 : 고려 말의 유학자이다. 역학에 뛰어나 '역동선생(易東先生)'으로 불렸다. 정이천(程伊川)의『이천역전(伊川易傳)』이 처음 들어왔을 때 달포 만에 이를 혼자 터득했다고 한다. 호는 백운(白雲), 단암(丹巖)이다.

- **유관(柳灌)** 1484-1545 : 중종 때 대사헌, 이조판서를 지냈고 인종 때 우의정, 좌의정을 지낸 관료이다. 이조판서로 있으면서 이기(李芑)의 비행을 공격한 일이 있었다. 1545년 을사사화 때 윤원형(尹元衡), 이기 등에게 죽임을 당했다. 자는 관지(灌之), 호는 송암(松庵)이다.

- **유대수(俞大修)** 1546-1586 : 명종, 선조 때의 관료이다. 형조좌랑, 경상도도사, 사간원정언, 충주목사, 안동부사 등을 지냈다. 조식에게서 의리(義理)에 대해 배웠다.

본관은 한양(漢陽)이며 서울에 살았다. 자는 사영(思永)이다.

- **유방(劉邦)** ?-기원전195 : 가난한 서민 출신으로서 한나라를 세운 인물이다. 진시황(秦始皇)이 죽은 후 항우(項羽)와 합세해 진(秦)나라를 멸망시켰다. 이후 해하(垓下)의 싸움에서 항우를 대파하고 중국을 통일하며 황제의 자리를 차지했다. '인재를 쓸 줄 아는 사람'이라는 평가를 받는데, 책략가 장량(張良), 행정가 소하(蕭何), 무장 한신(韓信)을 제대로 기용한 것으로 유명하다. 그가 세운 한(漢)나라는 이후, 유학을 중심으로 한 중국 문명의 기틀을 확립한 제국으로 자리잡았다.

- **유비(劉備)** 161-223 : 삼국시대 촉(蜀)나라의 황제이다. 후한(後漢) 때 황건적의 난이 일어나자 토벌군에 참가해 전공을 세웠다. 관우, 장비와 같은 장수를 휘하에 두었으며 삼고초려(三顧草廬)로 제갈량을 얻어 군사(君師)로 삼았다. 조조의 위나라 대군을 적벽(赤壁)에서 격파했다. 221년 스스로 황제를 칭하고 나라를 세웠다. 한나라를 계승한다는 명분을 앞세워 나라 이름을 촉한(蜀漢)이라고 했다. 자는 현덕(玄德)이다.

- **유성룡(柳成龍)** 1542-1607 : 선조 때의 명재상이다. 부제학, 대사헌, 경상도관찰사, 이조판서, 좌의정, 병조판서, 영의정 등을 지냈다. 임진왜란 때 호서, 호남, 영남을 총괄하는 삼도도체찰사(三道都體察使)로서, 국난을 극복하는데 크게 기여했다. 이순신, 권율 등의 명장을 천거했으며, 군대 양성과 군비 확충을 위해서도 노력했다. 임진왜란 회고록인『징비록(懲毖錄)』을 썼다. 이황의 문인이다. 붕당 정국에서는 동인, 남인에 속해 있었다. 성리학, 문장, 덕행으로도 이름이 높았다. 저서에『서애집(西厓集)』, 『신종록(愼終錄)』등이 있다. 자는 이현(而見), 호는 서애(西厓)이다.

- **유인(劉因)** 1249-1293 : 송나라와 원나라 교체기의 유학자이다. 원나라 때, 학문과 덕행으로 천거되어 승덕랑(承德郞)과 우찬선대부(右贊善大夫)를 지냈다. 자는 몽기(夢驥)・몽길(夢吉), 호는 정수(靜修)이다. 본래 이름은 인(駰)이다.

- **유자광(柳子光)** 1439-1512 : 조선 전기의 간신으로 유명하다. 서얼 출신이었으나 이시애의 난에서 공을 세워 세조의 총애를 받았다. 연산군 때 무오사화를 촉발하여 사림을 숙청했고 중종반정에 가담했다.

- **유종원(柳宗元)** 773-819 : 당나라의 문인이다. 당송팔대가(唐宋八大家) 중 한 명이다. 아름다움을 강조하는 변려체(駢儷體) 문학에 반대하여 단순명쾌한 고문(古文) 부흥 운동을 제창했다. 자연 묘사에 뛰어난 시를 남겼다. 자는 자후(子厚)이다.

- **유종지(柳宗智)** 1546-1589 : 명종, 선조 때의 유학자이다. 조식의 문인이다. 노진(盧禛), 임훈(林薰), 최영경, 정구(鄭逑) 등과 교유했다. 학행으로 천거되어 참봉 벼슬을 두 번 받았으나 출사하지 않았다. 1589년의 정여립 사건에 연루되어 옥중에서 죽었다. 자는 명중(明仲), 호는 조계(潮溪), 본관은 문화(文化)이다. 진주목에 살았다.

- **유중영(柳仲郢)** 1515-1573 : 중종, 선조 때의 관료이다. 황해도관찰사(黃海道觀察使), 예조참의(禮曹參議) 등을 지냈고, 청백리(淸白吏)로 이름을 떨쳤다. 명재상 유성룡(柳成龍)의 아버지로 유명하다. 본관은 풍산(豊山),자는 언우(彦遇), 호는 입암(立巖)이다.

- **윤금손(尹金孫)** 1458-1547 : 연산군, 중종 때의 관료이다. 중종반정에 가담해 공신 목록에 올랐다. 형조판서, 좌참찬, 공조판서, 대사헌, 평안도관찰사 등을 지냈다. 본관은 파평(坡平), 자는 인지(引止), 호는 서파(西坡)이다.

- **윤두수(尹斗壽)** 1533-1601 : 명종, 선조 때의 관료이다. 대사간, 대사헌, 호조판서,

좌의정, 영의정 등을 지냈다. 임진왜란 때 명나라에 구원을 요청하자는 주장에
반대했다. 평소에는 온화한 성품이었으나 큰일을 당했을 때는 직언을 서슴지 않았다.
이황의 문인이다. 붕당 정국에서 서인을 이끈 거물이었다. 자는 자앙(子仰), 호는
오음(梧陰)이다.

- **윤여필(尹汝弼)** : 조선조 중종, 명종 때의 관료이다. 중종반정에 가담하여 공신에 오른다.
  중종의 계비(繼妃)인 장경왕후(章敬王后)의 아버지이다. 장경왕후가 왕비의 자리에 오른
  후 왕의 장인인 국구(國舅)로서 판돈녕부사(判敦寧府事)를 지냈다.

- **윤원형(尹元衡)** ?-1565 : 중종, 인종, 명종 때의 외척이다. 외척으로서 권력을 전횡한
  대표적인 인물로 손꼽힌다. 중종의 계비이자 명종의 어머니인 문정왕후(文定王后)의
  동생이다. 1534년 문정왕후가 경원대군(慶原大君 ; 명종)을 낳자 소윤(小尹) 일파의
  우두머리로서 권력 투쟁을 이끌었다. 명종이 즉위하고 문정왕후가 수렴청정할 때
  을사사화를 일으켜 대윤(大尹) 일파의 윤임 등과 사림의 현사(賢士)들을 죽였다.
  문정왕후가 죽자 권력을 잃고 쫓겨났다. 자는 언평(彦平)이다.

- **윤임(尹任)** 1487-1545 : 중종, 인종 때의 외척(外戚)이다. 이호(李岵 ; 인종)를
  낳고 일찍 죽은 장경왕후(章敬王后)의 동생이다. 장경왕후가 죽은 후 대윤(大尹)
  일파의 우두머리로서 생질인 이호를 보호하기 위해 힘썼다. 인종이 죽고 명종이
  즉위한 후 윤원형의 소윤 일파가 일으킨 을사사화(乙巳士禍) 때 죽임을 당했다. 자는
  임지(任之)이다.

- **윤지임(尹之任)** 1475-1534 : 조선조 중종 때의 관료이다. 1517년 딸이 중종의 계비로
  간택된 이후 왕의 장인인 국구로서 돈녕부사(敦寧府事), 파산부원군(坡山府院君)을
  지냈다. 본관은 파평(坡平), 자는 중향(重鄕)이다.

- **이광곤(李光坤)** 1528-? : 조식의 문인으로 오건(吳健), 최영경(崔永慶), 정구(鄭逑),
  하항(河沆) 등과 교유했다. 단성현(丹城縣)에 살았다. 본관은 합천(陜川), 자는
  후중(後仲), 호는 송당(松堂)이다.

- **이광우(李光友)** 1529-1619 : 선조, 광해군 때의 유학자이다. 학문이 뛰어나 세상
  사람들이 '석덕군자(碩德君子)'라 일컬었다. 조식의 문인으로, 오건(吳健), 하항(河沆)
  등과 교유했다. 『죽각선생문집(竹閣先生文集)』이 있다. 본관은 경주(慶州), 자는
  화보(和甫), 호는 죽각(竹閣)이다.

- **이기(李芑)** 1476-1552 : 중종, 명종 때의 간신이다. 1545년 명종 즉위년에 윤원형
  일파와 손을 잡고 을사사화를 일으켰다. 평안도관찰사, 한성부판윤, 형조판서, 좌찬성,
  우의정, 영의정 등을 지냈다. 자는 문중(文仲), 호는 경재(敬齋)이다.

- **이대기(李大期)** 1551-1628 : 최영경, 김우옹 등과 함께 조식 문하에서 공부했다.
  임진왜란 때 초계군에서 의병을 일으켜 곽재우와 합세해 싸웠으며 낙동강 유역에서
  혁혁한 공을 세웠다. 임진왜란 이후, 의흥현감(義興縣監), 청풍군수(淸風郡守),
  형조정랑(刑曹正郞) 등을 지냈다. 본관은 전의(全義), 자는 임중(任重), 호는
  설학(雪壑)이다.

- **이량(李樑)** 1519-1582 : 명종의 처외숙부이다. 명종이 윤원형의 권력을 견제하기
  위해 중용했다. 그러나 명종의 신임을 배경으로 전횡을 일삼아 윤원형, 심통원과 함께
  삼흉(三凶)으로 불렸다. 심의겸의 탄핵으로 관작을 삭탈당하고 삼사의 탄핵을 받아 귀양
  가 죽었다.

- **이로(李魯)** 1544-1598 : 명종, 선조 때의 관료이다. 임진왜란 때 소모관으로서 의병을 모았다. 형조좌랑, 비안현감(比安縣監), 사간원정언 등을 지냈다. 자는 여유(汝唯), 호는 송암(松庵), 본관은 고성(固城)이다. 의령현 출신이다.

- **이림(李霖)** 1501-1546 : 중종, 인종 때 김해부사, 대사간, 병조참의 등을 지냈다. 성격이 강직했다. 조식이 충성스럽고 신실한 사람이라고 평했다. 1545년의 을사사화 때 윤원형 일파의 모함을 받아 유배되었다가 1546년 8월 사사당했다. 본관은 함안(咸安), 자는 중망(仲望)이다.

- **이발(李潑)** 1544-1589 : 선조 때의 관료이다. 부제학, 대사간 등을 지냈다. 붕당 정치의 정국에서 북인을 이끌었다. 정여립 사건에 연루되어 매맞아 죽었다. 자는 경함(景涵), 호는 동암(東巖)·북산(北山)이다.

- **이부광(李溥光)** : 원(元)나라의 승려이자 서예가이다. 호는 설암(雪庵)이다. 해서(楷書)를 큰 글자로 쓰는 일에 뛰어났다. 필획이 방정하고 강건한 그의 글씨는 설암체로 유명했으며 궁성의 편액에 많이 쓰였다.

- **이산해(李山海)** 1539-1609 : 정치적으로 '북인의 영수'라는 위상을 가지고 있었다. 선조, 광해군 때이조정랑, 대사간, 도승지, 부제학, 이조판서, 영의정 등을 지낸 관료이다. 임진왜란이 일어나자 영의정으로서 선조와 함께 피난길에 올랐다. 실용성을 중시했다. 변경에 설치하여 군량을 충당하는 둔전(屯田), 바닷물을 소금으로 만드는 자염(煮鹽)의 활용을 제안했다. 대자(大字)와 산수화에 능했다. 자는 여수(汝受), 호는 아계(鵝溪)·종남수옹(終南睡翁)이다.

- **이세좌(李世佐)** 1445-1504 : 성종, 연산군 때의 관료이다. 대사간, 한성부판윤, 이조판서, 예조판서 등을 지냈다. 1498년의 무오사화 때는 김종직(金宗直)과 그의 제자들을 극형에 처해야 한다고 주장했다. 1504년의 갑자사화 때는 연산군의 생모인 성종의 비 윤씨에게 사약을 전했다는 죄목으로 죽임을 당했다.

- **이순(李珣)** : 고려 공민왕 때의 무장(武將)이다. 무수한 전공을 세웠다. 1359년과 1362년 홍건적(紅巾賊)이 쳐들어왔을 때 대장군 또는 예부상서로서 홍건적을 격퇴했다. 1367년 신돈(辛旽)을 제거하려다 실패해 유배되었으나 1371년 신돈이 처형되자 풀려났다.

- **이언적(李彦迪)** 1491-1553 : 중종, 명종 때의 유학자이다. 기(氣)보다 이(理)를 중시하는 주리적 성리설은 이황에게 영향을 미쳤다. 관료로서 홍문관직제학, 형조판서, 좌찬성 등을 지냈다. 1545년 을사사화 때 사림과 권력층 사이에서 억울한 사림의 희생을 막으려고 노력했다. 1547년 양재역벽서사건에 연루되어 귀양 갔다. 본관은 여강(驪江), 자는 복고(復古), 호는 회재(晦齋)·자계옹(紫溪翁)이다.

- **이옥봉(李玉峰)** 1544-1595 : 선조 때의 시인이다. 맑고 씩씩한 시를 지었으며 중국에까지 이름이 알려졌다. 양녕대군의 후손으로 충청도 옥천군(沃川郡)의 군수를 지낸 이봉(李逢)의 서녀이다. 삼척부사를 지낸 조원(趙瑗)의 부실부인이다. 한시 32편이 실린 『옥봉집(玉峰集)』 1권이 전해지고 있다.

- **이온(李榲)** ?-1379 : 고려 말의 유학자로서 정몽주 등과 교유했고, 관료로서 중현대부(中顯大夫) 전의감정(典醫監正)을 지냈다. 삼가현 토동으로 낙향해 가난하게 살았는데, 부모님을 편안하게 모시기 위해 힘을 쏟았다. 조식 외조부의 고조부이다. 조식은 「영모재 이공의 행록 끝에 쓴 글(永慕齋李公行錄後識)」에서 이온에 대해 "효행이 지극하고 돈독했다"라고 썼다. 자는 직경(直卿), 호는 영모재(永慕齋)이다.

- **이원(李源)** 1501-1568 : 중종, 명종 때의 유학자이다. 과거와 벼슬에 뜻을 두지 않고 은거하며 학문에 전념했다. 조식, 이황과 교유했다. 자는 군호(君浩), 호는 청향당(淸香堂)이다.
- **이윤경(李潤慶)** 1498-1562 : 명종 때의 관료이다. 전주부윤, 전라도관찰사, 도승지, 병조판서 등을 지냈다. 달량포왜변 때 전장 지휘관으로서 왜구를 물리치는 데 큰 공을 세웠다. 자는 중길(重吉), 호는 숭덕재(崇德齋)이다.
- **이이첨(李爾瞻)** 1560-1623 : 선조, 광해군 때의 북인을 이끌었던 핵심 인물이다. 선조 말기 선조가 영창대군(永昌大君)을 후계로 삼으려 하자, 정인홍과 함께 광해군의 적합함을 주장했다. 선조가 갑자기 죽고 광해군이 즉위하자, 영창대군 지지 세력을 숙청했다. 영창대군이 죽자 인목대비 폐모론을 발의해 1618년 인목대비를 유폐시켰다. 1623년 인조반정 때 아들 삼형제와 함께 처형당했다. 이조정랑, 대사간, 예조판서, 대제학 등을 지냈다. 본관은 광주(廣州), 자는 득여(得輿), 호는 관송(觀松)·쌍리(雙里)이다.
- **이익(李瀷)** 1681-1763 : 숙종, 영조 때의 유학자이다. 경직된 성리학 전통에서 벗어나 현실에 적용할 수 있는 학문 방향을 모색했다. 중농(中農) 사상에 기반을 두고 한전론(限田論), 사농합일론(士農合一論) 등과 같은 사회 개혁론을 주장했다. 『성호사설(星湖僿說)』, 『곽우록(藿憂錄)』 등의 책을 통해 자신의 개혁 사상을 풀어 놓았다. 벼슬길에 나아가지 않고 저술 활동과 함께 후진 양성에 전념했다. 자는 자신(自新), 호는 성호(星湖)이다.
- **이인로(李仁老)** 1152-1220 : 고려 명종, 고종 때의 유학자이자 문인이다. 임춘(林椿), 오세재(吳世才) 등과 어울려 시와 술로 즐기며 세칭 '죽림고회(竹林高會)'를 만들어 활동했다. "말과 뜻이 함께 묘함을 갖추어야 한다"는 시작론으로 유명하다. 관료로서 예부원외랑(禮部員外郞), 비서감우간의대부(秘書監右諫議大夫)를 지냈다. 본관은 경원(慶源), 초명은 득옥(得玉), 자는 미수(眉叟), 호는 와도헌(臥陶軒)이다.
- **이정(李楨)** 1512-1571 : 중종, 명종 때의 관료이다. 청주목사, 우부승지, 병조참의, 대사간, 경주부윤 등을 지냈다. 경주부윤으로 있을 때 경주의 사적을 재건했다. 송인수, 이황에게서 배웠다. 구암정사를 지어 후학을 가르쳤다. 본관은 사천(泗川), 자는 강이(剛而), 호는 구암(龜巖)이다.
- **이정(李瀞)** 1541-1613 : 명종, 선조, 광해군 때의 유학자이다. 조식의 문인으로 1592년 임진왜란 때 의병을 일으켰다. 본관은 재령(載寧), 자는 여함(汝涵), 호는 모촌(茅村)이다.
- **도구(陶丘) 이제신(李濟臣)** 1510-1582 : 명종, 선조 때의 유학자이다. 안주(安宙)의 문인이며, 조식에게서도 배웠다. 임진왜란과 인종(仁宗)의 죽음을 예언했다. 자는 언우(彦遇), 호는 도구(陶丘), 본관은 철성(鐵城)이다. 의령현(宜寧縣)에 살았다. 그에 관한 기록을 모은 『도구실기(陶丘實紀)』가 남아 있다.
- **청강(淸江) 이제신(李濟臣)** 1536-1583 : 명종, 선조 때의 관료이다. 강직한 청백리로 이름이 높았다. 진주목사(晉州牧使), 함경북도병마절도사(咸鏡北道兵馬節度使)를 지냈다. 시문에 능하고 글씨를 잘 썼다. 『청강집(淸江集)』, 『청강시화(淸江詩話)』를 남겼다. 본관은 전의(全義), 자는 몽응(夢應), 호는 청강(淸江)이다.
- **이준(李寯)** 1523-1583 : 선조 때의 관료이다. 봉화현감(奉化縣監), 의흥현감(義興縣監), 군기시첨정(軍器寺僉正) 등을 지냈다. 이황의 아들이다.

- **이준경(李浚慶)** 1499-1572 : 명종, 선조 때의 명재상이다. 대사헌, 우의정, 영의정 등을 지냈다. 정치가, 외교관, 군사전략가로 대단한 활약을 펼쳤으며 이미 당대에 '안정적인 치세(治世)'의 능력을 갖춘 인물로 인정을 받았다. 특히 인재를 등용하는데 탁월한 안목과 공정함으로 평판이 높았다. 성리학을 조선의 정치 이념으로 정착시키기 위해 노력했다. 조식의 어린 시절 벗이다. 벼슬에 나아간 적이 없었던 조식과는 달리 일생을 벼슬길에서 보냈다. 자는 원길(原吉), 호는 동고(東皐)·남당(南堂)·양와(養窩)·홍련거사(紅蓮居士), 본관은 광주(廣州)이다.
- **이준민(李俊民)** 1524-1590 : 명종, 선조 때의 관료이다. 사간원정언, 대사헌, 병조판서, 평안도관찰사, 한성부판윤, 좌참찬(左參贊) 등을 지냈다. 조식의 자형인 이공량의 아들로 조식에게서 배웠다. 당론을 조정하려던 이이(李珥)를 존경했다. 자는 자수(子修), 호는 신암(新庵), 본관은 전의(全義)이다.
- **이지함(李之菡)** 1517-1578 : 선조 때의 유학자이다. 유학 경전과 역사서뿐만 아니라, 역학, 의학, 수학, 천문, 지리에 해박한 지식을 가지고 있었다. 농업과 상업의 상호 보완 관계를 강조했다. 서경덕의 문인이다. 『토정비결(土亭秘訣)』을 지었다고 알려져 있으나 확실한 것은 아니다. 관료로서 포천현감, 아산현감을 지냈다. 본관은 한산(韓山), 자는 형백(馨伯)·형중(馨仲), 호는 수산(水山)·토정(土亭)이다.
- **이항(李恒)** 1499-1576 : 중종, 명종 때의 유학자이다. 『대학』을 읽은 이후 일생 동안 이 책을 공부의 바탕으로 삼았다. 심성(心性)의 문제에 대해 당대의 성리학자들과 활발하게 토론함으로써 성리학 발전에 기여했다. 조식, 기대승, 김인후 등과 교유했다. 말년에 천거되어 임천군수(林川郡守), 사헌부장령, 장악원정(掌樂院正) 등을 지냈다. 자는 항지(恒之), 호는 일재(一齋), 본관은 성주(星州)이다.
- **이헌국(李憲國)** 1525-1602 : 명종, 선조 때의 관료이다. 조식이 상소를 올렸던 1555년 11월, 사간원정언으로서 경연 시강관을 겸하고 있었다. 성품이 곧고 고집스러워 임금 앞에서도 말하고자 하는 바를 피하지 않았다고 한다. 형조판서, 좌참찬, 좌의정 등을 지냈다. 자는 흠재(欽哉), 호는 유곡(柳谷)이다.
- **이희안(李希顔)** 1504-1559 : 중종, 명종 때의 유학자이다. 과거를 통해 출사하려고 하지 않고 자기 수양을 위한 학문에 뜻을 두었다. 효도와 우애가 깊었으며 학문을 좋아했다. 후학 장려를 자신의 임무로 삼았다. 조식, 신계성 등과 교유했다. 유일로 천거되어 고령현감(高靈縣監)을 지냈다. 자는 우옹(愚翁), 호는 황강(黃江), 본관은 합천(陜川)이다.
- **임백령(林百齡)** 1498-1546 : 윤원형(尹元衡), 이기(李芑) 등과 모의해 1545년의 을사사화를 일으켰다. 을사사화 후 명나라 사신으로 갔다가 돌아오는 길에 병으로 죽었다.
- **임운(林芸)** 1517-1572 : 명종, 선조 때의 관료이다. 아버지 임득번(林得蕃)에게 글을 배웠고 정여창(鄭汝昌)을 사숙했다. 이황의 문인이다. 사직서참봉, 후릉참봉, 경기전참봉 등을 지냈다. 본관은 은진(恩津), 자는 언성(彦成), 호는 첨모당(瞻慕堂)·노동산인(蘆洞散人)이다.
- **임훈(林薰)** 1500-1584 : 중종, 선조 때의 유학자이자 관료이다. 아버지 임득번(林得蕃)에게 글을 배웠고 정여창(鄭汝昌)을 사숙했다. 조식, 이황과 교유했다. 1561년 부친상을 당하자 예순 살이 넘은 나이에도 정성껏 시묘살이를 했다. 관료로서 소격서참봉(昭格署參奉), 비안현감(比安縣監), 광주목사(光州牧使) 등을 지냈다. 본관은 은진(恩津), 자는 중성(仲成), 호는 자이당(自怡堂)·고사옹(枯査翁)·갈천(葛川)이다.

● 임희무(林希茂) 1527-1577 : 명종, 선조 때의 관료이다. 사헌부지평, 사간원정언, 좌승지, 우승지, 밀양군수, 울산군수 등을 지냈다. 정희보(鄭希輔), 조식의 문인이다. 자는 언실(彦實), 호는 남계(灆溪)이다.

● 장재(張載) 1020-1077 : 송나라 때의 유학자이다. 주돈이, 정명도, 정이천, 주희 등과 함께 송나라 성리학을 창시한 오현(五賢) 중 한 사람이다. 유가와 도가의 사상을 조화시켜, 우주의 본체는 기(氣)라는 사상을 전개했다. 자는 자후(子厚), 호는 횡거(橫渠)이다. 장자(張子)라고도 불린다.

● 정곤수(鄭崐壽) 1538-1602 : 선조 때의 관료이다. 황해도관찰사, 대사헌, 예조판서, 좌찬성 등을 지냈다. 임진왜란 때 선조를 의주까지 호종했다. 진주사(陳奏使)로서 대명 외교에서 큰 역할을 했다. 이황의 문인이자 조식의 문인이다.

● 정구(鄭逑) 1543-1620 : 선조, 광해군 때의 관료이다. 안동부사, 강원도관찰사, 형조참판, 대사헌 등을 지냈다. 통천군수(通川郡守)로 있을 때 임진왜란이 일어나자 의병을 일으켜 활약했다. 오건(吳健), 이황, 조식에게서 배웠다. 성리학과 예학뿐만 아니라 제자백가, 역사, 산수(算數), 병법, 의약(醫藥), 풍수지리 등 여러 방면에 능통했다. 40여 권의 책을 남겼다. 『한강집(寒岡集)』, 『주자서절요강목(朱子書節要綱目)』, 『심경발휘(心經發揮)』, 『의안집방(醫眼集方)』, 『관의(冠儀)』 등이 그의 대표적인 책이다. 본관은 청주(淸州), 자는 도가(道可), 호는 한강(寒岡)이다.

● 정명도(程明道) 1032-1085 : 송나라 유학자이다. 동생인 정이천(程伊川)과 함께 정자(程子) 또는 이정자(二程子)로 불린다. 성리학의 이기론(理氣論)을 체계화했다. 이기론은 이(理)와 기(氣)의 원리를 통해 존재와 운동, 생성과 변화와 소멸을 설명하는 이론 체계이다. 명도(明道)는 호이고 이름은 정호(程顥)이다. 자는 백순(伯淳)이다.

● 정몽주(鄭夢周) 1337-1392 : 고려 말의 충신으로 유명하다. 개성에 오부 학당을 세우고 지방에 향교를 세워 후진을 가르치고, 유학을 진흥하여 성리학의 기초를 닦았다. 고려의 법률 체재를 정비하고 의창을 세워 빈민을 구제하는 데도 앞장섰다. 개성 선죽교에서 이방원의 부하에게 살해당했다. 문집에 『포은집(圃隱集)』이 있다. 자는 달가(達可), 호는 포은(圃隱)이다.

● 정약용(丁若鏞) 1762-1836 : '성실(誠實)'을 가장 중요하게 생각했다. 진보적인 사회 개혁을 통해 부국강병을 꿈꾸었다. 민본(民本) 사상을 기본으로 민주적 주민 자치가 이루어지기를 소원했다. 성리학의 이론 논쟁을 배격하고 봉건 제도의 폐해를 개혁하고자 했다. 정조의 최측근 관료로서 예문관검열, 사간원정언, 사헌부지평, 홍문관수찬, 암행어사, 부승지, 곡산부사(谷山府使), 형조참의 등을 두루 역임했다. 수원성을 설계했고 기중가(起重架)를 고안했으며 한강의 배다리(舟橋)를 만들었다. 천주교도를 탄압한 1801년의 신유박해(辛酉迫害) 때 화를 당하고 전라도 강진현(康津縣)에서 18년 동안 유배 생활을 했다. 『목민심서(牧民心書)』, 『경세유표(經世遺表)』, 『흠흠신서(欽欽新書)』, 『마과회통(麻科會通)』, 『주역심전(周易心箋)』, 『논어고금주(論語古今注)』 등 방대한 분량의 책을 남겼다. 조선 후기를 대표하는 유학자이다. 자는 미용(美庸), 호는 다산(茶山)·사암(俟菴)·여유당(與猶堂)·철마산인(鐵馬山人)·탁옹(籜翁) 등이다.

● 정언각(鄭彦慤) 1498-1556 : 중종, 명종 때의 관료이다. 도승지, 전라도관찰사,

경상도관찰사, 한성부판윤 등을 지냈고 1556년 경기도관찰사로 있다가 사고로 죽었다.

- **정여창(鄭汝昌)** 1450-1504 : 성종, 연산군 때의 유학자이다. 김종직(金宗直)의 문인이다. 지리산 자락(현재의 하동군 화개면 덕은리)에 악양정(岳陽亭)을 짓고 성리학을 연구했다. 관료로서 예문관검열, 시강원설서, 안음현감(安陰縣監) 등을 지냈다. 1498년 무오사화 때 함경도 종성부로 유배된 후 1504년에 죽었다. 본관은 하동(河東), 자는 백욱(伯勗), 호는 일두(一蠹)이다.

- **정온(鄭蘊)** 1569-1641 : 광해군, 인조 때의 관료이다. 대사간, 대제학, 이조참판 등을 지냈다. 1614년 광해군이 선조의 적자인 영창대군(永昌大君)을 죽이려 할 때 영창대군에게 은전을 베풀어야 한다고 주장하다가 제주도 대정현으로 유배되었다. 병자호란 때 김상헌(金尙憲)과 함께 척화(斥和)를 주장했다. 이후 벼슬에서 물러나 덕유산(德裕山)에 들어가 은거했다. 조식의 문인인 정구(鄭逑)에게서 배웠다. 본관은 초계(草溪), 자는 휘원(輝遠), 호는 동계(桐溪)·고고자(鼓鼓子)이다.

- **정유길(鄭惟吉)** 1515-1588 : 중종, 명종, 선조 때의 관료이다. 넓은 도량을 가지고 있어 포섭력이 강했다. 큰일이 있으면 대의를 바탕으로 과감하게 처리했다. 이조정랑, 도승지, 우찬성, 판돈녕부사, 우의정, 좌의정 등을 지냈다. 서예에 능해 서체가 임당체(林塘體)라는 평을 받았다. 자는 길원(吉元), 호는 임당(林塘)·상덕재(尙德齋), 본관은 동래(東萊)이다.

- **정유명(鄭惟明)** 1539-1596 : 명종, 선조 때의 유학자이다. 조식, 임훈의 문인이다. 임진왜란 때 의병장 김면(金沔)을 도와 공을 세웠다. 자는 극윤(克允), 호는 역양(嶧陽)이다.

- **정유일(鄭惟一)** 1533-1576 : 명종, 선조 때의 문신 관료이다. 이조좌랑, 대사간, 이조판서 등을 지냈다. 이황의 문인이다. 시부에 뛰어났다. 본관은 동래(東萊), 자는 자중(子中), 호는 문봉(文峯)이다.

- **정육을(鄭六乙)** ?-1467 : 세조 때의 무관이다. 의주통판(義州通判), 함길도병마우후(咸吉道兵馬虞侯)를 지냈고 이시애(李施愛)의 난 때 살해당했다.

- **정이천(程伊川)** 1033-1107 : 송(宋)나라 때의 유학자이다. 성리학의 이기론(理氣論)을 체계화했다는 평가를 받는다. 형인 정명도(程明道)와 함께 이정자(二程子) 또는 정자(程子)로 불린다. 정명도가 정좌(靜坐)를 강조했던 것과는 달리 경(敬)을 통해 마음을 수양하는 거경(居敬)을 강조했다. 이천(伊川)은 호이고 이름은 정이(程頤)이다. 자는 정숙(正叔)이다.

- **정인홍(鄭仁弘)** 1536-1623 : 조식의 문인이다. 성리학은 물론 제자백가와 병법을 폭넓게 공부했다. 선조 때 사림파가 동인과 서인으로 갈라서고, 다시 남인과 북인으로 갈라서면서 북인(北人)의 중심인물로 성장했다. 임진왜란 때 고령에도 불구하고 합천군에서 의병을 일으켜 충의(忠義)를 실천했다. 선조 말 정국에서 광해군을 지지했고 1608년 광해군이 즉위한 후 북인의 영수(領袖)로서 정국을 주도했다. 그러나 1623년 인조반정 직후 참형을 당했다. 선조, 광해군 때, 사헌부장령, 대사헌, 좌의정, 영의정 등을 제수받았다. 자는 덕원(德遠), 호는 내암(來庵), 본관은 서산(瑞山)이다. 합천군 상왕산(象王山) 아래 남사촌에서 태어났다.

- **정자(程子)** : 송(宋)나라의 유학자인 정명도(程明道 ; 1032-1085)와 정이천(程伊川 ; 1033-1107) 두 형제를 높여서 부르는 말이다. 이정자(二程子)라고도 하고

이정(二程)이라고도 한다.

● **정종영(鄭宗榮)** 1513-1589 : 명종, 선조 때의 관료이다. 경상도관찰사, 한성부판윤, 우찬성 등을 지냈다. 조식이 상소를 올렸던 1555년 11월 홍문관전한(弘文館典翰)으로서 경연 시강관을 겸하고 있었다. 자는 인길(仁吉), 호는 항재(恒齋)이다.

● **정중부(鄭仲夫)** 1106-1179 : 고려 의종, 명종 때의 무관(武官)이다. 1170년 문신 귀족 중심의 조정 정치에 불만을 품고 이의방(李義方), 이고(李高) 등과 함께 정변을 일으켰다. 의종을 폐위하고 정권을 장악한 후 무단 정치를 행했으나 경대승(慶大升)에게 살해당했다. 본관은 해주(海州)이다.

● **정지린(鄭之麟)** 1520-1600 : 조식의 자형인 정운(鄭雲)의 아들이다. 조식이 가르친 첫 번째 제자로 도량이 호방하고 시원했다고 한다. 자는 인서(麟瑞)이고 호는 서암(棲巖)이다.

● **정철(鄭澈)** 1536-1593 : 명종, 선조 때의 관료이다. 강원도관찰사, 도승지, 예조판서, 대사간, 좌의정 등을 지냈다. 1589년의 정여립 사건 때 우의정으로 발탁되어 최영경 등의 동인 세력을 숙청했다. 국문학사에서 가장 뛰어난 가사 문학 작가로 평가받는다. 가사 작품으로 「관동별곡(關東別曲)」, 「사미인곡(思美人曲)」 등이 있고, 저서로 『송강집(松江集)』과 『송강가사(松江歌辭)』가 있다. 자는 계함(季涵), 호는 송강(松江)이다.

● **정탁(鄭琢)** 1526-1605 : 명종, 선조 때의 관료이다. 도승지, 강원도관찰사, 대사헌, 이조판서, 우의정, 좌의정 등을 지냈다. 임진왜란 때 선조를 의주까지 호종했다. 곽재우, 김덕령(金德齡) 등의 명장을 천거해 전공을 세우도록 했다. 정유재란 때 이순신이 옥에 갇히자 이순신에게 죄가 없음을 밝혀 죽음을 면하도록 했다. 조식의 문인이다. 경서와 역사서는 물론 천문, 지리, 상수(象數), 병법 등에 두루 능했다. 자는 자정(子精), 호는 약포(藥圃) · 백곡(栢谷)이다. 『약포집(藥圃集)』이 있다.

● **정황(丁熿)** 1512-1560 : 중종, 명종 때의 관료이다. 사간원정언, 사헌부지평, 병조정랑, 의정부사인 등을 지냈다. 1545년 인종의 장례와 관련하여 문정왕후의 뜻을 반대하다가 윤원형 일파의 미움을 샀다. 1545년 을사사화 때 삭탈관작을 당했고, 1547년 양재역벽서사건에 연루되어 거제현으로 귀양 갔다. 조광조(趙光祖)의 문인이다. 본관은 창원(昌原), 자는 계회(季晦), 호는 유헌(遊軒)이다.

● **정희보(鄭希輔)** 1488-1547 : 중종, 명종 때의 유학자이다. 사화(士禍)로 인해 나라가 어지러워지자 은거하며 평생 학문 연구에 힘썼다. 서른다섯 살 때 함양군의 집 옆에 서재를 짓고 강학(講學)했다. 영호남 선비의 절반이 그의 제자라고 할 만큼 많은 문인을 배출했다. 노진(盧禛), 이후백(李後白), 양희(梁喜), 강익(姜翼), 오건(吳健) 등이 그에게서 배웠다. 자는 중유(仲猷), 호는 당곡(唐谷), 본관은 진양(晉陽)이다.

● **제갈량(諸葛亮)** 181-234 : 탁월한 책사의 대명사와도 같은 인물이다. 삼국시대 촉(蜀)나라의 전략가이다. 유비(劉備)의 군사(軍師)로서 조조(曹操)의 위나라 대군을 적벽(赤壁)에서 격파했다. 후한(後漢)이 망하고 유비가 촉한(蜀漢)의 제위에 오른 후 승상(丞相)이 되었다. 유비가 죽은 후 유비의 아들 유선(劉禪)을 끝까지 보좌했다. 유비의 유지에 따라 위나라를 치러 가면서 「출사표(出師表)」를 썼다. 와룡선생(臥龍先生)으로 일컬어진다. 자는 공명(孔明)이다.

● **조경(趙絅)** 1586-1669 : 광해군, 인조, 현종 때의 관료이다. 이조정랑, 대사간, 대사헌, 도승지, 이조판서 등을 지냈다. 1636년 병자호란 때 척화론을 주장했다. 1645년

대사간으로서 상소를 올려 당시의 폐단을 지적하는 등 정치적 사안마다 인조의 처사를 비판했다. 그러나 원칙과 소신의 정치로 인조의 신임을 받았다. 자는 일장(日章), 호는 용주(龍洲), 본관은 한양이다.

- **조광조(趙光祖) 1482-1519** : 중종 때의 관료이다. 김종직(金宗直)의 학통을 잇는 사림의 영수로서 정치 개혁을 이끌었다. 현량과를 실시해 사림파를 등용했고, 훈구파 공신들의 공을 없애는 위훈 삭제를 단행했다. 『소학(小學)』을 강조하고 향약(鄕約)을 보급했다. 관료로서 부제학, 대사헌 등을 지냈다. 훈구파의 반발로 일어난 1519년의 기묘사화 때 죽임을 당했다. '백성의 생활을 먼저 생각하는' 성리학적 이상을 열정적으로 실천하고자 했다. 이황(李滉)은 "그 독실한 학문과 힘써 실천함은 비교할 사람이 없다"고 평했다. 본관은 한양(漢陽), 자는 효직(孝直), 호는 정암(靜庵)이다. 책으로『정암집(靜庵集)』이 있다.

- **조사수(趙士秀) 1502-1558** : 중종, 명종 때의 관료이다. 6조의 판서를 거쳐 의정부좌참찬(議政府左參贊)을 지냈다. 본관은 양주(楊州), 자는 계임(季任), 호는 송강(松岡)이다.

- **조언형(曺彦亨) 1469-1526** : 중종 때의 관료이다. 1504년 문과에 합격했고, 사간원정언, 이조정랑, 사헌부집의, 성균관사성, 단천군수(端川郡守), 승문원판교 등의 요직을 두루 거쳤다. 청렴과 정직으로 이름이 났다. 조식의 아버지이다. 자는 형지(亨之)이다.

- **조원(趙瑗) 1544-1595** : 선조 때의 관료이다. 이조좌랑, 삼척부사(三陟府使), 동부승지(同副承旨) 등을 지냈다. 조식의 문인이다. 효성이 지극했으며 자식 교육 또한 단정하고 엄숙했다. 본관은 임천(林川), 자는 백옥(伯玉), 호는 운강(雲江)이다. 『가림세고(嘉林世稿)』,『독서강의(讀書講疑)』등의 책이 있다.

- **조원호(趙元昊) 1003-1048** : 서하(西夏)의 건국 황제이다. 송나라 서북부 변방의 감숙성(甘肅省) 지역에서 서하를 건국하고 송나라 변경을 침략했다.

- **조위(曺偉) 1454-1503** : 성종, 연산군 때의 유학자이다. 사림(士林)에서 대학자로 추앙받았다. 박식하고 문장이 아름다워 문하에서 많은 문사를 배출했다. 관료로서 도승지, 충청도관찰사, 중추부동지사 등을 지냈다. 1498년의 무오사화 때 유배되었다. 자는 태허(太虛), 호는 매계(梅溪)이다. 저서로『매계집(梅溪集)』이 있다.

- **조종도(趙宗道) 1537-1597** : 명종, 선조 때의 관료이다. 상서원직장(尙瑞院直長), 양지현감(陽智縣監)을 지냈다. 조식의 문인이다. 노진(盧禛), 임훈(林薰), 임운(林芸), 김성일(金誠一), 유성룡(柳成龍) 등과 교유했다. 정여립 사건에 연루되어 옥에 갇혔다가 풀려났다. 임진왜란 때 의병으로 활약했고, 정유재란 때 함양군 서하면의 황석산성(黃石山城)에서 왜군과 싸우다 전사했다. 본관은 함안(咸安), 자는 백유(伯由), 호는 대소헌(大笑軒)이다.

- **조지서(趙之瑞) 1454-1504** : 성종, 연산군 때 관료이다. 형조정랑, 지평, 시강원보덕, 창원부사 등을 지냈다. 연산군이 세자일 때 잘못을 고치도록 간하는 풍간으로 집요하게 학문을 진강하여 연산군의 미움을 샀다. 연산군이 왕위에 오르자 외직을 청해 창원부사로 나갔다가 곧 사직하고 고향으로 돌아왔다. 그러나 1504년의 갑자사화 때 연산군에 의해 참형에 처해졌다. 본관은 임천(林川), 자는 백부(百符), 호는 지족정(知足亭)·충헌(忠軒)이다.

- **주공(周公)** : 공자가 존경해 마지않았던 인물이다. 기원전 1046년 세워진 주(周)나라의 재상이다. 주나라 문왕(文王)의 아들이며 무왕(武王)의 동생이다. 형인 무왕의 신하로서

은(殷)나라를 멸망시키고 주나라를 세웠으며, 조카인 성왕(成王)을 도와 주나라의 국가 제도를 정비했다. 제후국인 노(魯)나라를 분봉 받았다. 성은 희(姬), 이름은 단(旦)이다.

● **주돈이(周敦頤)** 1017-1073 : 송(宋)나라 유학자이다. 성리학의 기초를 닦은 인물로 평가받는다. 유학에 도가와 불교의 주요 개념들을 도입해 우주의 원리와 인간의 본성에 대해 설명했다. 자는 무숙(茂叔), 호는 염계(濂溪)이다.

● **주희(朱熹)** 1130-1200 : 송나라 성리학을 집대성한 인물이다. 우주 만물은 본체이자 법칙인 이(理)와 현상이자 에너지인 기(氣)로 이루어져 있다고 설명한다. 그리고 인간에게는 선한 이(理)가 본성으로 나타난다고 본다. 『논어』, 『맹자』, 『대학』, 『중용』에 '주(註)'를 달아 사서를 확립했다. 주희의 성리학은 중국은 물론 조선의 유가 사회에 절대적인 영향을 미쳤다. 주자(朱子)라고 높여 부른다. 송나라 성리학 전체를 주자학(朱子學)이라 부르기도 한다. 자는 원회(元晦)·중회(仲晦) 등이고, 호는 회암(晦庵)·회옹(晦翁)·운곡산인(雲谷山人) 등이다.

● **진극경(陳克敬)** 1546-1617 : 조식의 문인으로 경(敬)과 의(義)를 삶의 기준으로 삼았다. 최영경, 오건, 하항 등과 함께 공부했다. 『남명사우록(南冥師友錄)』 편찬 및 덕천서원 창건에 참여했고, 임진왜란 이후 덕천서원 중건을 주도했다.

● **진덕수(眞德秀)** 1178-1235 : 송(宋)나라 때의 유학자로, 강직한 성품으로 이름이 높았다. 『대학』 주석서인 『대학연의(大學衍義)』를 편찬했다. 자는 경희(景希), 호는 서산(西山)이다.

● **최영경(崔永慶)** 1529-1590 : 명종, 선조 때의 유학자로 조식의 문인이다. 정구, 김우옹, 하항(河沆) 등과 교유했다. 1589년의 정여립(鄭汝立) 사건 때 유령 인물인 길삼봉(吉三峯)이라는 무고를 받아 국문을 받다가 옥사(獄死)했다. 본관은 화순(和順), 자는 효원(孝元), 호는 수우당(守愚堂)이다.

● **최윤덕(崔潤德)** 1376-1445 : 태종, 세종 때의 명장이다. 북방의 여진족을 토벌하고 남쪽의 대마도를 정벌하는 등 여러 전장에서 큰 공을 세웠다. 무장(武將)으로서는 이례적으로 우의정, 좌의정의 자리에까지 올랐다. 자는 백수(伯脩)·여화(汝和), 호는 임곡(霖谷)이다.

● **최치원(崔致遠)** 857-? : 신라 때의 학자이다. 유학(儒學), 불교(佛敎), 도교(道敎)에 모두 이해가 깊었고, 유불선 통합 사상을 제시했다. 열두 살에 당나라로 유학을 가 빈공과(賓貢科)에 장원으로 합격했다. 황소의 난이 일어나자 '토황소격문(討黃巢檄文)'을 써서 이름을 높였다. 신라로 돌아와 진성여왕에게 시무책을 올려 정치 개혁을 추진했다. 수많은 시문(詩文)을 남겼다. 경주최씨(慶州崔氏)의 시조이다. 『계원필경(桂苑筆耕)』, 『사륙집(四六集)』 등의 책이 있다. 자는 고운(孤雲)·해운(海雲)이다.

● **최흥림(崔興霖)** 1506-1581 : 중종, 명종 때의 유학자이다. 성운(成運)의 문인이다. 벼슬에 나아가지 않고 학문에 전념했다. 1545년의 을사사화(乙巳士禍) 때 많은 이들이 화를 당하는 것을 보고 서울의 가족들을 이끌고 충청도 보은현(報恩縣)의 금적산(金積山) 기슭으로 내려와 은거했다. 본관은 화순(和順), 자는 현좌(賢佐), 호는 계당(溪堂)이다. 저서로 『계당유고(溪堂遺稿)』가 있다.

● **칠조개(漆雕開)** 기원전540년-? : 춘추시대 노(魯)나라 사람이다. 공자의 제자이다. 덕행으로 이름이 높았으며 벼슬하기를 즐겨하지 않았다. 성은 칠조(漆雕), 이름은 개(開)이다. 자는 자개(子開)·자약(子若)이다.

● **탕무(湯武)** : 중국 은(殷)나라를 세운 탕왕(湯王)과 주(周)나라를 세운 무왕(武王)을 아울러 이르는 말이다. 각각 자신들이 섬기던 군주였으나 포악무도한 정치를 펼치던 걸왕과 주왕을 내쫓고 천하를 얻었다. 맹자(孟子)는 천자가 무도한 폭군일 경우 백성들을 위해 덕 있는 제후왕이 이들을 쫓아내도 좋다고 보았다.

● **하락(河洛)** 1530-1592 : 명종, 선조 때의 유학자이다. 조식의 문인이다. 왕자사부로 선조의 왕자들인 임해군(臨海君), 광해군(光海君)을 가르쳤다. 자는 도원(道源), 호는 환성재(喚醒齋)이다.

● **하응도(河應圖)** 1540-1610 : 명종, 선조 때의 유학자이다. 조식의 문인으로 정구(鄭逑), 최영경(崔永慶) 등과 함께 공부했다. 가난하게 살면서도 항상 웃으며 사람을 대했다고 한다. 임진왜란 이후 진주판관, 능성현령(綾城縣令)을 지냈다. 자는 원룡(元龍), 호는 영무성(寧無成)이다.

● **하종악(河宗岳)** : 조식의 형인 조납(曹拉)의 사위이니 곧 조식의 질서(姪壻 : 조카사위)이다. 어린 시절 조식의 문하에서 배웠다. 자는 군려(君礪), 본관은 진양(晉陽)이다.

● **하징(河憕)** 1563-1624 : 선조, 광해군 때의 유학자이다. 1597년 정유재란 때 왜군에게 잡혀갔다 돌아왔다. 정인홍의 문인이며 조식을 사숙했다. 1614년에서 1623년까지 덕천서원 원장을 지내는 동안 조식의 『학기유편(學記類編)』을 간행했다. 저서에 『계몽황극서(啓蒙皇極書)』, 『창주집(滄州集)』이 있다. 『진양지(晉陽誌)』를 최초로 편찬했다. 본관은 진양(晉陽), 자는 자평(子平), 호는 창주(滄州)이다.

● **하천서(河天瑞)** : 조식의 자형인 이공량의 사위이니 곧 조식의 생질서(甥姪婿 : 조카사위)이다. 학행으로 천거받아 전생서참봉(典牲署參奉)을 지냈고 임진왜란이 일어나자 의병 활동에 나섰다. 허물어진 진주성을 고쳐 짓고 못을 팠다. 본관은 진주(晉州), 호는 망추정(望楸亭)이다.

● **하항(河沆)** 1538-1590 : 명종, 선조 때의 유학자이다. 자신의 수양을 위한 위기지학(爲己之學)에 몰두했다. 조식의 문인으로, 문익성, 오건, 최영경 등과 각별하게 교유했다. 본관은 진주(晉州), 자는 호원(灝源), 호는 각재(覺齋)이다.

● **하홍도(河弘度)** 1593-1666 : 광해군, 인조 때의 유학자이다. 성균관 유생으로 있을 때, 광해군의 실정을 개탄하며 벼슬을 단념하고 낙향해 학문에 전념했다. 고현(古賢)과 같이 되겠다는 뜻을 품고 벽에 『주역』 겸괘(謙卦)의 단상도(彖象圖)를 그려 놓고 스스로 '겸재(謙齋)'라 했다. 본관은 진주(晉州), 자는 중원(重遠), 호는 겸재이다. 『겸재집(謙齋集)』을 지었다.

● **한기(韓琦)** 1008-1075 : 송(宋)나라 때의 재상이다. 서하(西夏)의 침입을 격퇴하여 변경 방비에 역량을 과시하고 사천성의 굶주린 백성 1백90만 명을 구제했다. 추밀부사(樞密副使)에 이어 삼사사(三司使)를 거쳐 재상의 자리에까지 올랐다. 왕안석(王安石)이 실시한, 저리의 신용 대부 제도인 청묘법(靑苗法)을 맹렬히 비난하며 재상의 자리에서 물러났다. 자는 치규(稚圭)이다.

● **한유한(韓惟漢)** : 고려 인종(仁宗 ; 재위 1122-1146) 때의 은자(隱者)이다. 최충헌(崔忠獻)이 권력을 휘두르는 것을 보고 장차 난리가 닥칠 것이라고 예언했다. 이후 처자를 이끌고 악양현의 지리산 자락으로 들어와 숨어 살았다.

- **허목(許穆)** 1595-1682 : 숙종 때의 유학자이다. 성리학을 중시하던 1600년대의 학계 분위기와 달리, 원시유학(原始儒學)인 육경학(六經學)에 관심을 두면서 고학(古學)의 경지를 개척했다. 특히 예학(禮學)에 밝았다. 관료로서 삼척부사, 이조판서, 우의정을 지냈다. 정구(鄭逑)의 문인으로 조식과 이황의 학문을 계승했다. 남인의 거물로서, 남인과 서인이 펼친 예송(禮訟) 논쟁을 이끌었다. 『동사(東事)』, 『방국왕조례(邦國王朝禮)』, 『경설(經說)』, 『경례유찬(經禮類纂)』, 『미수기언(眉叟記言)』 등의 책이 있다. 본관은 양천(陽川), 자는 문보(文甫)·화보(和甫), 호는 미수(眉叟)이다.
- **허언심(許彦深)** 1542-? : 임진왜란 때의 의병이다. 곽재우가 의병을 일으키자 군량미 수천 석과 종 수백 명을 보내 적극적으로 지원했을 뿐만 아니라 곽재우의 휘하로 참전하여 전공을 세웠다. 본관은 김해(金海), 호는 압호정(壓湖亭)이다.
- **허엽(許曄)** 1517-1580 : 명종, 선조 때의 관료이다. 부제학, 경상도관찰사 등을 지냈다. 1568년 명나라에 다녀온 후 향약을 시행할 것을 건의했다. 붕당 정국에서 동인(東人)을 이끌었다. 30년 동안 관직 생활을 했지만 생활은 검소했다. 허균, 허난설헌의 아버지이다. 저서에 『초당집(草堂集)』, 『전언왕행록(前言往行錄)』 등이 있다. 자는 태휘(太輝), 호는 초당(草堂)이다.
- **허침(許琛)** 1444-1505 : 성종, 연산군(燕山君) 때의 관료이다. 직제학, 대사헌, 이조판서를 거쳐 우의정, 좌의정을 지냈다. 시강원(侍講院)에 보덕으로 있을 때 세자였던 연산군의 총애를 받았다. 성종 때 윤비(尹妃)의 폐위를 반대하여 갑자사화(甲子士禍) 때 화를 면했다. 자는 헌지(獻之), 호는 이헌(頤軒)이다.
- **허형(許衡)** 1209-1281 : 원나라 때의 유학자이다. 원나라 국자학(國子學)의 기반을 닦고, 성리학이 원나라의 주류 학문으로 자리 잡는 데 공헌했다. "소인은 온갖 수단을 동원해 군주를 기만한다"고 말했다. 자는 중평(仲平), 호는 노재(魯齋)이다.
- **호해(胡亥)** 기원전230-기원전207 : 진(秦)나라 2대 황제로서, 진이세(秦二世) 또는 이세황제(二世皇帝)라고 한다. 성은 영(嬴), 이름은 호해(胡亥)이다. 진시황이 죽은 후, 승상(丞相) 이사(李斯)와 환관 조고(趙高)가 맏아들 부소(扶蘇)를 죽이고 막내아들 호해를 황제로 옹립했다. 즉위 후 대규모 토목 사업을 벌이고 환관 조고의 전횡을 방임하면서 민심을 잃었고 진나라를 멸망의 길로 몰아넣었다.
- **홍여순(洪汝諄)** 1547-1609 : 명종, 선조 때의 관료이다. 지중추부사, 호조판서, 병조판서 등을 지냈다. 임진왜란 때 병조판서로서 선조를 호종했다. 본관은 남양(南陽), 자는 사신(士信)이다.
- **황준량(黃俊良)** 1517-1563 : 중종, 명종 때의 관료이다. 호조좌랑, 신녕현감(新寧縣監), 성주목사(星州牧使) 등을 지냈다. 이황의 문인이다. 성주목사로 있을 때 교육 진흥에 힘을 기울여 많은 학자를 배출했다. 본관은 평해(平海), 자는 중거(仲擧), 호는 금계(錦溪)이다.
- **효부(孝婦)** : 한(漢)나라 때의 동해효부(東海孝婦) 주청(周靑)을 말한다. 주청은 시어머니를 죽였다는 억울한 누명을 쓰고 참수당했는데, 죽기 전에 "6월에 눈이 날리도록 하고, 3년 동안 큰 가뭄이 들도록(六月飛雪 大旱三年)" 해달라고 소원을 빌었다. 과연 이후 3년 동안 큰 가뭄이 들었다. 동해태수가 소를 잡아 주청의 묘에 제사 지낸 후에야 비가 내렸다. 『한서(漢書)』 「우정국전(于定國傳)」에 이 내용이 나온다.

조식의 연보(年譜)

1501년 　경상도 삼가현(三嘉縣) 토동(兎洞)의 외가에서 태어나다.

1519년 　기묘사화가 일어나 조광조(趙光祖)가 죽었다는 부고를 듣다.

1520년 　문과 초시에는 합격했으나 복시에는 불합격하다.

1522년 　남평조씨 가문인, 충순위 조수(曺琇)의 딸에게 장가들다.

1525년 　『성리대전』에서 허형(許衡)의 글을 읽다가
　　　　자신의 공부가 잘못되었음을 깨닫고 삶의 전환을 이루다.

1526년 　아버지 조언형(曺彦亨)이 세상을 떠나는, 천붕의 아픔을 겪다.

1530년 　김해부 탄동(炭洞)으로 거처를 옮긴 후, 산해정(山海亭)을 짓고 공부하다.
　　　　산해정에서 성운(成運), 신계성(申季誠), 이희안(李希顔) 등의 벗들과 강학하다.

1531년 　벗 이준경(李浚慶)에게서 『심경』을 선물받고,
　　　　「이준경이 선물한 '심경' 끝에(書李君原吉所贈心經後)」를 쓰다.

1532년 　벗 송인수(宋麟壽)에게서 『대학』을 선물받고,
　　　　「송인수가 선물한 '대학'의 책가위 안에(書圭菴所贈大學册衣下)」를 쓰다.

1536년 　첫아들 조차산(曺次山)이 태어나다.

1538년 　헌릉참봉(獻陵參奉) 벼슬을 제수받았으나 나아가지 않다.

1543년 　경상도관찰사 이언적(李彦迪)의 내방 요청을 거절하다.

1544년 　외아들 조차산을 잃다.
　　　　이제신(李濟臣 : 호는 陶丘)이 찾아와 제자의 예를 갖추다.

1545년 　을사사화가 일어나 벗 곽순(郭珣)이 옥사했다는 부고를 듣다.
　　　　어머니가 세상을 떠나는, 천붕의 아픔을 겪다.

1546년 　을사사화에 연루되어 벗 이림(李霖)과 성우(成遇)가 죽었다는 부고를 듣다.

1547년 　양재역벽서사건이 일어나 벗 송인수가 사사당했다는 부고를 듣다.

1548년 　김해부 탄동에서 삼가현 토동으로 거처를 옮기다.
　　　　계부당(鷄伏堂)과 뇌룡사(雷龍舍)를 짓고 공부하며 제자들을 가르치다.
　　　　전생서주부(典牲署主簿) 벼슬을 제수받았으나 나아가지 않다.

1549년 　삼가현 북쪽 감악산을 유람하고 「냇물에 목욕하고(浴川)」를 짓다.

1551년 　종부시주부(宗簿寺主簿) 벼슬을 제수받았으나 나아가지 않다.
　　　　산음현(山陰縣)의 오건(吳健)이 찾아와 제자의 예를 갖추다.
　　　　안음현(安陰縣)의 화림동천(花林洞天)을 유람하다.

1552년 　부실부인 송씨(宋氏)가 아들 조차석(曺次石)을 낳다.

1553년 　벼슬하러 나오라는 이황의 편지에 거절하는 답장을 보내다.

1555년 　단성현감(丹城縣監) 벼슬을 제수받았으나 나아가지 않고
　　　　명종과 문정왕후를 신랄하게 비판하는 「을묘사직소(乙卯辭職疏)」를 올려,

조정과 재야 사림에 일대 파란을 일으키다.

1557년   충청도 보은현(報恩縣)의 벗 성운(成運)을 방문하다.

1558년   김홍(金泓), 이공량(李公亮), 이희안(李希顔) 등과 지리산을 유람하다.

1559년   조지서사지(造紙署司紙) 벼슬을 제수받았으나 나아가지 않다.

1561년   지리산 덕산동(德山洞)으로 거처를 옮기고 산천재(山天齋)를 짓다.
　　　　「덕산동에 살 곳을 정하고(德山卜居)」를 써서 산천재 주련(柱聯)으로 달다.

1563년   함양군의 남계서원(灆溪書院)을 방문해 정여창(鄭汝昌) 사당에 참배하다.
　　　　성주목의 김우옹이 찾아와 배우다.

1564년   이황에게 편지를 보내 공리공담에 치우친 학문을 바로잡아 줄 것을 청하다.

1565년   서울의 최영경, 김효원이 찾아와 제자의 예를 갖추다.

1566년   산음현 지곡사(智谷寺)에서 열린 강학회(講學會)에 참석하다.
　　　　성주목(星州牧)의 정구(鄭逑)가 찾아와 제자의 예를 갖추다.
　　　　상서원판관(尙瑞院判官) 벼슬을 제수받다.
　　　　명종을 만나 숙배한 후, 정치를 말하고 돌아오다.

1567년   새로 즉위한 선조에게 「정묘년에 사직하며 승정원에 올리는
　　　　상소문(丁卯辭職呈承政院狀)」을 써서 보내다.
　　　　의령현(宜寧縣)의 곽재우(郭再祐)가 찾아와 『논어』를 배우다.

1568년   「무진봉사(戊辰封事)」를 올려 아전의 폐해를 지적하다.

1569년   왜구 문제에 대한 「대책 문제(策問題)」를 써서 제자들에게 보이다.
　　　　종친부전첨(宗親府典籤) 벼슬을 또 다시 사양하다.

1570년   이황의 부고를 듣고 탄식하다.

1571년   「김굉필의 그림 병풍이 전해진 내력(寒暄堂畵屛跋)」을 쓰다.

1572년   산천재에서 정인홍, 김우옹 등 제자들이 지켜보는 가운데 눈을 감다.
　　　　선조가 사간원 대사간(大司諫)을 증직하다.

지은이 · 허권수(許捲洙)

한문학자이다. '지금 대한민국에서 살아 있는 사람 가운데
한문을 가장 잘하는 사람'이라는 평가를 받는다.
또한 우리나라 남명학(南冥學) 연구의 1인자로 손꼽힌다.
1983년부터 2017년까지 경상국립대학교 교수를 지냈다.
1997년부터 2007년까지 남명학연구소 소장으로 일했다.
조식의 『남명집(南冥集)』, 이황의 『퇴계전서(退溪全書)』 번역을
이끌었다. 저서와 번역서 100여 권이 있다.
현재 동방한학연구소를 열어 후학을 가르치고 있다.

악립연충(岳立淵冲)! "대장부의 삶은
산악처럼 우뚝하고 연못처럼 깊다"는 뜻이다.
조식의 좌우명 중 일부이다. 이 책의
지은이인 허권수 교수가 휘필한 것이다.

조선의 유학자, 조식

조선의
유학자,

1판 1쇄 발행일   2022년 4월 10일
1판 2쇄 발행일   2023년 4월 20일

지은이   허권수

발행인   이지순
편집   이상영
디자인   Bestseller Banana
교정   손미경

발행처   뜻있는도서출판
주소   경상남도 창원시 성산구 중앙대로228번길 6 센트랄빌딩 3층
전화   055-282-1457
팩스   055-283-1457
전자메일   ez9305@hanmail.net
등록   제567-2020-000007호

ISBN 979-11-971175-2-7

값 22,000원

공부하라
실천하라